普通高等教育经管类专业系列教材

老年学概论

罗　锐　主编

清华大学出版社
北　京

内容简介

本书立足新时代老龄化的基本国情，在系统梳理老年学学科知识体系的基础上，通过对老龄问题和老年群体问题的专题研究，将碎片化的专题知识整合为系统化的学科内容，丰富数字时代老年学的知识体系。全书共分 11 章，包括老年学学科概述、老年学理论及研究方法、老年心理学、老年经济学、老年人口学、衰老相关学科概述、老年社会保障、老年社会工作、老年社会政策、老龄问题研究、老年群体问题等内容。

本书可作为大专院校老年学、社会学等专业的入门教材，亦可成为解决人口老龄化具体问题的行动指南。

本书封面贴有清华大学出版社防伪标签，无标签者不得销售。

版权所有，侵权必究。举报：010-62782989，beiqinquan@tup.tsinghua.edu.cn。

图书在版编目(CIP)数据

老年学概论 / 罗锐主编 . —北京：清华大学出版社，2022.9（2024.9重印）
普通高等教育经管类专业系列教材
ISBN 978-7-302-59727-8

Ⅰ. ①老… Ⅱ. ①罗… Ⅲ. ①老年学－高等学校－教材 Ⅳ. ① C913.6

中国版本图书馆 CIP 数据核字 (2021) 第 277512 号

责任编辑：高 屾
封面设计：周晓亮
版式设计：方加青
责任校对：马遥遥
责任印制：杨 艳

出版发行：清华大学出版社
网　　址：https://www.tup.com.cn, https://www.wqxuetang.com
地　　址：北京清华大学学研大厦 A 座　　邮　编：100084
社 总 机：010-83470000　　邮　购：010-62786544
投稿与读者服务：010-62776969, c-service@tup.tsinghua.edu.cn
质量反馈：010-62772015, zhiliang@tup.tsinghua.edu.cn

印 装 者：三河市少明印务有限公司
经　　销：全国新华书店
开　　本：185mm×260mm　　印　张：19.5　　字　数：463 千字
版　　次：2022 年 9 月第 1 版　　印　次：2024 年 9 月第 5 次印刷
定　　价：68.00 元

产品编号：093468-01

前言

老年学研究的主要问题是人口老龄化。人类对人口老龄化的认识是一个渐进的过程。在工业革命之前，人们只是对个体老龄化有一定的了解，即掌握了生老病死这一客观规律，并围绕延长个人寿命进行了各种各样的努力和尝试。工业革命以来，随着科学技术的进步，人类的平均寿命普遍延长，老龄化现象已经不仅仅是个人的生理现象，其影响从某个地区逐渐扩大到国家，甚至全球范围。20世纪以来，西方发达国家先后进入人口老龄化社会，老年学学科应运而生。老年学学科的建立旨在探索人口老龄化现象的特点、基本规律等系统性知识体系，为解决由此带来的各种问题提供科学的依据。由于人口老龄化是近代社会的产物，随着生产力水平的提高，人口老龄化虽然是全球各国或地区必然经历的历史阶段，但其产生的时间、变化的速度因各国或各地区经济发展水平的不同而有所差异。总的来说，发达国家先进入或已经进入人口老龄化时代，发展中国家后进入或者正在进入人口老龄化时代，抑或未来几十至几百年才会遇到人口老龄化问题。

老年学学科产生的目的是解决人口老龄化带来的各种问题，人口老龄化现象最先出现在20世纪的发达国家，20世纪40年代开始在西方国家迅速开展老龄问题研究，逐渐形成老年学学科。我国作为发展中国家，人口老龄化问题大致从1999年开始显现。从时间上来看，我国进入老龄社会的历史较短；从老年学学科角度来看，由于对人口老龄化问题认识不足，国内老年学工作者主要针对人口老龄化在不同阶段出现的问题进行专题性研究，其特点是对相关问题和相关知识进行碎片化研究。这种碎片化、专题性的研究有助于人们加深对人口老龄化的认识。我国的老龄化较世界其他国家有其特殊性，即短期看老龄化程度不高，但是老龄化速度快，关键原因是20世纪80年代全面实施的计划生育政策，导致2012年以来人口红利急剧减少，老龄问题增多。快速到来的老龄化对人们如何应对老龄化提出了更高的要求，不仅要在理论上提高认识，更重要的是要普及系统化的老年学知识，培养应用型人才。

我国的人口老龄化现象比西方发达国家出现得晚，20世纪80年代就有国内学者开始关注这一现象。随着我国人口结构的转变，2000年以来我国开始进入老龄化社会，国内关于老龄化问题的研究文献可谓是汗牛充栋，这类专题式的研究为解决老龄问题积累了宝贵的经验。在此期间，老年学在我国逐渐发展成一门独立的新兴学科。国内关于老年学的教材以中国人民大学邬沧萍教授等人编写的《老年学概论》一书为主。

本人自2016年9月在深圳大学开设老年学课程，以邬教授编写的《老年学概论》作为教材，面向社会工作专业和社会学专业本科生讲授老年学概论相关知识。随着我国经济社会发生巨大变化，互联网等数字技术的普及，我国老年人口数量、比重不断增加，我国社会出现了许多新的老龄问题，这是本次教材编写的主要原因。本书在介绍老年学相关学科的基础上，从社会科学的角度介绍和简要分析我国老龄化过程中出现的社会问题，例如近年来互联网技术的普及带来的数字鸿沟问题等。数字化和老龄化是社会发展的趋势，数字化信息突破了传统社会物理传递的局限性，在生产和生活过程中产生了新的分化机制。显然，代表新兴力量的年轻人群由于在使用数字化技术的能力相比老年人具有绝对的优势，即这种分化机制表现为数字化给年轻人带来便利的同时，也给老年群体造成了困难。党的十九大提出打造共建共治共享的社会治理格局，强调人人平等参与社会治理，亦包括老年人。在平等参与社会治理的过程中，数字化的发展趋势给越来越多的老年人提出了挑战。

本书是在前人基础上，针对人口老龄化社会出现的新问题、新特点进行的一次尝试，旨在系统梳理老年学学科基础知识的前提下，探索将目前碎片化的专题知识整合为系统化的学科内容，丰富数字时代老年学的知识体系。

为了便利教学，本书提供了丰富的教学资源(包括课程大纲、教学计划、教学课件等)，读者可扫描右侧二维码获取。

教学资源

在本书即将出版之际，我要向深圳大学社会学系的徐道稳教授表达衷心的感谢，徐教授在我平日的教学和教材的编写过程中给予了极大的支持和鼓励。感谢我的老师湖北大学刘文祥教授、武汉大学邓大松教授、深圳大学谢圣远教授平日对我的关怀。武汉大学向运华教授、孟颖颖教授、中南民族大学韩俊强博士、湖北省社会科学院李静萍博士、湖北科技学院赵奕钧博士、武汉市委党校黄清峰博士、深圳职业技术学院李媛媛博士，都给了我很大的支持。感谢深圳大学社会学系的李晓凤教授、黄斌欢博士、唐苏勤博士、李岩博士、池上新博士的热心帮忙。同时，感谢清华大学出版社的编辑为本书的出版付出的辛勤劳动。借着这个机会，我还要向深圳大学政府管理学院的陈文教授、深圳大学法学院侯玲玲教授、季天慈老师及深圳大学教务部的纪劲鸿老师表达感激之情，教材得以出版离不开他们的倾力帮助。我的初中同学、挚友、深圳证券时报社有限公司的邓一帆先生，他积极乐观、敢闯敢试的精神极大地鼓舞了我，令我受益良多。

在成书过程中，我参考了大量的文献，在此对前人的付出表达真挚的感谢。由于编者水平有限，加上时间紧迫，部分内容未进行深入思考，难免有纰漏和不足之处，欢迎各位老师和同学为本书多提批评建议，以便进行修改。

罗　锐

2022 年 8 月于深圳

目 录

第一章 老年学学科概述 ·· 1
    第一节 人口老龄化 ·· 1
    第二节 老年学的研究对象 ·· 22
    第三节 老年学的学科体系 ·· 26

第二章 老年学理论及研究方法 ·· 37
    第一节 老年学的主要理论 ·· 37
    第二节 老年学的研究方法 ·· 47
    第三节 老年学理论研究应注意的问题 ·· 61
    第四节 我国老年学研究概述 ·· 63
    第五节 构建中国特色的老龄科学理论体系 ······································· 71

第三章 老年心理学 ·· 77
    第一节 老年心理学概述 ··· 77
    第二节 老龄心理学学科概述 ·· 82
    第三节 当代中国老年人的心理健康与主观幸福感问题 ····················· 88

第四章 老年经济学 ·· 100
    第一节 老年经济学概述 ··· 100
    第二节 老龄经济问题 ··· 108
    第三节 老年消费市场——银发经济探析 ·· 114

第五章 老年人口学 ·· 126
    第一节 老年人口学概述 ··· 126
    第二节 我国老年人口现状分析 ·· 131
    第三节 生育政策调整——从"计划生育"到"全面三孩" ············· 136

第六章　衰老相关学科概述·················147
　第一节　衰老问题概述··················147
　第二节　寿命学概述····················150
　第三节　现代老年医学概述············152

第七章　老年社会保障··················158
　第一节　老年社会保障概述············158
　第二节　养老金问题····················167
　第三节　老年医疗保障问题············176

第八章　老年社会工作··················187
　第一节　老年社会工作学科概述······187
　第二节　老年社会工作理论············191
　第三节　老年社会工作介入问题······199

第九章　老年社会政策··················206
　第一节　社会政策概述·················206
　第二节　老年社会政策概述············212

第十章　老龄问题研究··················220
　第一节　数字鸿沟问题·················220
　第二节　以房养老问题·················230
　第三节　嵌入式养老问题··············234
　第四节　长期护理保险问题············253
　第五节　临终关怀问题·················259
　第六节　时间银行问题·················264

第十一章　老年群体问题················274
　第一节　空巢老人问题·················274
　第二节　留守老人问题·················282
　第三节　失能老人问题·················287
　第四节　"老漂族"问题················294
　第五节　悬空老人问题·················301

第一章
老年学学科概述

任何学科首先要有一个研究对象，老年学学科的研究对象是人口老龄化问题。人类对人口老龄化的认识是一个渐进的过程。在工业革命之前，人们只是对个体老龄化有一定的了解，即掌握了生老病死这一客观规律，并围绕延长个人寿命进行各种各样的努力和尝试。工业革命以来，随着科学技术的进步，人类的平均寿命普遍延长，老龄化现象已经不仅仅是个人的生理现象，其影响逐渐涉及一个地区、国家，甚至全球。在这样的背景下，老年学学科初见端倪。老年学及其理论和知识体系都是为了探索人类老化现象带来的影响，以及为寻求解决之道提供科学的依据。因此，对于老年学的学习，我们先从其研究对象——人口老龄化问题入手。人口老龄化主要分为人类个体老龄化和群体老龄化两个部分。

第一节 人口老龄化

一、人类个体老龄化

人类作为地球上的生物，有着其出生、成长、衰老、死亡的过程，人类很早就对这一过程耳熟能详。生老病死这一过程虽然是人类个体必须面对的现象，但这一过程的持久程度却因人而异——短则数日，长则百年。因此，人类在很早以前就开始探索衰老和死亡的奥秘，旨在延长个人的寿命。

(一) 增龄现象

自有历法以来，人存活的长度便与日历的长度联系起来，通常约定每存活一年称为一岁，这就是日历年龄。增龄现象是以人的生物性为基础，随着时间推移日历年龄不断增长的过程。增龄现象自从个体生命诞生时一直持续到其灭亡，即贯穿个人的生、老、病、死的全过程。基于这一过程的时间跨度不确定的特点，人类用日历年龄这一概念来描述人的存活长短。我们通常讲的年龄可以分为日历年龄(亦称为年代年龄)、生理年龄、心理年龄和社会年龄等。老年学研究的年龄通常是日历年龄。日历年龄是根据一个人出生至今所经历的日历年数来定义的。增龄实际就是年龄增加的一个动态过程。增龄对于不同的群体有着不同的意义，对于孩子而言，增龄意味着成长、成功，通常表现出积极的意义；然而对于老年人，增龄往往意味着人体器官的衰老及其所带来的不利后果。增龄现象是随时间变化，日历年龄、生理年龄不断增长的过程。生理年龄基于人的生物性，通常与日历年龄同步。个人的心理年龄与社会年龄更多地反映了人的社会性。从社会化理论来看，社会化即个人由生物人向社会人的转变过程。个人的成长包括生物性成长和社会性成长。生物性成长更多的是一种客观的、自然状况下的变化[1]；社会性成长反映的是个人由生物人向社会人转变的各种努力，以期达到社会化的目标，即社会对不同年龄段的人具有不同的期待。个人社会化的成功与否是衡量社会性成长的重要依据。心理年龄与社会年龄是从不同角度解释个人对社会的适应程度，心理年龄与社会年龄是否趋于一致受到个人自身条件及所处环境的综合影响。

（二）个体寿命

人的社会性也表现在其寿命方面，人的寿命在较大程度上受到其所处的自然条件及社会环境的影响。从社会生产力发展的角度来看，影响人的寿命的社会环境得到了极大的改善。在远古时期，战争、物资短缺、疾病等现象频频出现，人类生存面临严峻的考验。人们的平均寿命普遍不长，15万年至10万年以前的尼安德特人的估计寿命不超过20岁。从有文字记载的历史来看，人类社会始终以年轻人居多，世界人口的年龄结构在相当漫长的岁月里保持相对稳定。[2] 直至20世纪初，15岁以下的儿童仍占全球人口总量的1/3，总人口中65岁以上的老年人口则维持在3%左右。这种状况随着社会经济的发展和人口转变的加快而改变，目前老年人口数量已经进入急剧变化并持续发展的阶段。2009—2050年，全球60岁以上的老年人口数量将由7.43亿激增为20亿，史无前例地超过儿童(0～14岁)的人数，占全球人口总量的22%。世界人口的平均预期寿命已从1950—1955年的46.6岁提高到2005—2010年的67.6岁。其中，发达国家人口出生时的平均预期寿命从66岁提高到77岁，延长了11年；而发展中国家则从41岁提高到66岁，延长了25年。中国在这方面的变化尤其显著，1949年中华人民共和国成立时中国人口的平均预期寿命还不足40岁，而2009年这一数字已跃升至73岁，2019年升至77岁。[3]

专栏1-1　117岁零261天！全球最长寿老年人又刷新一项纪录

截至2020年9月19日，已被吉尼斯世界纪录认定为全球最长寿老年人(在世)的田中力子，年龄达到了117岁零261天，刷新日本国内最长寿老年人(包括已故和在世)的纪录。据日本广播协会(NHK)19日报道，田中力子于1903年1月2日出生在日本福冈县的一户农家，家中有9名兄弟姐妹。日本厚生劳动省表示，目前可以确认田中是日本国内最长寿的老年人，刷新了2018年去世的田岛老人

---

[1] 个体的生物性成长需要食物等基本生存条件，这些条件从社会化理论来看，可以看作个人社会化初期(未成年阶段)的先赋性地位，以家庭、社会、国家履行相应的抚养义务为前提。
[2] 彭希哲，胡湛. 公共政策视角下的中国人口老龄化 [J]. 中国社会科学，2011(3).
[3] 李婕. 国家统计局：中国人寿命从35岁增长到77岁 [EB/OL]. http://m.haiwainet.cn/middle/3543599/2019/0828/content_31618821_1.html, 2019-08-28.

(117岁零260天)创下的纪录。据日本媒体此前报道，田中从小喜欢写作，平日还喜爱下棋，她通常每天早晨6点起床，学习数学、练习书法。在19岁时，田中与一名经营年糕店的男子结婚，先后育有多名子女。2019年9月，田中以116岁零66天高龄被认定为世界最长寿老年人(在世)，同时也是世界最长寿女性。日本厚生劳动省2018年公布的一项调查显示，日本百岁及以上老年人数量已超过6.9万。据日本国立社会保障与人口问题研究所预测，未来数年内，日本的百岁老年人数量或将突破10万。

资料来源：人民日报海外版. https://m.haiwainet.cn/middle/3541093/2020/0919/content_31879887_1.html.

(三) 人类寿命的影响因素

人类寿命的影响因素十分复杂，从生物个体的角度来看可以分为生物性因素和非生物性因素。

1. 生物性因素

生物性因素主要包括遗传因素和个体的精神因素。

(1) 遗传因素。生物体的寿命长短与物种有关，不同的物种寿命的差异较大。人类的寿命大约为110～150年。这是在现有条件下理论上的人类最大寿命。即从遗传的角度来看，人类至多可以存活150余年。实际上，人类的正常寿命远未达到150岁。目前，世界范围内研究者们尚未发现地球上的人口寿命超过120岁。[①] 人的寿命与老化程度存在一定的关系，由分子、细胞乃至整个器官引起的老化，是一种正常的生理现象，是随着年龄的增长引起的一系列渐进的变化，例如人体听力、视力、免疫系统等生物指标逐渐衰退的过程。以各项生物指标逐渐衰退为主要内容的老化是客观规律，但是衰退的速度和数量存在个体差异。人的老化过程主要受到有机生物体最基本层面的控制——遗传因素。

遗传因素是从先天的角度来考虑的，是人类作为生命体其寿命的首要影响因素。遗传因素是在生物进化的过程中形成的。人类个体寿命是由双亲的遗传物质通过精卵细胞的结合而决定的。从这个意义上说，先天的遗传因素对寿命的长短起决定性作用。人类寿命最高未超过120岁的现象亦说明遗传因素对寿命的影响。具体来说，可以从遗传优势、基因因素、性别因素三个方面来分析其影响。

- 遗传优势。遗传优势主要包括多代连续长寿优势、母性长寿遗传优势和长寿家族后代子孙的第1、2胎长寿优势等。多代连续长寿优势，即一个家庭的直系家族中连续数代长寿者，其后代中长寿者显著增多。母性长寿遗传优势，即其母、祖母、外祖母或曾祖母等长寿者较父、祖父、外祖父或曾祖父长寿对后代寿命的影响显著。对于长寿家族后代子孙的第1、2胎长寿优势，已有的研究发现，长寿老人属第1、2胎出生的特征较常见。[②]

[①] 哈瑞·穆迪，詹妮弗·萨瑟. 老龄化 [M]. 陈玉洪，李筱媛，译. 南京：江苏人民出版社，2018.
[②] 杨文川. 寿命与遗传及环境的关系 [J]. 信阳师范学院学报 (自然科学版)，1998(3).

- 基因因素。一切性状都是由基因通过控制蛋白质的合成而表达的。人的寿命与许多性状有关，寿命是由许多具体性状集合起来的具有综合性的数量性状。事实上，寿命是与人体各器官、各系统的健康状况联系在一起的。人体的衰老往往表现在体表特征的改变，如皮肤及其附属结构的变化，身长、体重、体表面积、脂肪量的变化。同时，还表现在组织和细胞的变化上，即各系统器官的结构和功能的变化，如神经系统中神经功能的降低、心血管系统中肺活量减少、肺毛细血管减少、呼吸肌萎缩等。所有这些老化现象都源于细胞的衰老，而细胞的衰老与否，又被其核内的 DNA 编排和控制。细胞有条不紊的分裂周期是靠其基因组严格有序的表达来维持的。关于衰老的机制，还有人提出了自由基与生物膜假说，神经内分泌假说等，这些与脱氧核糖核酸 (DNA) 的复制及自我修复有直接或间接的关联。如自由基可引起基因突变，而突变基因又影响正常的代谢，引发疾病，造成衰老死亡。①
- 性别因素。从性别角度来看，一般女性比男性的寿命要长。岑海燕、张玉琦等人的研究发现，女性长寿者多于男性，这可能是由于不同性别间的性染色体存在差异，女性伴 X 染色体连锁隐性遗传病的发病率比男性低，且女性体内雌激素能保护血管壁，使女性患心血管疾病的概率比男性低；男女寿命之差可能与性染色体有关。女性有两条 X 染色体，男性有一条 X 染色体，这种差异首先决定了伴 X 染色体连锁隐性遗传病的发病率男性大于女性。另外，在决定人类寿命的多对等位基因中，往往是显性基因有利于人类寿命的延长，而隐性基因都易使人衰老。一个人携带有与寿命有关的显性基因越多，则其寿命越长。这些有利于长寿的显性基因既分布在常染色体上，也存在于 X 性染色体上。因此，有两条 X 染色体的女性自然要比只有一条 X 染色体的男性具有更多的有利于长寿的基因。此外，男性多有吸烟饮酒的习惯，这可对身体造成负面影响，因此女性长寿者多于男性。②

(2) 个体的精神因素。个体的精神因素主要从个人精神状态、性格因素两个方面来分析。

精神状态是影响人类寿命的一种强大力量。当精神愉快时，中枢神经系统兴奋，指挥作用加强，新陈代谢旺盛，有利于延长寿命。相反，精神失调引起的不良情绪可使人体生理功能紊乱，发生心理、生理疾病，情绪的好坏直接影响人的健康。任何恶劣的情绪都有可能引起中枢神经系统功能紊乱，从而引起所支配的器官的调节障碍，引起各个有关生理系统出现异常，间接引发各种疾病，缩短人的寿命。

性格因素直接影响人的精神状态。开朗的性格对人体的健康长寿有很大的促进作用。医学上把人的性格行为大致分成 A 型、B 型、C 型，不同的性格与各种病的发生有千丝万缕的联系。③

- A 型性格。A 型性格的人往往具有以下特点：①具有强烈而持久的目标感；②热衷于竞争性活动；③特别希望得到别人的承认并超越自己；④不断制定或接受具

---

① 郑集. 衰老生化在老年营养研究中的重要性 [J]. 生命的化学，1991(6).
② 岑海燕，张玉琦. 长寿相关影响因素的研究进展 [J]. 广西医学，2018(12).
③ 石岩. 性格不仅决定命运，还决定生死 [J]. 江苏卫生保健，2019(2).

有最后期限的任务；⑤习惯积极地完成各种活动；⑥在心理和生理上都过分敏感；⑦对别人不太信任。A型性格的人容易情绪激动，爱生气，办事节奏快，有时间紧迫感，争强好胜，遇到困难从不罢休。这会让交感神经系统变得兴奋，促使升压物质"儿茶酚胺"分泌旺盛，再加上应激状态下血管"紧绷"，长期如此就容易引发高血压。而且交感神经长期兴奋，心率加快，心肌耗氧量增加，易引发心脏方面的疾病。

- B型性格。B型性格的人既不像A型性格的人那样过分争强好胜，也不像C型性格的人那样低沉抑郁，而是表现为愉快、安定、自信、进取、谨慎、坦白、满足、庄重、热心、乐观、豁达。
- C型性格。C型性格的人大多孤僻抑郁，好生闷气，朋友少，常尽其所能取悦周围的人。容易随波逐流，常常伴有孤独感和无助感。C型性格的人往往具有以下特点：①性格内向，长期抑郁且不善于表达，表面沉默不语，逆来顺受，但怒气难消；②情绪抑郁，好生闷气，但生气又不对外宣泄；③极小的生活事件便可引起焦虑不安，心情总处于紧张状态；④压抑怒气，往往为取悦别人而忽视自己的需求。C型性格的人容易因压抑、焦虑、无助等情绪导致身体器官功能失调。

> **专栏1-2 性格决定寿命，美医学博士公布六大长寿性格**
>
> 近期美国《衰老》期刊刊登的一项研究，揭示了一些长命百岁的性格秘密，比如心情乐观，性格随和，善于社交及认真负责等。美国纽约阿尔伯特爱因斯坦医学院衰老研究所所长尼尔·巴尔兹莱博士表示，将这些因素综合起来，便能大致得出性格与长寿的关系。巴尔兹莱博士从遗传学角度对百岁老人的性格展开了更深入的研究。新研究涉及243名百岁老人。巴尔兹莱博士对这些老寿星及其家人进行了乐观等性格特征问卷调查，评估了性格随和程度、是否外向、是否爱笑及如何表达各种情感，等等。另外，还调查了参试老年人是否做事认真、有责任心，是否善于自律及焦虑、愤怒或内疚等负面情绪的表达方式，等等。结果发现，总体而言，百岁老人主要有六大性格共性：性格外向、从不抱怨，不说别人坏话、笑口常开、善于表达情绪、认真负责、从不神经质。美国纽约福特汉姆大学心理学教授丹妮拉·约普博士认为，这项新研究的结果与长寿机理有一定的关系，百岁老人似乎具有某些非常特别的心理性格。约普博士还发现，长寿者能够成功调节对健康的预期，他们对疼痛持接受态度，对睡眠困难等问题从来不会抱怨或牢骚满腹。她表示，对未来持乐观豁达和积极向上的态度，不仅会让日子更好过，而且有助于延年益寿。
>
> 资料来源：美国研究公布6大长寿性格[J]. 保健医苑，2014(10).

2. 非生物性因素

非生物性因素主要指环境因素，包括原生环境、次生环境和社会环境。环境因素与人类寿命密切相关。人类个体通过不断地新陈代谢，时刻与周围的环境进行物质、能量和信息的交换。环境质量随时受到各种因素的影响而发生变化，当环境质量发生恶化，超出人体的适应调节范围时,就有可能引起人体机能发生异常,加速衰老,从而影响寿命。

(1) 原生环境。原生环境是指没有人类影响的自然环境,主要包括自然界中的温度、湿度、日照、气压等气象条件,以及地形、地质、水质等,这些因素对于人的寿命有极其重要的影响。长寿人群较多的地区大多分布在海拔较高的山区丘陵,且空气清新、植被覆盖率高,远离工业生产开发区[1]。这种宜居的环境表现为山区低氧、低气压的状态,有助于锻炼人的心肺、造血功能和代偿能力,从而延缓衰老。例如,我国蒙山长寿区的森林植被覆盖率达到95%以上,有着"天然氧吧"的美誉,良好的居住环境对人类的健康长寿起到促进作用。锰、硒等微量元素具有调节体内脂质代谢、降低自氧化损伤的作用[2]。刘源等[3]认为,土壤环境与长寿水平存在相关性,即土壤中的硒、镉、钴、钒、锌和铁元素与长寿正相关,而钡、镍、铬、铜、锰、锂和锶元素与长寿负相关。

(2) 次生环境。次生环境是指因为人类实践活动而改变了的自然环境。工业革命以来,随着社会生产力水平的提高,人类干预自然的能力大大增强。对自然矿藏资源的大量开采及煤炭、石油的广泛利用等人类实践活动改变了自然环境,造成了环境污染,这些污染是疾病与死亡的首要原因,严重影响人类的健康长寿。次生环境的恶化与人类对社会发展的逐渐认识有一定的关系。工业革命以来,现代化和社会发展是世界各国努力的重要目标。在相当长的一段时间里,人们描述一个国家现代化过程时,"增长"与"发展"这两个概念往往是相互替代的。经济增长因其在社会现代化过程中的重要性而成为"社会发展"的代名词。人们很快就会发现,实现社会现代化的同时,还会受到自然环境、社会环境等许多非经济因素的制约。

片面追求经济发展的代价是沉痛的,资源的枯竭及环境的污染是次生环境面临的重大挑战。从社会发展的角度而言,世界各国、各地区之间的发展程度、发展水平存在较大的差异,因而在落实发展观方面截然不同。发展水平较高的发达国家和地区由于具有较强的经济实力,能够实现人类与自然的和谐发展,并在一定程度上保护适应于人类生存的环境。发展水平较低的发展中国家由于急需发展经济,解决基本民生问题,从而以牺牲环境的代价追求经济增长。如前所述,人们对社会发展的认识是从单纯追求经济发展到追求人与自然和谐发展。事实上,对社会发展观的认识和落实在某些社会环境下难以达成一致。发展中国家即使意识到发展造成的环境问题,由于其自身条件所限,仍然会单纯追求经济发展,造成大量的环境问题。

(3) 社会环境。社会环境对于人类的寿命也会产生重要的影响。社会环境因素主要是个人与社会的互动,包括个人生活方式、基本家庭因素、社会经济状况等。

- 个人生活方式。个人的生活方式主要是指饮食、体育锻炼等。健康长寿的老年人通常在饮食方面以谷类、薯类食物为主,长寿老人通常多食用蔬菜水果及奶制

---

[1] 杨燕. 山东省青岛市城阳区百岁老人长寿因素调查与分析 [D]. 济南:山东大学硕士学位论文. 2012.
[2] 秦俊法. 中国的百岁老人研究 Ⅴ. 微量元素——长寿的重要物质基础 [J]. 广东微量元素科学,2008,15(2).
[3] Liu Y, Li Y, Jiang Y, et al. Effects of soil trace elements on longevity population in China[J]. Biological Trace Element Research, 2013: 153.

品，较少食用肉或动物性食品，不吸香烟，并适度饮用茶水。民间有观点认为，适度饮用红酒有益于健康长寿，这一说法有待科学证实。在饮食方面，应饮食有节，谨和五味，即饮食要有规律，不能大吃大喝，暴饮暴食，增加机体负荷，饮食以适时适量为宜。在食物结构上，应强调营养平衡，即不应有偏食的坏习惯，要五谷杂粮合理搭配，既有植物性食品，也有动物性食品。对老年人和小孩来说，还要强调可消化吸收性。在营养金字塔结构中，占比重最大的是谷物类食物，第二位是蔬菜和水果，最后一位是适量的盐、油和糖，因为其主要作用只是产生热能和调味，而且吃多了还会诱发许多疾病。

- 基本家庭因素。家庭作为社会的基本单元，家庭环境是影响寿命的重要社会环境因素之一。和睦孝顺的家庭是百岁老人健康长寿的重要环境条件，家庭为老年人提供经济帮助、生活照料和人文关怀。老年人与子女同住，不仅利于提高老年人的生活满意度，而且对老年人的经济、物质支持和精神慰藉等方面也十分有益。[①] 家庭幸福是健康长寿的重要保证。家庭因素包括家庭结构、家庭成员的协调状况等。因为家庭是社会的基本组成单位，也是每个人生活的小环境，对很多人来说，又是其全部活动中的最主要内容，所以家庭对一个人的影响应该引起人们更多的关注。家庭成员之间能够同甘共苦，和睦相处，哪怕是物质生活条件较差的家庭，仍然可以乐在其中，延年益寿。相反，若家庭成员冲突不断，将会严重影响人的寿命。
- 社会经济状况。社会经济状况是影响老年人生活质量的一个重要因素，经济的良好发展及社会的和谐稳定，将为健康长寿提供丰富的物质和精神生活基础，例如充足的食物、先进的医疗条件、和谐的社会氛围等。同时，良好的社会经济状况是提供宜人的居住环境的重要保证。美好的居住环境，包括新鲜的空气、充足的阳光、清洁的水源、肥沃的土地、秀丽的山川、繁茂的森林等，这些都有益于延长寿命。

人类的寿命受到生物性因素、环境因素的综合影响，由于人类个体间显著的异质性，诸多因素对个体寿命的影响因人而异。人的社会属性说明个人是在与社会持续的互动过程中得以生存。社会生产力水平通常在某一时期是既定的，表现为医疗服务技术等在具体历史时期内对个人寿命的影响是有限的，实际上个人寿命的长短主要在于个人本身，包括是否具有良好的生活习惯、精神状态等。

二、群体老龄化

（一）群体老龄化的含义

群体老龄化以个体老龄化为基础，是指某一国家或地区因总人口中年轻人口数量减少、年长人口数量增加而导致的老年人口比例相应增长的动态过程。群体老龄化通常又被称为人口老龄化，其包含两层意思：其一是老年人口相对增多，在总人口中所占比例不断上升的动态过程。群体老龄化的动态特征是与个体的增龄现象相呼应的，说明了其

---

① 曾毅，柳玉芝，萧振禹，等. 中国高龄老人的社会经济与健康状况 [J]. 中国人口科学，2004(S1).

产生和发展是一个漫长的过程,一个参考标准即社会中一代人从出生到老年的整个时间跨度,同时要考虑人口增长的因素。其二是社会人口结构呈现老年状态,进入老龄化社会。人口老龄化主要表现在人口年龄结构三个方面的变化,即"三个增加":总人口中老年人口比重的不断增加;老龄人口中高龄(80岁及以上)人口比重的不断增加(亦称为人口高龄化);劳动力人口中中老年劳动人口(45～59岁)比重不断增加。[①]

(二)群体老龄化与人口老龄化的关系

人口老龄化包括个体老龄化和群体老龄化,在学术研究中分析人口老龄化相关问题时,通常涉及群体老龄化。人口老龄化既关心人类个体随着年龄增长逐渐老化带给个体的影响,更关注某一国家或地区人口年龄普遍提高所带来的社会、经济等方面的综合影响。

三、老年人口和老龄化社会的认定标准

(一)老年人口的认定标准

人类作为生物体,受到生物生长规律的支配,从出生伊始,随着时间的推移,人的机体逐渐生长、成熟,从而走向老化,直至死亡。这一过程适用于整个人类,且具有不可逆转性。老年人是指生物学意义上人体结构和生理上衰老的个体。由于人的机体衰老是随着时间变化的,因此,对于老年人的界定主要是以日历年龄或生物年龄为标准。

1956年,联合国出版的《人口老龄化及其社会经济后果》一书中,以65岁作为老年的起点。联合国进行人口统计时,将65岁作为老年的起点,即认定年龄在65岁及以上的人口为老年人口。[②] 由于世界各国国情不同,人口平均寿命和老龄化程度存在明显差异,部分国家(主要是发展中国家)通常以60岁作为老年人口的界定标准。因此,国际上通用的老年人口年龄界定标准是60岁和65岁两种。具体来看,西方发达国家一般将65岁作为认定标准;发展中国家一般将60岁作为认定标准。需要特别说明的是,老年人口的年龄认定标准不是一成不变的,随着社会生产力水平的提高,人类平均寿命的普遍延长,老年人口认定标准将呈现不断提高的趋势。

(二)老龄化社会的认定标准

国际上关于老龄化的界定存在不同标准。根据联合国提出的标准,按照65岁及以上老年人口占总人口比重的不同,可以将人口年龄结构类型区分为年轻型、成年型和老年型三类。年轻型人口是指65岁及以上老年人口占总人口的比例小于4%;成年型人口是指65岁及以上老年人口占总人口的比例大于等于4%且小于7%;老年型人口是指65岁及以上老年人口占总人口的比例大于等于7%。

然而,大多数发展中国家以60岁作为老年人群的年龄划分依据,根据这一划分原则

[①] 张水辉.进一步认识人口老龄化及其正面效应[J].市场与人口分析,2003(4).
[②] 张文娟.老龄工作管理[M].北京:中国人民大学出版社,2017.

亦将人口年龄结构类型划分为年轻型、成年型和老年型三类。年龄型人口是指60岁及以上老年人口占总人口的比例小于5%；成年型人口是指60岁及以上老年人口占总人口的比例大于等于5%且小于10%；老年型人口是指60岁及以上老年人口占总人口的比例大于等于10%。

因此，关于老龄化社会的划分，国际社会通常有两种标准。一种是一个国家或地区60岁及以上人口所占比例超过总人口10%；另一种是一个国家或地区65岁及以上人口所占比例超过总人口7%。国际上(特别是西方发达国家)通常选择后者，即将65岁作为划分老龄化社会的标准，原因在于这些国家人口的平均寿命持续增加，过低的老年评定标准通常会带来沉重的养老负担，特别是财政支出。此外，如果65岁及以上人口所占比重达到15%及以上，则为"超老年型"社会。

四、人口老龄化的产生

人口老龄化最早出现在19世纪50年代的法国，随后，许多西方发达国家也都出现了这一现象。作为一场"静悄悄的人口革命"，人口老龄化并未对当时的社会经济发展产生明显的影响。第二次世界大战后，随着西方国家社会经济危机的加深，以及社会保障制度和福利政策的推行，人口老龄化和老年人口问题开始引起社会的关注，人们迫切感到需要正视人口老龄化带来的社会和经济后果，需要国家和政府出面制定切实可行的对策。人口老龄化已成为人类发展的大趋势和21世纪人口发展的主要特征。

(一) 人口老龄化的起源

对老龄化最早的关注出现在19世纪末的法国。早在1800年，法国65岁及以上老年人口比例就已超过5%，到1900年时逐渐增加到了8%。[1]这是法国19世纪生育率逐渐下降到更替水平的结果，它引起了对人口潜在减少的担忧，与快速增长的邻国相比，其实力、地位将受到威胁，可能引起法国"文化"的衰退。[2]瑞典是另一个在19世纪经历人口老龄化的国家，当时瑞典人口的年龄结构与其他一些国家对比，15岁以下人口和50岁以上人口的比例存在很大差别，有学者根据少儿人口与老年人口的比例差别将不同国家分为增长型(年轻型)、静止型(平衡型)和缩减型(老年型)[3]。

当法国、瑞典走在老龄化的前列时，其他西方国家的人口老龄化则都是在20世纪发生的现象。20世纪30年代生育率的下降和经济衰退使西方国家对人口减少、人口年龄结构变化表现出很大的关注。第二次世界大战以后，西方国家对人口老龄化的关注与研究不断增加，特别是美国、法国，以及联合国的人口学家开展了大量的研究。尤其是1982年维也纳国际老龄问题大会以来，国际社会对老龄化问题空前关注，频繁的区域性和国

---

[1] United Nations(1956). The Ageing of Populations and Its Economic and Social Implications. Sales No.E.56. XIII.6.

[2] Gorge C. Myers(1985). Ageing and world – wide Population Change. In R. Binstock and E. Shanas, eds. Handbook of Ageing and the Social Sciences. New York: Van. Nostrand Reinhold.

[3] United Nations(1973). The Determinants and Consequences of Population Trends, Sales No. E. 71. XIII. 5.

际性论坛在评估老龄化形势及后果、开展研究和探讨对策等方面做了许多努力。在不断增长的研究中，对发展中国家，尤其是对亚洲老龄化的关注开始出现并迅速增加。这是由于东亚、东南亚的一些发展中国家自20世纪60年代以来，迅速的生育率下降引起了人口增长与年龄结构的很大改变，决策者担心老龄化将影响国家的经济实力和人口的福利。[①]

(二) 人口老龄化产生的原因

人口老龄化实际上是人口年龄结构的老化。人口老龄化的根本原因是生产力水平的提高，主要原因包括两点：一是人口死亡率的下降；二是人口出生率的下降。

1. 人口死亡率的下降

在古代，人类的平均寿命很短。在奴隶社会和封建社会，人类的平均寿命只有20～30岁。到19世纪上半叶，当时的发达国家死亡率仍高达32‰，是现在中国死亡率的几倍。1840年，全世界最发达的几个欧洲国家和美国的马萨诸塞州平均寿命也就只有41岁。造成人类平均寿命低下的原因主要是抵御"天灾人祸"的能力较弱，表现为吃穿住行等基本条件难以保证。一旦遇到旱灾、洪灾、极端风雨、地震等恶劣自然灾害，就会造成大量人口死亡。资源稀缺给人类的生存造成威胁，因争夺资源引发的战争更是让人们付出了生命的代价。造成高死亡率的另一重要原因是疾病。在当时的条件下，人们对于天花、鼠疫、肺结核等今天看来并非致命的疾病是无能为力的。这些病相当于我们今天所说的"绝症"，一旦确诊，个体死亡的概率极高。如果疾病带有传染性抑或人们对其缺乏防范措施，则可能造成大量人口死亡。

综上所述，由于饥荒、战争及传染病疫等因素的影响，导致古代社会人口的高死亡率。这种状况直至18世纪欧洲工业革命以后才得到大幅改善。首先表现为生产力水平提高带来的物质产品产量的提高。在农业方面，生产工具的改进提高了农业生产的单位效率，交通运输条件的改善使得贸易运输等可以作为饥荒时代调剂余缺、以丰补歉的手段，极大地降低了传统农业靠天吃饭的风险，丰富了人生存所需的粮食、肉类，改善了人的营养条件。

同时，在吃的要求得到满足的同时，穿、住、用、行等条件也得到了普遍的改善。其主要表现在两个方面，一是整体水平的提高，二是覆盖范围的扩大，即原来只有少数特权阶级享有的资源逐步在普通民众中间普及。特别是医疗技术的提高和普及，有效地控制了许多容易致人死亡的疾病的滋生和蔓延。

此外，全球化的发展趋势形成今天的世界"你中有我，我中有你"的局面，使得今天的战争与传统战争在规模、形式、伤亡等方面截然不同。总的来看，和平是世界发展的趋势。当然，局部战争仍然存在，特殊的战争形式(如贸易战)可能成为国家或地区之间冲突的形式。

2. 人口出生率的下降

人口死亡率的下降是人口老龄化的基础，而人口出生率的下降则是人口老龄化的决定性因素。工业革命以前，世界各国几乎都是高出生率国家，欧洲国家每个妇女平均生育6个孩子，亚非拉国家的妇女平均生育七八个孩子。当时世界各国的人口年龄结构偏

[①] 黄小燕，陈卫. 世界人口老龄化：趋势与模式 [J]. 人口研究，1999(3).

向年轻，人口老龄问题并未凸显。

纵观全球人口出生率、生育率的变动过程，总体趋势都是由高到低。但下降速度的快慢、开始时间的早晚存在很大差异。发达国家出生率、生育率的下降早在工业革命时期已开始，到 1975 年出生率已降至 20‰ 以下。[①] 工业革命以后，人口出生率的下降最先在发达国家中出现，随后逐渐向发展中国家乃至世界蔓延。这个过程需要经历数代人的岁月。

人口出生率下降的原因主要有以下 5 点。

第一，传统社会向现代社会过渡，工业化程度的提高解放了劳动力，提高了劳动效率。在传统的农业经济下，劳动力投入是农业生产的重要特点，家庭通过追求高生育率来获得大量劳动力。由于女性具有以下两个特点：一是普遍情况下体力相对较弱，二是高生育率下的妇女的大量精力用于生育、抚养子女，无力进行劳动生产。女性的以上特点使其在农业社会中劳动生产的效率普遍低于男性，因此，"男尊女卑""重男轻女"是传统社会人们在约束条件下的无奈选择。在中国，"养儿防老""多子多福"亦体现了对劳动力数量的追求。工业革命以后，机械化大规模生产代替了传统的劳动力生产，人口的体力劳动力的作用由于机器的替代而逐渐减少，现代化的生产方式动摇了高生育率的社会基础。

第二，社会生产力的发展改变了生产方式，促使社会的经济结构发生转变。工业化提高了劳动生产率，同时实现了人口的小范围的集中，农村人口大量向城市转移，城市化是现代社会发展的趋势。城市化的发展带来了第二、第三产业的人口激增，传统社会下农业生产的家庭生产职能逐渐弱化。机械化生产相比农业生产降低了对生产者体力要求的同时，提高了对劳动技术、知识的要求，这种转变使得生产者不得不通过减少生育子女的数量来获得大量的时间和精力，以适应社会对于劳动力角色的要求。

第三，人口死亡率的下降亦是人们减少生育的重要原因。以前，人口高死亡率，特别是婴儿死亡率居高不下，迫使家庭必须考虑替代方案，即通过多生育子女来弥补高死亡率带来的风险。随着社会条件的改善带来的死亡率的下降，个人的预期寿命显著提高，家庭无须刻意追求子女数量来预防养老，甚至子女数量的增多带来了资源争夺等风险而无助于养老，在国家成为社会保障的责任主体的社会发展趋势下，人们逐渐转变了观念，从片面追求子女数量转向注重提高、改善子女的素质。

第四，节育水平的提高一定程度上实现了人们主观程度上的生育自由。避孕技术、医疗技术的提高使得人们能够主观控制家庭的人口数量，减少了因意外怀孕出生的人口数量。

第五，社会抚养成本的提高。传统社会生育子女的成本较低，表现为农业生产需要的劳动力要求仅仅是体力方面的要求，而体力方面的培养较大程度带有自然性，家庭只要有成年的男性往往就能在正常情况下满足家庭的农业生产需要。现代社会对人口素质

---

① 邬沧萍，王琳，苗瑞凤. 从全球人口百年 (1950—2050) 审视我国人口国策的抉择 [J]. 人口研究. 2003(4).

的要求逐渐提高，家庭必须长时间(往往十几至二十年不等)持续投入精力培养子女，使得个人的抚养成本提高。

由于个体的差异明显，造成人口出生率下降的原因还有很多，例如文化、风俗、教育等因素。从根本上来看，人口出生率下降的原因是社会生产力水平的提高。人口老龄化的产生是社会进步的表现，人口寿命的普遍提高说明普通民众能够接触传统社会下只有少数特权阶级才能享受的、有利于健康长寿的各种资源。

专栏 1-3　　　　　比较个体老龄化与人口老龄化

个体老龄化尊重生物规律，是客观存在且不可逆的。人口老龄化是以个体老龄化为基础的。人口老龄化主要讨论一定区域内的人口结构老龄化问题，从理论上看其存在可逆的情况，条件是出生率的大规模提升带来社会人口结构的年轻化。客观现实是，世界范围内出生率的下降，未来较长时间内都将面临全球人口老龄化的问题。

五、全球人口老龄化问题的现状与发展态势

(一)全球人口老龄化问题的现状

随着社会经济的迅速发展，医疗卫生事业也得到了极大的发展，人们的生活水平有了明显的改善与提高，从而使人口平均预期寿命不断延长。公元前，人们的寿命一般不超过 20 岁，在古代最多能活到 25 岁，到中世纪延长到 30 岁。[1] 工业革命以来到 20 世纪下半叶，世界人口增长模式发生了历史性转变，生育水平下降、预期寿命延长成为人口发展的主旋律。进入 21 世纪以后，人口老龄化大潮席卷而来，深刻地改变着人口年龄结构和经济社会发展格局。人口老龄化是社会进步的表现，它反映着卫生科技事业持续发展，健康水平和人的寿命普遍提升。[2]《世界人口展望：2015 年(修订版)》指出，世界人口老龄化的步伐正在加速。预测表明，全球 60 岁及以上的人口比例将增加超过 4%，在接下来的 15 年里，从 2015 年的 12.3% 到 2030 年的 16.5%，即从 9.01 亿增长到 14 亿，到 2030 年，在欧洲和北美地区老年人将超过总人口的 25%，大洋洲为 20%，亚洲、拉丁美洲和加勒比地区为 17%，非洲为 6%。到 2050 年，世界人口的 44% 将生活在相对老龄化的环境中。[3]

(二)发达国家的人口老龄化

人类社会已经步入了老龄化时代，发达国家走在最前列，领跑了全球的老龄化进程。发达国家率先进入老龄化社会，随着工业化、现代化、城市化的发展，发达国家领先完

---

[1] 林晓红.世界人口老龄化速度加快[J].人口与计划生育，2005(5).
[2] 籍斌，史正，邵秀娟.国际社会积极应对人口老龄化比较研究[J].科学决策，2020(9).
[3] 刘琪.联合国发表多项议题，关注世界人口老龄化问题[J].上海城市管理，2017(5).

成了人口再生产类型从高出生、高死亡、低增长向低出生、低死亡、低增长的转型，人口年龄结构也随之由年轻型向老年型转变，发达国家已经全部进入老龄化时代。19世纪中叶欧洲产业革命即将结束时，1864年法国60岁及以上的老年人口占总人口比重突破10%，成为全球最早步入老龄化社会的国家。到20世纪六七十年代，几乎所有的发达国家都进入了老龄化社会。目前，世界上老龄化水平最高的20个国家，几乎全部是发达国家。发达国家引领人类社会走向深度老龄化。发达国家人口老龄化起步于20世纪初期甚至更早，1930—1940年间就已经步入老龄化社会。20世纪后半叶进入快速老龄化发展阶段，老年人口规模不断扩大，人口老龄化水平快速升高，遥遥领先世界平均水平。2015年，发达国家的老年人口规模增加到2.99亿，老龄化水平升至23.9%，比世界平均水平高1倍。2015年，除个别国家外，欧洲所有国家的老龄化水平均超过20%，整体步入老龄社会。全球老龄化程度最高的国家是日本，2015年为33.1%。发达国家的人口高龄化趋势将日益明显。在老龄化持续深化的同时，发达国家的高龄化(即80岁及以上高龄老年人口占总人口的比重不断上升的过程)趋势日益凸显。发达国家人口的平均预期寿命从1950年64岁提高到2017年的79岁。[1]

世界上人口老龄化最早、老年人口比例最高的国家大都是欧洲国家。截至2018年1月1日，法国总人口为724.90万人(含马约特省人口)，其中60岁以上人口占总人口的比例已达23.23%，65岁以上人口达到19.4%。截至2017年12月，瑞典总人口约1012万人，其中65岁以上人口占总人口的比例是19.82%。根据《世界人口展望：2017年(修订版)》中的方案预测，到2050年，法国60岁以上人口占总人口的比例将达到32.2%，65岁以上人口将达到26.7%；瑞典60岁以上人口占总人口的比例将达到30.4%，65岁以上人口将达到24.4%。

1970年，日本60岁以上人口占总人口比例达到10.4%，65岁以上人口的比例开始超过7%，这标志着日本正式进入老龄社会。截至2017年9月，日本总人口为12667.8万人，65岁以上人口为3510.6万人，占总人口的比例达27.7%。到2050年，日本60岁以上人口占总人口的比例将达到42.4%，65岁以上人口将达到36.4%。

作为发达国家之一的澳大利亚在1950年就已经进入老龄社会。1950年，澳大利亚60岁以上人口占总人口的比例是12.45%，65岁以上人口占总人口的比例是8.2%，而到人口老龄化战略提出前夕的2000年则上升为16.67%。截至2017年，澳大利亚人口总数为24598.9万人，65岁以上人口占总人口的比例为15.4%。根据《世界人口展望：2017年(修订版)》中的方案预测，到2050年，澳大利亚60岁以上的人口占总人口的比例将达到28.3%，65岁以上人口将达到22.5%。

美国在20世纪中期进入人口老龄化时代。根据美国人口普查局公布的美国老年人口情况，从1950年开始，60岁以上人口已经占美国总人口的12.4%，65岁以上人口已经占美国总人口的8.1%。到2016年，美国65岁以上人口为4920万人，占总人口的15.03%。根据《世界人口展望：2017年(修订版)》中的方案预测，到2050年，美国60岁以上的

---

[1] 原新. 发达国家领跑世界人口老龄化进程[N]. 中国老年报，2017-03-22(2).

人口占总人口的比例将达到 27.8%，65 岁以上的人口将达到 22.1%。①

（三）发展中国家的人口老龄化

根据联合国乐观估算，世界人口将在 2050 年增加到 97 亿，新增人口的 98.5% 来源于发展中国家，发达国家只占 1.5%。毫无悬念，未来人口总体走向将由发展中国家主宰已成定局。2015—2050 年间，全球老年人口净增加量的 90% 来自发展中国家，这个值在 2050—2100 年间将扩大到 98%。所以，发展中国家老年人口占世界老年人口的比重持续攀升，推波助澜全球老龄化，加剧世界应对老龄化的严峻局势。全球人口老龄化趋势将由发展中国家主导。发展中国家将在 2015—2020 年间步入老龄化社会，21 世纪中叶跨入老龄社会，分别比发达国家晚 50～60 年。尽管如此，未来全球的人口老龄化曲线几乎与发展中国家曲线相向而行，平行而动。发展中国家劳动年龄人口成为全球劳动力源泉。1950 年发达国家和发展中国家 15～59 岁劳动年龄人口分别为 5.0 亿和 9.6 亿；2015 年为 7.5 亿和 37.9 亿，此时发达国家劳动年龄人口已达峰值，发展中国家正值最快增长期。此后，二者相背而行，2050 年发达国家减少为 6.6 亿，发展中国家增加至 49.0 亿。② 发展中国家老年人口的增长趋势将决定全球人口老龄化的大势，主导人类老龄化的发展方向。

与发达国家相比，发展中国家的人口老龄化速度更快。发达国家大多在 1950 年之前转变为老年型人口，用时一般在 40～115 年，1950 年以后完成向老年型人口转变的国家大多数为发展中国家，且老年人口比例倍增 (65 岁及以上人口从 7% 增长到 14%)，用时大大缩短。③ 发达国家和发展中国家在人口老龄化速度的巨大差异是这些国家的人口转变过程时间跨度差异的直接反映。在人类发展史上，一般来说，发达国家的生产力水平提高早于发展中国家，且其现代化的启动是自下而上的，从国家内部产生的。④ 发达国家的现代化使得生产力水平得以提高，人们可以获得充足和稳定的食物。同时，发达国家的主动现代化经历了长时间的酝酿和积累，科技的发展能够逐渐加深对疾病等影响人类寿命因素的认识，这些国家 (主要是英法等西北欧国家) 经历了漫长的时间才完成由高生育、高死亡到低生育、低死亡的人口转变过程。与发达国家主动现代化过程中的漫长摸索相比，发展中国家可以通过知识和技术输入的方式向发达国家学习对抗疾病及自然灾害等技术，从而推动死亡率的下降和人口预期寿命的延长，保持低生育率水平和较大的人口规模，表现为老年人口比例的迅速增长。

---

① 资料来源：搜狐网. https://www.sohu.com/a/414253409_100167054.
② 原新. 发展中国家主导世界未来人口老龄化 [N]. 中国老年报，2017-04-12(2).
③ 张文娟. 老龄工作管理 [M]. 北京：中国人民大学出版社，2017.
④ 现代化理论认为，现代化是工业革命以来各国社会发展的根本目标。通常以现代化启动的早晚和内外因作为划分依据，发达国家是早发内生型现代化国家，其现代化是从国家内部自下而上产生的主动现代化。发展中国家的现代化是晚于发达国家的，通常是由于发达国家侵略而打开国门的被动现代化。发展中国家又称为迟发外生型现代化国家。特别说明一下，日本是一个特殊的情况，其现代化是被动的，但经过一系列改革发展成为发达国家。

六、中国人口老龄化问题

(一)我国人口老龄化问题

20世纪90年代以来,随着计划生育政策的不断落实,我国人口出生率下降到14‰以下。同时,由于改革开放,我国经济迅速发展,人民生活水平有了极大的提高,再加之医疗卫生事业的发展,使人们的健康水平普遍提高,人均寿命达到70岁,与发达国家持平。老年人的绝对数和相对比例均在增加。我国目前60岁及以上人口比重超过10%,65岁及以上人口比重也达到7%,这标志着我国已初步进入老龄化社会。

我国人口占世界人口的1/4,老年人口的绝对数量居世界第一位。第四次全国人口普查显示,1990年我国内地总人口为113368万人,60岁以上老年人口为9724.9万,占总人口的8.58%,其中,65岁以上老年人口为6315万人,占总人口的5.57%。第五次全国人口普查显示,2000年我国内地总人口为126583万人,65岁以上老年人口为8811万人,占总人口的6.96%。60岁以上的老年人口已达到12988万人,占中国内地总人口的10.26%,约占世界老年人口总数的1/5。从1990年到2000年,老年人口每年上升0.139个百分点。到2005年,全国人口抽样调查进一步显示,我国内地总人口为130628万人,65岁以上老年人口达到10055万人,占总人口的7.7%,老年人口每年上升0.146个百分点,高于第四次全国人口普查与第五次全国人口普查之间的每年0.139个百分点的上升速度,老龄化发展速度正在加快。我国进入老龄化社会的时间虽然比发达国家晚,但老龄化发展速度大大快于世界平均水平。瑞典老年人口比重从7%升至14%用了85年,法国用了115年,老年人口发展速度最快的日本用了26年。中国人口老龄化速度与日本不相上下,老年人口比重从7%升至14%,预计只需要27年。另据预测,到2030年中国65岁以上人口比重为20.84%,2040年为23.59%。由此可见,2030年中国将进入"超老年型"社会。到2045年,65岁以上的人口总数将达到3.33亿左右,占总人口的比重将超过25%,届时,每4个中国人中就有1个白发苍苍的老者,中国将成为高度老龄化的国家。①

我国的人口老龄化问题受到地区差异等因素的影响,部分地区的老龄化现象已经成为值得关注的社会问题。例如上海,截至2017年底,60岁以上的老年人口有483.6万人,占上海户籍人口的1/3,占常住人口的约20%。这一比例已经高于发达国家的人口老龄化比例。除了上海,辽宁、山东、四川、重庆、江苏等地的人口老龄化程度也普遍较高。老龄人口占比逐渐提高的同时,中国人口平均寿命也在逐年提升。根据国家统计局数据,2000年第五次全国人口普查,我国人均预期寿命为71.4岁。2019年8月,国家统计局发布报告显示,我国人均预期寿命达到77岁。另一方面,由于计划生育政策的影响,近几十年来,中国人口出生率和自然增长率一直处于下滑趋势。从2016年起,中国开始实行全面二孩政策。人口调查的数据显示,出生率在2016年有了一定幅度的上升,从12.07‰升至12.95‰,二孩政策产生了一定效果。但是在2017年,人口出生率并未

---

① 叶宁,尹文耀.我国人口发展趋势及对社会经济的影响[J].武汉大学学报(哲学社会科学版),2006(6).

如预期一样继续上升，而是回落到了 12.43‰。这反映出我国居民生育意愿降低，放开二孩并没有收到显著效果。在 2018 年人口出生率已经降至 10.94‰，为历史最低点。人口自然增长率降至 3.81‰，是中华人民共和国成立以来除去"三年困难时期"外的最低点。一面是人口正在不断老去，一面是新生儿数量不断创新低。一增一减的反差，将进一步加剧中国人口老龄化的程度。[①]

（二）我国人口老龄化的直接原因

如前所述，人口出生率和人口死亡率的下降是人口老龄化的两大原因。人口出生率和死亡率的下降速度因各国的国情而存在差异。即人口老龄化虽然是全球各国或地区必然经历的历史阶段，但其产生的时间、变化的速度受到各国或地区经济发展水平的影响。总的来说，发达国家先进入或已经进入人口老龄化时代，发展中国家后进入或正在进入抑或未来几十至几百年可能才遇到人口老龄化问题。我国作为发展中国家，从 1999 年开始面临人口老龄化问题。经济发展水平的提高导致人的寿命延长，从而造成人口老龄化，按照这一理论来看，我国当时的经济发展水平并未达到西方发达国家的状态，我国的人口老龄化实际上是提前的，原因是 20 世纪 80 年代的计划生育政策开始影响我国劳动力人口结构。

20 世纪 80 年代以来，我国坚定不移地执行计划生育政策，未成年人抚养比的迅速下降从总量和结构上改变了我国的人口性质，为实现城镇化、工业化做出了重大贡献。"人口红利"作为我国生育政策带来的"果实"，在理论界被广泛认知和讨论，未成年人抚养比的下降使得大量的原有消费资源被用于社会生产，同时也改变了国民年龄结构，使得劳动力人口比重增加。但"红利"的对立面是"负债"，人口红利的耗尽催生了老龄化社会的来临和劳动力供给结构的短缺问题。"人口红利"定义为一种最优化的人口年龄结构，即劳动力人口持续增加和社会抚养比尤其是未成年人抚养比减小[②]。人口红利可以理解为一个国家或地区的劳动年龄人口占总人口比重较大、人口抚养比较低的一种有利于经济发展的有利人口条件，表现为整个国家或地区的经济呈现高储蓄、高投资和高增长的局面。计划生育政策的严格实施造成了我国人口出生率下降速度快、幅度大，导致了人口红利的提前释放和提前加速离去，需要注意的是，人口红利的释放和消失是一个长期的过程，它是以群体老龄化为基础，是不断变化的过程。

专栏 1-4　　　　　　　人口红利与经济增长

1998 年 Bloom 和 Wil-liamson 在分析东亚奇迹与人口变化的关系时，发现人口增长速度及人口转变与经济增长高度关联。他们认识到以往的学者更多关注 20 世纪 50～60 年代东亚人口转变的"负担"阶段，而忽视了 20 世纪 60 年代后的"馈赠"阶段。人口"馈赠"代表了潜在经济增长，而它的实现取决于社会政治经济环境。

---

① 张程. 未富先老，老何所依 [J]. 检察风云，2020(2).
② 宋平. 论计划生育背景下我国"人口红利"的终结 [J]. 中国青年研究，2012(11).

> 2001年Bloom、Canning和Sevilla提出了人口红利的概念，他们认为人的需求和经济行为在人生不同时期存在差异，因此人口年龄结构的改变对一国的经济增长会产生重要的影响。如果人口中大部分是劳动年龄人口，他们所提高的劳动生产率能够产生促进经济增长的人口红利，但前提是利用人口红利的政策已经落实到位。自从人口红利概念被提出后，国外许多学者和机构对人口红利展开了广泛的研究。国外学者Mason和Lee认为在人口转变第二阶段的早期，生育率的下降导致少儿人口数量增长缓慢，劳动年龄人口持续增长。当劳动年龄人口增长的速度超过被抚养人口时，被释放出来的资源主要用于投资经济和增加社会福利，因而人均收入明显增加，这时就出现了人口红利。
>
> 资料来源：赵军、张华峰. 人口红利与经济增长：综述与展望[J]. 财会月刊，2022(06).

（三）我国人口老龄化的特征

中华人民共和国成立以来，随着我国社会经济的迅速发展，人民生活水平的提高，医疗卫生条件的改善，生育率和死亡率的迅速下降，人口年龄结构发生了急剧的变化，青少年人口比重大幅度下降，老年人口比重迅速上升。1964年我国0～14岁青少年人口的比重为40.7%，1982年下降到33.59%，1990年进一步下降到27.69%。与此同时，60岁以上老年人口的比重则由1964年的6.1%上升到1982年的7.6%，并进一步上升到1990年的8.59%，人口老龄化趋势十分明显。从现在到2050年前后，中国老龄社会将经历起步、加速到高峰的发展过程，人口老龄化历程将呈现如下趋势和特征。

1. 人口老龄化速度快、时间短

研究表明，与发达国家相比，中国人口老龄化的速度更快、时间更短。60岁以上老年人口的比重由7%上升到14%，只需25年或26年，[①] 快于世界上人口老龄化速度最快的日本，而其他发达国家完成这一过程用了更多的时间：法国用了115年，瑞典用了85年，德国和英国用了45年。中国老年人口比重由14%上升到28%，大约需要35年，中国人口老龄化速度之快远远超过了我国学术界原来的预测。因此，中国将成为世界上人口老龄化速度最快的国家之一，快速的人口老龄化对人口及社会经济的发展将产生深刻的影响。

2. 老龄人口绝对数量庞大

我国的人口老龄化问题不仅是老年人口占总人口的比重问题，更重要的是老年人口的绝对数量问题，我国60岁及以上老年人口的基数在20世纪90年代初即已达到1亿人，老年人口数量的年增长达到1000万人以上。根据国家统计局的相关资料（详细数据见表1-1），截至2020年11月，我国60岁以上的人口约为2.64亿人，占全国总人口数量的18.7%，其中65岁及以上人口约为1.9亿人，占全国总人口数量的13.5%。

---

① 张再生. 中国老龄化的特征及其社会和经济后果[J]. 南开学报，2000(1).

表 1-1　全国人口年龄构成

年龄	人口数（人）	比重（%）
总计	1411778724	100.00
0～14岁	253383938	17.95
15～59岁	894376020	63.35
60岁及以上	264018766	18.70
其中：65岁及以上	190635280	13.50

资料来源：2021年5月11日国家统计局发布的《第七次全国人口普查公报》。

3. 人口老龄化发展呈现出阶段不均衡性

我国人口老龄化的发展过程是不均衡的，大量老年人口的增加带有突发性。20世纪80年代以来老年人口以年均3%～4%的速度增长，21世纪上半叶的增长速度将更快。从绝对数量的变化看，20世纪90年代以来，老年人口年均增加300万人左右，2000—2010年间将年均增加近400万人，2010—2020年间将年均增加近700万人，2020—2030年间每年将增加1000万人以上，直到2030年以后，每年的增长量才逐渐减少，但老年人口的总量仍在增加。从相对量上看，老年人口的比重在2000—2010年间年均增长1.81%，2010—2020年间年均增长2.82%，2020—2030年间年均增长3.5%，2030—2040年间年均增长1.36%，2040—2050年间年均增长0.89%。增长速度也经历了一个由慢到快再由快到慢的"倒U型"变化过程。在这一变化过程中，还将呈现出老龄人口、高龄老年人口、女性高龄人口快速增长期等十分明显的阶段性特征。如2020—2030年为老年人口的快速增长期，其间老年人口的比重年均增长率高达3.5%，远高于其他时期。人口高龄化趋势也十分明显，80岁以上老年人口的增加要快于全部老年人口比重的增加速度。如1990年80岁以上老年人口的比重为7.9%，2020年将上升到10.1%，2030年以后增加的幅度更加惊人，2050年将上升到20%。同时，由于女性预期寿命高于男性，女性高龄人口的比重也将不断增加，高龄人口女性化趋势非常明显。

4. 人口老龄化发展呈现出区域不平衡性

由于不同省区间、城乡之间社会经济文化发展水平的巨大差异性，我国人口老龄化发展也呈现出明显的区域不平衡性。从地域差异上看，可分为三大类：第一类是东部沿海地区，1990年60岁以上老年人口比重均超过10%，包括上海、北京、天津、江苏、浙江等省市。第二类为内陆平原地区，老龄化程度在8%～10%，居于中等水平，即将进入老年型行列，包括河北、河南、湖北、湖南、黑龙江、吉林、辽宁、广东、四川、安徽、甘肃、内蒙古等省、自治区。第三类是西北、西南及边陲地区，1990年60岁以上老年人口比重均低于8%，区域差异十分明显。[①] 从城乡差异上看，中国人口老龄化的不平衡性也十分突出，一方面表现为上海、北京、天津等大城市人口的超前老龄化；另一方面表现为近年广大农村地区的青壮年劳动力人口的大量外流，使人口老龄化程度迅速提高。

---

① 林富德，刘金塘. 走向21世纪：中国人口发展的地区差异[J]. 人口研究，1996(2).

根据 2021 年 5 月发布的《第七次全国人口普查公报》中的有关数据，我国 60 岁及以上人口占总人口的比重在各个地区（省级行政单位）存在较大差异，全国平均占比为 18.7%，其中辽宁、吉林、上海等地的老年人口占当地总人口的比重超过 23%，辽宁达到 25.72%，广东为 12.35%。若按照 65 岁作为标准，除西藏外，其他 30 个省份 65 岁及以上老年人口比重均超过 7%，其中，12 个省份 65 岁及以上老年人口比重超过 14%（具体数据见表 1-2）。

表 1-2 我国各省级地区人口年龄构成

地区	比重 (%)			
	0～14 岁	15～59 岁	60 岁及以上	其中：65 岁及以上
全 国	17.95	63.35	18.70	13.50
北 京	11.84	68.53	19.63	13.30
天 津	13.47	64.87	21.66	14.75
河 北	20.22	59.92	19.85	13.92
山 西	16.35	64.72	18.92	12.90
内蒙古	14.04	66.17	19.78	13.05
辽 宁	11.12	63.16	25.72	17.42
吉 林	11.71	65.23	23.06	15.61
黑龙江	10.32	66.46	23.22	15.61
上 海	9.80	66.82	23.38	16.28
江 苏	15.21	62.95	21.84	16.20
浙 江	13.45	67.86	18.70	13.27
安 徽	19.24	61.96	18.79	15.01
福 建	19.32	64.70	15.98	11.10
江 西	21.96	61.17	16.87	11.89
山 东	18.78	60.32	20.90	15.13
河 南	23.14	58.79	18.08	13.49
湖 北	16.31	63.26	20.42	14.59
湖 南	19.52	60.60	19.88	14.81
广 东	18.85	68.80	12.35	8.58
广 西	23.63	59.69	16.69	12.20
海 南	19.97	65.38	14.65	10.43
重 庆	15.91	62.22	21.87	17.08
四 川	16.10	62.19	21.71	16.93
贵 州	23.97	60.65	15.38	11.56
云 南	19.57	65.52	14.91	10.75
西 藏	24.53	66.95	8.52	5.67
陕 西	17.33	63.46	19.20	13.32

续表

地区	比重 (%)			
	0～14岁	15～59岁	60岁及以上	其中：65岁及以上
甘肃	19.40	63.57	17.03	12.58
青海	20.81	67.04	12.14	8.68
宁夏	20.38	66.09	13.52	9.62
新疆	22.46	66.26	11.28	7.76

资料来源：2021年5月11日国家统计局发布的《第七次全国人口普查公报》。

5. 未富先老是我国人口老龄化的显著特征

发达国家是在社会经济发展达到很高水平、基本完成现代化以后开始面临人口老龄化问题的，因而具有为建立和维持老年社会保障和服务体系所需的相当雄厚的经济实力。如日本在20世纪70年代初进入老龄化社会时，其经济发展水平已达到发达国家的标准。中国的人口老龄化是在政府卓有成效的医疗保健和计划生育政策的作用下，在完成现代化之前、社会经济发展水平还很低的条件下实现的(21世纪初中国经济发展水平仅相当于发展中国家的较低水平)，因而，中国是在不具备相应的经济实力和社会保障能力的条件下，面临严重的人口老龄化问题的，人口老龄化与社会经济发展水平相比具有明显的超前性。超前的人口老龄化将对未来社会经济发展产生深刻的影响。据国家统计局披露的数据，2018年底，中国人均国内生产总值为9732美元，按照世界银行的标准划分，中国已经是中等偏上收入国家。根据世界银行统计数据，2017年，高收入国家65岁以上人口所占比重达到17.43%，中等收入国家为7.43%，低收入国家为3.37%。但是到2018年底，中国65岁以上人口比重已经达到11.94%。作为一个中等偏上收入国家，中国的老龄化人口比例偏高。

七、中国人口老龄化带来的问题

（一）经济层面

1. 对储蓄和投资的影响

处在生命周期的不同阶段，人们的储蓄倾向不同，因此，人口年龄结构的变化对储蓄有明显的影响。一般而言，老年人口比例的提高是不利于储蓄的。中国和广大发展中国家的情况是，老年人的储蓄水平低于全国的平均水平，且随着年龄增长，其储蓄水平相对下降。因此，中国人口老龄化和老年人口的增多不但会降低总的储蓄水平，而且会抑制储蓄增长率的提高。这势必要影响资本积累和投资，从而对经济发展产生不利的影响。投资是社会经济发展的依托，一国的投资主要来源于政府(社会)投资和个人投资。国民收入中的积累基金是政府投资的源泉，人口老龄化的发展和老年人口数量的增加，会导致政府积累基金的减少和消费基金的明显增加，特别是在当前我国城乡老年福利设施匮乏、社会保障制度不完善的情况下，政府必须拿出大量的财政资金去满足上述需要，从而使用于消费目的的基金数额增加并使用于投资积累目的的基金数额相对减少，影响整个社会的投资规模。同样，老年人口的增加也会降低个人投资的能力和倾向性，因为相对而言，老年人的储蓄水平低、预期收入少、承担风险的能力差。

2. 对社会及家庭收入再分配的影响

人口老龄化使越来越多的老年人退出劳动大军行列，由原来的生产者变为消费者，为保障老年人的生活、医疗、保健所付出的费用也会增加，使国民收入中用于消费的部分增加，而用于积累的部分减少。当消费基金增长到一定程度时，就会给国家财政和经济发展造成严重的困难和不利的后果。据预测，未来我国离退休人员的数量将迅速增加，退休职工占在职职工的百分比将持续上升。离退休人员的增加，使离退休人员的费用迅速膨胀，这不仅影响国民收入的分配比例，而且增加企业负担和产品成本，影响企业竞争力和扩大再生产的能力。随着人口老龄化进程的加速发展，家庭收入和代际收入分配方式也将发生变化。未来我国家庭代际收入分配将明显地向老年人倾斜。

3. 对生产和消费的影响

人口老龄化意味着新增劳动力的减少和劳动力结构的老化。2020年以后，我国新增劳动力的数量开始下降，劳动力老化现象也已十分明显，这导致某些部门和地区生产资料和技术装备的闲置，进而影响社会生产。同时，劳动力老化又会直接影响新技术的推广和设备更新，妨碍劳动生产率的提高。但是，如果我们能够抓住人口和劳动力老化的机遇，率先采用先进的科学技术和管理手段，提高生产的技术构成，就可以解决区域和部门劳动力不足的问题，提高劳动生产率。与此同时，由于人口老龄化使社会的消费结构发生了变化，为满足消费需求，社会的生产结构、投资结构和产业结构也将做相应的变化和调整。

人口老龄化使作为纯消费者的老年人口数量增加，从宏观层面来看，老年人口数量的增加会导致社会对消费基金需求总量的上升，增加社会的消费负担。而在消费基金总量一定的情况下，人口年龄结构的老化又会导致人均消费基金水平的降低。从微观层面来看，家庭人口老龄化会使家庭收入水平降低，从而影响家庭人均消费水平的提高，使家庭消费向老年人倾斜，进一步影响其他家庭成员消费水平的提高。与此同时，人口老龄化也使家庭和社会对老年消费品的需求急剧上升，使未来社会的消费结构和消费偏好发生重大变化。为满足老年人的消费需求，大力发展"老年产业"将在一定程度上对经济发展产生积极的影响。

（二）社会层面

1. 劳动力老化趋势十分明显

由于高龄劳动力的流动性差、适应性差，重新培训的费用高、难度大，很难适应产业调整的需要，从而造成社会的结构性失业，使失业率上升，劳动生产率下降，进而影响社会总产出和经济发展速度。

2. 家庭结构和养老模式发生重大变化

伴随着人口老龄化和社会经济的发展，特别是社会经济转型的影响，我国传统的大家庭观念日益淡化、家庭结构日益核心化。20世纪50年代，我国家庭平均规模为5.5人，

1995年1%人口抽样调查结果显示，家庭平均规模已缩小到3.15人。随着未来人口老龄化程度的加深，空巢型老人家庭和单身老人家庭将迅猛增加。家庭规模缩小、空巢家庭的增加，使传统家庭的养老功能削弱，并引起代际关系在供养方式、居住方式、照料方式、交往和沟通方式等方面的变化，使传统的家庭养老模式面临巨大挑战，家庭养老必然向社区和社会养老转化。

3. 社会经济制度及文化氛围发生变化

老年人是社会财富的创造者，对社会发展曾做出过积极的贡献。随着老龄社会的到来，老年人的社会经济权益日益受到重视。为了适应未来老龄社会的需要，应加强老年人的社会保障，改变现有的社会保障制度，完善退休制度、医疗保险及社会服务体系，制定《老年人权益保障法》，提高老年人的社会经济地位。同时，要树立新的老龄社会需要的伦理和价值观念，塑造没有年龄歧视，多代人互相尊重、相互支持的新的文化氛围，以建设不分年龄人人共融、共建、共享的社会。要实现上述目标，就需要对现行的社会经济制度和社会文化氛围进行重大调整。

4. 中国人口老龄化将伴随21世纪始终

张文娟根据中国老龄办发布的《中国人口老龄化发展趋势预测研究报告》对21世纪中国人口老龄化发展趋势进行分析，得出以下结论：在21世纪，老龄人口数量将不断增加，老龄化程度不断加深。直到2100年，中国老年人口总量仍将高达3.18亿，占总人口的31.09%。2030年到2050年是中国人口老龄化最严峻的时期，在这一时期，老年人口数量和老龄化程度都将迅速达到前所未有的高度。同时，2030年以后人口总抚养比将随着老年抚养比的迅速提高而大幅度攀升并超过50%，意味着有利于经济发展的低抚养比的"人口黄金时期"将于2033年左右结束。总之，2030年到2050年期间，中国人口总抚养比和老年人口抚养比将分别保持在60%～70%和40%～50%，人口老龄化的形势将更为严峻。[①]

第二节　老年学的研究对象

长期以来，大多数人把老年学看作一门"研究长寿的科学"，或视作一门"研究衰老的科学"。这是由于老年学萌发于人们对"返老还童"和"长生不老"的追求。迄今，在国内外仍有一些人持老年学就是长寿科学、衰老科学的看法。但是，随着人口老龄化的出现，人们开始懂得个体老化和群体老化既有联系又有区别，人口老龄化引发的问题通常遵循社会发展的规律，仅将其看作一门衰老科学或长寿科学，还不能全面概括老年学的性质、任务和研究对象。

---

① 张文娟. 老龄工作管理[M]. 北京：中国人民大学出版社，2017.

国内外也有不少人把老年学看作"研究老年人的科学"或"研究老年人的问题",甚至有人把老年学看作"研究老年福利的科学",这都没有全面准确地概括老年学。[①] 老年学绝非一门老年人关心的科学和仅从老年人立场、观点进行研究问题的科学。

老年学是对个人衰老的认识和从社会发展的角度研究人类老化产生各种问题的科学,是同整个社会和各年龄层都有密切关系的学科。其一,任何人都不能逃脱人类衰老的命运,衰老的出现和延缓衰老的努力从成年、中年就已开始;同时,人口老年化主要取决于人口的出生,因而同育龄人群的生育行为和全社会息息相关。其二,老年人口的社会保障和储蓄保险,一般从人的一生来考虑,在每个人就业后,就会自觉或不自觉地开始参与。其三,人类知识、文化、文明的社会继承和世代交替是社会发展、人类进步的必要条件,是在老年人和年轻一代之间进行的,绝不局限于老年人。其四,对于老年人的社会价值观、代际关系和老年人合法权益的维护等方面的研究,都必须从整个社会的安定团结和发展进步的角度来衡量,而不能从某一个年龄层的利益来考虑,因为任何有年龄偏见的看法都不可能是科学的。因此,全社会和各年龄层人口对老年学都应该有所认识,而非与己无关。

一、老年学的定义

一门学科能够独立存在,必然有它的独特研究对象,开展特有的专门研究,这是一门学科区别于其他学科的分界线。对于老年学,许多人下过不同的定义,如"老年学是一门研究衰老的科学""老年学是研究长寿的科学""老年学是一门研究老年人的科学""老年学是一门研究老年工作或老年事业单位或老年产业管理的科学""老年学是各门科学研究老年人口问题的总和"。[②] 但是这些定义都不够明确。简单来说,老年学就是研究人类个体和群体老龄化的科学。自 1939 年美国学者寇德利发表《老龄问题研究》汇编后,老年学的研究对象就逐步明确了,即老龄化是老年学特有的研究对象。在此之前,由于老年学鲜为人知,其研究对象也未得到确认,到 20 世纪 40 年代和 50 年代,国际上所有权威的百科全书和大辞典如美国《韦氏大词典》、英国《新版牛津小词典》、美国《美国大百科全书》等都设有老年学的条目,给老年学下了许多大同小异的研究人口老龄化的定义。

我们对老年学做如下定义:老年学是指研究人类老龄化的现状和过程,研究人类个体老龄化和群体老龄化的规律性,研究人类老龄化与人类生活的社会环境与生态环境之间的本质联系,以及人类社会和个人如何适应老龄化的科学。

二、老年学的研究对象概述

任何一门科学的研究对象都有一个从模糊到逐步明确的过程。在老年学这门科学发

[①] 邬沧萍.老年学在我国是一门有现实需要的科学[J].老年学杂志,1988(1).
[②] 邬沧萍.老年学概论[M].3版.北京:中国人民大学出版社,2015.

展的过程中，仅从学名的选用本身，就表明对其对象和内容认识的逐步深化。① 因此，我们应考察以下几点：①这门学科历史上使用的学名和内容的演变；②当代学者对研究对象所下的各种定义；③实践对这门学科的要求。

（一）老年学的研究对象的含义

当代的著作给老年学下了许多大同小异的定义，下面列举其中的几个。

(1) 美国《韦氏大词典》的定义为："老年学是对老化过程和对老年人问题的科学研究。"

(2) 英国《新版牛津小词典》的定义为："老年学是对老龄和老化过程及老年人特有的问题的科学研究。"

(3) 美国《美国大百科全书》的定义为："老年学是研究与老化有关的各种现象的学科。"

(4) 美国著名老年学家、杜克大学校长 E. W. 布斯（E. W. Busse）下的定义为："老年学是从生物学、心理学、社会学等不同方面研究老化的科学。"

目前所有的定义都把人口老化作为老年学的核心问题。

1982 年，世界老龄问题大会把世界具有普遍性的老龄问题归纳为两个方面：一是人道主义问题，是老年人所特有的问题；二是发展问题，就是人口老化问题。根据以上老年学的历史，从目前所下的学科定义和实践对学科提出的需要来进行划分，老年学的研究对象可以概括为：老年学研究人类老化的现象和过程，研究人类个体老化和群体老化的规律性，以及人类老化与生态环境、社会生活环境之间的相互关系的本质联系。该研究对象有以下四层含义。

第一层含义是老年学研究人类老化的现象和过程，这就把这门科学同研究人类以外的其他生物老化的生物学、动物学等其他学科区别开来，这是老年学研究的特殊矛盾。其他自然科学和社会科学没有一个是专门以人类老化为研究对象的，如果确实以人类老化为研究对象，它将构成老年学的一个分支学科。

第二层含义是研究人类老化不能笼而统之，必然区分为研究个体老化和研究群体老化，因为人类的个体和群体的老化过程既有联系又有区别。个体老化的结果必然是人的死亡。人类群体老化即人口老化不会导致人类的灭亡，它是伴随着人类的发展、进步而出现的现象。个体老化是完全受生物规律制约的，而人口老化虽然同个体老化有关，但人口老化主要是受社会规律制约的。随着人类科学的发展，人们逐渐认识到，研究人类老化，个体老化和群体老化缺一不可。在 20 世纪中期以前，老年学的研究几乎只限于研究个体，现代的老年学研究人口老化这一特点也是这门科学的必然发展。1980 年剑桥大学出版社出版的一本老年经济学就取名为《个体老化和群体老化经济学》(*The Economics of individual and Population*)，表明了这个思想。

第三层含义是任何一门科学都是研究客观规律的，老年学也必然要探索客观规律。首先是要求认识个体老化和人口老化的规律，即研究人类个体经历出生、成长、成熟到

---

① 邬沧萍. 论老年学的形成、研究对象和科学性质 [J]. 中国人民大学学报，1987(2).

衰老最后死亡的过程中，各种身体器官和心理所表现出的必然的、不断重复的现象和变化过程。人口老化也遵循客观规律，它是人类社会发展和进步过程中必然出现的现象，是不以人们的意志而转移的。人类群体老化的规律在老年学研究中将越来越居于重要地位，如果不认识整个人口的老化规律，有朝一日就会措手不及。

第四层含义是人类的个体或整体人口的老化无疑是以人的生物性为基础的，生物性这种人的自然属性对人类的衰老过程、老化的速度和程度具有决定性的影响，它是内因，是变化的根据。但是"人是最名副其实的社会动物，不仅是合群的动物，而且是只有在社会中才能独立的动物。"[①]人口老化受人的生物规律制约，但更大程度上受社会规律制约。人不同于其他动物。"人类社会和动物社会的本质区别在于，动物最多是搜集，而人则能从事生产。"[②]人类老化也会反过来影响社会生活，包括对人类社会的经济、社会、政治、法律等各个方面。人类老化同社会生活的相互关系是广泛的和多方面的，是深入认识人类老化规律不可缺少的。老年学必然要研究各种老年问题，但重点应该是研究那些带有普遍性的、稳固的、不断重复出现的本质联系，以取得有规律性的知识。另一方面，人类老化虽然主要取决于社会条件和社会因素，但是仍要以人的生物性为基础，而且人类老化还不能完全摆脱自然界的制约。因此，研究生态环境对人类老化的影响，也是老年学的内容。从老年学的研究对象和研究问题的广泛性可以看出，老年学是一门综合性的学科，包括多种自然科学和多种社会科学，互相渗透。由于其在考察一个共同的对象时会形成各种学科的交叉，因此它也是一门边缘学科。

（二）老年学与老年社会学

老年学兴起于20世纪初期，是一个学科群的总称，早期主要有老年医学和老年生物学。随着研究的深入，老年学研究逐渐从单纯的生物医学领域扩展到包括人口、经济、社会等学科在内的社会科学领域，形成了老年学中的社会老年学部分。总的来看，西方老年学大致分为两大部分，一部分研究个体的衰老，主要是老年医学和老年生物学，另一部分从社会科学角度研究老年人和老龄化，主要有老年人口学、老年经济学、老年社会学等。

国际上一般从研究对象的角度定义老年学，而老年学的研究对象通常包括老年人和老龄化两大部分。老年学及其分支学科首先出现在西方，中文名称都是翻译而来的。老年学与其分支学科的关系是关乎老年学学科定位的一个基础性问题。在社会老年学领域，老年人口学、老年经济学和老年社会学是其主要分支学科。

事实上，这里单独强调老年学与老年社会学的关系，实际是指出本书的研究范围，即更侧重于从社会科学的视角分析老年学的问题。具体而言，只考虑个体老化带来的社会各方面的影响，不考虑自然科学领域如何防止和延缓衰老等问题。

---

① 马克思恩格斯选集：第2卷[M]. 北京：人民出版社，1972.
② 马克思恩格斯全集：第34卷[M]. 北京：人民出版社，1972.

第三节　老年学的学科体系

任何科学都是以一定的客观事物及其特殊矛盾作为研究对象的。反过来，任何独立存在的客观事物，都会形成、产生相应独立的科学来研究、反映它的客观本质及其矛盾运动规律。老年人是自有人类社会以来就存在的一个人口群体，其有其特定的内涵——一定年龄以上的人口，有一定的特征——存在着与其他人群不同的特点，有独自存在的一些矛盾和问题，在物质生活和精神生活方面有一些特殊的需要，对人类社会的发展仍有一些特殊的作用，等等。因此，必然会产生研究、反映老年群体特殊矛盾的独立科学。

同任何一门科学一样，老年科学产生于人类社会对它的需要。其发展还有赖于其他相关知识的发展和有一个允许科学发展的社会环境。人类自身的老化可以区分为个体老化和群体老化。人类以往只懂得个体老化，到20世纪才对群体老化有所认识。正因如此，老年学首先产生于研究人类个体老化。每个人都自发地观察到周围的人从出生、成长、发育、成熟、衰老到死亡的过程，从而自发地产生一种长生不老甚至返老还童的愿望。这种愿望就导致各种延缓衰老和照顾老年人的看法和做法，这就是老年学的萌芽，但它此时还不是一门科学。从有文字记载的历史来看，公元前的《内经》所讲"生长壮老已"和"生长化收藏"，就是对人和植物生命过程的朴素的科学描述。

西方老年科学的萌芽可以追溯到希伯来、希腊和罗马关于老年人生理、病理和护理的观点和记述。现在科学上使用老年学和老年医学的前缀词都是来自希腊文字。古希腊的苏格拉底、亚里士多德都提出过关于老年人的观点。古希腊名医希波克拉底(Hippocrates，前460—前370年)被称为"医学之父"，就提出过许多关于老年期的生理和病理的特性。公元前二世纪的盖仑(Galen)进一步发展了希波克拉特的观点。他们的观点直到中世纪还影响着人们。罗马时代的西塞罗(Cicero)认为人只要得到满足，身心又有训练的机会，人类的智慧能力就能保持到老年，这一观点对后世具有深远的影响。在古代，由于受自然和社会知识的限制，研究老年问题的人不仅有医生，还有哲学家或其他学者。研究也不限于医学，还会研究关于对待老年人的伦理道德、世界观和社会问题，甚至带有神秘的宗教色彩，在某种程度上还带有阶级特点。因为在那时最关心长生不老和返老还童的人，常常是帝王将相、王公贵族，他们从奴隶、农奴身上榨取血汗，尽情地享受人间的富贵荣华，唯恐一命呜呼，因而对延缓衰老最为迫切。而广大劳动群众则因终年不得温饱，常常是朝不保夕，对长生不老的追求当然没有剥削阶级那样强烈。中外历史上，帝王、法老等千方百计追求长生不老之药而受骗上当的记载很多。中国秦始皇派徐福东渡采长生不老之药，是传说中帝王追求长生不老的明显例子。

到了中世纪，研究老年生理、病理的人也很多，写过一些有影响的著作流传至今。例如西班牙A.威兰纳瓦(Aroldnsde Villanova，1235—1311)的"养生法简论"、R.培根(Roger Bacon，1214—1292)的《老年的延迟治疗和青春的保持》、迈蒙尼德(Maimonides，1135—1214)的《老年养生必备》等。但在中世纪的欧洲，宗教、神权的统治和宗教斗争，极大地影响老年学的研究。这个时期各种巫术、点金术在某种程度上代替了真正的科学，这就决定了欧洲中世纪在老年学的发展上对人类贡献并不像后来那样突出。

我国自魏晋隋唐至清代在老年养生或调养上,也有过不少贡献。如清代曹廷栋著的《老年恒言》,从生理、病理谈到延缓衰老和延长寿命,标志着人类对老化认识迈进一步,但是我们还不能说其已成为科学。

15世纪末16世纪初以后,对老年的研究才逐渐摆脱宗教迷信的束缚,向科学的老年学迈进。值得一提的是 G. 塞比 (Gabriele Zerbi, 1468—1505) 在他的著作中划分了人的老年期,叙述了老化的原因和特点及星象占卜术对长寿的不利影响,提出健康管理和居住问题的设想。L. 克奈罗 (Luigi Cornaro, 1464—1566) 对衰老、长寿、死亡进行了研究,重视自然的延年益寿,提倡预防卫生、环境卫生、精神卫生,反对炼金术(炼丹之类)和星相卜占术等神秘迷信的长寿锻炼法。

近代老年学从 F. 培根 (Francis Bacon, 1561—1625) 开始,经 J. 弗洛伊 (J. Floye, 1649—1734)、A. 开利斯 (Antony Garlisle) 到 J. M. 查克特 (J. M Charcot, 1825—1893) 等人,逐步奠定基础。培根的著作《生与死的历史》,论述了生理方面的特点和合乎科学道理的保健方法。弗洛伊所著的《老年卫生学》,提出了许多针对老年病的诊断和防治。A. 开利斯 19 世纪初的著作《试论老年病》也是当时的重要著作。M. 查克特所著《老年病临床讲义》对精神病和老年慢性病做了探讨。19 世纪中期,德国康司丹特所著《老年人的疾病及其治疗》,也为老年医学做出了贡献。16 世纪到 19 世纪,个体老化的研究取得了很大的成绩。这不仅是由于社会对老年人问题的关心,还由于当时各门科学得到了不同程度的发展和整个学术研究空气摆脱了宗教的影响。这时,老年医学的基础研究和临床逐渐分开,老年生物学慢慢脱颖而出。

一、老年学学科的形成

老年学学科的形成主要得益于人口老龄化问题的日益严重化。19 世纪以前,老年人在社会总人口中的比例很小,通常 65 岁以上的老年人占总人口不过 3%～4%,当时的人们还不懂得人口老龄化的含义。

进入 20 世纪以后,老年医学和老年生物学方面的著作和论文问世日多,如 T. B 扬格 (T. B. Young) 的《百岁长寿》(1905)、I. 麦提内克弗 (I. Metehnikoff) 的《延长寿命》、C. M. 柴尔德 (C. M. Child) 的《老年期及其返老还童》、J. 斯超比 (J. Schwulbc) 的《老年病教科书》、施莱辛格的《老年人口疾病》(1914) 等。1919 年,L. 内舍 (L. Nasher) 发表巨著《老年医学》,首倡用 Geriatrics 命名老年医学或老年病学。1919 年 M. W. 塞利斯 (M. W. Thewlis) 发表《照顾老年人》(又名《老年医学》),自此老年学成为一门公认的科学。在 20 世纪初,老年医学、老年生物学和老年临床医学的发展,只是表明老年学还被限于研究个体老化,而对群体老化还处于几乎茫然无知的阶段。19 世纪以前人口几乎无例外地呈现出高出生和高死亡的特点。各国的年龄结构十分近似,那时 60 岁以上的老年人占全部人口的比重几乎为 3%～5%。到了 19 世纪中叶,欧洲国家出现生育率由高向低的转变,人类开始出现年龄结构老化,世界上第一个成为老年型 (按国际惯例,一个国家 65 岁以上人口占总人口的 7%,或 60 岁以上人口占总人口的 10% 以上者,为老年型国家)国家的是法国，1866年，65岁以上人口已占总人口的7.2%。其次是挪威和瑞典，两国于1890年成为老年型国家(前者为7.63%，后者为7.68%)。1940年，丹麦(7.52%)、英国(8.79%)、奥地利(8.81%)、德国(8.86%)、荷兰(7.01%)、瑞士(8.56%)、意大利(7.43%)等7个国家成为老年型国家[①]。至此已有10个国家成为老年型国家，都在欧洲。由此可见，人口老化起源于欧洲，老年学的建立也发源于欧洲。最早期的老年医学、生物学和老年心理学方面的专著多产生于欧洲的20世纪初。

20世纪40年代，北美人口老年趋势发展得较快。老年问题的研究在1940年前后，特别是在第二次世界大战后开始兴起，[②]在自然科学方面有较大的发展，在社会科学方面也开始有相关的研究。老年学的专著不断出版，并创办了老年学刊物，建立了研究团体。1938年，法国发表了有关老年人的第一批调查报告，德国出版了老年学的第一本专业杂志，苏联举行了一次全国衰老问题的会议。[③]20世纪50—70年代，在欧洲和北美相继建立了许多老年学方面的研究机构和学会，创办了许多老年学刊物，特别是出版了许多社会科学方面的老年学专著。老年学作为一门新兴科学，在一些经济、技术发达国家引起了学术界、政府部门的重视。

20世纪40年代，当时的社会状况是资本主义国家经历了20世纪30年代的世界经济危机后，一方面，欧洲国家在这个时期已经成为老年人口比重较高的国家，65岁及以上的老年人口大都接近或超过总人口的7%。另一方面，政府面临老年人问题日益严峻的挑战，如失业问题、贫困问题、劳动力结构老化，以及由于西方社会结构和家庭结构演变而引起的老年人赡养问题等，它促使欧洲及美国等资本主义国家不得不从社会政策层面上越来越重视社会老龄化带来的一系列社会结果，以寻求新的社会整合与平衡机制，促使老年学这门学科得以迅速发展。美国社会学家在研究群体老化社会特质的过程中提出了人口老化的概念。1944年美国成立老年学学会，并首先使用老年学(Gerontology)这个名词，它被视作老年学发展史上的一个里程碑。[④]

美国是世界上开展老年学研究较早的国家之一，并于第二次世界大战后逐步形成专门的研究理论与技术和方法论。美国老年学的发展开创了由生物医学向社会学领域拓展的先河。一些美国老年学家认为，老年学社会科学方面的问题难以解决，自然科学方面的研究和成果是有限的，老年医学与老年生物学领域的成果亦只能为少数人服务。

第二次世界大战以后，美国老年学界的一些学者开始意识到仅从医学、生物学等自然科学的角度来开展老年学研究具有明显的局限性，难以解决惠及大多数人的社会问题，应该运用社会科学的方法丰富老年学的学科体系。

美国的老年学注重经验研究，特别强调运用现场观察的方法、阅读文件的方法、口头交谈的方法，以及使用调查表等现代社会科学研究方法，尤其是统计学相关方法的使用，促使老年学在美国迅速发展成一门经验科学，旨在解决人口老龄化社会面临的各种问题。相比之下，欧洲的社会科学(包括老年学)更加强调对社会发展进行宏观的解释。

---

① 徐勤. 人口老化过程之分析[J]. 西北人口，1986(2).
② 杨宗传. 建立独立的社会老年学[J]. 人口学刊，1987(5).
③ 查里德·C. 克伦塔尔. 老年学[M]. 兰州：甘肃人民出版社，1986.
④ 宋珮珮. 论国外老年学的学科体系[J]. 国外医学社会医学分册，2001，9(3).

二、老年学学科的综合化

老年学是一门具有典型实证研究特征的新兴学科,有些西方学者认为,它应是一门源远流长的古老学问。早期的老龄问题研究局限于个体老化的生物学观点,例如:20世纪40年代之前,法国有老年病学与老年医学研究,德国有老年保健医学,英国有老年人生理与精神疾病研究,美国有老年医学和老年生物学研究等,它们均偏重研究个体衰老的生理原因与生物学机制。随着社会的进化,学者们认识到,从整个社会进化的角度考察,个人的发展与老化过程不仅是一个自我封闭的生物体系的运作过程,还是一个包括自然环境和社会环境并与之发生互动作用的社会生态系统的组成部分。人的老龄化与人口老龄化具有不同的科学含义:人的老龄化是就个体而言的,是一种受生物学规律支配的个人老化现象,它是一个不可逆转的生命过程;人口老龄化是就群体而言,描述在一定总体的人口中,少儿人口比重减少,老年人口比重上升的一个动态的社会过程。

第二次世界大战后,美国及其他西方发达工业国的产业社会趋于成熟,工业发达社会打破了传统社会的行为规范和价值体系,讲究效率与实利,重青年而轻老年,迫使老年人逐步退出社会功能体系,老年人因此被排除在经济、家庭和社会等领域中的重要地位之外。不同年龄群体权利和责任的急剧变化,产生了广泛的社会变革,老年人问题涉及社会经济、政治、文化和家庭生活的各个层面,它促使社会学及其他更多的社会科学研究者参与老龄问题研究。20世纪60年代,西方学者用年龄偏见这个短语来表示现代工业社会中歧视老年人的社会观念,他们认为,年龄偏见同种族主义和性别偏见非常相似。年龄偏见忽视个人之间的差别,而把年老体弱看作老年人唯一的和最重要的特征,却忽视了这样一个事实,即年龄等级之间的许多差别根本上是由社会因素决定的。

20世纪70年代后,世界上许多国家由于生育率的下降与人均寿命的提高而相继步入老龄化社会,各国的老年学研究亦日趋成熟,英国与法国在近30年中取得了老年学研究中人口统计学的成果。与其他工业化国家相比,法国是第一个老年型国家,法国学者将老年人和退休人口细分成40个年龄组(按同年出生的人划分),将人口移动规律从两个组合方向进行分析(即人口统计和社会方向):一方面,75岁和75岁以上的"高龄老年人"显著增加;另一方面,60~75岁的人数相对稳定,但其中退休人口由于退休年龄的下降而渐趋上升。从人口学、社会学及经济学意义上来讲,对人口老龄化进行多层面的剖析研究,为国家实施老年保障政策(退休养老金、非捐款者津贴、社会服务设施)构置了理论框架。今天的法国老年学已经成为涉及十几种学科的综合性学科。

德国亦是西方资本主义国家中较早步入老龄社会的国家。20世纪90年代,德国老年学研究卓有成效的大学是多特蒙德大学,以该所大学为主体的研究成果为德国政府公布的议会委员会的老年学著作《人口变化》提供了理论依据。其研究内容包括以下三个主要问题。

(1) 人口变化和社会保障体系的稳定性(特别是养老金、健康、长期护理保险),以及主要相关保险的原则和支付问题。

(2) 在人口变化和家庭结构改变的背景下,怎样顾及老年人的需求和供养问题。

(3) 如何为个人和社会提供和保持充裕的生活条件、资源和老年人的潜力。这是德国老年学近几年研究的主要课题。

日本在 1947—1957 年间出生率急剧下降,致使 20 世纪 60 年代后整个社会人口迅速老化,直接从事生产劳动的人口减少,需要扶持的人大量增多。自 1970 年开始,日本的人口学家、社会学家和经济学家从各自的学科角度全方位介入了老年学领域,全面研究日本的人口老化问题。西方产业社会学者韦伦斯基 (Wilensky) 研究了产业化给整个社会结构带来的影响,他认为社会保障支出是现代产业社会运转的必要成本,在福利国家已经普遍化。日本朝日大学社会学松户庸子教授以数理计算为依据的因果模式理论,研究日本产业社会结构的特征与福利政策,她认为韦伦斯基的命题在日本找到了事实依据,即不论是社会主义国家还是资本主义国家,社会保障支出增多是由于经济增长、人口趋于老龄化导致需要护理的人口扩大和护理期限的延长。1994 年松户庸子[1]提出,护理是 20 世纪 90 年代的全民课题,它是产业社会在完成经济层面的公共赡养制度之后必然面临的共同课题,它的发展源自两个因素:一是人口学因素,这是由于以"卧床不起的老人"和"患阿尔茨海默病老人"为代表的需要护理的人口逐渐增加;二是劳动经济学因素,这是由于以核心家庭化和小家庭化为代表的家庭开始向现代化方向发展,以及女子雇用劳动力比率不断上升。这些都是产业社会所共有的、不可逆转的趋势。在日本,贯穿 20 世纪 80 年代的福利政策模式——"日本式福利社会论",由于以家庭为核心的强大私人赡养延缓了社会保障的建立和成熟,从而使这一社会结构特性成为抑制"日本式福利社会论"中公共开支这一理论武器的核心。20 世纪 90 年代,老年护理成为全社会的问题,旧的护理模式不再符合现实,作为福利国家的日本福利体系需要重新组合。

老年学学科的发展趋势是逐渐形成的以自然科学和人文社会科学相结合的综合性学科。早期的老年学侧重以医学、生物学等自然科学的视角关注个体的老化问题,随着人口老龄化程度的加剧,社会学、经济学、管理学等人文社会科学的研究引起了各界的兴趣。人们的视角转向日益增多的个体老龄化对国家地区的影响等问题。老年学的研究注重跨学科、交叉研究。在国际上,跨学科研究于 20 世纪 30 年代在美国掀起了第一次浪潮,在第二次世界大战前后跨学科的研究达到空前的程度,其后在 20 世纪 70 年代前后又再一次蓬勃发展起来。跨学科的交叉研究是 20 世纪显示出的活力。对于当代一些重大而复杂的问题,单学科的研究常常是解决不了的,必然进行跨学科研究。老年学也是在这个跨学科研究热潮中产生和发展起来的,必然具有这一时代的烙印。的确,伴随人口老龄化而日益突出的许多重大问题,如提高老年人的生活质量和生命质量、老年人共享社会发展成果、健康老龄化等,只能通过跨学科交叉研究才能解决。[2]

在匈牙利的布达佩斯举行的第 15 届国际老年学大会上,会议研讨的课题内容涉及众多的学科门类,包括:生物科学、临床医学、行为科学和社会科学、社会研究、计划和实践,以及边缘学科课题,它揭示了多学科相互渗透、相互交叉研究已经成为未来老年学的发展趋势。该会议至今,老年学领域在多学科交叉研究社会老龄化问题,以及老

---

[1] 松户庸子.日本老龄化与福利网络[M].北京:中国文联出版社,1995.
[2] 杜鹏,邬沧萍.跨学科交叉研究与 21 世纪老年学的发展[J].中国人民大学学报,2001(3).

年性疾病的社会性预防、控制与社会心理病因学机制方面多学科、多系统的同步研究取得了瞩目的成果,如15届国际老年学大会确定的重点项目"家庭与老龄化——跨文化研究""性格与老化""阿尔采莫氏病病人的特护管理与社会方面"等。

三、老年学学科的体系化

(一) 老年学的分支学科

老年学是一门交叉学科。老年学的多学科、交叉学科属性使其处于学科边缘地位。目前,老年学的学科主要分为自然科学和社会科学两大类,其中有若干分支学科为自然科学和社会科学交叉学科。社会老年学包括老年人口学、老年经济学、老年社会学、老年哲学、老年法学、老年教育学、老年管理学等;社会与自然交叉的学科包括老年心理学、老年伦理学、老年体育学、老年精神病学等;生物、医学老年学包括老年生物学、老年医学、老年营养学、老年康复学和老年护理学等。随着社会经济发展的需要,老年学学科自身在不断发展。每个分支学科又分出若干子学科。如老年经济学的子学科有老年资源经济学、老年环境经济学、老年产业与市场学等;老年社会学的子学科有老年社会心理学、老年社会保障学、老年社会发展学、老年婚姻家庭学、老年妇女问题研究和老年住宅社会学等。这些子学科可从不同角度对老龄问题进行综合研究。社会科学与自然科学两大领域老年学研究的深化,从以研究个体老化为主,到进一步研究群体老化的规律。从微观研究发展到宏观研究,进一步研究人口老龄化对社会经济发展的影响,研究人口老龄化与社会环境、生态环境之间的相互关系,研究社会和个人在老龄化文化环境中的互动关系。社会老年学将从尚不完整的学科走向更为完整的学科体系。

(二) 老年学学名的规范性

与老年学学名有关的社会老年学与老年社会学容易让人混淆。实际上,社会老年学与老年社会学的概念不同。社会老年学是老年学的一个分支学科,属于较大型的分支学科(二级学科),从社会科学的角度来研究老龄化问题,包括老年社会学、老年经济学和老年人口学等;而老年社会学既是社会学的一个分支学科,又是社会老年学的一个分支学科,介于中间型的分支学科(三级学科)。老年社会学是以社会学的视角,研究老年人口的社会问题,研究与社会的相互关系及其发展变化,既包括老年家庭、婚姻、生活环境和生活方式等特点,也包括人口老龄化与社会福利、社会保障的关系等问题。关于社会老年学和老年社会学的关系,有学者认为,把老年社会学和社会老年学看成是一样的,在科学上也是极大的误解。其一,老年社会学的学科归属是社会学,社会老年学的学科归属是老年学。其二,社会老年学是从非生物学角度或者从社会科学角度研究个体和群体老龄化的。而社会学不能等同于社会科学,它只是众多社会科学的一个组成部分。其三,即使从社会学角度研究老年,也是不全面的,研究面过窄,老年涵盖在老龄化之内。所以,国外常用的是"老龄化社会学"(Sociology of Aging),而非"老年社会学"。

因此,社会老年学和老年社会学作为不同层次的学科是不能混用的。邬沧萍等把社会老年学与老年社会学看作老年学之下并列的分支学科，认为二者只存在研究视角的差异，前者的视角更宽泛、更综合，后者则主要采用社会学的视角。①

此外，与老年学相关的有些概念不能混淆。如老年型国家和老龄化社会，两者含义不同，按照国际通行标准，老年型国家指60岁及以上人口占总人口比例10%的国家，或65岁及以上人口占总人口比例7%的国家；而老龄化社会指由于生育率降低，人口平均预期寿命延长而带来社会人口年龄中数值增长的过程。②由于对人口老龄化的认识是一个由浅入深的过程，因此老年学学科的规范性也在不断加强。

（三）老年学的学科功能

关于老年学的学科功能，目前学术界主要有两种相近的观点。第一种观点认为老年学的学科功能主要包括三个方面：一是认知功能，帮助社会正确认识老龄化现象及其客观规律，"用科学的理论和方法指导人类个体和群体对健康长寿的追求"；二是在政策制定过程中起到咨询、提供实证的作用；三是科普作用。这种观点集中体现在李旭初与刘兴策主编的《新编老年学词典》和邬沧萍与姜向群主编的《老年学概论》中。第二种观点同样认为老年学的功能包括三个方面：一是揭示规律、指导实践；二是探索延缓衰老的途径、促进健康长寿；三是分析人口老化对社会经济发展的影响，探索缓解的措施。这类观点主要体现在熊必俊与郑亚丽主编的《老年学与老龄问题》和张焕庭的《人口老化与老年学问题》一文中。③

（四）国外老年学学科教学与科研现状

美国是世界上开展老年学研究较早的国家之一。美国学术界人士开始注意老年人问题的年代，可以追溯至19世纪末和20世纪初，当时一部分人士开始感到人类老龄问题是对社会的一种新的挑战，但是，认识到需要把老年人问题作为系统的一门科学、并且从自然科学到社会科学两方面进行综合研究，也只是在20世纪30年代以后才开始的。

当时，美国发生了冲击整个社会的经济危机，工人中约有1/4失业，而老年人中竟有将近一半陷入生活困境。老年人的贫困、失业、健康恶化、要求社会救济等问题，引起社会的广泛关怀。老年人的各种问题，加剧了当时社会的不安定。1935年，当罗斯福任总统时，在议会中通过了社会安全法案，号召对老年人提供社会保险性质的援助。此后，美国不断发生周期性的经济危机，在经济和科学技术发展的过程中，城市化、工业化、现代化对美国社会有着剧烈的震荡。人口的老龄化，造成了老年人退休、医疗和救济的庞大财政支出，老年人的失业、贫困、长期慢性病的流行等问题，在社会上更加突出。20世纪40年代以后，拥有广大会员的退休人员和老年人的群众组织在美国被陆续成立，它们不断反映老年人的各种要求。这促使美国社会越来越重视老年人的各种问题，使老年学这门新兴的学科得到较迅速的发展。

1938年，被称为美国老年学里程碑的专著《老龄问题》正式出版。1941年，美国建

---

① 李晶，罗晓晖. 老龄社会学的基本议题[J]. 老龄科学研究，2014(4).
② 董之鹰. 21世纪的社会老年学学科走向[J]. 社会科学管理与评论，2004(1).
③ 付建军. 回顾与展望：三十年来我国老年学研究述评[J]. 西北人口，2012(3).

立了第一个老年学的研究中心。1944年至1945年，其建立了美国老年学会和美国老年医学会。1946年，《老年医学杂志》创刊。20世纪40年代后期至50年代期间，密执安大学及美国其他大学陆续建立起对老龄问题进行教学和研究的课程，发行了老年学各种学术刊物。1950年，美国召开了第一次关于老龄问题的全国性学术会议，此后从上到下地建立了州和地方的老年学学术组织。1961年，老年人大会在美国总统府白宫召开，产生"美国老年人权利法案"。1965年，美国总统签署了《美国老年人法》。美国老年学会和老年医学会每年召开学术会议和学术讨论会，参加会议的人数常以千计。当前，美国老年学会的会员为5 600人，包括社会学、行为科学、医学和生物学各方面的教育、研究、行政和管理人员。在美国各大学中，已有80所大学常设老年学讲座，美国社区大学中有1/3，甚至一半开设了一至数门老年学课程。①在许多医院、医学院和各类研究所中，建立了老年医学和老年生物学的研究部门。

美国老年学的发展，首先是从老年人健康问题研究开始的，此后从其自然科学方面逐渐向社会学方面扩展。有些美国老年学家感到，如果老年学社会科学方面的一些问题难以解决，自然科学方面的研究和成效是有限的，老年医学和老年生物学等方面所获得的许多成果也只能为少数人服务。

美国老年学会把老年学研究的部门划分为4个方面，即：行为与社会科学方面，社会研究、计划与实践方面，生物科学方面，以及临床医学方面。老年学学习与研究的课程内容非常广泛，有：老年经济学、老年心理学、老年教育学、老年社会保障与养老制度、老年社会工作、老年人口学、老年立法、老年生活质量问题、老年退休与娱乐、老年人社会服务计划、老年社会问题、老年居住环境、老年政治与政策展望、老年艺术与人性、老年就业问题、老年培训、老年行动问题、老年居住设备、老年与宗教、老年学史、老年评价研究、老年死亡与垂亡救济、老年社会展望、老年卫生学、老年营养学、老年生理学、老年生物学、老年病药物学、老年精神病学、老年流行病学、老年病护理，等等。老年人的活动状况，是美国老年社会学研究的中心课题之一，这相当于我们所说的"老有所为"方面的研究。

美国"老年学之父"蒂比茨把老年人的活动划分为7个方面。

(1) 继续工作，取得报酬。关于继续工作的原因，多数人是满足生活需要，有些人是工作已成为习惯，少数人则是保持社会地位。

(2) 从事义务工作。多数老年人为城镇社区组织提供自愿服务而不取报酬。义务工作的老年人主要是通过社会组织来进行服务工作的，例如"年老退休服务计划""国际老年和平资助计划"等，同时也有部分老年人自发地进行个体工作，如自愿帮助辅导学生功课等。

(3) 为亲属做服务工作。有些老年人选择与子女共同居住，也有相当一部分老年人在退休后住在子女附近地区，彼此照顾。

(4) 进行政治与社会事务活动。老年退休有更多的空闲时间关心政治与社会事务。据调查，当时55岁至70岁的美国老年人参加选举的意愿高于21岁至24岁的青年人。

---

① 传一朱. 美国的老年学研究与老龄问题 [J]. 社会，1984(5).

(5) 继续学习,更新知识。1982 年约有 50 万至 60 万老年人到各类学校学习,美国各类学校为老年人共开设了 900 门课程。学校将承受逐年增加的老年人入学的压力。

(6) 信仰宗教。根据当时的调查,大部分老年人自称有宗教信仰,有的经常在周末去教堂做礼拜。其中,许多老年人是通过精神寄托来安度晚年。

(7) 进行旅游、交际和体育活动。全美国至少有 5000 个老年人俱乐部和老年人中心,供老年人进行各种活动。

第二次世界大战后,由于美国经济与社会结构的变化,老年人越来越难以依靠家庭的帮助与扶养,社会性的老年福利设施越来越健全。这些设施究竟对现代化社会、对老年人本身的利弊如何,是有很多争论的,也是老年学重要的研究课题。

四、我国老年学教学及科研发展

(一)老年学教学

老年学是研究人口老化规律的科学,因而需要多学科的支撑。在我国的学科划分中,老年学专业属于社会学一级学科,置于法学学科门类下[①]。其所含分支学科则归属其他学科,例如,老年医学被列为临床医学的二级学科[②]。在人口老龄化背景下,老年学科逐步成为各高校设立新专业时的热点。

目前,我国老年学教学及学科建设呈现以下三个特点:第一,老年学的教学主要集中在硕博层次,且以老年医学为主,社会老年学、交叉老年学、老年心理学等仍然比较薄弱;第二,本科层次专门性的老年学人才培养发展不足,目前仅在部分院校开设了少量老年学相关本科专业及课程;第三,老年学的专科院校教学专业化、职业化趋势明显。

1. 硕博层次

目前,我国老年学的教学主要集中在高等教育的硕士、博士层次。早在 2003 年教育部批准设置老年学专业之前,中国人民大学人口研究所已于 1984 年开始在其人口学专业下招收老年学研究方向的研究生,培养老年学硕士和博士,迄今已有 30 余年的历史。我国硕博层次的老年学教学起步最早,其学科领域覆盖较为全面,开设相关专业的院校数量较多。目前,全国招收与老年相关专业硕士、博士生的高等院校共 74 所,其中 985 院校 15 所,211 院校 21 所,其学科内容大致包括社会老年学、专业老年医学、专业心理学及其他交叉类专业方向。其中:在社会老年学方向,有中国人民大学开设的"老年学"专业,北京大学开设的"社会学(老年学)"专业等;在老年医学方向,目前已开设"老年医学"专业的院校共 68 所,例如四川大学开设了"老年医学、老年保健与姑息医学"专业;在心理学方向,北京师范大学开设了发展心理研究所老年心理实验室,天津师范大学开设了老年心理研究所,招收部分老年心理学研究方向的研究生等;在交叉类专业方向,有西安建筑科技大学开设的"老年工程与老年保障"专业等。

---

① 李晶,罗晓晖.老龄社会学的基本议题[J].老龄科学研究,2014(4).
② 林殷,陈可冀.中国老年学教育体系的现状与思考[J].人口研究,2001(2).

2. 本科层次

我国老年学在本科层次的教学力度较为薄弱，仅在部分院校开设少量老年学相关本科专业及课程。具体而言，在本科层次已开设的专业主要集中在社会学、社会工作和医学方向，如天津中医药大学开设的"特需护理专业（老年护理方向）"，遵义师范学院开设的"社会工作专业（社会养老服务与管理方向）"和重庆医科大学开设的"老年护理专业"等。总体而言，目前我国老年学本科层次的专门性人才培养不足。

3. 专科层次

专科院校大量开设与老年学相关专业是目前我国老年学教学的一大特色，且专业分布较广、实践性较强。专科院校开设老年学相关专业肇始于1999年，大致以长沙民政职业技术学院医学院、大连职业技术学院社会事业系/老年服务系开设"老年服务与管理"专业为开端，十多年来呈现较好的发展趋势。[①] 在国家的推动下，我国老年护理等专业朝着职业化方向发展。

目前，我国开设老年学相关专业的专科院校已达68所。从专业分布来看，"护理学（老年护理方向）"专业25所，"老年服务与管理"专业40所，另有部分专科院校开设了其他与老年学相关的专业，例如"康复治疗技术（老年康复方向）""社区管理与服务（城市社区老年高端服务方向）"等；从地区分布来看，东部占35所，中部占20所，西部占13所，主要分布在东中部地区，西部地区所占数量较少；从开设老年学相关专业的时间来看，2009年前成立的较少，主要集中在2009年及以后，其中2009年开设老年学相关专业的专科院校数量达到12所。

（二）老年学科学研究

我国是世界上老年人口最多的国家，老年学相关研究机构担负着老年学研究的艰巨任务。改革开放以来，我国老年学研究机构数量逐步增长。自1986年中国老年学学会成立后，全国各地相关的学术组织和研究机构相继成立，其中具有代表性的有"中华老年人文化交流促进会""华中师范大学老龄问题研究中心""中国人民大学老龄研究室""北京大学老龄健康与家庭研究中心""清华大学老年学研究中心"等研究机构。[②]

我国老年学研究进展很快，目前的局面更是欣欣向荣，蓬蓬勃勃。通过仔细观察，我们不难发现，在研究的侧重点上，针对实际问题和对策的研究较多，而有关基础理论的研究相对薄弱，发展滞后。在老年学的学科组成中，对衰老生物学、老年医学的研究起步较早，学科基础相对成熟，但也存在随着时间的推移不断更新和深入的问题。社会老年学被引进国内后，很少有文章讨论它的学科理论及研究范围。除此之外，还有近年来不断涌现的老年学新学科，人们很少深入细致、扎扎实实地对学科的基本概念进行界定和对学科的基础理论进行探讨。至于社会老年学与其他从社会科学角度研究老年学的诸学科间的关系，更少有人论及。在一些老年学基本概念的认识与运用上，老年学学者之间也有很大分歧。诸如老化、人口老龄化、老龄问题等基本概念，甚至许多老年学研究者自己也不甚了了，或望文生义，或只是想当然。造成上述现象，的确存在许多客观

---

① 陈功，黄国桂，江海霞，等．我国老年学教学及科研发展历程 [J]．老龄科学研究，2017(2).
② 付建军．回顾与展望：三十年来我国老年学研究述评 [J]．西北人口，2012(3).

原因，但作为研究者，确实需要沉下心来，扎扎实实打好基本功，包括基本概念的确定及基本原理的组成两个方面。这是老龄科研事业深入发展和繁荣的基本前提。

老年学是一门综合性学科，跨越了自然科学和社会科学两大门类。这是老年学研究对象本身的特性所决定的。随着研究的深化，在两大门类之间还将不断产生新的交叉性学科。长期以来，自然科学与社会科学内部各学科之间，以及自然科学与社会科学两大门类之间单打独斗的局面势必严重阻碍老年学的深入发展。这一点，相信老年学学者自身在研究过程中也越来越有体会。这种多学科的合作，不仅体现在具体某一课题的合作关系上，还应共同讨论老年学的基本概念和基本理论，研究老化生物学或老年医学、老年心理学的学者多了解人口老龄化的宏观层面，研究社会老年学的学者多掌握个体老化方面的知识，加强自然科学和社会科学在老年学研究领域的联盟，这不论是对于学科发展，还是对于研究者自身都将大有裨益，从而使我国老年学的研究迈上一个新台阶。

此外，我们应特别注意在介绍国外观点时的语言翻译问题。"aging"一词自1982年老龄问题世界大会介绍到我国，译为"老龄"并一直沿用至今，在促进我国老龄问题研究和老龄工作上起到了很大作用。但是相比较之下，在对于某些外来语言和概念的运用和翻译上，我们还存在考虑不够成熟的地方，比如"生产性老龄化""有贡献的老龄化""平常的老化"等，并且这些概念引入后也没有人对它的含义给予确切的阐述。[①] 应当说，这些基本概念还有再认真推敲的必要。这不仅仅要符合学术语言严谨与规范化的要求，还要考虑我国的文化背景与语言表达习惯，以使国人能够接受并且运用这些概念。若能将国外较为成熟的基本概念和理论更好地运用，也能使我国的老年学研究有一个较高的起点。

复习与思考

1. 名词解释。
    人口老龄化　　群体老龄化　　人口红利
2. 解析古代没有人口老龄化现象的原因。
3. 辨析个体老龄化与人口老龄化的关系。
4. 分析中国人口老龄化提前的原因及影响。

推荐阅读书目

哈瑞·穆迪，詹妮弗·萨瑟. 老龄化[M]. 陈玉洪，李筱媛，译. 南京：江苏人民出版社，2018.

---

① 中国老龄科学研究中心. 当前老年学研究要注意的几个问题[J]. 中国老年学杂志，1998(2).

第二章
老年学理论及研究方法

理论是为阐述经验研究结果而建立的清晰的解释构架,需要反复强调的是构建理论的关键过程是解释。[①] 理论有四个方面的意义:①整合知识。一个好的理论从经验研究中概括出许多个别的发现和结果,并把这些结果合并为一个简短的陈述,这种陈述描绘重要的变量之间或理论构建之间的联系。②解释知识。一个有用的理论不仅提供描述经验观察到的现象之间联系的方式,而且可以描述这些现象是如何联系的及其联系的原因,这种描述方式以逻辑上合理的解释来体现经验研究结论的前因后果。③预测未知的和未观察到的事物。基于理论的研究可以导致随后的基于先前理论的新发现。④干预和提高人类的生存状况。当我们为了解决问题或改善不合意的生存条件,试图运用和向前推进现存的知识时,理论是有价值的。例如,为了减少老年贫困,政府运用理论并通过公共政策进行干预。老年学家不管其是科学研究者、实践者还是政策制定者,如果要分析和理解老龄现象,必须探讨三类问题:第一类问题是关于老年人,即那些按照寿命长短或预期的余寿被视为老年的人口;第二类问题涉及作为一种始终不断演化过程的老龄化,也就是成长和衰老的过程。研究这个过程需要进行纵向追踪研究;第三类问题涉及作为结构和行为维度的年龄研究。这三类问题关注的焦点和探索的角度不同,但他们在老年学研究和实践中不可避免地交织在一起。理论化的过程就是分清这些老龄问题,并强调每个问题既相互区别又是相互依赖的。

第一节 老年学的主要理论

一、脱离理论

(一)理论简介

脱离理论又称社会脱离理论、脱离理论、解约理论。脱离理论将关注的焦点从将个人作为解释的根源转为以社会制度作为解释的根源。脱离理论的重要贡献在于唤起了社会老年学的理论意识。该理论是 E. 库明和 W.E. 亨利在 1961 年提出的。他们认为,伴随

[①] 李兵,杜鹏. 老龄社会学理论:研究状况和政策意义 [J]. 人口研究,2005(5).

着衰老,社会和个人之间的往来关系减少,这是不可避免的。老年人脱离社会,晚年生活得到了满足。老年人与社会相互脱离的过程,总的来讲是正常的,它保证个人的满足感和社会制度的连续性都达到一个理想的水平。脱离理论的基本内容包括以下三个方面。

(1) 老年人与社会相互脱离在大多数情况下是有代表性的。

(2) 脱离过程有其生物的和心理的内在原因,并且是不可避免的。

(3) 脱离过程不仅使老年人可以欢度晚年,同时也是社会的需要。

脱离理论认为,人的能力会不可避免地随年龄的增长而下降,老年人因活动力的下降和生活中角色的丧失,希望摆脱要求他们具有生产能力和竞争能力的社会期待,愿意扮演比较次要的社会角色,自愿地脱离社会。在脱离理论看来,老年人减少他们的活动水平,减少与人交往,关注内心的生命体验,这会使老年人拥有平静而令人满意的晚年生活。而且,老年人主动地脱离社会,能使社会权利井然有序地实现交接,社会也不会因老年人的突然死亡而功能受损。因此,社会脱离理论认为,老年人从社会主流生活中的脱离,无论这一过程是因老年人自愿还是由社会启动,对社会和个人都会产生积极影响。

脱离理论认为,脱离过程是由两方面的因素造成的:一方面,由于老年人自觉已进入风烛残年,力不从心,不再像以前那样热衷于保持自己的社会地位,从而减少了与他人的交往,甚至深居简出,不问世事。① 虽然由于个人或文化的因素,他们这种退避态度的表现形式可能有所不同,但一切老年人都终将切断他们与社会的联系。另一方面,社会为了保持平衡,替换那些体力和能力都已不似当年的老年人,也需要解除以前的一些契约,把年轻人安排到接近退休年龄的人所占据的岗位上。在多数情况下,社会需要是造成脱离的主要原因。

脱离理论认为,脱离过程是人生固有的,无法避免的。由于解约使老年人失去了以前曾经获得过的机会,所以容易引起意志消沉、一蹶不振。不过,如果老年人有志于掌握一种新的受重视的技能,他就有可能与社会重新建立联系。一旦老年人找到了新的值得关心的事物并把适应自己的新地位作为首要任务,就有可能重新振作起来。

(二)理论评价

脱离理论总的基调是消极的、被动的。随着人类健康水平的不断提高,该理论受到越来越多的批评。首先,该理论忽略了老年人人口现象的复杂性,忽视个体差异。随着物质生活水平的提高和医疗条件的普遍改善,老年人预期寿命普遍延长,他们在离开工作岗位后还可生活20~30年。其次,无法证明老年人退出有用的社会角色必定对社会有利。事实上,由于每个人在社会结构中所处地位的不同,每个人脱离社会的程度是不一样的,一些人80岁时仍担任国家要职,而一些人55岁时就只能提前退休。在文、教、科、卫行业,许多老年人在60岁以后仍发挥着不可替代的积极作用。再次,该理论忽视了个性在一个人适应衰老过程中所起的作用,许多老年人一生中都愿意保持一种活动水平较高的生活方式,这与他们对生活是否感到满意直接相关。最后,脱离理论还可能为

---

① 黄育馥.美国社会老年学理论浅谈 [J]. 国外社会科学,1984(11).

那些歧视老年人的观点提供理论依据。在许多国家都有不少人把老年人视为社会的负担和累赘，希望他们尽早地给青年人让道。这种对老年人的否定性认识已对老年人的身心带来了较大伤害。

脱离理论的优点是为年轻人提供更多的机会，保证社会资源、财富等的平稳过渡。脱离的方式有两种，一种是由个人（老年人）主动启动的脱离。另一种是由社会启动的脱离，这种制度性的脱离带有强制性、普遍性，其方式通常是离退休制度。离退休制度的设定是基于个人生物性规律：随着年龄的增长，个人丧失劳动能力的风险愈来愈高。制度设定的退休年龄亦是基于一定社会生活水平、医疗条件等因素下的一种相对安全的年龄，即在普遍的情况下，某一年龄（例如60岁）以前，个人在自然条件下生病、失能、甚至死亡的风险低于该年龄以后。因此，从这个意义上来说，强制性的退休制度降低了个人作为劳动者因健康问题无法劳动或突然丧失劳动能力造成社会财富等的流失带来的风险。

二、活动理论

(一) 理论简介

活动理论产生于脱离理论之后，并逐渐成为老年学领域中占优势的理论之一。该理论源于美国学者罗伯特·哈维格斯特 (R. J. Havighurst) 与艾玉白 (R. Albrecht) 对美国堪萨斯城 300 个年龄在 50～90 岁的老年人的一项长期社会调查。这项调查收集了老年行为生理的、心理的和社会的变化数据，涉及老人的社会能力、性格和智力功能。该研究认为脱离社会不一定对老年人及整个社会有益，经常保持活动是增强满足感、自尊和健康的关键和基础。罗伯特的研究结论成为活动理论的主要内容。归纳起来，活动理论主要包括以下内容：

(1) 大多数老年人仍然保持各种活动来参与社会生活；

(2) 老年人活动的水平、参与的次数等具体活动情况受到个人生活方式及社会经济力量等因素的影响；

(3) 老年人应该尽可能长久地保持中年人的生活方式以否定老年的存在，老年人通过活动的方式将自身与社会的距离缩小到最低限度。

活动理论认为，老年人应积极参与社会活动，只有参与才能使老年人重新认识自我，保持生命的活力。其要点可以被归纳为："进入老年时期，老年人所扮演的非强制性角色的来源越多，就越不会因为失去强制性的角色而情绪低落。在成年期，这种强制性角色通常置于首位。"强制性角色通常可以理解为特定社会成员（通常指中青年劳动力和即将成为劳动力的青少年等群体）对国家或社会履行义务、承担重要责任的角色。强制性有两层含义：一是不以个人的意志为转移，例如学生接受教育、劳动者参加劳动必须遵守相关规定，这些规定有时候与个人意志存在差异；二是强制性角色意味着国家和社会对这些成员寄予厚望，强制性凸显了这些群体的重要性。强制性角色通常随着人进入老年而逐渐丧失。原因是老年人的生理机能的逐渐退化，无法承担社会赋予的强制性角色。

活动理论主张通过新的参与、新的角色来改善老年人因角色中断而带来的失落,让他们重新认识自我。老年人通过参与社会活动,获得非强制性角色。例如老年人可以参与社区管理,维护社会治安或者帮助家庭成员照顾未成年人,等等。这种非强制性角色一方面提高了老年人的自我认识,丰富了物质和精神生活,同时也帮助老年人实现其社会价值,从而得到社会认同。

(二)理论评价

活动理论在现实世界得到了许多实证调查和社会现象的支持。许多老年人想有所作为而苦于没有机会;一些老年人因退出社会主流生活而导致老年抑郁症;有些老年人因长期独自一人,无人交谈而提前脑退化。随着家庭规模小型化等带来空巢老人的增多,鼓励老年人自我调适、积极投身社会生活而不是独处一隅,就显得十分必要了。也正因如此,活动理论一经提出,就受到了普遍的欢迎和认可。

同时,活动理论也受到以下因素的挑战:不同老年人的社会经济地位、生活方式等存在差异;不同老年人对社会活动的体验感不同;某些老年人进入老年期不愿参与社会活动。老年人是否有一个幸福晚年绝不仅仅取决于活动水平高低这一因素。老年人是否有稳定的经济收入、家庭关系是否和谐、邻里关系是否融洽、是否有一个良好的生活方式、身体状况,等等,这些都是构成老年人是否有一个幸福晚年的重要因素。活动理论还犯了和社会脱离理论同样的错误——忽视了个性在适应衰老过程中的作用。例如,有些老年人活动不积极却也很快活,他们赋闲家中养花养鸟、读书写字以愉悦性情。那些在中年从事较激烈竞争工作的人,老年时可能更愿意过一种较安静的生活。也就是说,老年人因性格差异和交往经历的不同,会导致他们有截然不同的晚年生活,这并不影响他们对生活的满意度。

三、连续性理论

(一)理论简介

连续性理论认为,人们中年期的生活方式会延续到老年期。连续性理论是以对个性的研究为基础的。老年的性格结构通常有以下几种:①成熟型。能够正确地认识自己和社会,既看到增龄的优缺点,又看到退休的不可避免性,坦然面对问题。②摇椅型。消极依赖,满足于既成事实,不为工作和退休烦恼,对社会活动漠然置之。③防卫型。性格刚毅,有独立见解,依赖于活动展示自己仍具有独立性。④愤怒型。时常感到年龄的极度威胁,始终处于不稳定的状态,对自己、他人和社会满腹怨言。⑤自怨自艾型。认为自己是凄凉的失败者,生活于一种自我怨恨、压抑不舒展的心境中。

(二)理论评价

连续性理论关注到了人类个体老龄化的差异性,但也存在以下缺陷。

第一,连续性理论将能够遵循早期阶段个性特征视为老年期状态良好与否的标准,忽视了个性本身的内涵价值。例如，调适不顺利的愤怒型和自怨自艾型，无论在中年期还是老年期，都不会有良好的生活方式。

第二，连续性理论忽略了外部社会因素对人们个性改变的作用及对衰老过程的影响。人的个性尽管呈某种连续性，但并非一成不变。主要表现为：①社会环境的变化，生活境遇的改变，都会对人产生影响。②年龄的增长对人的个性产生的影响。③经济制度、政策法规、文化习俗等诸多外在的社会因素都会作用于人的衰老过程，对人的个性产生明显的或潜在的影响。

第三，老年人要想保持早年的生活方式不变，必须要有良好的健康状况和经济条件作保障。事实上，老年人的健康状况会随着年岁的增长而逐渐下降，收入水平也会因退休而有所减少。如果无视这一事实而一味强调对连续性的追求，许多老年人就可能会因无法保持其连续性而感到自尊受损，丧失对生活的信心。这一理论还可能使那些想根据个人的实际情形改变其生活方式的老年人，不知所措。

事实上，要实现连续理论中的"连续"是有条件的：一是主观条件(想法)；二是客观条件。其中，客观条件包括健康因素、经济条件(如替代率、积蓄)等。

专栏2-1 养老金的"替代率问题"

养老金替代率是反映老年人退休后收入的重要指标。通常是指养老金的平均替代率。平均替代率即当期社会平均养老金支出与当期社会平均工资的比率。

根据国际经验，养老金替代率超过70%，可以维持现有的生活水平；养老金替代率在60%～70%，可以保障基本的生活水平；养老金替代率降至50%以下，有可能导致退休者的生活水平大幅度下滑。

替代率反映的是退休金与在岗收入的差异情况，一个国家或地区的替代率与人口老龄化问题紧密相关。人口老龄化问题越严重，替代率通常会相应降低，原因是劳动力人口相对减少带来的财政压力。替代率的下降对老年人生活质量有重要影响。老年人在退休以后，退出了劳动力市场，不再与生产资料相结合，也就失去了重要的收入来源，养老金成为他们的主要生活保障。在养老金替代率下降的情况下，如果养老金替代率计算的基数标准不变，即社会在岗职工平均工资不变时，老年人的养老金收入必然减少。随着经济的发展，物价指数也大幅度提高，老年人的生活成本不断上升。养老金替代率下降带来的养老金收入减少，使老年人无法从容应对日益增加的生活压力。

替代率的下降导致老年人生活水平的下降，随着老年人口数量的增加容易引发一系列问题，影响社会的健康发展。提升替代率的关键在于增加劳动力人口。在人口老龄化程度较高的国家和地区，通常通过调整生育政策，鼓励生育行为，以期从根本上改善问题。同时，通过养老金改革、积极探索养老金保值增值的渠道，从而拓宽养老金的来源，一定程度上减缓替代率下降带来的问题。

四、老年亚文化群理论

(一) 理论简介

亚文化这个词是指将一个社会的人口分为几个部分的文化模式[①],一方面通常相对于社会的主流文化而言处于劣势地位,另一方面在根本价值观方面与主流文化保持一致。为了说明老年人与其他人之间的社会关系,一些社会老年学家提出老年亚文化群的概念。广义地说,有关老年人问题的活动理论和亚文化群观点都以相互作用论为依据,认为角色、社会身份和保持自我概念是密切关联的。不过,活动理论认为人在进入晚年之后依然坚持中年时代的标准和期待,而亚文化群观点则认为老年人发展了一种独特的老年亚文化群。最早提出老年亚文化群的概念的是A.罗斯。[②]他认为,只要属于同一范畴的成员彼此间的相互作用多于他们与其他范畴的成员之间的相互作用,就会形成一种亚文化群。同时,人口趋势和社会趋势也有助于老年亚文化群的形成。例如,所谓"老年区"(指退休者团体或年轻人移居城市后形成的以老年人为主的乡村居住区)的发展使老年人之间的关系更加密切;工业化程度高的国家普遍规定了退休年龄,从而堵塞了许多老年人与社会接触的主要通道,并促使他们更多地与老年同辈群体认同;旨在帮助老年人的社会服务往往使他们意识到彼此之间的共同点,等等。老年亚文化群理论,生理变化及社会对老年人的期待和看法,尤其是社会制度(其中最主要的是退休制度)促进了老年人群体意识的形成。在老年亚文化群中,当年许多代表一个人的身份地位的特征(如高等教育、经济优势等)如今却不再那样有意义,而身体健康和行动自如却变成最令人钦羡的了。

综上所述,老年亚文化群形成的主要有以下原因:一是老年人因衰老、疾病、孤独等形成主观上的需要;二是退休制度赋予老年人足够的时间和精力来参与老年亚文化群,社会公共设施的建立为老年人开展活动提供了物理空间。老年亚文化群理论旨在揭示老年群体的共同特征,老年亚文化群是老年人重新融入社会的一种方式。

(二) 理论评价

老年亚文化群理论是从文化的角度探讨老年人的社会生活。老年亚文化群理论具有下列积极作用:①帮助老年人寻找共同语言;②没有年龄歧视;③帮助老年人认识自我;④帮助老年人认识社会,增加认同感。

老年亚文化群理论也存在一些缺陷:①亚文化如果不加以引导,容易转变为与主流文化强烈对抗的反文化。②老年人由于自身特点,形成的亚文化群容易被不法分子所利用。例如庞氏骗局使得某一亚文化群里大量的老年人受到人身、财产的侵害。③老年亚文化群作为一个社会性的组织,组织中的成员亦会存在地位、角色上的差异,容易以个人退休前的职位、社会地位、财富等来论资排辈,形成所谓的圈子文化,可能对普通的老年人造成伤害。④排斥了未参加亚文化群的老年人。

---

① 约翰·J.麦休尼斯.社会学[M].14版.风笑天,译.北京:中国人民大学出版社,2014.
② A.罗斯,等.老年人及其社会环境[M].戴维斯:戴维斯出版公司,1965.

五、社会环境理论

社会环境理论主张更认真地探讨衰老过程与社会环境之间的关系,既不能只强调导致衰老的社会因素,也不能只注意个人因素在衰老过程中的作用。社会老年学家J. 格布里亚姆[①]指出,社会环境理论主要有三个特点:一是强调特定的背景条件对人的起码的期待;二是注意个人与他人发生相互作用的能力;三是集中研究个人主观上是否认为自己的能力符合情境对他的期待。如果这三个方面能协调一致,老年人就可能产生幸福感。不过由于这三个方面都在不断改变,所以适应情境的变化就取决于个人应付逆境的能力及能否保持有利的环境了。

在分析个人的才智对于使人成功地进入老年期方面的作用时,一些社会老年学家提出老年化过程就是重新平衡交换关系的过程。按照这种交换模式,一切人群相互作用的基础都是要从交往中获得尽可能多的收益,承受尽可能少的损失。换句话说,只有在相互作用中得大于失时,人们才会继续彼此间的交易。交换理论认为,随着老年人影响周围环境的能力减弱,他们的社会联络网也逐渐缩小。鉴于此,老年人要想赢得他人的承认和支持,通常会选择顺从。他们之所以表现得老于世故,处世圆滑,就是为了不冷落他们赖以保持人际交往的人。另一种系统分析老年人与其社会环境之间的相互关系的理论是所谓"社会崩溃论",1966年J. 朱斯曼最初提出社会崩溃并发症概念时,是指精神脆弱的人可能发生的消极反馈。后来,一些老年学家提出,由于社会对老年人的偏见,老年人也会出现类似的反馈。正如一切面临生疏的环境、剧烈的变化和角色的丧失却又毫无准备的人一样,老年人也迫切需要得到某种提示,使他们知道应如何做出反应。于是,人们就把老年人的这种需要当作无能为力的表现和需要关心的理由。为了进一步发展相互作用,老年人又逐渐地、几乎是不知不觉地接受了这些被认为是属于他们的消极特征,从而在这一循环过程中陷入更严重的依附状态。

不过,也有其他一些方法来减少发生社会崩溃的可能性。J. 凯拍斯等认为,通过为老年人提供机会来增强他们的胜任感,打破社会偏见加在他们身上的束缚,重建环境,支持和鼓励他们彰显自己的力量,就可以削弱造成社会崩溃的力量。当然,重建环境绝非易事,但即使微小的改进也将有助于老年人过一种自己比较满意的生活。[②]

六、年龄分层理论

年龄分层理论主要阐述年龄、个性和人们所处的社会制度之间的关系。年龄分层理论的倡导者们认为,年龄不仅是一种个人特征,还是现代社会的各个方面中的一个不断变化的重要因素。

(一)年龄分层理论的主要观点

(1) 由不同年龄的人组成的人口可以依其年龄大小及其他一些发展标准被划分为一系

---

① J. 格布里亚姆. 黄金时代的神话:关于年老化的社会环境理论 [M]. 纳什维尔:托马斯出版社,1973.
② J. 凯拍斯,等. 社会崩溃与能力:正常年老化的模式 [J]. 人类发展,1973(3).

列年龄组。这些年龄组的成员在生活的经历中，受到多种力量的影响。这些力量改变着每个年龄组的人数和成分，并间接地改变着整个人口。

(2) 由于身体、社会和心理等方面的因素，不同年龄的人对社会的贡献也不同。

(3) 年龄可以直接影响一个人承担何种社会角色（如生理发育规律决定了妇女多大年龄可以做母亲），也可以间接地起作用（如社会有关上高中或大学的年龄规定）。因此，通过了解社会按照年龄差异分配角色的标准，可以看出社会的价值标准。

(4) 人们在扮演某一角色时，必然要考虑到年龄的因素。即使有些角色不受年龄的限制，年龄的因素也会影响人们对于能否胜任的看法，并在角色表现中造成细微的差别。

（二）年龄分层模式的五个过程

年龄分层理论倡导的年龄分层模式，提出以下5个影响社会结构与个人生活节奏的关系的过程。

1. 同龄组流动过程

同龄组流动是指一切促进年龄分层的因素的变化，其中最主要的是人口的出生、死亡和移民。社会老年学家将同龄组流动过程比喻为从一出生就登上一架自动电梯的人群的运动。何时、有多少人及什么样的人登上电梯都是不确定的，但同时登上电梯的一群人却肯定是集体地向上移动的。在移动过程中，他们并不是一个固定不变的群体。有些人中途离去（由于迁居或死亡），有些人则一直往上移动，并在此过程中获得了有关的社会特征。同一群人中，留下来的人越来越少，最后全部离去。以后的一系列年龄组则络绎不绝。不过他们的情况不同于前人，也绝不会以与前人完全相同的方式来对待世界。通过将年龄分层思想与同龄组流动思想联系在一起，可以帮助人们认识到年龄在决定社会结构方面的动态的性质。

2. 老化过程

年龄分层模式将年老化视作从一个年龄组走向下一个年龄组的过程。生理上的衰老固然是根本性的，但并非一种孤立的经验，而是受到许多外界因素的影响。同时，年老化也可被视为一种成熟现象，是衡量所获经验和知识的标准，反映了一个人的才能指导其行动的程度。年老化的性质不可避免地受到个人的性格特征、社会化对他的陶冶、他扮演的一系列角色及他所面临的社会和环境的影响。因此，不仅不同社会、不同国家的人年老化的方式不同，而且在同一社会中不同年龄组的人采取的方式也不同。①

3. 角色分配过程

年龄分层模式还用角色分配过程来说明不同年龄组的成员在年老化过程中表现出来的差异。所谓"分配"是指对不同年龄的人进行适当的角色分配和再分配。各年龄组的人数和成分在不断改变，所以社会为了维持它的功能，就有必要时常对社会的角色结构进行调整，重新分配角色，而个人随着年龄的增长，也须抛弃某些旧角色，承担一些新角色。角色分配的标准既反映了社会的价值标准，又反映了年老化固有的至关重要的变化过程。

---

① M.赖利，等.年龄分层的社会学[M]// 老龄化与社会文集：第3卷.拉塞尔·塞奇基金会，1972.

4. 社会化过程

社会化是保证个人从一个年龄组顺利过渡到下一个年龄组的手段。早期的社会学家们对社会化的研究几乎完全集中于童年期，如今人们已普遍认识到社会化是一个永无休止的过程。在复杂的工业社会中，个人在从一个年龄组走向另一个年龄组时往往会感觉到一种角色紧张或个人压力，因此社会化过程就更加重要了。例如，对即将退休的人提前加以指导，就可以帮助他们适应未来的新角色，接受除工作角色以外的社会化。

5. 外因影响的过程

年龄分层理论还论述了一系列与年龄结构无直接联系、但影响着个人获得什么角色的受外因影响的过程。例如，历史上的一些重大事件可能使人的角色发生变化。虽然年龄分层模式没有一一介绍各种外界因素对人的年老化的影响，但它提醒我们，不考虑各种有关因素之间复杂的相互作用，就不能充分理解年老化的过程。

七、角色理论

（一）角色理论的背景

角色指的是拥有特定社会地位的个人所期望的行为。人的社会活动的广泛性赋予单一地位的个人一系列不同的角色，即所谓的角色丛。个人与他人的互动过程从某种程度来看就是一个角色转换的过程。在此过程中如果稍有不慎，可能出现角色紧张或角色冲突①的尴尬局面。

传统的社会化理论认为，人进入老年期后应该以享受生活为目标而不再需要社会化了，传统社会的老年人具有天然的教化地位，其只对别人施行教化，而自己则不会重新面对社会化的问题。现代社会发展表明，老年人需要建立新的角色，参与社会，服务社会。角色理论是社会学理论之一，也是社会老年学家解释个体如何适应衰老所做的最早努力之一。

（二）角色理论的主要内容

1. 主要的角色发生了转换

人到了退休年龄就会离开工作岗位，从而丧失了在社会中的职业角色。在家庭中，老年人角色数量变化表现为所处代际辈分的上升（由第二代或第三代上升为第一代或第二代）。其在家庭角色中，由赡养者变成被赡养者、由经济支持者变成被支持者，由原来直接取得劳动收入变成以社会保障、单位财政、社会救济、子女赡养等方式间接取得收入（这里的间接是指无须通过劳动依然可以获得收入）；在社会角色中，由强制性角色转变为非强制性角色。强制性角色通常指受到强烈约束而承担重任的角色，例如接受正规教育的学生群体及广大的劳动者（通常不包括老年人，原因是退休等制度性社会脱离改变了老年人强制性的角色），他们学习和劳动的安排通常受到制度性的约束，这种约束表现为强制性，如不遵守可能受到严厉的处罚，例如学生无故不正常上学可能面临处分、退学

---

① 角色紧张是指由单一地位所衍生出来的角色之间的紧张；角色冲突是指两个及以上的地位所衍生的角色之间的冲突。

等后果；劳动者无故旷工可能面临解雇的风险。相比之下，老年人的社会角色就是非强制性的，表现为主要依据自己的意愿来决定是否参与社会活动，这种非强制性角色表现为老年人的社会活动的不稳定性。从一定程度来看，老年人的地位随之受到影响，角色的重要性显著降低，需要承担的责任越来越小。

2. 地位发生变化

从地位角度来说，老年人的经济地位、社会地位、政治地位均发生变化。经济地位的变化通常源于收入发生变化，表现为：收入减少（例如养老金的替代率说明退休金是低于在岗劳动收入）、通货膨胀导致购买力下降、随着年龄增长带来的医疗支出的增加等。社会地位主要是指社会对老年人的价值衡量和态度、对老年人的尊敬程度。在现代社会，老年人的社会地位通常处于一个劣势状态。政治地位通常与职位相关，老年人退休后参与社会活动的机会通常变小，社会活动覆盖面越来越窄，影响力减弱，生活方式发生变化。以交往为例，老年人的交往范围随着年龄的增加不断缩小，由退休前的社会范围的交往逐渐转变为社区邻里之间的交往，最后可能只是在家庭成员之间交往，其交往的目的通常是相互慰藉、互帮互助。

另外，值得注意的是，老年人由强制性角色变成非强制性角色的同时，面临各种突然"失去"。主要表现为子女成家后的分家、配偶的"离去"、突然失能等。这些都将改变老年人现有的角色。

专栏 2-2　　"一碗汤的距离"

老年人在子女成家以后，如何与子女家庭和谐相处。角色理论揭示了老年人的角色发生的重大变化，传统家庭养老以父母与子女同住的方式为主，随着社会经济的发展，人们对自我空间的追求，越来越多的父母选择与子女近距离居住，这种居住方式既能相互照应和照料又可以给两代人充分的私人空间，从而有利于减少生活习惯差异、日常琐事引发的矛盾。"一碗汤的距离"描述的正是老年人和子女这种分而不离的现象，从字面可以简单地理解为：一碗汤的距离是指子女从自己家中给老年人住处送去一碗热汤，汤送到还不会变凉，用此来形容亲子间居住相对独立，又不失亲密的距离。该说法可追溯到日本学者在 20 世纪 70 年代提出的家庭亲和理论。当时日本的空巢家庭现象非常严重，日本学者提倡亲情养老，晚辈既拥有自己的空间，又方便照顾老年人。随着经济发展和人民生活水平提高，越来越多的中国老年人及子女也希望：既能住得近、相互照应又能彼此享受独立空间，"一碗汤的距离"这种居住安排变得越来越有社会基础。

一碗汤的距离从一定程度上可以避免老年人与家庭在角色方面的紧张和冲突，其实现需要一定的客观条件，例如住房、养老、医疗等配套设施的完善。

资料来源：孙涛，王素素，梁超.一碗汤的距离：代际养老中合意居住安排的实证分析[J].中国经济问题，2018(4).

第二节 老年学的研究方法

由于老年人问题和老龄化问题本身的特殊性，老年学研究方法亦需要不断发展和完善。一个趋势是老年学研究的多学科性，从已有的研究来看，老年学的研究已涉及社会学、经济学、人口学等诸多学科。老年学的研究对象是人口老龄化，其反映的是老龄化带来的经济社会影响。因此，从研究对象的角度来看，现阶段老年学的研究更加偏向社会科学视角[①]。

从社会科学的角度进行研究，最重要的是问题导向，即确定问题的性质。总的来说，可从微观、宏观的角度来区分，微观视角主要包括老年人个体和群体，宏观视角主要是将老年问题嵌入在整个国家或地区，从社会制度、文化、经济、法律等层面来思考问题产生的机制并尝试探索可行性的政策建议。

一、老龄问题的标准

老龄问题是需要详细研究并给予回应的重大议题，我国历来重视对老年人问题及老龄问题的妥善解决。传统社会中，"孝道"作为一种代际关系伦理，使得尊老养老成为社会成员应当遵守的道德标准和行为规范。伴随着我国步入老龄社会，老龄问题不断凸显和放大，并影响着经济社会发展全局，积极应对人口老龄化上升为一项国家的长期战略任务，党的十八大及"十三五"规划纲要对此都提出了明确要求。党的十九大报告也提出，要"积极应对人口老龄化，建构养老、孝老、敬老政策体系和社会环境，推进医养结合，加快老龄事业和产业发展"。伴随着新时代社会主要矛盾的变化，我国老龄问题应对形势复杂，任务艰巨。老龄问题研究能够为老龄工作开展与老龄政策的制定提供可靠的依据。

一般而言，作为对事物本质的抽象表达，概念本身是公用的，而每个人"概念化"的过程却是私有的。为了消除歧义，保证沟通的有效性，对概念和名词加以明确清晰地解说必不可少。在老龄问题研究中，基本概念往往构成"讨论之前提"或问题标准。

老龄问题的标准主要包括以下内容。

（一）老龄化

"老龄"和"老龄化"并非汉语中原有的词汇，而是对应于英文单词 aging/ageing[②] 的翻译，根据《牛津英语词典》，ageing 的意思有两个，一个是"变老的过程"，另一个是"正在变老"。老龄化包括个体老龄化和群体老龄化，个体老龄化是自然过程，受生物规

[①] 老年医学、生物学等自然科学的研究方法亦能从生物性研究衰老或延缓衰老等问题，本书主要从社会科学的角度研究老年学。

[②] 对于动词 age 的动名词形式，美国和加拿大的写作者使用"aging"，北美以外的地区（特别是英国）倾向于使用"ageing"。

律制约，不可逆转，人口老龄化则属于社会过程，受社会发展规律制约，是可逆的。由于存在着这种区别，有学者指出，应把个体老龄化转换为"衰老"这个提法，使得老龄化或人口老龄化的含义仅限于人口年龄结构的老化，以避免使用和认识上的混乱。[①]

(二) 老年人与老年人口

除"老龄化"之外，同样有必要对作为个体的"老年人"和作为整体的"老年人口"这两个概念做出明确界定。老年人、长者作为社会成员存在于人类社会的所有历史时期，只不过在不同的时代背景和社会条件下，人们对于"老年人""长者"这两个概念有着不尽相同的划分。由于生命周期的渐进性，实际上并不存在一个明确的"老年"划分界限。常用的人口年龄分组皆是人为划定和命名的，如在我国就有源自儒家典籍的"总角""弱冠""而立""不惑""艾""花甲"等年龄组别划分。现代理论研究区分了"年龄"概念的多重外延，包括年代年龄、生理年龄、心理年龄、智力年龄和社会年龄等。但由于生理年龄、心理年龄、智力年龄和社会年龄在个体层面的差异性，使用上一般以年代年龄作为人口年龄分组的根据。相应地，"老年人"的定义也多以年代年龄为标准，采用指明外延的方法加以界定，即指明某一起始年龄以上的人口属于"老年人"，在统计上则存在着多种操作定义。

与个体意义上的"老年人"不同，"老年人口"作为一种人口年龄结构类型，是人口老龄化发展到一定程度的结果，是人类社会晚近才出现的一个概念。人口老龄化虽被认为是人类社会发展的历史必然趋势，但在不同的国家或地区，有着出现早晚和进程快慢的差别。[②] 为了衡量人口老龄化的发展状况，研究者们开发出了多种统计指标，主要包括老年人口系数、少儿人口系数、老少比、年龄中位数、平均年龄等，其中老年人口系数是最为常用的指标。根据这些指标，依据一定的标准，就可以将不同的人口年龄结构类型区别开来。

目前，广为接受的人口年龄结构类型划分是"年轻型人口""成年型人口""老年型人口"的三分法。换句话说，"老年人口"是不同于人口老龄化的概念，以老年人口系数作为观测指标，人口老龄化意指其不断提高的动态过程，而老年人口则是指这一指标达到一定标准的静态人口状态。需要指出的是，关于"老年人"和"老年人口"的这些界定标准虽然被广为使用，但质疑之声一直存在。在"老年人"界定上，反对意见认为，年代年龄并非决定个体是否"老"的唯一因素，把60岁或65岁作为固定的"老年线"是没有科学依据的，在人均预期寿命显著提高、老年人身心健康和各种身体机能明显改善的情况下，沿用硬性规定的标准界定"老年人"，实际上是认识方法孤立、静止和片面等缺陷的表现。[③][④]

在"老年人口"界定上，学者们指出，人们在衡量人口老龄化程度和判断人口年龄

[①] 党俊武. 探索应对老龄社会之道 [M]. 北京：华龄出版社，2012.
[②] 邬沧萍，谢楠. 关于中国人口老龄化的理论思考 [J]. 北京社会科学，2011(1).
[③] 刘福垣. 人口老龄化还是高龄化 [J]. 中国人力资源开发，2014(9).
[④] 王洵，刘毅强. 人口老龄化是不争的事实吗：老年人口与人口老龄化标准再认识 [J]. 理论前沿，2001(17).

结构类型时，往往偏重使用老年人口系数这一单一指标，这将导致许多重要信息丢失。①相应地调整思路可将其总结为两类。一是综合各项指标进行全面考察。如有学者指出在认识"老龄"和"老龄社会"时，要综合"数字化表现"和"社会化表现"对其进行双重界定。②

(三) 老龄问题

对概念的考察，最终须和与之相关的现实公众论题和私人困扰相联系。目前来看，人们对于老龄问题的准确表述尚存疑问和分歧。例如老龄问题究竟包括哪些问题？其与相近概念如"老年人问题"和"老龄化问题"等又是怎样的关系？

和"老龄""老龄化"一样，"老龄问题"这一提法也是我国研究者在翻译联合国老龄问题世界大会资料时所采用的译法，同样是对应于英文单词"ageing"的翻译名词。然而不同于前述"ageing"一词对于名词性"变老的过程"和形容词性"正在变老的"之具体表达，对应于"老龄问题"的"ageing"则是统摄围绕着老年人和人口老龄化的所有问题之综观表达。《老龄问题维也纳国际行动计划》对此做出了明确表述："本计划既处理各种影响到老年个人的问题，也处理同人口老龄化有关的问题。……人道主义问题涉及年长者的特殊需要。……讨论主题包括保健与营养、住房与环境、家庭、社会福利、收入保障与就业及教育。……发展方面问题涉及的是以总人口中老年人口所占比重增加为其主要特征的人口老龄化所造成的社会经济问题。……将考虑在老年人受抚养的比率日益增长的情况下，人口老龄化对生产、消费、储蓄、投资，以及反过来对一般社会经济状况和政策所引起的影响。"③

由此观之，可对老龄问题的外延做一基本划分：一是通常所说的"老年人问题"，是涉及老年人个体或群体的特殊需要这一人道主义问题，其存在于所有历史时期；二是通常所说的"(人口)老龄化问题"，是涉及老年人口年龄结构与现有社会经济体制之间的"协调"问题，这是在人口老龄化出现之后才有的。这种对人口老龄化外延的区分基本上得到了国内学者的认同，但也有学者对此提出了质疑。④穆光宗认为，人道主义问题的解决最终需要依靠社会经济的发展，归根结底还是发展问题。⑤党俊武将老年人需求视为子女和社会应当予以满足和偿还的权利，否定了人道主义之说，认为对"老龄问题"的概念应当予以扬弃，用"老龄社会"的思维来统括和考察这一新社会形态下的各种具体问题更为合适。⑥

如果说前述辨析的重点在于"老龄"，同样需要深究的还有"问题"一词。前述辨析中，"问题"意指"需要解决的矛盾"，在价值判断上是中性的，可理解为社会论题或政策议题；然而"问题"这一词汇本身又带有明显的感情或价值判断色彩，形成的往往是

---

① 罗淳. 老年人与老龄化：对既成认识及其量纲的思考 [J]. 社会科学研究，1998(5).
② 曹荠. 当今老龄化：沿革、趋势与新界定 [J]. 辽宁大学学报（哲学社会科学版），2017(6).
③ UN. Report of the world assembly on ageing, New York: United Nations,1982.
④ 范方春，吴湘玲. 老龄问题的相关概念界定：争议与一种可能的理论解释 [J]. 老龄科学研究，2019, 7(3).
⑤ 穆光宗. 人口老龄化问题和老龄问题的再讨论：兼答陶立群同志 [J]. 人口学刊，1998(1).
⑥ 党俊武. 老龄社会引论 [M]. 北京：华龄出版社，2004.

与"麻烦""困难"等相联系的"思维心象"。① 这也解释了老龄研究中呈现出的"问题化"倾向。客观来看，老年人本是与其他年龄人口平等的社会成员，人口老龄化也是人口年龄结构发展的自然结果，但这种正常的社会成员和社会现象在社会变迁的过程中，在理论上被界定和确认为社会问题的现象。老年人和人口老龄化的社会问题化，既是一个客观事实逐步积累和演变的过程，也是一个主观建构和认定的过程。② ③ 由此可以说，"老龄问题"这一概念既是事实表述，也隐性地包含着价值判断。

二、老年学的研究方法概述

老年学的研究方法从社会科学研究的角度可分为质性研究方法和量化(定量)研究方法，质性研究的目的探索人类行为背后的主观动机、意义，其基本观点是研究角度的主位取向，即人的行为是具有主观能动性，不同的人对同样的事物具有不同的看法或观点，因此不存在绝对真理。人们是否认同真理取决于真理是否给其带来利益，质性研究方法与后现代主义思想联系紧密。量化研究方法主要是揭示事物的客观规律，其基本观点是研究角度的客位取向，即社会世界与自然世界一样，只存在绝对真理，其主张用自然科学的方法(主要是数学方法)揭示事物发展的客观规律，从而指导人类的实践活动。从具体来看，老年学的研究方法主要有问卷调查法、访谈法、比较分析法等。

(一)问卷调查法

所谓问卷调查法，就是指在社会调查中采用问卷调查表(常简称为问卷)作为工具，直接从被调查者那里收集有关资料的方法。这种方法可以说是现代社会调查中最常用的一种资料收集方法。它的主要特征就是研究者把所要询问的各种问题，以书面的形式恰当地组织起来，形成一种规范的、统一的问题表，而整个调查资料的收集过程，就是靠这种调查表作为工具来完成的。

至于问卷，它实质上只是一种工具，一种类似于体温表、测力器、磅秤、米尺那样的工具。只不过与这些工具不同的是，问卷在形式上是一份精心设计的问题表格，而其用途则是用来测量人们的行为、态度和社会特征，它所收集的则是有关社会现象的各种资料。

1. 问卷的使用方法及类型

(1) 调查员发送法。即由调查员亲自将问卷逐一发送到被调查者手中，讲明调查的目的和要求，请他们合作填答，并约定收取问卷的时间、地点和方式。如约定某一时点仍由调查员上门收取，或在某一截止日期前填答者自行投入设在某处的问卷回收箱内等。当然，在有些情况下，比如调查的内容不涉及敏感的问题，也可以由某种行政组织系统代为发放和回收。

---

① "思维心象"(mental image)为心理学概念，指人们在听到或看到某一概念时，大脑中涌现出的与此概念相关的一组具体形象。
② 陈雯等. 老龄化研究的"问题化"与老年人福利内卷化 [J]. 探索与争鸣，2016(1).
③ 郭爱妹. 多学科视野下的老年社会保障研究 [M]. 广州：中山大学出版社，2011.

(2) 邮局邮寄法。即把问卷装入信封通过邮局寄给被调查者，待被调查者填答后再邮寄给调查机构或调查者。这种方法在西方一些国家中的使用十分普遍。随着信息技术的飞速发展，邮寄式问卷逐渐被电子邮件所取代。由于老年人的特殊性，例如不善于使用电子产品，使得邮寄式问卷仍然在一定范围内发挥作用。

(3) 集中填答法。即在条件允许的情况下，将被调查者集中起来，每人发一份问卷，先统一讲解目的要求、填答方法等事项，然后请大家当场填答，填答完毕后统一将问卷收回。比如在街道居委会、社区等地进行问卷调查时，就可以采用这种方法。收回问卷的方式也可采用投入问卷回收箱的办法，以消除集中填答所带来的某些心理顾虑。

(4) 调查员访问法。即调查员带着问卷逐一当面访问被调查者，调查员按照问卷提出问题，并将被调查者的回答填入表内。在社会调查中，又将采取这种方式进行的问卷调查法称为结构式访谈。

根据上述四种使用问卷的方法，我们还可以把问卷划分为两种不同的类型：一种称为自填式问卷，即由被调查者自己填写的问卷。上述前三种方法中所用的问卷都是自填式问卷。另一种称为访问式问卷，即由调查员依据被调查者的回答填写的问卷。这种问卷仅用在上述第四种方法——调查员访问法。两种类型的问卷在设计程序、设计原则、内容与结构等方面都是相同或相似的，只是在设计方法与使用方法上有一定差别。

2. 问卷法与测量

由于问卷法就是一种用问卷作为工具，去测量社会中各种人群的特征、行为和态度的方法，因而，它自然会涉及一些与测量有关的内容。所谓测量，简单地说就是按照一定的规则，用一组数字或符号来表示某种现象的过程或方法。任何一种测量都包含四个不可缺少的方面，即：测量客体、测量内容、测量规则、数字或符号。

在社会调查中，最常见的测量客体是个人，此外还有群体、组织、社区等。而测量内容则是测量客体的某种特征或属性。比如人们的行为、态度、社会背景；群体的结构、规模、关系等，以及由这些行为、态度、结构、关系所构成的各种现象、事件、过程和状况。测量规则即用数字或符号表达测量结果的法则，它实际上是一种操作的程序或划分的标准。比如，要测量人们的收入状况，那么，"根据工资单上应发金额进行登记"就是一种测量规则。而根据这种测量规则，对一个个具体的被调查者(测量客体)的收入状况(测量内容)进行测量所得出的结果，通常是用数字或符号表示的。例如某人每月的工资收入 3000 元等。

在具体测量的时候，按照数学计算应用范围的不同，通常可以将测量分为四种尺度，即定类尺度、定序尺度、定距尺度和定比尺度[①]。

(1) 定类尺度。也称类别尺度，它实质上是一种分类体系，即将所测量的现象划分成不同的类别。所有定性的测量都是定类尺度上的测量。比如，对人们的性别、职业、婚姻状况等特征的测量就是如此。性别、职业和婚姻状况这三个定类尺度将所调查的全部对象划分为男性与女性；工人、农民、教师、军人等各种职业人员；已婚者、未婚者、离婚者、丧偶者、分居者等不同类别。定类尺度的主要性质：其所划分出的类别必须具

---

① 通常亦从数据划分的角度称为定类数据、定序数据、定距数据、定比数据。

有互斥性和穷尽性,即不同类别相互之间是互相排斥的,不能相互包含或重叠。同时,全部类别加在一起,又包含了所有可能的情况。最典型的例子是性别,通常情况下,它所划分出的男性和女性两种类型,既相互排斥,又包含了所有可能的情况。[1]

(2) 定序尺度。也称顺序尺度,它除了具备定类尺度互斥性与穷尽性的特点外,还能将所测量的现象按大小、高低等排出次序。比如,对人们文化程度的测量,就是定序尺度运用的一个例子。我们不仅可以把人们的文化程度划分成不同的类别,还可以将其排列成序,例如小学、初中、高中、本科、硕士及博士等。

(3) 定距尺度。在定序尺度中,虽可以按某种高低、大小的顺序对所划分出的各种类别进行排列,但是,不同类别之间差距却是不明确的,或是不重要的。比如,我们可以知道初中文化程度比小学要高,而比高中要低。但是,究竟高多少、低多少却是不明确的。在定距尺度上,我们不仅可以说明哪一类别的等级较高,而且可以说明它比另一类别的等级高多少。比如,测量人们的智商,就是定距尺度运用的例子。我们不仅可以排出张三与李四在智商上的先后次序(假设张三为100,李四为90),而且可以说明张三的智商比李四高多少(100-90)。

(4) 定比尺度。也称比例尺度,它除了具备上述三种尺度的全部性质以外,还具有一个绝对的、非任意的零点。通俗地说,就是还有一个有实际意义的(或数学意义上的)零点。这个零点正是定比尺度与定距尺度的唯一差别。例如,年龄、体重等都是定比尺度的例子,它们都有一个绝对的、有实际意义的零点。而像温度这样的尺度却只是定距的,因为温度计上的零点只是一个相对的、无实际意义的刻度符号,它并不表示无温度。所以我们只能说20度的温度比10度的温度高10度,而不能说20度比10度高一倍。但年龄可以说40岁是20岁的2倍。

对于测量而言,还涉及一个信效度的问题。所谓信度,指的是测量的稳定性或可靠性,即对同一事物进行多次测量,所得结果一致性的程度。比如,连续几次用秤去测量老年人的体重,结果均为55公斤,说明测量是可靠的。如果有时55公斤,有时45公斤,有时60公斤,假设测量的体重本身不会发生变化,说明测量的信度不可靠。所谓效度,指的是测量的准确性,即一项测量所测出的它要测量的事物的程度。比如,假设我们想要测量某人的智商,若用一份标准的智商测验量表对他进行测验,所得分数正是他的智商,我们说这一测量是有效的。若用的是一份英文的测验量表,那么,测验所得到的分数就不是该人的智商,而是他的英语水平了,这一测量就是无效的。因为它所测的并不是它想要测的东西[2]。

3. 问卷的设计

调查问卷设计得如何,将直接影响到调查资料的真实性和实用性,影响到问卷的回收率,进而影响到整个调查的结果。另外,一切问题都必须在正式调查前考虑好,一旦问卷发出,就难以更改和补救。因此,问卷设计在问卷调查过程中有着十分重要的地位。

(1) 问卷的结构。一份问卷通常包括下述几部分:① 封面信,即一封致被调查者的短信。信中一般需要说明调查的目的、调查单位或调查者的身份、调查的大概内容、调

---

[1] 在社会统计学中,性别变量通常被称为二分类变量。
[2] 风笑天. 问卷法[J]. 青年研究,1993(5).

查对象的选取方法和对结果保密的措施等。封面信的语言要简明、中肯，结尾要落款，并可附上地址、电话号码和联系人的姓名等，以便消除被调查者的疑虑，体现调查的正式性。②指导语，即用来指导被调查者填答问卷的各种解释和说明。其作用与产品的使用说明书相似。有些指导语集中在封面信之后，有些则分散在某些较复杂的调查问题后，对填答要求、方式和方法进行说明。③问题及答案，这是问卷的主体，也是问卷设计的主要内容。④其他资料，如问卷名称、编号、日期、预编码等。

(2) 问卷设计的步骤。要设计一份调查问卷，第一步工作不是马上动手去列调查的问题，而是要先做一定的探索性工作。即先摸摸底，熟悉和了解一些基本的情况，以便对各种问题的提法和可能的回答有一个初步的认识。做这种探索性工作的常见方式，是设计者围绕所要调查的问题，在自然状态下与调查对象进行交谈，并留心观察他们的特征、行为和态度等。经过了探索性工作后，就可以动手设计问卷初稿了。具体做法是，先根据调查内容的结构，在纸上画出问卷总体的各个部分及其前后顺序；然后将每一部分的内容编成一个个具体的问题，写在一张张小卡片上；调整问题间的顺序，并将整理好的问题卡片打印出来，形成问卷初稿。问卷初稿设计好后，不能直接将它用于正式调查，必须对问卷初稿进行试用和修改。试用就是把问卷在小范围中用一次，然后检查问卷中填答错误及填答不全的原因，找出不足之处进行修改。也可以采取请有关专家和典型调查对象评价的方法，来对问卷初稿中的不足之处进行分析和修改，只有经过了试用和修改后，才能把问卷用于正式调查中。

(3) 问卷设计的原则。首先，问卷设计要紧紧围绕所研究的问题和所要测量的变量来进行。尽可能做到所收集的正是所需要的资料，既不漏掉一些必需的资料，也不包含一些无关的资料。其次，设计问卷时要注意问卷调查过程中人的因素。要多为回答者着想，同时还要充分考虑到被调查者的社会背景、文化程度、心理反应、主观意愿、客观能力等各种因素，尽可能使问卷适合被调查者，尽量为他们填答问卷提供方便，减少困难。第三，问卷设计还要考虑到问卷的使用方式和资料的分析方式，因为不同的使用和分析方式对问卷有着不同的要求。

(4) 问卷的内容与形式。问卷中的问题从内容上看，可分为行为方面的问题(比如"上个月您看了几次电影？")、态度方面的问题(比如"您是否赞成延长退休方案？")和被调查者社会背景方面的问题(比如询问被调查者的性别、年龄、职业、文化程度、婚姻状况等)。从形式上看，可分为开放式问题与封闭式问题两大类。所谓开放式问题，就是不为回答者提供具体答案，由回答者自由填答的问题。简言之，就是只提问题，不给答案。而封闭式问题则是在提出问题的同时，还给出若干个答案，要求回答者根据实际情况进行选择。比如，"你最喜欢看哪类电视节目？"就是一个开放式问题。但是，当我们在这个问题下面列出了若干个答案，要求回答者选择其一作为回答时，就变成了封闭式问题。开放式问题的主要优点是允许回答者充分自由地发表自己的意见。因而，所得资料丰富生动。其缺点是资料难于编码和统计分析，对回答者的知识水平和文字表达能力有一定要求，填答所花时间和精力较多，还可能产生一些无用的资料。封闭式问题的优点是填答方便，省时省力，资料易于做统计分析。其缺点是资料失去了自发性和表现力，回答中的一些偏误也不易发现。一般来说，大规模抽样调查的问卷多采用封闭式问题。

(5) 问题的语言。语言是问卷设计的基本材料，问题措辞的基本原则是简短、明确，通俗易懂。同时，要注意避免下列错误：①诱导性提问。即以某种方式表现出来的倾向性提问。例如"您不喜欢游泳，是吗？"另外，引用权威认识或大多数人的观点，也会形成诱导性问题。例如"大家都觉得这个公园的健身设施挺完善的，您觉得呢？"②双重问题，即在一个问题中同时询问了两件事情。比如"您的儿女是学生吗？"这一问题实际包含着"您的儿子是学生吗？"和"您的女儿是学生吗？"两个问题。那些只适合其中一种情况的被调查者就无法回答这一问题。③含糊的问题。即问题的含义不确切，使得回答者难于理解，或容易产生歧义。例如"您感觉最近怎么样？"这样的问题究竟问的是哪方面的情况很不明确，是指经济方面、情感方面还是身体方面，回答者往往难以填答。

(6) 问题的数量。一份问卷应该包括多少个问题，这要依据调查的内容、样本的性质、分析的方法、拥有的人力、财力、时间等各种因素来决定，没有固定的标准。但一般来说，问题不宜太多，问卷不宜太长。通常以回答者在 30 分钟以内完成为宜。

有关问卷中问题的次序，有下列常用的规则：①把简单易答的问题放在前面，把较难回答的问题放在后面；②把引起被调查者兴趣的问题放在前面，把容易引起他们紧张或产生顾虑的问题放在后面；③把被调查者熟悉的问题放在前面，把他们感到生疏的问题放到后面；④先问行为方面的问题，再问态度、意见、看法方面的问题，最后问个人背景资料的问题；⑤若有开放式问题，则应放在问卷的最后。

问卷法作为社会科学研究的一种常见方法，其优点是：①节省时间、经费和人力。由于问卷法可以在很短的时间内，同时调查很多人的情况，且不用逐一进行访问和交谈，若采用邮寄法还不受地域范围的限制。因此，采用这种方法收集资料具有很高的效率。②问卷法具有很好的匿名性。由于问卷一般不要求署名，填写地点又可在被调查者自己家中，不受他人干扰和影响，故可大大减轻回答者的心理压力，有利于他们如实填答问卷。③所得资料便于定量处理和分析。由于问卷中的问题基本上都是以封闭式为主，因此，调查所得资料很容易转换成数字，通过计算机进行定量的统计处理与分析。④可避免某些人为误差。由于问卷是统一设计和印制的，因而无论是在问题的表达、答案的类型方面，还是在问题的前后次序、填答方式方面，所有问卷都是完全相同的。这样就能很好地避免某些人为原因所造成的偏误。

同时，问卷法也存在一些不足，例如：问卷的回收率有时难以保证；问卷法对被调查者的文化水平有一定要求；问卷调查资料的质量常常得不到保证。此外，针对老年群体设计问卷应该充分考虑到老年人自身的特点，结合城乡差异，提高问卷本身的质量。

(二) 访谈法

质的研究方法是社会科学研究的主要方法。"质的研究是以研究者本人作为研究工具，在自然情境下采用多种资料收集方法对社会现象进行整体性探究，使用归纳法分析资料和形成理论，通过与研究对象互动对其行为和意义建构获得解释性理解的一种活动。"在质的研究中，收集资料的方法很多，其中最主要的方法是访谈。访谈法可以分成个别访谈和集体访谈两种形式。

1. 访谈的含义

弄清访谈的含义对于正确运用访谈法，减少实际研究中的盲目性有着重要意义。作为科学研究方法的"访谈"与日常生活中的交谈是不同的。一般认为，访谈是一种有目的性的、个别化的研究性交谈，是通过研究者与被研究者口头谈话的方式从被研究者那里收集第一手资料的一种研究方法。这句话包括两层含义：①访谈作为一种研究方法，与日常谈话是有区别的。访谈有明确的目的性，访谈者与受访者接触较为正规。受访者所提供的信息应该大致限定在访谈目的之内。②访谈是一种言语事件，本身就是"现实"存在的一种方式，反映的是一种特定的社会现实。

2. 访谈的意义

(1) 访谈是参与双方共同建构的一个社会事件，对双方都有一定的"现实"意义。访谈的言语风格是双方共同建构的。双方都是在把访谈作为一种社会事件的理解上进行提问和回答的。访谈者的提问，为对方的意义建构提供了一个契机。而对方回答，不论是回忆还是对现实的描述，都是一种对事实或意义的重构。访谈所获得的结果不是访谈者独自从对方那里"收集"来的，而是交谈双方在访谈这一特定社会情境下相互"建构"出来的。访谈并不能做到所谓的"客观"，必须认识到集体建构社会现实的"真实"。

(2) 访谈作为言语事件，其本身是一个有机的整体。交谈双方的每一段对话都是这一言语事件的一个部分，各部分之间是相互联系的。受访者回答不仅是针对问题本身，还针对访谈的整体情境。访谈双方的社会角色、交往目的和个人的兴趣都可能影响到受访者的回答。受访者存在自己接受访谈的动机，这将影响并引导受访者谈话的内容和方式。

(3) 访谈作为言语行为，具有指导和示范意义。即说话者使用语言来完成某种超出语言的行为及说话者借助语言来达到改变听话人的思想和行为的效果。总之，访谈作为言语事件表明访谈不是一个一方"客观"地向另一方了解情况的过程，而是双方相互作用、共同建构"事实"和"行为"的过程。交谈双方实际上是在一起营造访谈的氛围和话语情境。

3. 访谈的分类

访谈的分类标准大致有：访谈的结构、访谈的正式程度、访谈的接触方式、受访者的人数及访谈的次数(或称访谈的时间)。

(1) 访谈按结构可分为封闭型、开放型和半开放型。在封闭型访谈中，研究者对访谈的走向和步骤起主导作用，选择访谈对象的标准和方法、所提的问题、提问的顺序及纪录方式都已经标准化了，研究者对所有受访者都按同样的程序问同样的问题。与此相反，开放型访谈没有固定的访谈问题，访谈者只是起辅助作用，鼓励受访者用自己的语言发表自己的看法。这种访谈的目的是了解受访者自己认为重要的问题，他们看问题的视角，他们对意义的解释，以及他们使用的概念及其表述方式。访谈的形式不拘一格。在半开放型访谈中，研究者对访谈的结构具有一定的控制作用，同时也允许受访者积极参与。研究者事先备有访谈提纲，根据自己的研究设计对受访者提出问题。访谈者在访谈过程中，根据访谈的具体情况对访谈的程序和内容进行灵活的调整。一般来说，量的研究通常使用封闭型访谈，而质的研究多使用半封闭型访谈和开放型访谈。

(2) 按访谈的正式程度访谈可分为正式访谈和非正式访谈。按接触方式，正式访谈又分为直接访谈和间接访谈。正式访谈是指研究者和被研究者事先预定好时间和地点，正式就一定问题进行交谈；非正式访谈是指根据受访者日常生活的安排，在与对方一起参加活动的时候根据当时的情形与对方交谈。在质的研究[①]中这两种访谈都可以使用，有时结合使用效果更好。直接访谈是指研究者与被研究者进行面对面的交谈。间接访谈是指研究者与被研究者事先约好时间，通过电话等间接方式进行访谈。这两种方法各有利弊，运用时，视具体情况及被研究者的个性特点而定。

(3) 按受访者的人数，访谈还可以进一步分成个别访谈和集体访谈。前者通常由一名访谈者和一名受访者组成。后者通常由一到三名访谈者和六到十名参与者组成。此外根据访谈的次数，访谈还可以分成一次性访谈和多次性访谈。前者主要以收集事实性信息为主；而后者则用于追踪调查，或深入探究某些问题（特别是意义类问题），可以有一定的结构设计，逐步由浅到深，由表层到深层，由事实信息到意义解释。

虽然访谈的形式多种多样，对访谈形式的选择应该依研究的问题、目的、对象、情境和研究阶段不同而有所不同，在必要时还可以结合不同的方式。

4. 访谈前的准备工作

访谈前的准备工作对保障访谈的顺利进行及提高访谈的质量有重要意义。访谈前的准备工作通常包括：抽取访谈对象、确定访谈时间和地点、建立访谈关系、设计访谈提纲等。

一般来说，社会科学研究中的抽样可以分成概率抽样和非概率抽样两大类。概率抽样是指在被限定的研究对象中，每个单位都具有同样大的被抽中的可能性。非概率抽样是指按照其他非概率标准进行抽样的方式。质的研究中使用得最多的"非概率抽样"方式，是"目的性抽样"，即按照研究目的抽取能够为研究问题提供最大信息的研究对象。它也叫理论性抽样。质性研究的研究对象数量较小，不采取概率抽样方式。目的性抽样的具体策略如下。

(1) 极端或偏差型个案抽样。在这种抽样中，研究者通常选择研究现象中非常极端的、被一般人认为是"不正常"的情况进行调查，通过反常现象，研究者可以知道正常现象的定义和行为表现。

(2) 强度抽样。它是指抽取较高信息密度和强度的个案进行研究。它的目的是寻找那些可以为研究的问题提供非常密集、丰富信息的个案。这些个案不一定指非常极端或不同寻常的。

(3) 最大差异抽样。它是指被抽中的样本所产生的研究结果将最大限度地覆盖研究现象中各种不同的情况。如果研究现象异质性很强，抽取少数几个案例，难以反映现象全貌。在这种情况下，可以先找出现象中具有最大异质性的特点，以此为标准筛选研究对象。这么做的主要目的是了解在差异分布状况下事物的某一个特点有何种同质或异质表现。

(4) 同质型抽样。它是指选择一组内部成分比较相似（即同质性比较高）的个案进行

---

① 质的研究有时又称为质性研究或定性研究。

研究。这样做可以对个案内部的某些现象进行深入分析。

(5) 典型个案抽样。它是指选择研究现象中那些具有一定"代表性"的个案进行研究，目的是了解研究现象的一般情况。在质的研究中，对典型个案进行研究不是为了将结果推论到从中抽样的人群，而是为了说明在此类现象中一个典型的个案是什么样子。这种研究的目的是展示和说明，而不是推论。

(6) 分层目的抽样。在这种抽样中，研究者首先将研究对象按照一定标准进行分层，然后在不同的层面上进行目的性抽样。这样做是为了在不同层次间进行比较，进而达到对总体异质性的了解。

(7) 关键个案抽样。它是指选择那些可以对事情产生决定性影响的个案进行研究，目的是将从这些个案中获得结果逻辑地推论至其他个案。

(8) 效标抽样。它是指事先为抽样设定一个标准或一些基本条件，然后选择所有符合这个标准或这些条件的个案进行研究。

(9) 证实和证伪个案抽样。这种抽样指在研究者已经初步建立结论后，希望通过抽样来证实或证伪自己的初步理论假设。[①]

另外，抽样的具体方式还有滚雪球(连锁式)抽样、机遇式抽样、目的性抽样、方便抽样等。这些都可以用来挑选被研究者。建立访谈关系是访谈的重要一环。访谈成功与否在很大程度上取决于访谈者与受访者之间的关系。访谈前，访谈者在向受访者告知自己的研究课题时，要尽量做到坦率、真诚，尽自己的可能回答对方提出的问题，帮助对方消除疑虑。访谈者应该向被访者许诺志愿原则，尊重受访者的语言，鼓励其用母语进行表达。如果需要录音，要征得受访者的同意。至于访谈时间的确定要尽量以受访者方便为宜。另外还有访谈提纲的设计，访谈者要保持一种开放、灵活的态度，要尽量避免太多的前设。

5. "访谈"的艺术

访谈中除了言语行为，还有非言语行为，如动作、面部表情、眼神、人际距离等，可提供言语行为无法提供的信息。言语行为和非言语行为的良好结合标志着访谈的成功。"访谈"的艺术主要从提问、倾听和回应三方面表现出来。

1) 提问的艺术

访谈提出的问题千变万化，依研究的问题、访谈者的习惯、受访者的个性及当时的具体情境不同，问题也有所不同。访谈的问题有以下类型：开放型与封闭型问题；具体型与抽象型问题。在开放型访谈开始的时候一般使用开放型的问题，问题的结构和内容都应较为灵活、宽松，为受访者用自己的语言表达自己的想法留有余地。但需要掌握好"开放"的度。对于"开放"，会使受访者对访谈的意图感到不解，因此产生心理上的焦虑。在一些特殊的情况下访谈者可以适当地使用一些封闭型问题。一般情况下，如果受访者在结束访谈时还没有谈及一些访谈者认为十分重要的问题，访谈者可以采用相对封闭的方式对这些问题进行比较有针对性的提问。封闭型问题一定要慎用，以免约束受访者的思维，影响回答的质量。

---

① 杨威. 访谈法解析 [J]. 齐齐哈尔大学学报(哲学社会科学版), 2001(4).

如果研究的目的是了解受访人的独特经历和想法或探寻某一事件的来龙去脉，访谈者应该尽量使用具体型问题，具体的问题可以调动受访者的情绪和情感反应，将受访者的注意力集中在可见、可触、可闻的细节上，以此激发受访者的真实情感。

一般来说，访谈者提问的方式、词语的选择及问题的内容范围都要适合受访者的身心发展程度、知识水平和谈话习惯。要能够使对方听得懂。在访谈中应遵循口语化、生活化、通俗化和地方化的原则，尽量熟悉受访者的语言，用他们听得懂的语言进行交谈。

在访谈中，想对有关问题进行深入的探讨，一般要使用追问这一手段。追问是指访谈者就受访者前面所说的某一观点、概念、语词、事件、行为进行进一步探询，将其挑选出来继续向对方发问。访谈中最忌讳的追问方式是，访谈者不管对方在说什么或想什么，只是按照自己事先设计的访谈提纲挨个地把问题抛出去。要想追问适度，访谈者必须首先将自己的"前见"悬置起来，全身心地倾听对方谈话。

2) 倾听的艺术

"问"是访谈者所做的有形的工作；而"听"是访谈者所做的无形的工作。在质的研究中访谈的主要目的是了解和理解受访者对研究问题的看法，因此访谈者应该注意倾听他们的心声，了解他们看问题的方式和语言表达方式。听是心与心的交流。访谈中的"听"包括行为、认知和情感三个层面。

行为层面上的"听"是一种听的态度，大致表现"表面地听""消极地听"和"积极地听"三种状态。"表面地听"指访谈者只是做出一种听的姿态，并没有认真地将对方所说的话听进去。"消极地听"指访谈者被动地听进了对方所说的一些话，但是没有将这些话所表示的意义听进去，更不用说言外之意了。访谈者并不有意进行积极的思维活动，也没有在自己的情感上产生任何共鸣。"积极地听"指访谈者将自己全部的注意力都放在受访者的身上，给予对方最大的、无条件的、真诚的关注。很显然，"积极地听"是访谈中最佳的选择。在访谈者积极主动的关注下，受访者会觉得自己十分重要，自己所说的话非常有意思，因而一直不停地说下去。

认知层面上的"听"可以分成"强加地听""接受地听"和"建构地听"三种情况。"强加地听"指访谈者将受访者所说的话迅速纳入习惯的概念分类系统，用自己的意义体系来理解对方的话，并且很快对对方的内容做出自己的价值判断。这种"听"往往使受访者感到被误解，也容易引起受访者的反感。另外，这种"强加"容易造成对受访者的话理解表面化，使受访者对访谈者产生蔑视，认为访谈者肤浅，从而影响访谈的质量。"接受地听"指访谈者暂且将自己的判断"悬置"起来，主动接受和捕捉受访者发出的信息，注意他们使用的本土概念，探询他们所说语言背后的含义，了解他们建构意义的方式。"建构地听"指访谈者在倾听时积极地与对方进行对话，在反省自己的"倾向"和假设的同时与对方进行平等的交流，与对方共同建构对"现实"的定义。"建构地听"对访谈者的素质要求较高，访谈者需要有较强有自我反省能力。质的研究要求访谈者能够做到建构地倾听。

情感层面上的"听"可分为"无感情地听""有感情地听"和"共情地听"。"无感情地听"指访谈者在听的时候不仅自己没有感情投入，而且对对方的情感表露也无动于衷。"有感情的听"指访谈者对对方的谈话有情感表露，能够接纳对方所有的情感反应，而且表现出自己对对方的情感表达方式的理解。"共情的听"指访谈者在无条件地倾听中与受访者在情感上达到了共鸣，双方同欢喜、共悲伤。共情有两种：认可的共情和准确的共情。在访谈中，访谈者要做到"有感情的听"和"共情的听"。这并不排除理智上的理解，正是具有情感上的共鸣，访谈者才可能比较准确地理解对方。

在倾听时，访谈者还要切记：不要轻易打断对方的谈话，并且能够容忍沉默。沉默有多种原因，其中，访谈者要注意的一点是：沉默可能代表受访者在思考问题，所以访谈者要敏于判断，能够耐心等待。

3) 回应的艺术

访谈者不仅要主动地提问、认真地倾听，而且还要适当地做出回应。"回应"指在访谈过程中访谈者对受访者的言行做出的反应，其中包括言语反应和非言语反应。回应的目的是建立一种对话关系，传递自己的意向、态度和想法。回应直接影响到谈话风格和谈话内容，而且在一定程度上限制访谈整体结构、运行节奏和轮换原则。一般常用的回应方式有：认可；重复、重组和总结；自我暴露；鼓励对方。它们分别起到接受、理解、询问、共情等作用。

认可。它指访谈者对受访者所说的话表示已经听到了，希望对方继续说下去。表示认可可以用微笑、点头、鼓励的目光等非言语行为；也可以用"嗯""对""是吗"等言语行为。研究表明，当访谈做出上述认可的动作和响声时，受访者的回答比访谈者一声不吭要强三倍。

重复、重组和总结。"重复"指重复受访者所说的话，目的是使受访者继续说下去，同时检验自己的理解。"重组"指访谈者将受访者所说的话换一个方式说出来，检验理解是否正确，邀请对方纠正。"总结"指访谈者将受访者所说的一番话用一、两句话概括地说出来，目的是理清思路，鼓励对方继续谈话，检验理解的正确性。重复、重组和总结主要是帮助双方理清思路，检验理解是否正确，鼓励受访者说下去。

自我暴露。它指访谈者对受访者所谈的内容就自己有关的经历或经验做出回应。访谈者的自我暴露可以拉近自己与受访者之间的距离，使谈话关系变得轻松而平等，富有合作性和互动性。自我暴露需要把握一个"度"。

鼓励对方。受访者通常有一些顾虑，不知道自己所说的内容是否符合访谈的要求。受访者往往希望得到对方的鼓励。尤其在要求对方披露自己的个人隐私，以及比较伤心的事情等情况下，更需要访谈者不带有偏见地理解和鼓励。

有两种应避免的回应方式，它们是"论说式回应"和"评价式回应"。"论说式回应"指访谈者利用社会科学中的一些现成的理论或者访谈者自己的经验对受访者所说的内容做出回应。论说式回应不仅在态度上给受访者一种居高临下的感觉，而且在知识权力上显示出访谈者的优越感和霸权，应该尽量避免使用它。"评价式回应"指访谈者对受访者的谈话内容进行价值上的判断，其中隐含有"好"与"不好"的意思。评价式回应通常反应的是研究者自己的价值观念和评价标准，不仅不一定适合被研究者的具体情况，而且表现出自己对对方的不尊重。过多的评价还表明访谈者个人不够成熟，不能够接受事物的多样性、不确定性及道德两难性，不能容忍受访者与自己不同的观点和感受。

其实，访谈中需要一些原则。但毕竟还要具体情况具体分析。访谈中访谈者要对受访者高度尊重和关注。访谈者需要审视自己的言语行为和非言语行为，时刻对自己的思维方式和行为方式进行充分反省，才能获得高质量的第一手资料。

访谈法是针对特定人群进行问题研究常见的一种方法。在对老年人进行访谈时，除了注意一般的访谈原则外，应该特别关注老年人这一群体的特点。主要有以下问题需要考虑：城乡的差异、职业的差异、文化的差异、婚姻状况的差异等。城市老年人与农村老年人所处的环境及可获得的资源存在差异；不同职业的老年人对某些措辞可能理解存在偏差；访谈的语言应该尽量通俗易懂，消除文化上的差异；因老年人的婚姻状况容易涉及丧偶等特殊事件，应该注意一些提问内容可能给老年人带来伤害。

(三) 比较分析法

比较分析法也称对比分析法。美国学者库兰指出：比较就是对照其他的事物、领域来理解某一事物、领域，只要存在其他的、不同的东西，就一定存在比较。[1]对比分析法是把一组具有一定相似因素的不同性质分析对象安排在一起，进行对照比较。[2]通过综合比较它们在构造、性质、内容、过程、结果等方面的差异，得出不同对象的本质区别、现象差异和改进或创新目标。这是一种科学的探析方法，这种方法切合马克思主义唯物辩证哲学思想的矛盾统一观，运用这种方法，有利于充分显示事物的矛盾，突出事物的本质特征。比较分析法的特征有三个方面。

1. 方法与学科的交融

比较分析法通过"比较"的科学方法，将其研究对象遍及多个研究领域。比较法作为一种方法，它可以与其他分析研究方法相结合，用来揭示事物间的本质联系，与研究学科对象结合，以独特的视角审视各种研究问题，体现对比分析法的优势和价值。

2. 认识与实践的结合

比较分析法是通过认识和对比分析，找出研究对象之间的共性和差异，从而在实践中实现一定范围内的经验借鉴和规律移植，并通过认识进一步升华和飞跃，最终研究和构造放之四海而皆准的一般规律。

3. 鲜明性和说服力

事物的特征和本质在对比中最容易显露出来，特别是正反相互对立的事物的比较，用正面的或正确的观点同反面的材料或观点进行对比，就能得到直白鲜活的表现，具有较强的论证力量。

比较分析法有助于分析老龄问题的异质性，包括老龄问题的普遍性和特殊性、老龄问题与其他社会问题的共性和差异性。在分析老年群体问题时有助于强调某一显著特征，突出问题的特殊性。例如分析养老需求时，通过比较城市和农村的老年群体，容易发现城市老年人除了物质需求以外更加注重精神需求，保障形式提出更高层次的需求，注重

---

[1] Curran, Vivian Grosswald. Culture immersion, difference and categories in U. S. comparative law[J]. American Journal of Comparative Law, 1998: 46.

[2] 敬采云. 案例对比分析研究方法论[J]. 西南科技大学学报（哲学社会科学版），2012(5).

实物保障和服务保障的结合等特点。通过比较分析,可以深入探讨造成差异背后的机制问题,从而提出相应的政策建议,达到问题研究的目的。

第三节 老年学理论研究应注意的问题

一、人类尚未建立起关于老年人问题或人类老年期问题的完善理论

以往人类历史基本上是年轻社会的历史,同时也是短寿时代的历史。因此,老年人问题虽然与人类历史共长短,但自人类诞生以来,特别是有学科史以来由于老年人口数量有限,占总人口比重居低不上,尤其是中西方传统文化都认为老年人问题是难以进入公共领域的私人问题,因而该问题很难得到系统化的理论研究,建立针对老年人问题的独立学科体系更是不可能的事情。回顾历史,从轴心时代到20世纪,人类历史上的伟大思想家,无论是苏格拉底、柏拉图、亚里士多德以至康德、黑格尔、韦伯,还是老子、孔子以至孙中山,他们对老年人问题虽然多少也有论述,但都没有也不可能就此建立系统的理论。[1] 实际上,历史上所有的思想家都是方面思想家,过去是,现在是,将来也是。思想家们只能处理他们所面临的问题,而不可能超越时代进行理论创造。随着短寿时代终结、长寿时代迎来人口老龄化的发生发展,老年人口规模日益庞大,相应地,老年人问题逐渐引起主流社会广泛关注。20世纪初,以老年医学为旗帜的理论和实践探索催生了老年学学科的建立,特别是以应对人口老龄化为主题的1982年第一届世界老龄大会以来,老年学迎来了大发展的历史性机遇。但是,由于老年学的历史十分短暂,知识积淀不足,其虽已构建起初步的学科体系,但系统化的理论构建仍然乏善可陈,分析框架距离成熟学科也还有很长的路要走,因而难以针对日益严峻的老年人问题做出全面科学的解读,更无法引领解决老年人问题的实践和行动。

二、西方老年学关于老年人问题的理论多元而缺乏一体性

回顾西方历史上有关老年人问题的文献,涉及老年人的主流观念大多是负面的,鲜有积极正面的理念。之所以如此,其原因主要是以往时代的老年人身体健康状况普遍低下。老年医学特别是老年学诞生之后,西方学界从正面看待老年人的观念逐渐兴起。这主要是由于长寿时代的到来带来了精神矍铄的老年群体,而研究老年人问题的理论也层出不穷。从现有文献来看,西方关于老年人问题的理论从社会科学角度看包括三

---

[1] 党俊武.关于构建人类老年期理论的若干考量[J].老龄科学研究,2016(2).

个层次：一是宏观层面，主要有结构主义(structuralism)理论、现代化(modernization)理论、政治经济学(political economy)理论、利益群体(interest group)理论、亚文化(subculture)理论、制度(institutional)理论、中间(linking)理论、活动(activity)理论、脱离(disengagement)理论、年龄分层(age stratification)理论、生命周期(life cycle)理论、现象学(phenomenology)理论、文化人类学(cultural anthropology)理论和符号互动(symbolic interactionism)理论等。二是微观层面，主要有角色(role)理论、发展(developmental)理论、理性选择(rational choice)理论、交换(exchange)理论和连续性(continuity)理论等。三是从医学角度看，主要有衰老机制理论、老年基础医学理论、老年预防医学理论、老年流行病学理论、老年社会医学理论和老年临床病学理论等。毋庸置疑，这些理论的提出，有助于我们把握和解决老年人问题。但从研究范式、研究视角、研究内容和研究方法来说，这些理论主要针对老年人问题，其最突出的特点是多元化和碎片化。透过这些理论，关于老年人问题仍然是雾里看花，无法找到解决该问题的主脉络和主线索。这表明西方的老年学理论还处在起步阶段，其研究和分析的理论框架构建尚待进一步完善。

三、老龄社会呼唤从理论上重新考量老年人问题

目前，人类正处在以人口老龄化为表征的年轻社会向老龄社会全面深刻转型期，历史上的老年人问题尚在延续，新生的老年人问题又层出不穷。同时，历史上老年人问题所发生的人口背景和当前迥然不同。在漫长的年轻社会或者短寿时代，人生的追求和梦想之一就是如何实现长寿，更准确地说是如何活到老年期。但限于经济社会发展水平特别是医疗科技水平，大多数时候人们都是寿命短暂，能够活到老年期的概率极低，老年人口数量十分有限，承载和处理老年人问题的成年人口非常充裕，而且私人领域对此也应对有余，老年人的诸多问题都不会成为公共领域的重大问题。进入老龄社会以后，不仅老年人口数量庞大，其占比超过少儿人口，而且高龄化的持续推进也带来众多高龄老年人口，承载和处理老年人问题的成年人口也呈现递减趋势。老龄社会下的老年人问题既是私人领域的问题，同时更是公共领域的重大问题。其不仅影响每一个人和每一个家庭的生存发展，而且对经济、政治、文化和社会生活等方方面面的影响都是全面、深刻而持久的。同时，由于时代条件的差异，以及人作为主体的观念、知识结构、社会行为能力的巨大提升，特别是制度体系的重大变迁，当前和以往时代老年人问题的内容、形式和产生发展机制及其应对方式，都正在发生全面深刻的变化。总之，老年人问题需要首先从理论上转变观念，创新思维，重新考量。

四、构建人类老年期理论要立足于引领人类老年期新生活

人类老年期问题十分庞杂，而且，每一个历史阶段所面临的问题也各不相同。为此，首先，要认识问题，厘定研究任务，否则就会大而无当，无从入手。其次，问题的发生必然有其规律，这就需要坚持正确的理论取向，条分缕析，找到解决问题的路径方法。如果缺乏理论取向的指引，即便任务明确，路径方法得当，也只能陷入头疼医头、脚痛

医脚的泥潭。第三，需要以人文精神为指引，界定理想模型，在确保问题不再重复发生的同时，引领人类在老年期迈入新的理想生活的轨道。目前，国内外的老年人问题研究，其最大的问题不是缺少科学方法，而是缺乏人文精神的引领。在此背景下，研究者埋头于研究问题，决策者则像应急式救火那样解决问题，其结果往往是这个问题暂时解决了，新的问题又产生了，而更为关键的是，如此也很难让政策对象满意。因此，构建人类老年期理论，必须在问题和科学分析的同时，立足于引领人类老年期新生活——如此既能跳出仅仅解决问题的泥潭，又能引领人们准备和度过老年期，创造新生活。更为重要的是，这样的理论立足点不仅超越了仅仅停留于解决问题的简单思维，还能有效凝聚人心，促进共识，实现理论的解释功能、创造功能和召唤功能。简言之，仅仅有科学依据而没有召唤功能的理论是苍白的，只有以人文精神为引领、富含召唤功能的科学理论才是最具魅力的。因此，构建人类老年期理论，既要提供解决问题的路径方法，更要引领所有人类个体准备和度过美好的老年期新生活。

第四节　我国老年学研究概述

一、研究主题

老年学研究作为一项学术研究，首先应该明确其研究主题。不同的人对同一学术主题会给出不同的答案。就老年学而言，仅对其概念的界定就存在不同的说法。《简明老年学辞典》认为老年学是一门"运用自然科学和社会科学的众多学科的理论和方法，对老年问题进行综合研究"[1]的学科。对老年学概念的这种界定在《新编老年学词典》中得到了延续和补充，《新编老年学词典》认为老年学是一门"运用自然科学和社会科学众多的理论和方法，研究人类个体和群体老龄化的客观规律性、人类老龄化与人类生活的社会环境、生态环境之间的内在联系及人类和个人如何适应老龄化的一种综合性很强的学科"[2]。还有一些不同界定，如认为"老年学是对人们衰老的研究，包括从各学科和实际工作领域对衰老过程从心理、生理和社会方面进行研究"[3]"老年学是研究人类老化规律的科学，它一方面研究人类个体老化对个人所产生的各种问题，另一方面研究人类群体老龄化过程中所引起的一系列社会、经济问题"[4]。上述对老年学的界定虽然在外延和具体的表述方面存在不同，但在方法论方面都承认老年学是一门运用自然科学和社会科学等对人类老龄化进行综合研究的学科。邬沧萍认为，老年学应该"研究人类老化的现象和过程，

---

[1] 贾岩.简明老年学辞典 [M].北京：中国商业出版社，1990.
[2] 李旭初，刘兴策.新编老年学词典 [M].武汉：武汉大学出版社，2009.
[3] 梅陈玉蝉，齐铱，徐玲.老年学理论与实践 [M].北京：社会科学文献出版社，2004.
[4] 熊必俊，郑亚丽.老年学与老龄问题 [M].北京：科学技术文献出版社，1989.

研究人类个体老化和群体老化的规律性,以及人类老化与生态环境、社会生活环境之间的相互关系的本质联系"①。从后续研究来看,邬沧萍的观点比较有权威性。

从时间上看,我国老年学研究始于20世纪50年代末,当时主要偏于研究老年医学和老年生物学等,将老年学与社会科学相结合进行研究主要开始于20世纪80年代初。1986年4月,中国老年学学会正式成立,这标志着老年学作为一门具备社会科学意义的学科在我国正式得以被研究和发展。

二、主要研究成果概述

老年学学科建立以来,我国学术界对老年学的研究可谓硕果累累。付建军对已有的学术成果进行了梳理,以方法论和研究内容为标准进行了分类,将我国学术界对老年学的研究成果大致分为比较老年学研究、基础理论研究和分支学科建设研究三个方面②。

(一)比较老年学研究

比较老年学研究主要运用比较研究方法对国外老年学理论和案例进行对比研究,在案例研究中又可分为对单一国家的比较研究和多国比较研究。就我国老年学的研究现状而言,比较老年学研究还只是停留在具体理论的引介和对单一国家的比较研究中。在理论引进方面,国内学者主要通过翻译著作和学术论文两种方式对国外老年学理论进行引介。在著作引介方面,具有代表性的有沈健翻译的《老年社会学》③、毕可生等翻译的《老年学》④、裴晓梅等翻译的《老龄化经济学》⑤、冯朝阳等翻译的《老龄化社会——无形的革命》⑥等。在学术论文方面,又可分为国外老年学整体介绍和专题介绍两个部分。在整体介绍部分,王艳君和袁玮分别翻译了《老年学研究的道德问题》和《老年学研究的几个方面》⑦。宋珮珮在《论国外老年学的学科体系》一文中对老年学的诞生、学科的综合及其发展趋势进行了论述⑧。在专题介绍方面,国内学术界分别介绍了国外老年社会学、老年心理学、日本等国的老年学及两种新理论。在老年社会学方面,唐仲勋等介绍了国外老年社会学的七种理论,并对这些理论应用到中国老年学的研究提出了评价⑨。王裔艳对国外老年社会学理论进行了学术综述,较为全面地介绍了国外老年社会学的研究动态⑩。黄育馥较为详细地介绍了美国老年社会学的理论应用。⑪

---

① 邬沧萍.论老年学的形成、研究对象和科学性质[J].中国人民大学学报,1987(2).
② 付建军.回顾与展望:三十年来我国老年学研究述评[J].西北人口,2012(3).
③ 戴维·L.德克尔.老年社会学[M].沈健,译.天津:天津人民出版社,1986.
④ 理查德·C.克伦塔尔.老年学[M].毕可生,等,译.兰州:甘肃人民出版社,1986.
⑤ 詹姆斯·H.舒尔茨.老龄化经济学[M].裴晓梅,等,译.北京:社会科学文献出版社,2010.
⑥ 日本经济新闻社.老龄化社会——无形的革命[M].冯朝阳,等,译.北京:新华出版社,1987.
⑦ 王艳君翻译的《老年学研究的道德问题》发表在《老年学杂志》1986年第2期上,原文作者 Denham M. J.,论文原发表在 AGE AND AGEING 期刊1984年第6期上。袁玮翻译的《老年学研究的几个方面》发表在《老年学杂志》1987年第4期上,原文作者 Perlmutter. M,论文原是 *Adult Development and Aging* 一书中的一部分。
⑧ 宋珮珮.论国外老年学的学科体系[J].国外医学社会医学分册,2001(3).
⑨ 唐仲勋,叶南客.国外老年社会学的七种理论模式[J].国外社会科学,1988(11).
⑩ 王裔艳.国外老年社会学理论研究综述[J].南京人口管理干部学院学报,2004(2).
⑪ 黄育馥.美国社会老年学理论浅谈[J].国外社会科学,1984(11).

在比较老年学研究中,相比于理论引介方面的研究,个案比较研究的成果数量较少,而且基本上都属于对单一国家的比较研究,多国比较研究基本没有。吕林等通过比较中美老年政策法律对中国老年学发展滞后的现状进行了对比分析,并提出了相关建议。[①] 这是比较老年学研究中多国比较研究代表性的研究成果。

(二)基础理论研究

经过多年的发展,中国老年学的基础理论研究已经取得了很大的进步。这种进步不仅表现在学术界对于中国老年学整体理论构建及其本土化的思考,也包括对未来信息技术时代中国老年学何去何从的思考。

1. 对中国老年学整体理论构建及其本土化的思考

早在中国老年学会创立之初,已经有学者开始关注中国老年学整体理论构建及其本土化问题。学术界基本一致的观点是,应该建立中国自己的老年学,实现老年学的本土化理论构建。

2. 对未来信息技术时代中国老年学何去何从的思考

在未来信息技术时代,医学和技术的进步将大幅度改变目前老年人生活的现状,这就要求老年学理论研究和指导实践方面有所变化。杜鹏和邬沧萍认为,处于21世纪的中国老年学,应该走跨学科交叉研究的道路,"跨学科交叉研究是21世纪老年学理论创新、科学创新的必由之路"[②]。

(三)分支学科建设研究

老年学的多学科性决定了其分支学科的多元性。在老年学众多的分支学科中,历年来中国学术界较为关注和思考的分支学科是老年经济学、老年人口学、老年社会学和老年心理学四个方面。随着我国人口老龄化问题的加剧,老龄社会保障、老年社会政策、老年社会工作等分支学科的作用愈来愈显著。此外,关于老年学学科的建设,学界的研究主要集中在老年学学科人才建设、老年学教育体系等方面。

三、对我国老年学研究的评价和未来发展的展望

回顾我国老年学的发展可以发现,老年学研究的发展总体呈现三个方向的趋势,一是从注重基础理论构建到分支学科建设;二是从纯粹理论研究到理论与实际相结合;三是从纯粹学术研究到学术研究与政策研究相结合。

(一)从注重基础理论构建到分支学科建设

在20世纪80年代初,中国老年学的开拓者主要将注意力集中于中国老年学基础理论的构建。随着中国老年学不断发展,在基础理论构建不断发展的同时,学术界也将目

---

① 吕林,王建忠,王则兴,等.比较中美老年政策法规透视中国老年学发展滞后原因[J].中国老年学杂志,2007(4).
② 杜鹏,邬沧萍.跨学科交叉研究与21世纪老年学的发展[N].中国人民大学学报,2001(3).

光投向了老年学的分支学科建设,主要包括老年社会学、老年经济学、老年哲学和老年法学等。这种转变凸显了我国老年学建设的社会科学性质。

(二) 从纯粹理论研究到理论与实际相结合

在我国老年学发展之初,学术界基本上都专注于老年学的基础理论构建,包括中国老年学整体理论框架、中国老年学如何实现本土化等问题。伴随基础理论构建的发展,这种纯粹理论研究也暴露了其弊病,就是研究与实际存在的不一致性。从而老年学研究的转向也就成为老年学进一步发展的需要。这种转向主要体现在中国老年学研究方法论的变化,即从纯粹理论研究转变为理论研究与实际相结合。

(三) 从纯粹学术研究到学术研究与政策研究相结合

20世纪80年代中后期,虽然有关我国老年学的基础理论构建的思路与载体已经明晰,但从当时的环境看,老年学的研究也只仅限于学术研究层面,还没有对政策领域产生影响。20世纪90年代初,老年问题在行政层面得到重视并成立了官方性质的老年管理机构,由此老年学研究从纯粹学术研究到学术研究与政策研究相结合的转变就有了可能。但从纯粹学术研究到学术研究与政策研究相结合转变的动力根本上来源于我国老龄化程度的加深。[①]这种老龄化程度的加深要求学术界从学理上对行政政策进行指导。

四、老年学研究理念的转变

人口老龄化是近代社会在世界范围内逐渐产生的,针对人口老龄化发展的不同阶段,世界各国有着不同的认识。从老年学研究的角度来看,表现为研究理念的变化,即人们在不同的人口老龄化阶段具有不同的担心,从而具有不同的应对之策。按照人口老龄化的发展趋势,国际上流行一些老年学的理念,主要包括有保障的老龄化(安全的老龄化)、健康老龄化、成功的老龄化、有尊严的老龄化、丰富多彩的老龄化、独立的老龄化和积极老龄化等。[②]

有保障的老龄化又称安全的老龄化(secured aging),是指个人在人口老龄化初期会产生收入中断或收入入不敷出的担心,从而萌生一种期望,如个人收入有保障、生活有安全感等。

有尊严的老龄化(dignified aging),是指个人在老年时期应该享有人权、尊严及同等的机会,该理念的提出是为了反对歧视老年人等现象。

成功的老龄化(successful aging),是指老年人自身保持良好的心理健康状态,在日历年龄增加的同时也能保持生理上和心理上的健康。成功的老龄化是一个心理学的概念,通俗地讲即人能够接受变老的事实,心理状态不会产生太大的波动。同时,成功的老龄

[①] 付建军. 回顾与展望:三十年来我国老年学研究述评 [J]. 西北人口,2012(3).
[②] 邬沧萍. 老年学概论 [M]. 3版. 北京:中国人民大学出版社,2015.

化通常被误解为老有所为、事业有成，这种观点并非该理念(成功的老龄化)的原意。

有贡献的老龄化(productive aging)，是指老年期的生活充实，能够实现自我目标。它通常被翻译为丰盛的老龄化或生产性的老龄化，这一类的观点亦不符合该理念(有贡献的老龄化)提出的本意。

独立的老龄化(independent aging)，是针对个人在老年期因身体机能逐渐衰退导致不能自理从而需要依赖他人得以生存的客观现象提出的。其初衷是希望说明一个老年期生活不依靠他人能够完全自理的状态。

以上涉及的老龄化理念在不同时期、不同范围产生了一定的影响和作用，国际上使用最广、最被普遍认同的两个理念是健康老龄化和积极老龄化。

(一) 健康老龄化

"健康老龄化"(healthy aging)一词属舶来品，西方与国内的一些学者对它的含义看法不一，但有一点是共同的，即都把它作为老年学研究的一个基本概念。健康老龄化具有以下三个特征。

1. "健康老龄化"具有广义性质

最早的健康概念是相对于人体机能的好坏而言的。社会生产力的发展改变了人们对健康的认识，现代的"健康"之定义应包括生理、心理和社会适应三个方面，缺一不可。由此可见，随着科学的发展和认识的深化，"健康"概念的内涵和外延都有所增加和扩展。对一个人健康的认识如此，对一个社会有机体健康的认识更应如此。推而广之，对"健康老龄化"的认识也应该是广义的。这个概念的外延应该包括老年人个体健康(身心健康和良好的社会适应能力)、老年群体的整体健康(健康预期寿命的延长及与社会整体相协调)和人文环境健康(人口老龄化社会的社会氛围良好及发展得持续、有序、合规律)三个部分。[①]老年人的自身健康和老年群体整体的健康是"健康老龄化"的基础，而人文环境健康是"健康老龄化"的有力保障。

2. "健康老龄化"是一个过程

这里的"过程"包括两层意思，其一是对人生的不同阶段而言，人生即为一个过程，每个人都将经历生而长、而壮、而老、而已的过渡。所以，老年时期的健康状况不可能与青少年时期截然无关，而要达到提高老年人群健康的预期寿命，也断然不是从老年人抓起能够奏效的。无论是从身心健康方面的自我保健意识和行为，抑或是从社会经济方面为年老后所做的种种准备和调试，都需要人们在不同的人生阶段打好基础。因此，作为人生来说，健康老龄化的实现需要用人的一生去做准备。其二是对社会来说，社会发展是一个过程，人口老龄化也是一个过程，而且是伴随着社会经济的一定发展阶段而出现，并随着社会的发展而发展的。这就决定了"健康老龄化"社会的实现也是一个不断发展而且需要不断调整的过程。不仅需要我们针对目前社会发展水平制定解决人口老龄化带来的一系列社会问题的短期对策，还必须根据人口老龄化发展趋势和社会经济发展趋势的预测制订长期的规划。

---

① 刘毅强. 健康老龄化初探[J]. 中国行为医学科学，1995(2).

3. "健康老龄化"是一个系统工程

第一，系统由要素组成。"健康老龄化"不仅仅是老年人或老年群体的问题，而且还应该是全社会的问题。作为社会（系统）要素之一的老年群体的健康是实现健康老龄化社会的基础。"健康老龄化"不仅仅是老年人和老年群体的要求，而且也是整个社会的要求。

第二，作为系统是有结构的，即系统内的各个要素之间要按一定比例进行组合。从人口学角度讲，即整个社会人群各年龄人口按一定比例的组合。与西方发达国家不同，我国的人口老龄化是由政府推行的计划生育政策的成功而提早到来的。我国实行计划生育的目的在于减轻人口膨胀对社会经济发展的压力，但作为人口结构变动产生的迅速发展的人口老龄化及老年人群的高龄化，将使我们面临前所未有的挑战。因此，从整体和长远看，需要制订人口发展的远景规划，既要有效地控制人口数量增长，又要减缓人口老化进程，更要防止人口的过度老化。应该认识到，人口结构的合理化也是"健康老龄化"的一个重要内容。

第三，作为系统是有开放性的。老年人口并不是社会上孤立的群体，它是与其他年龄人口互相依赖和互相作用的一个整体。因此，"健康老龄化"对策也不能仅以老年人口为对象，而应该包括儿童、青壮年和老年人全部人口在内。必须在充分认识老年人问题的特殊性的同时，又把它作为社会整体的一部分来进行综合的、全面的考虑。

(二) 积极老龄化

1. 积极老龄化产生的背景

在传统上，人们倾向于将"老龄化"看作是不可避免的衰减与退化，认为老年期是一个不可避免的角色、关系等的退出时期，脱离是老龄化过程的最主要的结果。一种观点认为老年人被典型地描述为"丑陋的、无牙的、无性征的、失禁的、衰老的、糊涂的、无助的……"[①] 马格利斯也指出："人们将被局限于家庭的脆弱的老年人口看作是被动的，是他们自己疾病的囚徒。"[②] 著名老年学家加利特则犀利地指出，我们的历史就是如此将长寿看作"完全是一种灾难（也许人们应该庆祝自己的未老先亡）"[③]，老年歧视主义已经成为一个严重的社会问题。

老年歧视主义(ageism)这一概念，最早由巴尔特于1969年提出。[④] 他将老年歧视主义与其他形式的偏见（如种族主义和性别主义）联系起来，把它看作"一个对老年人的系统的定型与歧视的过程"。特拉克斯勒将它界定为"一种纯粹基于年龄的、由于其年龄或社会的角色分配而使某人或某群体居于从属地位的所有态度、行为或制度结构"。[⑤]

---

① Rubinstein, R., Kilbride, J. C. & Nagy, S. Elders living alone: Frailty and the perception of choice. New York: Aldine de Gruyter, 1992, p.x.

② Margolis, R. J. Risking old age in Ameri ca. Boulder, CO: Westview Press, 1990, p.112.

③ Gullette, M. M. Menopause as magic marker: Discursive consolidation in the United States, and strategies for cultural combat. In P. Komesaroff etal. (eds.). Reinterpreting menopause: Cultural and Philosophical Issue. New York: Routledge, 1997, p.186.

④ 郭爱妹，石盈. 积极老龄化：一种社会建构论观点[J]. 江海学刊，2006(5).

⑤ Traxler, A. J. Let's get gerontologized: Developing a sensitivity to aging. Springfield. 1980, p.4.

老年歧视主义主要发生在三个层面上：①个人层面，是指个体对老年人的偏见与歧视，如恐老症或对老年人的过分关注；②制度层面，是指从制度或政策上对老年人的歧视，如强制性退休政策、老年政治等；③文化层面，是指从文化上对老年人群的歧视与偏见。

老年歧视的源头是基于自然化生命历程的本质预设。"老龄化"是人的生理与心理的必然的衰退，是自然化的生命历程。这一本质预设构成了传统与现代社会科学和生物科学有关老龄化研究的基础。对于"老龄化"，老年学一开始就将研究焦点集中于与老龄相关的衰退与缺失上，倾向于描绘各种形式的生理与心理衰减，为人类的衰退制定标准。主流的老年学研究同样将"老龄化"看作是一个消极的过程，老年痴呆症、糖尿病、抑郁症、功能衰减等探讨老年生理与心理功能衰减的研究论文比比皆是，很少有研究者关注老龄人口中绝大多数人的潜在的成长与发展。

从 20 世纪 90 年代开始，受后现代思潮与心理学中的积极心理学运动的影响，美国掀起了一场积极老龄化 (positive aging) 的运动。美国著名的社会建构论者格根夫妇将 20 世纪六七十年代至九十年代左右持有"消极的老龄观"的时代称为老龄化的黑暗时代。他们指出："历史不是命运，我们正处于这样一个关键时期：一个用全新的理念、概念与实践改变传统老龄化图景的时代。老龄化黑暗时代已经让位于新的老龄化时代，积极老龄化的时代已经到来。"①

2. 积极老龄化的含义

在《积极老龄化：政策框架》中，世界卫生组织将"积极老龄化"界定为"参与""健康"和"保障"。如果说"健康老龄化"强调的重点是人在进入老年之后，尽可能长久地保持在生理、心理、智能等方面良好的状态，那么"积极老龄化"是指老年人要积极地面对老年生活，不仅保持身心健康状态，而且作为家庭和社会的重要资源，要融入社会，参与社会发展。②

2002 年，联合国第二届世界老龄大会所通过的《政治宣言》和《老龄问题国际行动计划》对"积极老龄化"概念的形成、理论基础及积极老龄化政策进行了更为详尽的论述，强调各国应把老年人作为社会的重要力量，而不应把他们看作负担。国际社会既鼓励和支持家庭对老年人进行赡养，又积极倡导政府、国际组织和民间社团制定"积极老龄化"的政策和计划，促进老年人的健康、参与和保障，以帮助国家应对老龄化的挑战。

3. 积极老龄化的主要内容——社会建构论的视角

1)"老龄化"是社会生活中人际互动的结果

传统老年学理论把老年人面临的社会问题、生存状况及自身特点看作是既定的。在社会建构论看来，任何事物都不具有客观的、先在的本质或结构，事物的本质是外界灌注给它的，是人对它的解释，是社会通过话语对它的建构。社会建构论指出，假若人类确实有生理与心理衰减的规律与轨迹的话，人类在不同情境下的心理与行为应该具有相应的稳定性与统一性。而事实上，海尔森等人及斯图尔特等人的研究均表明，许多不同

---

① Gergen, K. J. &Gergen, M. Posivtive ageing: New images for a new age[J]. Ageing International, 2001-2002, winter, 2000, p.5-6.

② 董之鹰.21世纪的社会老年学学科走向[J].社会科学管理与评论，2004(1).

的生活轨迹是可能的，而且关于人类变化的确定性是很小的。①著名的生命周期研究学者纽伽顿于1980年指出："几乎在20年前，我们已经慢慢地变成与年龄不相关的社会，这就是说，我们已经变得习惯于28岁的老市长……50岁的退休者，一个学龄前儿童的65岁的老父亲及70岁的学生。②"

社会建构论认为，人类身体中并不存在着什么变化需要用年龄、老龄化或衰减的概念来描述，人类在本质上就没有老龄化的过程，老龄化的话语产生于特定时代的特定文化中的人与人之间的相互关系。不同文化环境下对"老龄化"可能有着不同的理解。在某些文化中，老年人往往被看作是群体中最有智慧的和最受尊重的成员，如文化人类学家谢威德的研究认为：对于西部肯尼亚的Gusii人来说，"年老更多地与敬重、服众、声望及社会尊重相关联"③。

2) 消极老龄观反映了特定文化与历史的要求

社会建构论认为没有超越历史与文化的普遍性知识，对于"老龄化"的理解是受时间、地域、历史、文化和社会风俗等制约的。换句话说，知识是相对的，其正确与否并没有一个绝对的标准，而是相对于具体的历史和文化。我们研究"老龄化"时所使用的概念和范畴，描述"老龄化"时所使用的术语和语言，都是文化的、历史的，反映了社会文化的要求，是文化历史的产物。从后现代立场出发，社会建构论对传统老年学研究中知识与权力的关系进行了反思与批判。社会建构论者将研究老年衰减的科学文献看作是文化的建构。

著名的老年学家帕威尔指出："理论总是反映创造者和时代的规范和价值，反映了优势文化的观点。"④他从对社会老年学的理论反思的角度研究老龄化是如何被社会建构的。他认为，老年学作为一个研究领域的产生就是为了应对"二战"后期人口结构的变化，受外在因素影响很大。一是政府的强制干预，目的是在健康与社会政策方面获得有效的结果；二是受政治经济环境的影响，把老龄化建构为一个"社会问题"。反映在学术研究领域，就是功能主义理论的出现。脱离理论认为，脱离既有利于老龄化的个体，也有利于社会，因为老年人不像过去那样有用或可以依赖，必须让年轻人担任过去由他们占据的职位而把他们挤出去，以保持社会体系的平衡。因而，帕威尔指出，脱离理论在客观性的伪装下，主张从工作角色的"脱离"，尤其适合于政府基于年龄合法化谁能参加工作和谁不能参加工作。

"老龄化"是社会的建构，其必然结果是消极老龄化的观念占有主导地位，老年歧视主义渗透于个人、制度与文化各个层面，最终导致老年群体的边缘化与病态化。

4. 积极老龄化的启示

在研究视角上，积极老龄化不同于健康老龄化与成功老龄化。健康老龄化以个体健

---

① Gergen, K. J. &Gergen, M. Posivtive ageing: New images for a new age[J]. Ageing International, 2001—2002, winter, 2000, p.5-6.

② Neugarten, B. When age doesn't matter[J]. Newsweek, 1980, Aug. 11. p.73

③ Shweder, R.. A. (ed .) . Welcome to middleage[M]. Chicago: University of Chicago Press. 1998, p.xv.

④ Powell, J. L. Theorizing social gerontology: the case of social philosophies of age[J]. Sincronia, 2001, Summer, 2001. p.2.

康老化为基础，重点只是强调老年群体的健康长寿；成功老龄化则强调个体追求长寿、健康与幸福生活的能力。这些都是科学的经验主义观点，属于本质主义的研究取向，而积极老龄化则是后现代立场的社会建构论研究取向。成功老龄化关注哪些因素与选择的所谓的"成功"的标准相关，而从社会建构论观点来看，这些研究表征了研究者建构世界的独特的方式，其他的解释或说明也是可能的。而且事实上，所谓的"成功"的标准具有潜在的文化偏见。社会建构论并非要发现关于老龄化的真理，而是要揭示隐藏于主流的老年学研究中的话语霸权，在反思与批判中展现更多的积极老龄化景象。

积极老龄化以"积极的老龄观"代替"消极的老龄观"。积极老龄化导致人类老龄观的两大变革：一是人口老龄化是社会的重大成就，老年型社会象征着人类社会的成熟，在人口日趋老龄化的过程中，社会经济的发展也是日新月异，人口老龄化可以与社会经济协调发展，老龄化的社会同样能够实现可持续发展。二是老年人口是社会的宝贵财富，是社会经济发展的资源。老年群体绝不应该成为社会的问题和包袱，他们的经验、智慧和创造是整个社会的一笔宝贵财富，挖掘老年人的潜能，是建设未来美好社会的重要组成部分。积极老龄化将有利于消除老年歧视主义的不利影响，使老年人生活更加舒适、更有尊严、更有价值，这是人类老龄观的重大变革。

第五节 构建中国特色的老龄科学理论体系

《中国人口老龄化发展趋势预测研究报告》指出，我国于1999年进入老龄社会，老年人口规模大、增速快、城乡差异大是中国人口老龄化的基本特点。准确把握新时代我国人口老龄化的发展趋势是做好应对人口老龄化工作的前提。

一、老龄社会新形态的特点

老龄社会新形态，是21世纪全球必须面对的新环境，也是中国进入21世纪以来始终面临的新国情。史无前例的老年人口规模快速增长与老年人口比例急剧扩大，加上老龄化新格局下经济社会转型进程深刻的变革与调整，中国正在经历老龄社会形态下的百年未有之大变局。老龄社会新形态在中国崛起的进程中日渐显现，人口老龄化在各种制度、体制与机制的不断适应下呈现新的影响态势。有效应对我国人口老龄化，事关国家发展全局，事关亿万百姓福祉。深刻认识老龄社会这一"新形态"的丰富内涵，以中国老年学理论体系的新定位与重要议题把握老龄社会的大变局，预判老龄社会的大趋势，布局老龄社会的大治理，构建老龄社会的大格局，谋划老龄社会的大方略，是新时代赋予中国老年学理论的历史使命。

老龄社会是人类社会前所未有的新形态：社会意识进入了新的发展范畴，行为准则进入了新的逻辑秩序，物质理念进入了新的发展轨道，精神诉求进入了新的感知空间，体制机制进入了新的深化改革。全然不同的生存向往与风险正在考验和构建中国与世界共建共享共治的老龄社会新形态。"中国之治"新时代下的老年学理论的重任与使命是为处于老龄社会转型及人口老龄化可持续发展的"中国方案"出谋划策，应对人口老龄化挑战、构建老龄社会治理共同体和描绘理想老龄社会蓝图。① 当代中国老年学理论发展重要原动力来自人类命运共同体语境下对老龄社会新形态的超前洞察，全面深入分析与系统研究老龄社会新形态的概念内涵、样式构型、鲜明特征、主要问题与发展方向，以国家战略的高度谋划积极应对人口老龄化和老龄社会的"中国立场""中国方案"和"中国实践"。

传统老年学的理论主要来自生物学和社会学，多是从人体老化和社会脱离的视角下去理解与解释老年人身体及心理的衰老及其与社会联系的疏远行为，常见的理论包括活动理论、角色理论、亚文化理论和年龄分层理论等。在中国老龄社会新形态下，深层次的人口老龄化的社会影响及一系列重大的人口经济社会问题呼唤中国老年学学科在理论创新上的定位。以中国老龄化实践与经验为基础，突破传统话语体系和思维模式，进行基础理论提升和研究范式创新，以此实现老年学理论永葆生机。

构建中国特色老年学理论体系，应该注意三个方面的问题：一是国际聚焦，结合可能影响老龄化的公共政策问题的国际讨论和经验介绍，增强全球老龄化的理解，促进国际合作；二是前沿推介，老年学论著中重点关注与衰老相关的主题，将基础科学和临床科学从细胞生物学扩及社会应用，强调多学科视角；三是政策联系，跟进老龄健康、老年社会保障、老年人经济社会政治参与等公共政策的设计、推行与落实，以老年学理论的不断完善来指导老龄政策的制定和落实，坚持老年学政策关联的发展特色。老龄社会新形态下的中国老年学理论核心议题应以批判与反思的新研究范式重新认识老年社会群体，不再将生命周期中的正常过程视为"痛苦"的征途，纠偏既往研究中夸大老化的负面影响而相对忽视了老年价值及积极老龄化的意义与可能。应多商榷与构建全新的阐释老龄社会实践中的"中国经验"，摒弃在观察现象、概念描述与解释成因中或多或少带有的强调生产力、有效性和独立性的价值标签，在老年友好型社会建设新征程中尽可能发掘更多的精神财富、物质财富。

二、具有中国特色的老年学理论亟须回答的几个问题

（一）老年人的社会价值

老年人的社会价值是老年学研究的一个核心问题。在工业化以前的传统社会，老年人的地位曾达到顶峰，古代常常把老者看成是智慧的化身，受到普遍尊敬。工业革命以来，一个普遍情况是老年人的社会地位在逐渐下降。老年人究竟是社会发展的动力还是负担或阻力，是个有争议的问题。在理论上回答老年人的社会价值问题，对于社会发展、社会的安定团结，以及发挥老年人的作用和保证对老年人的公正待遇都息息相关。

---

① 朱荟，陆杰华. 老龄社会新形态：中国老年学学科的定位、重点议题及其展望[J]. 河北学刊，2020(3).

专栏 2-3　　中国老年人的地位变迁

社会地位是指社会性成员在社会系统中所处的位置，一般由社会规范、法律和习俗限定，它常用来表示社会威望和荣誉的高低程度，也泛指财产、权力和权威的拥有情况，分先赋性地位和自致性地位两种。先赋性地位有两层含义，一是无须努力（与生俱来）就获得的地位，二是即使努力也仍然难以改变的地位。先赋性地位取决于性别、年龄、家庭关系等，主要体现在家族关系中；自致性地位往往与所受教育程度、职业和婚姻状况等有关，主要体现在社会中。考察我国社会发展历史，总体而言，老年人的地位在不断下降。（纵观历史，老年人的地位有升有降，总的来说，自工业革命以来老年人的地位是普遍下降的。）

古代老年人的地位

先来考察历史上老年人的先赋性地位。几千年来，中国一直以男性为中心的父系家族制度为主，多表现为多代同堂的扩展型家庭，父母主要是父亲，无论对外还是对内，在家庭中占据决定性的主导地位，子女对重要事件和日常家务要事事请教长辈，包括自己的婚姻甚至生命。俗语"多年的媳妇熬成婆"，形象地说明了老年人在家庭中不可动摇的地位。当然，这也与古代的经济、政治制度和思想文化分不开。中国历史上儒家思想占主导，尊老、敬老的思想观念是其核心内容，而尊老敬老的理论基础是"孝"的思想。"孝"的观念在儒家思想中居于基础地位。家族本位的思想长期居于统治地位，必然使家长的地位得到提高，尊重家长也就必然尊重老年人。[①]

再来考察历史上老年人的自致性地位。在我国传统历史文化中，老年人具有至高无上的地位。从经济方面来看，古代生产方式落后，社会知识量的增长也是缓慢的，老年人的经验和技术就是一笔巨大的财富。老农民对自然节气的掌握，老工匠拿手的绝活儿及老年人长期以来丰富的生活阅历等，对整个社会的物质生产及人们的生活质量来说，都是一种不可替代的财富。古代封建社会在政治上肯定和维护家长制及老年人的社会价值与社会地位，是巩固经济基础的需要。从政治方面来说，封建王朝出于统治的需要，把孝亲与忠君结合起来，也就必然要肯定和维护家长制和老年人的社会地位。政治上的宗法制度产生了确立和维护老年人社会价值与社会地位的效应。在这样的历史文化背景下，老年人有着举足轻重的作用，拥有绝对权威。[②] 总之，在古代社会，老年人有着很高的社会地位，是一个深受敬重的群体。

现代老年人的地位

现代社会中，老年人的先赋性地位、自致性地位都大大下降，权威地位已经不复存在。从老年人的先赋性地位来看，随着社会经济的发展和传统文化的变迁，子女由于个人发展和工作的需要，人口流动性加强，越来越多的子女与父母分开居住，子女对许多重要事件和日常家务往往自己决策，不再事事请教长辈，这样，代与代之间的关系日益疏远，长辈对子女的直接影响力逐渐被削弱了。另外，生育率下降带来的孙辈人数急剧减少，加之老龄化使得"4-2-1"家庭大量出现：祖辈、父

[①] 葛晓萍，李澎卿，袁丙澎. 中国传统社会养老观的变迁 [J]. 河北学刊，2008(1).
[②] 姜向群. 中国传统尊老文化的社会成因及特点评析 [J]. 东南大学学报（哲学社会科学版），2003(11).

辈、子辈三代共存(而不一定是"三代同堂"),夫妻双方及其子女都为独生子女,夫妻双方的父母均健在。在这样的家庭里,仅有1人的子辈成为家庭的焦点,即使不是"4-2-1"家庭,一般家庭中祖辈人口的绝对增加和子辈人口的绝对减少,也使祖辈的重要性大大降低。①

从老年人的自致性地位来看,经济的高速发展需要继续社会化和接受能力强的年轻劳动者。老年人反应慢、知识更新能力较弱,而且老年人因体力等方面的原因,怕变求稳,难以适应快速变化的社会需求,所以高度的社会移动性降低了老年人的地位。另外,老年人成为保守群体,自救自助意识不强,社会缺乏对老年群体社会价值和作用的宏观的、全面的认识和评价,老年人自身思想也相对放松,而且越来越多的老年人日益超脱,不需要继续奋斗,凭自己的退休金或者是儿女的供养安享晚年②。这也是造成老年人社会地位下降的重要原因。

(二)老年学的终极目的

历史上许多学者总是把老年学特别是其中的老年医学、老年生物学等作为延缓人体衰老,延长人口寿命的科学。在现代,这种观点受到挑战,提高老年人的生活质量才是最重要的。临终关怀事业在世界各地的开展及部分国家尝试"安乐死"项目合法化都说明了观念的转变:拓宽生命的广度(生活质量)比一味延长生命的长度(寿命)更有价值,尽管这种转变存在很大争议。

(三)人口老化与社会发展的关系

这里的人口老化实际上是一个国家或地区人口年龄结构不断老化给社会带来的影响,主要涉及以下问题。

(1) 人口老化给人类社会带来的后果。
(2) 人口老化过程中劳动力老化给社会劳动生产率和技术进步带来的问题。
(3) 人口老化带来的社会和家庭负担问题。
(4) 人口老化导致对商品需求的变化,从而通过投资又影响到产业结构的调整。
(5) 人口老化带来的养老金负担问题。

此外,我国的人口老龄化还将面临人们养老方式的转变等问题,与老龄化相关的家庭规模小型化使得传统的家庭养老方式逐渐被机构养老等新型养老方式替代,尽管这些方式受到我国传统养老观念的质疑。

三、构建中国特色的老龄科学理论体系

老龄社会是新的人类社会形态,应对老龄社会问题是一场全面的、深刻久远的革命。

---

① 王德军.老年人的社会地位、作用与老有所为[J].胜利油田师范专科学校学报,2003(6).
② 臧秀娟.老年人地位变迁的社会学思考[J].江苏经贸职业技术学院学报,2012(2).

以往人类整个知识体系都不过是年轻社会的产物，虽然它们是认识和把握老龄社会的知识基础，但还不是理解、解释老龄社会的理论框架及其知识体系本身。需要在以往知识体系的基础上，重塑人类知识体系，构建老龄科学学科体系，以应对人类已经迈入的更高阶段的老龄社会，为人类进入普遍长寿时代做好知识和理论准备。

从实践角度来说，当务之急就是要清理老年学理论的不当甚至错误运用。从本质上来说，当下应对老龄社会的最大误区就是把老龄社会的问题等同于越来越多的老年人的健康养老问题。如果继续依此行动，未来中国发展的全局就要付出难以估量的惨痛代价。归根结底，即使把全体人民的老年期生活都安排妥当，也只能解决老龄社会问题群的冰山之一角。[①] 老龄社会问题不仅是老年群体自身的问题，更涉及与社会各个层级的问题。我国老年学理论的发展方向应该层次化、科学化，即构建中国特色的老龄科学理论体系。第一层次是老龄社会的一般理论分析框架，主要从人类社会形态角度回答老龄社会的基本规律和具体样态问题。第二层次是老龄科学的跨学科分支科学，主要回答老龄社会条件下的交叉性问题，如老龄健康学、老龄经济学与老龄社会学交叉形成的老龄经济社会学也称老龄社会经济学等。第三层次是自然科学领域的分支学科，主要运用自然科学理论和方法回答人类进入普遍长寿时代的问题，如老龄生物学、老龄医学、老龄营养学等。第四层次是社会科学领域的分支学科，主要运用社会科学的方法回答老龄社会的具体问题，如老龄经济学、老龄社会学、老龄文化学、老龄教育学等。第五层次是人文学科领域的分支学科，主要回答人类普遍长寿、进入老龄社会特别是超老龄社会的生命哲学问题、价值问题等，如老龄哲学、老龄价值学等。

当前，人类正处于社会深刻转型的划时代、跨历史阶段的重大转折时期，发达国家已经普遍迈入老龄社会，部分国家已经或正在向超老龄社会迈进，部分发展中国家已经或即将迈入老龄社会，非洲大陆 21 世纪末也将迈入长寿时代，特别是从人类整体迈入长寿时代的客观长远趋势来看，人类知识体系的大转变、大变局不可避免。

客观地说，现有知识体系不仅是年轻社会的产物，更重要的是，现有知识体系是工业时代以物为本观念的产物。老龄社会的到来、人类长寿梦想的普遍实现，是迄今为止最伟大的人类自身的革命，也是人类历史上最辉煌的成就。如何确保人类持续普遍健康长寿，在老龄社会的道路上走得更远，需要强大的理论和科学支撑，也需要扬弃年轻社会特别是工业革命时代"以物为本"的观念，坚持"以人为本"，坚持合规律性、合目的性和合价值性相统一，建设适应老龄社会的新的知识体系。老年学理论是应对老龄社会之"标"——人口老龄化的学术回应，它的价值值得充分肯定。构建老龄科学学科体系是应对老龄社会之"本"的理论回应，它的方向不容改变和动摇。在老龄科学的引领下，运用老年学的许多理论和方法，今后还将取得许多成就。普遍进入长寿时代和迈入老龄社会的长期命运，要求全球知识界共同努力，为人类在老龄社会的道路上行健致远做好知识和理论安排，更重要的是为人类普遍长寿之路找到长远发展的动力、意义和价值。

中国是世界第一人口大国，从规模、体量、历史等诸多方面看，中国老龄社会都是

[①] 党俊武. 老年学的拓升与老龄科学中国学派的构建 [J]. 老龄科学研究，2019，7(5).

人类迈入老龄社会为数不多的伟大实践。中国应对老龄社会不仅对于自身十分重要，更重要的是为人类应对老龄社会提供中国道路。为此，中国建立老龄科学学科体系必须要有中国特色，这不仅有利于充分利用中国特有的历史、文化资源(如56个民族的民族医学资源、孝道文化传统等)解决自身问题，更重要的是可以为人类应对老龄社会提供中国方案。

复习与思考

1. 名词解释。

   养老金替代率　　先赋性地位　　自致性地位　　老年人

   老年人口　　老龄化　　健康老龄化　　积极老龄化

2. 简要评述脱离理论的优劣。
3. 简述老年学理论研究应该注意的问题。
4. 老年人社会地位变迁带来了哪些影响？
5. 问卷调查的注意事项有哪些？
6. 简述访谈法的分类及适用范围。
7. 简述老龄问题的内涵与外延。

推荐阅读书目

杨善华. 老年社会学[M]. 北京：北京大学出版社，2018.

陈向明. 质的研究方法与社会科学研究[M]. 北京：教育科学出版社，2000.

第三章 老年心理学

老年心理学主要从心理学角度出发，分析老年社会与其他社会在个人心理和社会心理方面所具有的特点，既从生物医学角度研究产生人的心理活动的神经系统、感觉器官的老化状况，又从社会心理学角度研究人口老龄化条件下个体和群体在社会交往时心理活动发生和改变的特性与规律，为适应老龄社会的发展提出心理学视角下的解决方案。

第一节 老年心理学概述

一、老年心理学的研究对象

人进入老年期之后的心理变化、心理衰老等特点和规律究竟是怎样的？老年人的学习与工作的潜力如何？老年人的社会意义与价值有多大？这些问题都是老年心理学所要回答的，即老年心理学的研究对象是老年期个体的心理特点和规律。老年心理学的研究旨在进一步阐明作为人的反映形式的心理现象和作为客观现实的信息活动及其人脑的生理机制三者的辩证关系，科学说明老年时期的感知、记忆、思维、想象、情感、意志、意识等心理变化的活动情况及其生理机制，特别是人的大脑、人的中枢神经系统的活动规律。

二、老年心理学的常用概念

老年人的认识、思想、感情、意志等心理现象相互存在密切关系，相互促进。一般来说，老年人由于生理上的某些器官神经细胞的功能衰老，会感到在感知、思想、意识、行动上反应迟钝，力不从心。[①] 老年人生理机能的变化常常引发心理层面的问题。因此，老年心理学的常用概念往往与个人的生理特征相关，主要包括个人的生理机能、情绪与性格、感知觉、记忆、智力等。

（一）生理机能

通常情况下，人到了60岁以后生理机能逐渐衰退，主要表现为人的脑系统、神经系

---

① 张世富.老年心理学的研究与任务[J].昆明师范高等专科学校学报，1999 (3).

统的功能及其他生理机能开始减退等。

人的大脑也会伴随着人的衰老而老化。大脑的老化主要表现为脑萎缩。研究者发现在正常的老化过程中，大脑重量减少大约10%～15%。脑细胞的死亡是原因之一，因为神经细胞与身体其他细胞不同，它属于非再生性细胞，一旦死亡，人体本身不能生成新的细胞进行补充、替代。神经细胞在出生时是最多的，随着年龄的增长，脑细胞数目减少，人类脑神经细胞总数约为140亿～200亿，30岁以后平均每天损失10万个，77岁减少到出生时的2/3，90岁仅剩20岁的1/2。①

人的神经系统是由周围神经系统和中枢神经系统组成的。中枢神经系统包括脑和脊髓，周围神经系统分布于周身，由31对脊神经、12对脑神经和一定数量的植物性神经三部分组成。周围神经系统是中枢，是神经和身体感受器及运动效应器之间联系的通道。它们把身体外界的刺激信息传递到中枢，再把中枢的反应决定传到运动效应器，从而完成动作，对外界进行应答。大脑皮层是最高中枢，是心理现象产生的物质基础，周围神经系统是产生心理现象不可缺少的重要组成部分。

此外，随着年龄的增长，人的个体老化程度逐渐加剧，表现为免疫系统功能下降、消化系统功能下降等，人的生理机能不同程度地受到老化的影响从而发生功能减退。

(二) 情绪和性格

从情绪上来看，由于老年人大脑皮层的兴奋性降低，通常老年人的情绪比青年人要低沉一些，对外界带有感情色彩事件的反应也更轻微。当大脑额叶老化严重时，亦会出现老年人情绪失控的现象，表现为容易激动，感情脆弱，容易因琐事大发雷霆或无故大笑，变化异常。特殊情况下，还会发生人格上的变化，例如沉默的人可能变得活泼，积极进取的人可能变得消极低沉。

从性格来看，主要是反映老年人的个性。个性是指一个人总的心理面貌。个性中既有与别人相同的方面，也有不同的方面，年龄的增长也会影响人的个性变化。老年人的个性有其稳定的一面，与其青年时期无大的差别，但也有不同的一面。如有人说，某某人前后判若两人，与前半生的个性大不一样。可见，人的个性是有差异的。人的个性包括个性倾向性和个性心理特点两个方面。从个性倾向性来说，每个人的需要、动机、兴趣不同，理想、信念也不一样。有的人越老越积极，不服老，仍孜孜不倦地从事科学研究和技术革新，寻求生活乐趣与人生的真正意义。例如，有的老年人从事文学、艺术活动，从中体验美的感受和美的价值；有的老年人喜爱文娱体育活动；有的老年人老骥伏枥，献身于教育、医务事业，以教育后辈、治病救人作为自己的理想。以上这些均说明了个性倾向性的差异性。

(三) 感知觉

感知觉包括感觉和知觉，感觉是人们对事物个别属性的认识；知觉则是人们对客观事物整体的认识。我们感觉一个物体的外形、颜色、硬度、气味等各种属性，将这些信息经过大脑的加工，产生对事物整体的认识，就是知觉。知觉以感觉作为基础，但它不

---

① 张志杰，王铭维. 老年心理学 [M]. 重庆：西南师范大学出版社，2015.

是个别感觉信息的简单总和,而是按照一定方式来整合个别的感觉信息,形成一定结构,并根据个体的经验来解释由感觉提供的信息。

在感知觉时,大脑与周围外界环境连接得通畅是各种高级复杂心理活动的基础。一个人到了一定年龄以后(通常是60岁以上),不仅听觉和视觉出现老化现象,连味觉、嗅觉和躯体皮肤感觉也都随年龄增长而逐渐发生退行性变化。老年人感知觉的退化主要是由感觉器官的老化造成的,同时也与大脑皮层特定功能区的脑细胞的衰老有关。老年人看到或听到后,并不能及时反映出所听、所看的内容是什么,要过一段时间才能理解。老年人会不时地自言自语,或对别人的话要反复听几遍才能理解其中的意思,这些都与老年人心理加工能力不足有关。

(四)记忆

从心理学的角度来看,记忆是指先前的刺激不复存在时所保持的有关刺激、事件、意象、观念等信息的心理机能,是个体对其经验的识记、保持、回忆或再认的过程。从信息加工的观点来看,记忆就是对信息进行的编码、储存和提取,这一定义与计算机的存储系统近似。不过,与计算机不同的是,人的记忆是一个认知系统,即人类的记忆与感知系统密切相关,感知系统接收到信息,并将其转化为能够存储和读取的有意义的信息。这些记忆信息便形成了思维和行为的基础。

老年人记忆的特点是近事记忆减退,远事记忆保持,但当近事记忆减退严重时也会慢慢影响远事记忆,甚至出现遗忘症或记忆的丧失。许多老年人对新近发生的事情经常记不住,而对那些很久以前的事情还能清楚记得。记忆可以分为三个阶段:第一阶段是感觉记忆,大约1秒,如果不重复记忆,转眼就会忘记,对于这些,人们有时并没有意识到。第二阶段是短时记忆,大约30秒,如果没有注意并加以记忆,也会很快忘记。第三阶段是长时记忆,如果个体将一些关键信息加以注意并记忆,就不会轻易忘记,从而形成长时记忆,长时记忆的信息在头脑中存储的时间长,容量没有限制,其大部分信息是经短时记忆加工而成的,当然,也有一些是由于印象深刻而一次获得的。

远事记忆相当于长时记忆,近事记忆大致相当于短时记忆,但它的范围更广。老年人记不住近来发生的事情,可能是短时记忆向长时记忆转化的过程中出现了问题。从心理学来看主要有两种可能:一是老年人心理加工的能力不足。当大脑中的神经细胞发生老化时,就会产生记忆力下降的现象;二是老年人的原有记忆内容对新近内容造成影响,使其不能进入记忆网络中。这种现象与人脑中的神经细胞的大量自发活动有关。随着年龄的增长,脑内存储的信息越来越多,这些大量存储的信息经常自发活动,对某一回忆任务造成干扰,妨碍注意力的集中。

此外,在生活中常见的记忆分类还包括前瞻记忆、内隐记忆、言语记忆。

(1) 前瞻记忆是指在未来的某个时间点人们需要执行行为的相关记忆。例如老年人定期需要服药等。前瞻记忆在人的日常生活中发挥巨大的作用,它关系到老年人是否能够独立生活。

(2) 内隐记忆是一种不需要意识参与的记忆。内隐记忆是指个体遇到了一些刺激或事件,虽然个体并没有有意去记忆这些刺激或事件,但是它们影响了后来的行为或反应,而且通常个人并没有意识到这些影响。例如有时候我们在现实生活中见到一个似曾相识的人却回忆不出他的相关信息。

(3) 言语记忆是对语言材料的记忆行为。言语记忆对于个人日常生活来说十分重要。部分老年人随着年龄的增长，听觉、视觉功能发生减退，从而对其言语和书面材料的记忆功能产生严重的影响。

脑的老化可能带来的记忆衰退给老年人的生活带来了很多不便，严重的记忆衰退还会影响老年人的工作能力，甚至生活能力。老年人会因记忆力的下降，而产生不良的情绪状态和自我状态的认知失调，以至影响其心理健康。

专栏 3-1　　　　　　改善记忆的小方法

生活中的一些方法可以帮助老年人改善记忆。

1. 多咀嚼增强记忆力

有研究发现，咀嚼能有效防止上年纪的人的记忆衰退。研究者对正在咀嚼的人的大脑活动的磁共振分析表明，咀嚼提高了人脑中海马组织的信号活跃性。有人认为，咀嚼能使人放松，因为人在紧张时常通过咀嚼东西缓解自己，原因是人脑的海马组织能控制血液中的激素水平。如果老年人咀嚼得少，他们体内激素水平的提高容易造成其短期记忆力衰退。

2. 唠叨助长记性

通常情况下存在的一种刻板印象，即中老年妇女偏爱唠叨。这可能在某种程度上帮助女性延长了记忆力和寿命。有研究认为，女性比男性更容易适应老年生活，更乐于与人言语交流，男性进入老年期后，可能更加容易出现沉默寡言的现象。而言语是不可或缺的心理宣泄方式，可防止记忆衰退。

3. 多玩耍改善记忆

研究发现，躯体活动能改善健康情况，而精神活动则能显著降低记忆力衰退的风险。跳舞、演奏乐器、看书、玩纸牌等活动都能增强神经细胞间的信号传导，巩固记忆。近年来，我国各地大力发展社区（小区）活动中心事业，出台相应的政策引导各界资源积极为老年人提供日常活动的场所和平台，旨在改善老年人的健康状况，实现积极老龄化。

4. 白头偕老愉悦身心

有研究发现，老年人的爱情幸福感有助于增强机体免疫功能，延缓大脑衰老，使老年人的思维处于活跃状态。

以上研究是人类为改善老年人的记忆衰退进行的积极探索和努力实践，这些行为对于老年人改善记忆具有积极的意义。

（五）智力

对于老年人来说，随着年龄的增长，容易出现智力衰退的不利境况。"智力"一词是由19世纪英国的高尔顿首先提出的,他作为使用智力测验的第一人,特别强调个体差异对智力的重要作用,并通过自己的研究得出了"智力完全通过遗传所得"的结论,这一结论随着研究的深入被证明是片面的。关于"智力"的分类,不同的理论流派有各自的划分依据。其中一种划分方式是美国心理学家雷蒙德·卡特尔将智力划分为流体智力和晶体智力,该划分对智力的研究产生了巨大影响。

(1) 流体智力是一种以生理为基础,与基本认知过程有关的能力,如知觉、记忆、运算速度、推理能力等。流体智力是与生俱来的,很大程度上受到先天遗传因素的影响,反映了中枢神经系统的能力,随着神经系统的成熟而提高,又随着神经系统的衰老而减退,与社会和文化影响的学习经验无关。流体智力的发展与年龄有密切关系,一般情况下,人在20岁之后流体智力的发展达到顶峰,到30岁以后随着年龄的增长而逐渐降低。

(2) 晶体智力是人们在后天学习当中逐渐积累起来的、用于解决问题的信息、技巧、策略等。它受到教育、经验及个体所处文化背景的影响,晶体智力的发展贯穿于个人的整个生命周期,与年龄的相关程度较小。

流体智力和晶体智力在人类个体身上的发展差异在老年时期开始明显显现。通常情况下,在老年时期流体智力有一定程度的下降而晶体智力则有可能稳中有升。

三、老年心理学的研究主题

我国老年心理学自20世纪80年代开展系统化研究以来,已积累了较丰硕的研究成果,内容涉及认知、社会性等各个方面,并且结合中国国情针对老龄化等日趋敏感的社会问题进行了大量研究。[1] 其中,老年期心理健康、认知变化一直是中国老年心理学研究的主要领域,1981年至2010年间,在国内老年心理学研究中,有1/4的研究关注老年人心理健康,接近1/5的研究关注认知变化[2]。从研究内容看,国内研究以关注老年人整体心理健康状况、精神状况为多,其次是关注老年人特定情绪健康,如抑郁、焦虑、孤独感等。[3] 老年人认知研究主要关注正常认知老化与病理性认知老化两类,以研究正常认知老化为主,探讨老年人的感知觉、注意与意识、记忆、思维、言语、智力等几个主要方面的年龄特征、老化机制、干预手段等。[4]

彭华茂通过梳理中美两国的相关老年心理学研究发现,心理健康、人格、记忆、智力、神经基础、行为遗传学、社会与文化影响等是美国老年心理学长期关注的研究主题,而大脑功能和结构、激素作用、复杂决策、情绪情感、信念态度、老年家庭人际关系等是新近的研究热点。[5]

1. 老年人心理健康问题

老年人心理健康是中美老年心理学研究关注的热点,这既是心理学传统研究领域,

---

[1] 林崇德,陈英和. 中国发展心理学30年的进展 [J]. 北京师范大学学报(社会科学版),2009(1).
[2] 李逢战,王大华,李晓彤,等. 中国老年心理学研究文献计量学 [J]. 中国老年学杂志,2014,34(7).
[3] 王贵生,李逢战,申继亮,等. 中国老年人心理健康研究的文献计量学分析 [J]. 中国老年学杂志,2013,33(17).
[4] 夏石勇,彭华茂. 近30年中国认知老化研究的文献计量学分析 [J]. 中国老年学杂志,2014,34(2).
[5] 彭华茂. 21世纪中国老年心理学研究:现状与未来 [J]. 心理发展与教育,2017,33(4).

也是老年人实际生活需要的反映。

2. 老年人家庭人际关系和社会支持问题

家庭关系是中国传统文化观念中的核心人际关系,家庭养老也是中国传统养老方式。对老年人家庭人际关系和社会支持的探讨,既是传统文化话题的反映,也是应对当下中国人口老龄化,巩固家庭养老基础地位的现实需要。国内研究已发现来自家庭及家庭以外的支持越多[①],支持资源越丰富,老年人的生活满意度、主观幸福感、心理健康及整体精神状态等都有正向结果。[②]

3. 认知老化问题

认知老化问题,特别是记忆和智力的老化,是美国老年心理学的传统研究主题,近年来又在执行功能、复杂决策、智慧等研究领域取得了较大进展。国内学者对认知老化的研究,有探讨认知能力随增龄变化规律的描述研究,也有基于信息加工的认知老化机制研究及基于认知神经科学的认知老化机制研究,等等。

4. 人格特征问题

老年期人格特征是美国老年心理学传统研究主题,情绪情感是近年来的热点问题。加强对老年人情绪情感及人格的研究,不仅有助于增进人们对老年期的全面认识,也有助于人们对老年期形成积极态度。

第二节 老龄心理学学科概述

老年学是一门综合性的学科。作为一门新兴学科,对于老年学的研究对象、学科体系的认识是不断深化的。在分支学科的发展上,经常出现"老年"与"老龄"这两个概念。"老年"和"老龄"的意义表达存在差异。"老年"按照生命周期划分,"老龄"按照年龄划分;"老年"界定标准模糊,带有一定的主观性;"老龄"界定标准清楚,通常以年龄为标准,具有客观性。

一、"老龄心理学"的产生

(一)"老龄心理学"的学科背景

在我国传统的老年心理学研究中,研究内容主要集中在认知功能老化和老年人心理健康方面。在认知方面,主要研究老年人的视听感觉、记忆、思维等的老化;在心理健

---

① 王大华,佟雁,周清丽,等.亲子支持对老年人主观幸福感的影响机制 [J].心理学报,2004,36(1).
② Peng, H. Mao, X. & Lai, D. East or west, home is the best: Effect of intergenerational and social support on the subjective well-being of older adults: A comparison between migrants and local residents in shenzhen, china. Ageing International, 2015, 40(4).

康方面，主要研究退休综合征、老年抑郁症、阿尔茨海默病、居丧障碍和心身疾病等。总体来说，这些研究对了解老年人的心理变化特点、治疗老年人的心理问题、提升老年人的主观幸福感具有重要的现实意义，也为老龄心理学的研究奠定了重要的基础。但是，传统的老年心理学研究的内涵与外延已经远远不能满足老龄社会这一新型社会形态的要求。老龄心理学在老年心理学的基础上，结合我国当前和未来人口结构与社会结构的变化，在研究内涵、研究内容、研究层次上进行了延伸和拓展。

（二）"老龄心理学"的内涵

张秋霞等从心理学的角度解读老龄社会，提出"老龄心理学"（Aging Psychology）的概念[①]，认为老龄心理学是研究随着年龄的增长人类心理功能的变化、老年期的心理特点与规律及老龄社会中国民心理结构和变迁的科学，它既是心理学的一个分支，也是老龄科学（Aging Science）的重要组成部分。

老龄心理学旨在阐明作为客观现实的信息活动、作为人的反应形式的心理现象和作为人的心理器官的大脑这三者之间的相互作用和辩证关系，科学地说明年龄的增长对人的感知觉、记忆、言语、意识、思维、想象、情感、意志、人格、社会行为等心理活动或心理特征的影响及其生理机制，以及老龄社会中国民心理与老龄文化相互影响和建构的过程和结果。老龄心理学既要从生物医学角度研究产生人的心理活动的神经系统、感觉器官的老化状况，又要从社会心理学角度研究人口老龄化条件下个体和群体在社会交往时心理活动发生和改变的特性与规律，因此，它是一门既涉及自然科学又涉及社会科学的交叉学科。

老龄心理学的研究对象主要包括5个方面：①老年期人类心理功能变化的分子水平理论阐述、规律总结和干预模式；②老年期人类各种心理功能的变化、发展特点与规律；③老年群体的社会心理和行为的特点与规律；④老龄社会中其他与老年人有关的群体的心理变化和特点；⑤老龄社会条件下国民心理结构的变迁与特点。

在进行老龄心理学研究时要把握3点：①不能把人口老龄化带来的心理学问题简单地等同于老年人的心理学问题，避免把观察视野局限于老年人身上；②不能把人口老龄化带来的心理学问题等同于心理学上老年人的问题，避免缩小研究对象和研究范围；③不能把人口老龄化带来的心理学问题简单等同于生命个体的问题，避免降低研究层次，这样才能从心理学视野科学地理解老龄社会。

二、老龄心理学的学科体系建设

在老龄社会条件下，建构老龄心理学的学科体系具有十分重要的意义，它不仅有利于解决人口老龄化所带来的社会心理问题，还有利于塑造和建设理想老龄社会，有利于全体公民在心理上做好从年轻社会向老龄社会的转变，更有利于积极应对人口老龄化，提升国家软实力。老龄心理学学科体系的框架主要包括研究层次、研究领域、理论基础

---

① 张秋霞，罗萌. 对我国老龄心理学学科体系建设的几点认识[J]. 老龄科学研究，2014(7).

和研究方法四个部分。

(一) 老龄心理学的研究层次

老龄心理学研究可以分为4个层次：①神经生理学层次，主要探索大脑或神经系统产生心理的机制，从分子水平上研究感觉系统、神经系统老化是何时、如何发生、发展的，是否有可能采取措施延缓甚至逆转老化的风险等；②个体层次，主要探索个体的行为和心理活动及其发展过程中的心理结构、功能特点，包括老年人或与老年人有关的个体的心理过程、心理状态和个性特征等；③群体层次，主要研究老年人群体和其他年龄群体及整个国民的心理意识和社会态度、社会认知等，探索人与社会情景的交互影响，以及不同社会文化环境下心理活动的差异等；④社会层次，主要研究社会形态对国民心理的影响，尤其是从年轻社会向老龄社会转变过程中的国民心理变迁及其规律等。四个层面的研究核心紧紧围绕着个体老化和人口老龄化的心理指标进行，并由内及外，层层扩展，自成体系。

(二) 老龄心理学的研究领域

老龄心理学的研究领域主要包括以下5个方面。

1. 老龄认知心理学

老龄认知心理学主要研究认知老化及其神经生理机制，包括：①感知觉变化，分为视觉、听觉、味觉、嗅觉、皮肤感觉、内脏感觉等；②注意缺陷；③智力与智慧的发展与变化；④记忆减退；⑤言语能力变化；⑥情绪与情感的变化；⑦人格特征；⑧延缓老年人认知功能衰退的方法。

2. 老龄社会心理学

老龄社会心理学主要研究老年人的再社会化、自我意识与人格、社会态度、社会认知、社会影响、人际关系、群体心理、婚姻、家庭和社会交往等内容。研究和解释老年人个体和群体在社会情境下的社会交往和互动的心理及行为规律。老龄社会心理学也研究在老龄社会中与老年人有社会交往的群体的社会心理和行为。

3. 老龄测量心理学

老龄测量心理学主要研究内容包括对老年人和其他人群涉及老化和老龄化有关的心理功能的测量、诊断和统计分析三个方面，从智力、能力倾向、创造力、人格、心理健康、社会态度等各角度对之进行全面的描述。同时，对不同心理特征间的差异进行比较，发现并预测影响行为的变化，为社会管理和决策提供准确信息。

4. 老龄国民心理学

老龄国民心理学主要研究和认识老龄社会中的国民心理，发现并揭示人口老龄化、民族文化和国民心理相互影响、相互建构的过程和特性，国民心理的凝聚力、结构、冲突和调适等。

5. 老龄健康心理学

老龄健康心理学主要研究内容包括促进老年人生活质量和心理幸福感的提升、老年人退休后的心理变化与调适、生死哲理的阐述、老年人的社会交往和休闲娱乐活动、老年人心理健康水平的提升途径，以及婚姻、家庭对老龄心理健康的维护作用等。老龄健康心理学也包括其他与老年人有关的群体的健康心理的研究。除此之外，老龄健康心理学还包括开展心理咨询方面的研究，主要是针对老年人心理障碍，包括老年人心理障碍的诊断、咨询与治疗方面的研究。心理障碍类型包括老年抑郁症、阿尔茨海默病、居丧障碍、退休后的适应障碍、老年焦虑症、睡眠障碍等，主要是通过教育、咨询等方式促进、维持和改善老年人的心理健康，以及预防老年人心理疾病的产生。

此外，根据需要，老龄心理学可能研究的内容还有：老年犯罪心理学、跨文化老龄心理学、老龄发展心理学、老年消费心理学、老年教育心理学等。

（三）老龄心理学的理论基础

我国刚刚进入人口老龄化时代，对于老龄社会的基本框架、运行规律等都还没有成熟的专门理论，老年学理论体系正在建设之中，老龄心理学也是如此。它更多的是借鉴心理学特别是发展心理学、社会心理学和基础心理学等理论观点，围绕老年人个体、老年群体和国民心理等形成有内在逻辑贯穿的、由不同层次组成的理论体系。老龄心理学中重要的理论来源可以分为4部分，分别是认知理论、发展理论、社会理论和积极理论。

1. 认知理论

老化的认知理论主要解释认知方面的年龄差异的性质、影响因素及心理机制。目前，老化的认知理论可以分为：

(1) 加工资源衰退假说。该假说认为，当人们变老时，可用的认知资源就会减少，当任务要求的资源较多时，老年人的操作水平就会下降。

(2) 总体减慢假说。该假说认为，老年人的实际加工速度减慢是造成其认知功能减退的原因。

(3) 抑制缺陷假说。该假说认为，老化损坏了抑制无关信息的能力，以致老年人将有限的认知资源用到无关信息上，而真正需要注意的信息反而没有给予太多的认知资源，造成注意和记忆能力的下降。

(4) 传输缺陷假说。该假说认为，老年人的神经联结减弱了，涉及联结的任务因此会受到影响。

2. 发展理论

关于人类发展主要有两种观点。

(1) 生命阶段观。该观点认为人在一生中都要经历一系列的阶段，且这些阶段有固定的顺序。比较著名的理论是埃里克森（Erikson, E. H.）的自我发展理论，该理论把个体自我意识的形成与发展划分为八个相互联系的阶段，每一个阶段都有一对特定的矛盾冲突需要解决，这个矛盾冲突叫作社会心理危机。人们在老年阶段希望处理好自我完善和失望之间的关系，自我完善体现在老年人希望自己在日常行为及工作中成为榜样，希望获得智慧、贤明的品质；失望可以理解为老年人因身体健康等方面的原因可能无法完成各种任务带来的沮丧。老年人的社会心理危机源于如何处理"完善感—失望感"的关系。

(2) 毕生发展观。该观点认为老年期不只是衰退，而是仍有发展，不同的心理能力可以处于不同的发展方向。其中心论点是：第一，人一生的过程中都包含着生长和衰退之间复杂而相互联系的动力学;第二,以年龄为依据的发展框架是不适当的,因为人受到周围环境因素的影响,而这些因素中许多并不和日历年龄紧密关联。

3. 社会理论[①]

这种理论强调老年人与社会上其他人之间的相互影响,主要有三个理论。

(1) 活动理论。该理论认为,进入老年期后,人的社会交往活动并不会下降,老年人会建立新的交往,从而替代不得不放弃的角色或活动。

(2) 脱离理论。该理论的观点与活动理论相反,认为人进入老年期后从社会脱离是一件正常的事情,且老年人和社会都会从这种脱离中受益。

(3) 角色理论。该理论认为,进入老年期后,很多老年人失去了父母、劳动者、配偶等角色,这会让老年人觉得对生活失去了掌控,从而出现无能为力、生存意向下降、没有希望等负性心理;如果老年人觉得能够控制生活,就会拥有幸福、积极的心理。

4. 积极理论

在积极理论出现以前,老龄科学和心理学中弥漫着消极观念,认为老年群体是社会的包袱,人口老龄化必然会给社会带来劳动力老化、赡养和照护负担加重等不良后果。积极理论的出现扭转了这种消极取向,让人们认识到老年群体不是社会的负担而是社会的财富,老年人不是社会发展的拖累者而是推动者,人口老龄化是人类社会发展的重大成就,在老龄社会条件下同样可以保持经济和社会的协调可持续发展。在积极老龄化观点中,"健康、参与、保障"是三个基石。在积极心理学中,幸福感、乐观、希望等积极情绪是其研究的重要内容。积极理论从生命历程的视角积极看待老化和人口老龄化,认为老化不是进入老年期才发生的,而是之前所有因素的累积和叠加影响形成的。如果在老年期之前针对不利因素进行干预,则可延缓老化,达到最理想的老化,那么,理想老龄社会从个体层面就能奠定坚实的基础。

(四)老龄心理学的研究方法

老龄心理学是自然科学与社会科学的交叉学科,因此,其研究方法具有多样性和多源性,综合了心理学、老龄科学、社会学、统计学等多个学科的研究方法。总体上看,老龄心理学的研究方法可以分为下列6种。

1. 哲学思辨法

通过理论论证、列举材料和总结分析等方法对老年人的心理和行为进行研究归纳。这种思辨方式带有推测、推论和论断的性质,因此得出的结论无法验证。这是一种最古老的、最悠久的心理学研究方法。

2. 观察法

通过对研究对象进行有目的、有计划的系统观察来收集语言、表情和行为等资料,从而分析老年人心理活动特点的一种研究方法。观察法要求观察者事先拟定观察对象、观察目的和观察计划,在不干扰观察对象的情况下进行观察,并且在观察过程中或观察

---

① 这里介绍的活动理论、脱离理论、角色理论在老年学理论及研究方法一章有详细概述,为了凸显老年心理学理论的整体性,仍然做一个简略的介绍。

结束后做出详尽的记录。这种方法简单易行，且能保证观察对象的心理与行为表现的自然性和客观性，但耗费时间较长，观察结果易受环境、条件的制约，且难以获得量化的精确数据。观察法最好与其他方法联合使用。

3. 调查法

研究者根据研究目的，事先拟定一系列问题，然后请被研究者回答问题。可以分为访谈法和问卷法两种。访谈法中，调查员对老年人进行询问，并详细记录其回答内容。问卷法是以书面形式向老年人提出问题，获取书面的答案。在老龄心理学研究中，需要考虑老年人的具体特点进行访谈调查和问卷设计，比如访谈者的声音要大一些、速度要慢一些、问卷调查的字体和间距要大一些，等等。访谈法和问卷法不能获得因果关系，只能反映某种相关性。

4. 档案法

研究者根据研究目的，收集各种现存档案资料和研究对象的活动产品、劳动成果等个人历史资料，通过文献分析，揭示被试心理及行为特点与某些因素之间的依存关系。所收集的资料可以是书籍、期刊、报纸文章，也可以是个人日记、信笺、作品等。档案法获得的结果也是相关性结果，不能进行因果推断。档案法最好与其他方法联合使用。

5. 内省法

内省又称为自我观察，是指个体对自己的心理活动进行观察的过程。但是，人的内省能力是有限的，难以意识到自我心理活动的过程，且这种方法过于主观而不够客观。当前，研究者将内省法与电生理技术、脑成像技术等结合使用，取得了良好的效果。

6. 实验法

研究者根据研究目的，利用仪器、设备，通过控制各种实验变量，考察自变量与因变量之间的关系。实验法可以获得自变量与因变量之间的因果关系，这是其超越其他研究方法的重要原因。

三、老龄心理学学科的发展趋势

（一）增加学科研究的深度和广度

人口老龄化带来的心理学问题不能简单地等同于老年人的心理学问题，还应该包括老年群体、国民心理的问题，因此在老龄心理学研究中应避免将研究范围局限在老年人身上。在研究深度方面，专门针对老年人、老年群体、老龄社会的理论研究的深度亟须加强。

（二）增强学科的应用性

学科的研究内容是否适应社会需要是学科发展的生命之本，只有与社会背景相契合、在解决社会问题中发挥作用，一门学科才可能具有可持续发展的蓬勃生命力。目前，我国处于老龄社会的初期阶段，各种心理问题不断凸显。为了应对老龄社会的新形势，在老龄心理学中应该着重加强应用型研究，让老龄心理学充分发挥其用武之地。老龄心理学的发展前景十分广阔，包括老年人心理障碍的预防、诊断与治疗，老年人心理健康的维护，心身疾病和身心疾病的治疗，老年人退休后生活的适应，老年教育理念的完善，老年人犯罪的矫治，老龄用品的广告宣传等，这些老龄心理学的应用领域都是值得我们加以探索和关注的。

（三）开展跨学科合作

老龄心理学是一门独立的学科，但是它并不是一门孤立的学科，它与哲学、社会学、生理学、教育学等许多学科都有着非常紧密的联系。与这些相关学科开展跨学科协作有利于提升老龄心理学的理论深度和应用范围，促进老龄心理学在更高层次上发展。比如，与生物学和社会学相结合，探讨生物（如遗传、生理反应、脑神经活动）——心理（如认知、情绪、个性）——社会（如社会认知、人际交往）三因素对认知功能老化的作用；与老年医学相结合，开展影响老年性痴呆症发生发展的生理因素和心理因素的研究，开展对高血压、支气管哮喘等心身疾病的医学和心理学相结合的治疗研究；与神经学结合，研究认知老化和阿尔茨海默病的心理机制和生理机制等。

（四）顺应数字化潮流

在进入老龄社会的同时，信息技术的发展如计算机技术、网络发展和云计算等也将社会带入了大数据时代。大数据具有大数量、多样性、高速度、高价值的特点，它不用随机分析法（抽样调查），而是采集所有数据。如果说以前的研究相当于人口抽样调查，大数据则是人口普查，具有全面性、整体性、动态化等特点。老龄心理学研究的老年人个体大数据包括：生理数据，如血压、心率、体温、视力等；心理数据，如注意力、记忆力、智力、情绪、人格等；行为数据，如消费行为、社交行为、网络行为等。这些数据有利于全面掌握和预测个体的变化和规律。老龄心理学研究内容与信息技术的融合将是老龄心理学未来的发展方向之一。

第三节　当代中国老年人的心理健康与主观幸福感问题

一、当代老年人的心理特征

中国已经进入老龄化社会，老年人是一个特殊的重要群体，当前老年人普遍存在焦虑，以及迫切希望得到外界认可的心理状态，同时也受到多种因素的影响出现情绪极端化的现象，一些老年人还会出现生活情趣锐减、情绪低沉、少动、食欲不振、睡眠障碍、不愿参与社会交往、悲观厌世、自我评价极度贬值等状况。掌握老年心理特征，做好老年工作和老年心理调适,是时代和社会的需求,也是老年人群体的要求,更是建立和谐社会的重要保障。

(一)情绪和情感的极端变化,希望得到外界的尊重

基于年龄的日益增长,老年人不仅出现生理功能逐渐下降的现象,同时脑部组织也出现退化现象,导致老年人情感认知与情绪出现极端化发展。一方面,一些老年人失去对外界事物的关注力,对新生事物产生不解和抵制,不喜欢参与到外界的各种活动中;另一方面,部分老年人过于关注外界事物并出现过度参与的行为,针对那些不符合自己价值认知的现象表现出十分强烈的反应,严重时出现情绪失控的问题[①]。老年人也希望得到外界的认可与尊重,尤其是希望得到家庭成员的情感认可和尊重,体现出一定的依从心理。而往往家庭成员却经常忽视老年人的想法或敷衍了事,这使老年人感到更加失落与郁闷,从而造成情绪情感极端变化,负面情绪接踵而至。

(二)自我价值肯定的缺失

大多数老年人在离退休后从社会主流地位过渡到边缘角色,脱离了原本繁忙的工作岗位,拥有了更多的空闲时间,使许多老年人感到不适,经常觉得无所事事,在这种情绪的影响下,老年人易情绪低落,产生年老无用或自我否定思想。若子女不在自己身边,不能及时找到沟通对象和方式疏解这种情绪,缺乏足够的精神慰藉和情感寄托,在这种情绪的持续影响下,可能会转化为心理问题,不利于老年人生活质量的提高。

(三)消极悲观的心理认知

当代老年人主要表现出焦急、恐惧等负面的心理情绪,这主要是因为大部分老年人会受到疾病的影响。面对不同的疾病,老年人会出现不同的情绪反应,从而体现出不同的心理状态。例如一些老年人患有慢性疾病,一方面担心患病时间过长不能得到他人的照顾,一方面也担心因为自己耽误其他人的生活和学习[②]。同时,高额的医药费也会加剧老年人的负面情绪,尤其是那些没有稳定经济来源的老年人,对疾病治疗会产生抑郁或消极悲观的认知,也容易出现惧怕死亡的心理状态,这些心理认知会影响沟通质量。

(四)孤独感增强并出现情感危机

部分老年人因为身体的原因出行不便,使自己处于相对封闭的环境中,无法接触到同龄人,很难找到沟通的对象,产生群体失落感。再加上客观条件的限制,对新事物的接收能力有限,不能很好地使用现代通信工具,造成对外信息闭塞,不与子女同住,他们孤苦无依,缺乏有效的沟通,内心的消极情绪也就无法宣泄,长而久之就会造成内心的苦闷,感到孤独无助,进而导致其社会化程度越来越低,孤独感更加强烈。加之缺乏

---

① 刘海燕. 探究新时期老年人心理特征及有效沟通方法 [J]. 心理月刊,2020(18).
② 王会勇. 新时期老年人心理特征分析及有效沟通方法的研究 [J]. 现代职业教育,2017,3(24).

精神慰藉，无法及时排解这种负面情绪，从而产生情感危机，使得身心惆怅、孤寂甚至产生抑郁。

（五）焦虑、恐惧的精神状态

生老病死是自然生长规律，需要人们对生命正确地看待，也应该养成健康的生命观念。夫妻双方的一方突然离世会对老年人情绪造成比较大的影响和精神刺激，导致老年人出现孤独的心理情绪。与此同时，部分老年人看到周边人离世或受到疾病的困扰后总会联想到自己，也会对子女的工作与婚姻生活等产生忧愁的情绪，导致其失去生活的自信心与乐趣，产生焦虑和恐惧。

二、老年心理健康问题概述

近年来，心理健康素养已成为健康中国建设的重要内容。国务院于2019年发布的《国务院关于实施健康中国行动的意见》[①]，明确指出心理健康是健康的重要组成部分。通过心理健康教育、咨询、治疗、危机干预等方式，引导公众科学缓解压力，正确认识和应对常见精神障碍及心理行为问题。健全社会心理服务网络，加强心理健康人才培养。建立精神卫生综合管理机制，完善精神障碍社区康复服务。同时在人口老龄化的背景下，老龄人口不断增多，其心理健康问题越来越受到关注。

（一）老年心理健康的含义

心理健康是指个体内部心理和谐一致，与外部适应良好的稳定的心理状态。具体包括认知功能正常、情绪积极稳定、自我评价恰当、人际交往和谐、适应能力良好5个方面。[②] 此外，常用评价心理健康的单一指标，着重积极方面的有幸福感、生活满意度；着重消极方面的有抑郁、焦虑等。李德明等发现有社区服务的老年人，其生活满意度显著高于无社区服务者；而且社区服务显著缩小了由城乡、年龄、家庭支持状况差异所致的生活满意度差异。[③] 这说明了社区服务在应对老年人面临的诸多现实问题中有十分重要的作用。

影响老年人心理健康的主要因素包括疾病、婚姻、家庭、退休适应、社会参与和生活满意度。[④] 从中国传统来看，可归结为天（个体与自然和谐）、地（文化及地缘适应）和人三类因素。其中人的因素又可分为家庭与工作人际关系和谐、个体自身和谐、心理活动内部一致性（知、情、意）、个性性格特征、各种满意度和幸福感（认知偏差）等主观因素，以及个人（人口学特征、健康状况、经济状况）、家庭（经济状况、亲子关系、童年经历）、环境（学习或工作环境）等客观因素。

---

① 中华人民共和国国务院. 国务院关于实施健康中国行动的意见：国发〔2019〕13号 [Z]. 2019.
② 李娟, 吴振云, 韩布新. 老年心理健康量表（城市版）的编制 [J]. 中国心理卫生杂志, 2009, 23(9).
③ 李德明, 陈天勇, 陈海峰. 中国社区为老服务及其对老年人生活满意度的影响 [A]// 中国老年学学会编, 持续增长的需求——老年长期照护服务 [C]. 北京：中国文联出版社, 2010.
④ 张砚民, 许鸿凯. 老年人的心理特点与心理卫生 [A]// 成蓓, 曾尔亢. 老年病学 [M]. 科学出版社, 2009.

(二)国内老年心理学的研究方法概述

老年心理学的主要研究方法有观察法(如个人的日常生活、群体的行为表现、临床药物疗效追踪)、实验室研究(如分别针对老年个体进行的行为学层面的记忆测验、认知损伤老年病的动物模型实验、采用计算机化的基本认知能力测验、行为生物学研究的生化样本指标分析、大脑认知加工过程的ERP或FMRI神经成像研究)、访谈法(针对某一问题的方方面面逐个采访特定个人或群体)、问卷/量表法(如生活满意度问卷、临床记忆量表、中国老年人心理健康量表等)。从研究设计角度,可以有横断比较(同一时间比较不同年龄群体)、纵向追踪(间隔一定时间比较同一年龄群体)和两者结合的序列(队列)研究。横断(横截面)比较的优点是可以在同一时点下进行大规模的个体研究,不足之处是无法将队列(cohort)或个人成长环境因素从年龄因素的影响中区分出来。纵向追踪的优点是通过自身对照排除队列或个体成长环境的影响,不足之处是研究的时间、人力、物力等成本较高。

上述方法的应用,取决于具体要探讨的问题。比如,如何研究影响寿命的心理因素?从个体因素来看,有躯体方面的遗传素质、发育过程中形成的体质特点(可以采用实验法、成长史调查法),有心理健康状况(包括情绪、身心、社会、人际、人格等方面)和生活行为习惯(如饮食偏好、睡眠节律、运动特点等,可采用问卷调查),有社会适应与调节(如婚姻与家庭关系、人际交流方式、持家传统等,可采用问卷调查或现场实验研究方法)。从群体角度来看,影响因素包括人口比例、社会支持系统(可采用人口统计学、社会学和人口学调查方法),社会因素(如政治稳定、经济发展、医疗保健、社会福利)等(可采用文献分析与现场调查相结合的方法),当然还有环境因素(如水质、土质、农作物甚至村落与民居建筑特点等)。如果说个人能活到百岁以上是个人因素为主的话,在特定地区、特定时段的百岁老年人增加则一定是与社会经济的发展和卫生、福利等基础保障的改善分不开的。只有长寿(如80岁以上)老年人基数增加到一定规模,才能使百岁老年人的数量显著、持续增加。

适当的压力(healthy stress)是现代人的生活和工作特点,但自觉压力过高,则会影响心理健康,甚至导致心理问题。美国心理学会(American Psychological Society,APA)开展了一项全国范围的自觉压力调查研究。该调查使用1~10分自评量表,1代表极少或没有压力,10代表压力很大;询问被试过去一个月的平均压力水平(自评压力水平,personal assessment of stress level,PASL)或自己认为的正常压力水平(healthy level of stress,HLS)有多大。[①] 该项研究采用横断与追踪结合的方式,设计科学,取样具有人口代表性,比较全面地反映了美国人主观感受到的压力情况。压力感是一种比较典型的主观心理感受,影响人的心理健康(幸福感、情绪等)水平和社会行为应对。这项研究设计科学,简便易行,对如何开展老年心理学序列研究很有启发。

(三)促进我国老年人心理健康的必要性

我国独生子女政策已经实施40余年,家庭结构亦因城镇化和经济发展日趋核心化。

---

① Bethune, S. Health-care falls short on stress management. Monitor on Psychology, 2013,44(4).

其直接后果就是许多家庭结构将向 8-4-2-1 类型转变。[①] 人口结构变化和社会发展使得养老模式必须多元化，其中最关键的是养老年人力资源的专业化、多样化。孝道之于中华文明的传承、中国社会的和谐、中国人的觉醒与奋进，仍具不可替代的核心价值意义。个人和谐是父慈子孝的基本前提，家庭和谐是老有所养的基础条件，社会和谐则是老有所乐的根本保证。简言之，国兴老多乐，子孝亲少忧。但是，现代化的中国代际关系有了变化。传统孝道的实施被赋予了新的含义与条件，对于孝道涉及的各方也有了不同的要求，老年人与青年人的心理特征在新的历史时期也需要重新加以定义与调适。当前，积极老龄化的顺利实施（强调老年人在参与社会建设之后对社会资源的共享权利及继续参与社会建设的权利）与年轻人的就业压力出现了冲突。由于各方面的因素综合影响，我国大学毕业生的就业率、年轻人的失业率问题都比较严重。社会发展使得青年人和中年人在经济上掌握了主要话语权，因此传统孝文化同年轻一代的独立意识不可避免地产生了冲突。在上有老、下有小的生存压力下，赡养义务与抚养责任及工作压力等诸方面的冲突也在所难免。所以，孝顺的问题历朝历代都有，但是在现代中国有了新的含义。良好的孝顺意愿应该是绝大部分年轻人都具备的，但是从时间、空间、经济、精力和能力几方面来看孝顺的能力却是千差万别，不可完全类比。在这种情况下，充分发挥老年人自身的心理优势，就显得更为重要。

（四）老年心理健康研究的主要内容

我国有数以万计的各级老年大学，其中的学员更是数不胜数。这些学员都是积极健康老龄化的代表，他们改变生活、展示智慧、参与集体和传承文化的意识都很强。但是，更多的老年人却因各种各样的原因，主动或被动地"宅"在家中。老年人群的心理健康状况因此出现了两极分化的趋势。积极参与者，无论是老年大学还是走山、旅游、合唱团、秧歌队、太极表演，形式不一，但是其身、心、社会交往三方面的良好状态容易形成良性循环。反之，闷坐家中、常看电视者，尤其是大脑退行性病变、抑郁、焦虑、性格孤僻导致人际关系紧张者常沉湎于恶性循环而不能自拔，必须依靠外力（亲属、友人、专家）帮助才能打断循环、走出困境。这两端（积极老化和心理疾患高危）的人群是老年心理健康研究的重点。

一方面是探索积极、健康老化的特征和影响因素，以期利用从中得出结论引导更多老年人可以朝向这个积极方面发展。与此密切相关的一个问题是对于长寿的科学机制研究。尽管对长寿的研究越来越多，但是对长寿相关心理科学问题的研究一直没有受到应有的重视。比如，在全国长寿乡评比中，我们发现百岁老人档案中关于其特点的表述多是常识性的总结，而缺乏基于感知、情绪/情感、意志、个性心理特征和行为五大方面科学测查的记录，这显然不利于科学资料的积累、比较分析与长寿科学的总结与提高。另外，百岁老人的生活习惯（运动习惯、饮食偏好、睡眠节律）差异较大，但知足常乐则是共同特征。[②] 如何用科学的语言、方法表述这种知足常乐？这种特征是缘于遗传基因还

---

① 杜鹏. 北京市人口老龄化图集 [M]. 北京：中国人口出版社，2000.
② 赵宝华. 中国寿星 [Z]. 中国老年学学会，2010(12).

是后天习得经验？其生物（基因、神经递质）、神经（中枢神经系统）、心理（宏观行为习惯的选择）机制如何？能否形成可操作的心理健康促进技术，以造福众多的长寿老年人，同时结合婚姻和代际关系等家庭动力学、饮食与居住环境、养老和福利政策、基本医疗卫生条件等保障措施的改进，使得百岁老人现象由偶发转变成群发，使长寿文化可持续发展？

另一方面是对心理疾患（如抑郁情绪问题，与痴呆密切相关的认知功能障碍）如何开展早期干预。在早期识别方面，如何整合各项指标以提高识别的敏感性和特异性，以及如何才能将综合的识别体系在社区加以应用？在相应的干预方面，如何开展集认知训练、社会心理辅导与身体锻炼于一体的身心健康综合干预？这些都是老年心理健康研究亟待解决的关键问题。

三、老年人的主观幸福感问题

主观幸福感是指个体依据自定的标准对其生活质量进行情感性和认知性的整体评价。[①]
主观幸福感具有以下三个特点。

(1) 整体性。主观幸福感是个体对其生活质量的整体性评估，是一个综合性指标，既包括情绪情感的反应和体验，又包括认知评价与判断。

(2) 主观性。是否幸福的评价标准因人而异，并没有统一的外在标准，这个标准是由自己自发设定的，只适用于本人，不能推及他人。[②]

(3) 相对稳定性。主观幸福感反映的是一段时间内个体的生活满意情况和情绪情感体验情况，具有一定的跨时间性。相对稳定并不意味着一直保持不变，是在一个时期内没有太大变化的情况下，其主观幸福感保持稳定；一旦个体本人或所处的外在环境有所变化，其主观幸福感也会随之变化。

主观幸福感是对生活质量所做的整体性的全面评估，是评估者自己的主观判断，是衡量个体生活质量的重要的心理指标，其主要是由生活满意度、积极情感和消极情感三个维度构成。①生活满意度：指个体对本人生活质量的综合认知与判断，包括家庭满意度、工作满意度等。②积极情感：指有利于个体完成工作或思考的情绪情感，包括欢喜、振奋、觉得生活有意义等正性情绪体验。③消极情感：指不利于个体完成工作或思考的情绪情感，包括焦虑、紧张、羞愧、悲伤、担忧、孤独、厌烦、难受等负性情绪体验。

（一）影响老年人主观幸福感的心理因素

1. 人格特质

人格对主观幸福感影响的研究由来已久。1973年美国国家老龄化研究所曾对5000名成人做过幸福感调查，其结果与10年后的调查结果一致，当年主观幸福感高的人，10年后主观幸福感依然高，说明主观幸福感相对稳定。而相对稳定的主观幸福感依赖于人格，

---

① 答会明. 中国老年人主观幸福感研究10年：回顾与展望 [J]. 中国老年学杂志，2019，39(9).
② 曹海丽，杨楠，张树新. 心理学视角提升老年人的主观幸福感 [J]. 心理月刊，2020(19).

不同的人格造成不同的主观幸福感。① 按照大五人格理论，可以将人格分为外倾性(E)、神经质(N)、开放性(O)、宜人性(A)和公正性(C)。不同的人格特质会导致不同的正性情感、负性情感及生活满意感。其中，神经质和外倾性分别对负性情感和正性情感存在较高的内在敏感性，起到器质性作用。开放性只起到经验性作用，不直接影响主观幸福感，只增加正性情绪与负性情绪的体验。宜人性和公正性通过环境和生活事件影响人的主观幸福感，起到工具性作用。②

2. 认知能力

认知能力是指人脑加工、储存、提取信息的能力，是个体顺利完成某项活动不可或缺的心理条件。研究表明，人的认知能力随着年龄的变化而变化。成年前，年龄越大，认知能力越好；成年后，年龄越大，认知能力越差。如感官敏感性差、记忆差、反应慢、抗干扰能力弱等，尤其是60岁以上的老年人，认知能力衰退得更加明显，对日常生活产生很大的影响，严重影响生活满意度，③ 其主观幸福感也受到严重影响。认知能力高的老年人的自我价值感也高，较高的自我价值感使老年人对生活赋予更多的积极意义，从而产生更多正性的、积极的情绪，其主观幸福感随之升高。

3. 自尊

自尊是指个体在自我意象及对自我社会价值评估、理解的基础上，对自己所持有的特质的评价、感受和态度。自尊建立在社会比较的基础上，是对自身价值的肯定或否定。研究发现，和谐的关系促进个体形成高自尊，进而影响个体主观幸福感。④

4. 认知模式

当面对某一生活事件或处于某种情境中时，认知系统就会主动地分析、解释和建构所面对的事件和所处的情境，而非被动的应对，这就是认知模式⑤。认知与主观幸福感存在显著的相关性。研究发现，倾向于积极解释生活事件的人，其主观幸福感较高；消极解释生活事件的人，其主观幸福感较低。⑥ 心理因素影响老年人主观幸福感的比重较大，可以从心理学角度入手，以提升老年人的主观幸福感。

（二）提升老年人主观幸福感的心理学途径

1. 认知能力训练

认知能力训练相关研究表明，随着年龄的增长，人的各种认知功能下降。⑦ 认知功能下降的主要原因是大脑功能的退化。研究表明，可以采取适当的方法和手段改善人的认

---

① 何瑛. 主观幸福感概论[J]. 重庆师院学报（哲学社会科学版），1999，20(4).
② 张磊，冯冬燕，吴芳. 老龄群体主观幸福感影响因素研究述评[J]. 西安电子科技大学学报（社会科学版），2013，23(5).
③ Wilson R S, Boyle P A, Segawa E, et al. The influence of cognitive decline on well-being in old age[J]. Psychology & Aging, 2013, 28(2).
④ 胡金凤，孙配贞，郑雪. 大学生自我概念与主观幸福感的关系：自尊与关系和谐的中介效应[J]. 心理发展与教育，2012，28(3).
⑤ 陈彤. 老年人主观幸福感的调查分析[D]. 重庆：西南大学，2009.
⑥ 答会明. 中国老年人主观幸福感研究10年：回顾与展望[J]. 中国老年学杂志，2019，39(9).
⑦ 韩笑，石岱青，周晓文. 认知训练对健康老年人认知能力的影响[J]. 心理科学进展，2016，24(6).

知功能，也就是说通过人为的认知训练方法提升大脑的各种功能。① 认知训练方法主要有以下4种：①加工速度训练。一般使用视觉搜索、动态目标追踪、视/听差异刺激辨别等训练范式，即训练老年人视觉和听觉的灵敏性和相应的加工速度。②③ ②记忆训练。一般采用视觉材料的延迟再认、地图作业训练或位置法、复述训练等方法，即训练老年人使用各种具体的记忆策略，通过练习提升其利用认知资源的能力。③认知控制训练。主要训练内容包括不断更新提取策略、抑制自动化提取、协调工作记忆的提取、注意控制和选择等多个子成分、④ 工作记忆、任务切换等，⑤ 即训练老年人在完成比较复杂的认知任务时，能协调和控制各种基本认知过程。④综合认知能力训练。多种认知能力同时训练，即同时训练加工速度、记忆和认知控制，或同时训练其中两种能力。相较于单一的认知能力训练，综合认知能力训练的方式与老年人日常生活的认知加工情景比较接近，且其训练内容较多，训练要求较高，对老年人的认知训练较全面，有利于延缓老年人的认知功能老化，同时有利于老年人将训练效果迁移到实际生活中，提升老年人对生活的控制感，从而提升其主观幸福感。⑥

2. 认知重建

认知是指个体对某一件事或某一个人的看法和理解，包括对自己的认识、对他人的看法、对事件的理解等。人与人的认知千差万别，因为人的认知来源于每个人不同的人生经历。不同的基因、不同的家庭环境、不同文化背景、不同的社会氛围造就人们对同一件事情的不同的理解和认识，这种认识和理解恰恰是情绪产生的认知因素。心理学家艾利斯认为，诱发事件本身并不会引起人的情绪反应，引起人情绪反应的是人的认知，也就是人们对这个诱发事件的信念、解释或评价。情绪和行为往往受认知的制约，认知就如同一头放任的大象，需要具备掌控能力的骑象人去操控，掌控认知这头大象就能够为其指明方向，为我所用，反之会受到大象的牵制。理性情绪疗法、接纳疗法、贝克认知疗法等都是通过改变人的认知信念调节人的情绪。⑦ 认知重建确实是情绪调节的有效策略，⑧ 当重新评价消极事件时，消极情绪体验更少，相应的生理反应也会更适宜。⑨

---

① 霍丽娟，郑志伟，李瑾. 老年人的脑可塑性：来自认知训练的证据[J]. 心理科学进展，2018，26(5).

② Berry A S, Zanto T P, Clapp W C, et al. The influence of perceptual training on working memory in older adults[J]. Plos One, 2010, 5(7).

③ Edwards J D, Valdés E G, Peronto C, et al. The efficacy of in sight cognitive training to improve useful field of view performance: a brief report[J]. The Journals of Gerontology Series B: Psychological Sciences and Social Sciences, 2015, 70(3).

④ Duncan J, Owen A M. Common regions of the human frontal lobe recruited by diverse cognitive demands[J]. Trends in Neurosciences, 2000, 23(10).

⑤ 杜新，陈天勇. 老年执行功能的认知可塑性和神经可塑性[J]. 心理科学进展，2010，18(9).

⑥ Zelinski EM, Peters KD, Hindin S, etal. Evaluating the relationship between change in performance on training tasks and on untrained outcomes[J]. Frontiers in Human Neuroence, 2014(8).

⑦ Beck A T. Cognitive therapy. A 30-year retrospective[J]. Am Psychol, 1991, 46(4).

⑧ Gross J J. Handbook of emotion regulation[J]. Jama the Journal of the American Medical Association, 2015, 298(15).

⑨ De Castella K, Platow M J, Tamir M, etal. Beliefs about emotion: implications for avoidance-based emotion regulation and psychological health[J]. Cogn Emot, 2017.

认知重建的具体步骤如下：诱发事件 A(Adversities) → 认知评价 B(Beliefs) → 结果 C(Consequence)。如果要转变 C 这个结果就需要学会转变 B，B 可以通过反驳 D (Disputation) 改变，形成新的更合理的 B'，从而将原来的结果 C 转变成具有积极情绪的结果 C'，通过这样的操作纠正负性情绪，从而提升主观幸福感。①

专栏 3-2　　疫情常态化背景下的老年人心理问题

2020 年的新型冠状病毒肺炎疫情的危重症人群以老年人居多，因此，老年人群体成为疫情防控工作的重点对象。基层干部和社区工作者采取了多种方式向老年人宣传防疫知识，负责派送粮食和日常生活用品，对公共场所进行消毒，以保障社区居民尤其是老年人的安全。但除了重视老年人的身体健康和抗疫防护情况以外，也需要关注他们的心理健康。在疫情期间，老年人的日常生活方式受到了冲击，常规的生活习惯也被迫改变，这一系列的冲击和改变对老年人的内心造成了一定的影响，所以，他们的心理健康状态也很值得关注。

在普通老年人的日常生活中，他们的人际互动主要集中在社区、公园、茶馆或是养老机构等地方，子女多忙于工作，一家人很少有聚在一起畅聊的时间，打牌、下棋、跳广场舞、散步、聚众聊天和替子女照看孙辈等是许多老年人的日常生活活动。

如今，新型冠状病毒肺炎凶猛来袭，随着疫情逐步加重，老年人的活动范围也受到了限制。独自在家的老年人被劝阻尽量不要出门，许多养老机构也陆续实施了封闭式管理，停止了老年人的各种主题聚会活动，家属也不得随意探视。在这种形势下，老年人原本就不多的人际互动急剧减少，生活方式发生了很大变化，这严重考验着老年人对这种相对封闭的生活方式的适应能力。在心理上，老年人会面临更多的孤独、苦闷和空虚。

互联网时代，年轻人可以转向通过线上聊天的方式与他人保持联系，但是受到视力、思想和习惯的影响，电子产品在老年人中不像在年轻人中那么普及，老年人使用电子产品时也没有年轻人那么熟练。不管是与人维持互动，还是浏览疫情相关的新资讯，老年人群体很大程度上都依赖于道听途说的朋友圈，缺少主动查询权威信息的途径和求证辟谣的能力，所以他们的生活方式在这次疫情中受到了很大的挑战。尤其是缺乏子女照顾的独居空巢老人及患有慢性疾病、行动不便的老年人，他们的心理健康问题会比普通老年人更加严重。老年人除了因为社交互动减少而产生孤独苦闷的情绪状态以外，另外一个需要引起重视的问题是，部分老年人对于疫情不够重视，仍旧参与各种聚众活动，也更容易听信谣言。也有一些老年人在这次的防疫过程中对于必须在家隔离的强制政策产生了抵触心理。

---

① 王鉴忠，龚璐雪，宋君卿. 心理痛苦的内涵种类、心理机制与调节干预策略——认知重评视角下个体主观幸福感提升新路径 [J]. 西南民族大学学报（人文社科版），2019，40(10).

一、老年人产生消极情绪的原因

中国是一个人情社会,尤其是在农村地区,免不了亲戚之间的来往和邻里之间的走动。多少年的习惯突然要改变,不让串门了,也不让走亲戚了,会让老年人心里无法接受。缺乏社会支持、缺少人情互动,是影响老年人心理健康的一个很大的因素。

抑郁、孤独是老年人心理健康方面所面临的主要问题。过去老年人在家中是权威,领导和决策家中的事务。[①] 当他们慢慢老去之后,他们在家中的权威地位慢慢减弱,身体机能也在逐步退化,以前可以扛起锄头到田间劳作,现在肩不能扛、手不能提了,一种无助感和恐惧感不由得袭上心头。如果在这个时期还不让他们走动,不让他们用自己仍然正常运作的某些机能来证明自己并没有完全退化、自己还有用,就会使老年人的自尊心受到打击。"凭啥不让我出去,我的腿还能走路""你们是想要憋死我呀,我就想出去遛遛弯",这些都是老年人最常见的反抗。有些老年人还有一种相反的认知,就是"反正我已经没几天好活的了"。对于他们而言,死亡是一件必然且随时有可能发生的事情。因此,相比年轻人对于疫情的恐惧而言,有些老年人可能并不会那么在意,但他们会更加在意自己子女的安危,如果以子女的安危来劝说这部分老年人,他们可能更愿意接受,更愿意改变。每个人都会抱有侥幸心理,老年人也不例外。面对此次疫情,有些老年人会觉得病毒不会传染到自己身上,甚至不会降临到周围人的身上。看着年轻人紧张惶恐的样子,他们会觉得有点夸张,甚至还会嘲笑:"现在的年轻人真是太不淡定了,一点点小问题,就把他们吓成那样,真是胆小……想当年,我遇到的事比这更严重……,不是也挺过来了吗……"。老年人对疫情不了解,盲目乐观,也是老年人抵抗居家隔离的原因。

二、心理护理的必要性

心理护理是指在护理过程中,关注护理对象的心理变化、了解护理对象的心理需求,并通过科学、合理的措施解决对方的心理问题,使护理对象保持积极健康的心理状态来迎接生活。从护理层面来看,护理对象本身在身体方面就存在损伤,在治疗过程中,很容易出现自卑、暴躁等情绪变化,心理状况发生明显的变化。这时候如不及时发现和引导,就会诱发心理疾病,影响护理对象的康复。这就需要进行心理护理,正确认识心理健康问题,并根据护理对象的实际情况制订方案,精准护理,帮助护理对象控制情绪,走出阴霾,走向光明的人生。

对于老年人来说,护理是一个全方位的概念,既包括生理护理,也包括心理护理,其中心理护理是老年护理的重要组成部分,不可分割。[②] 老年人由于生理机能的减退,无论是日常生活还是交际,都会受到一定的影响,严重者甚至无法自理。老年人常容易变得敏感,对家庭成员和其他亲友乃至陌生人的态度分外在意,易喜易怒,情绪波动大,心理也在悄然发生着变化。如果是空巢和独居老人,由于长期

---

① 韦志中. 疫情下的老年人心理关怀 [J]. 社会与公益, 2020(2).
② 张鸿雁. 新形势下心理护理在老年人护理过程中的必要性 [J]. 实用临床护理学电子杂志, 2020(18).

缺乏陪伴，孤独和自闭也会让老年人表现出对外界的排斥，且情绪得不到宣泄，长期压抑，心理问题更加严重。

在护理过程中，常常将重点放在生理上，认为只要护理对象无疾无恙就没问题，而忽视了护理对象的心理问题，尤其是在老年人的护理过程中，不少子女和护理人员也将老年人的护理简单地与物质满足画上等号，认为只要老年人衣食无忧，就万事大吉，心理护理没有得到应有的重视。在此现状下，一些因为心理问题导致老年人发生悲剧的事情屡屡见诸报端，让人惋惜不已。但痛定思痛，老年人的心理护理应该上升到与生理护理同等重要的位置。

随着老龄化的加剧，养老问题受到了全社会的关注，养老模式也由传统单一的居家养老转变为养老机构养老、医养结合等多元化模式。同时，老年人在养老过程中的一些问题也在逐渐暴露，例如老年人与家庭成员的关系紧张、空巢老人和独居老人增加、老年人情绪宣泄难，等等。这些问题的存在，显现了当前养老模式还存在一定的不足，也阻碍了养老模式的良性、健康发展。社会的进步及人口老龄化的加剧，使老年人的心理问题已由老年人个人的问题逐渐转变为社会问题，即应该从社会层面协调各方力量关注老年人的心理问题。心理护理能够在一定程度上帮助老年人改善心理问题，从而缓和因老年人心理问题带来的社会问题。

三、心理护理的方法

要做好老年人的心理护理，首先要打破思想枷锁，正确认识老年人心理护理的重要性。社会意识反作用于社会存在，只有具备全面健康的认知，才能够迈出正确的步伐，科学合理地解决问题。从老年人护理来看，心理护理需要家庭成员、护理人员和养老机构多方联动，在认识层面上达成共识，共同推进心理护理深入老年人护理过程中，帮助老年人、家属和护理人员全面建立正确的思维结构，让老年人的护理更加清晰、更加科学、更加可持续发展。一方面，应该认识到健康包括身心健康，生理和心理缺一不可，且处于同等重要的位置。对于老年人来说，因为情绪波动大，心理问题常常被忽视，所以心理护理就尤为重要。另一方面，这种认识应该是建立在护理专业知识基础上科学合理的认识。

护理与一般的看护不同，需要掌握专业的技能，具有足够的知识储备，是一个严谨的医学和社会学理念。在老年人护理中，因为老年人的身体状态和心理状况较为复杂，所以就需要护理人员掌握足够专业的技能，以专业的技能和较高业务水平来走近老年人，让老年人和家属能安心接受护理，以一个平静的心态来面对护理，这样才有助于老年人早日走出心理阴影，回归正常生活。

对于老年人的护理，并非某一方的责任，而是需要家庭成员和护理人员紧密配合，加强互动。从实际情况来看，受传统家庭关系和养老理念影响，老年人对家庭成员的信任和依赖程度更高，更加希望得到家庭成员的陪伴和关怀。在面对新冠疫情等特殊时期，老年人由于自身能力的逐渐减弱可能无法适应例如强调现代技术无接触、电子化的新型方式，应该从社会变迁、技术进步的视角帮助老年人适应这种变化，增加老年人的信心，改善老年人的心理状况。

复习与思考

1. 名词解释。
   老年心理　　老龄心理　　心理健康　　主观幸福感
2. 比较老年心理学与老龄心理学的差异。
3. 简述人口老龄化背景下中国老年人心理问题的特征。
4. 如何提高老年人的主观幸福感？

推荐阅读书目

张志杰. 老年心理学 [M]. 重庆：西南师范大学出版社，2015.

第四章
老年经济学

老年经济学主要是探讨人口老龄化背景下资源有效配置的问题。本章主要介绍老年经济学产生的背景、常用的概念及老年经济学的研究内容，在此基础上探讨老年经济问题的新方向——银发经济问题。

第一节　老年经济学概述

20世纪80年代中期以来，随着一些西方国家人口老龄化程度的加剧，西方社会保障制度、劳动力市场、社会福利和公共财政政策及代际关系等方面遇到的挑战，促使老年经济学和人口老龄化经济学研究获得了进一步的发展。在我国，20世纪80年代关于老年人口和人口老龄化经济学的研究基本上还是一项空白。1999年以来，随着我国60岁及以上老年人口数量占总人口的比重超过10%，我国人口老龄化问题日益凸显。养老问题作为老年人面临的基本生存问题，已由个人负担逐渐转化为国家责任，即通过国家财政等公共支出保障老年人的基本生活需要。解决养老经济问题必须加强老年经济学研究和老龄经济战略研究。老年经济学研究是搞好老龄经济战略研究的理论基础。

老年经济学又称为老龄经济学或人口老化经济学。现代社会老年问题需要人们去探讨人口老年化与社会经济发展的相互关系，并制定人口老年化与社会经济协调发展的对策，老年经济学应运而生。

一、老年经济学产生的背景

经济学是指导人们进行经济活动的理论，旨在为理解、分析经济现象及解决经济问题提供相应的理论与方法。因此，经济学是与现实生活结合非常密切的学科，由此决定了经济学发展的状况同其所处的时代有紧密的关系。目前，经典经济学的主要内容形成于20世纪人口快速增长的背景下，因此可以说，当前经典经济学理论带有明显的20世纪经济社会背景特征。这意味着当前的经典经济学更多的是适用于20世纪经济社会背景。

在人类发展的历史长河中，20世纪是人口爆炸式增长的世纪。在这一背景下，劳动力在许多经济学理论中被假定为是无限供给的，即劳动力不是约束性、稀缺性资源。放在20世纪人口总量快速增长的背景下，这种假定具有合理性。[1]

---

[1] 李军，刘生龙. 人口老龄化对经济学发展的影响——兼论经济学框架内的老龄经济学 [J]. 老龄科学研究，2019(2).

进入21世纪后，人类经济社会的背景已经并不断发生深刻的变化。虽然预计21世纪在世界范围内人口总量仍将保持增长，但是增速将不断下降，劳动力稀缺性程度将不断提高。21世纪人类社会开始进入老龄社会，人口老龄化已经成为不可逆转的常态。人口老龄化背景下的人口结构，意味着劳动力的稀缺性程度将不断提高，老年人口不断增多而带来的经济社会负担将不断加重。老年经济学正是基于21世纪人口老龄化的时代背景，逐渐从经济问题研究发展成为一门体系化的学科。

二、老年经济学的基本概念

(一) 稀缺性

稀缺性是指在现实生活中，相对于人们的欲望而言，可用于实现这些欲望的资源是有限的。稀缺性是经济学的前提，经济学就是人们(如消费者、生产者、管理者等)在稀缺资源给定条件下(或一定的约束条件下)做出选择从而实现一定的目标(通常是利益或效用最大化)。

(二) 理性人

理性人是人们应对某一行为所面临不同选择的一种决策方法或模式。其依据一般是实现成本最小或收益最大的目标。

(三) 边际变动

经济学中使用"边际变动"这个术语来描述对现有行动计划的微小增量调整。"边际"意指"边缘"。理性人通常通过比较边际收益与边际成本进行决策。机票打折的现象实际就是利用边际收益大于边际成本的原理来实现的。一架飞机在非满员时，增加一个乘客的成本(边际成本)是微不足道的，可能仅仅是一个人的餐食或饮料，其他成本相对是固定的。同类的例子如日常生活中长途汽车的超载现象。需要注意的是，边际成本和边际收益是在一定范围内比较的，例如一架飞机通常增加的人数不能超过一个界限，过了这个界限，则需要另外寻找一架飞机。

边际决策为我们看问题提供了一种独特的视角。例如，边际决策可以解释一个经典的问题：为什么钻石比水贵？从使用价值来看，水能提供人类生存所必需的元素，而钻石对人并不是不可或缺的。通常情况下，经常由于某种原因，人们愿意为钻石支付的钱要远远高于水，原因是一个人对任何一种物品的支付意愿都基于其增加一单位该物品所获得的边际收益。反过来，边际收益又取决于一个人已经拥有多少这种物品。水对人的重要性是不言而喻的，但是在日常生活中，增加一杯水的边际收益很小，而增加一颗钻石的收益很大，原因是水容易获得而钻石非常稀少。边际决策告诉我们，在特殊情况下，水的价格可能远超过钻石。例如沙漠中唯一的一杯水可能价值连城。类似的例子还有为什么古董的价格可能出现天价等。

(四)机会成本

一种东西的机会成本是为了得到这种东西所放弃的东西。通俗地讲,就是人们在做出一项决定或选择时所付出的代价。机会成本与其他成本不同的是,其他成本(如会计成本)可能更多地考虑实际发生的经济成本,这种成本往往是显而易见的。机会成本通常还会考虑时间成本等因素,如计算上大学的机会成本时,应该将在上大学的这几年里若参加工作所取得的收入纳入其中。

(五)外部性

外部性是指一个人的行为对旁观者福利的影响。按照影响对人的有利程度,外部性可以分为负的外部性和正的外部性。负外部性是指一个人的行为给他人福利造成的损害,其经典例子是空气污染。当一种产品的生产污染了空气并引起居住在工厂附近人们的健康问题时,单纯依靠市场机制,无法将这种成本计算在内,即生产该产品的厂家无须承担相应的成本。正外部性是指一个人的行为对旁观者福利有提升作用。例如,你的邻居种植花卉,花香给你带来了愉悦的感受。

(六)市场

市场是一种商品或服务的一群买者和卖者及将他们聚合在一起交易的制度或安排。[①] 大部分经济学都涉及对市场中所发生的事情的分析。经济学家亚当·斯密(Adam Smith)在其1776年出版的著作《国民财富的性质和原因的研究》中提出了一个著名的观点:"家庭和企业在市场上相互交易,他们仿佛被一只'看不见的手'所指引,并导致了合意的市场结果。""我们每天所需的食物和饮料,不是出自屠户、酿酒师或面包师的恩惠,而是出自他们利己的打算。我们不说唤起他们利他心的话,而说唤起他们利己心的话。我们不说自己有需要,而说对他们有利。社会上,除乞丐外,没有一个人愿意全然靠别人的恩惠过活。……"[②]

斯密的这段话表达了市场机制的神奇作用:在一定条件下,主观上的利己完全可以实现客观上的利他。经济参与者受利己心所驱动,市场这只"看不见的手"指引这种利己心去促进总体的经济福利的提升。

(七)市场失灵

市场失灵是指市场本身不能有效配置资源的情况。其主要指:①外部性问题,一个行为带来的负的外部性使得市场无力解决该问题。②市场追求等价交换,通常是通过劳动取得收入来购买所需商品和服务,纯粹的市场化排斥了部分丧失劳动能力的人(如老年人群体)。

---

① R. 格伦·哈伯德,安东尼·帕特里克·奥布赖恩. 经济学精要[M]. 卢远瞩,闫硕,译. 北京:中国人民大学出版社,2014.
② 曼昆. 经济学基础[M]. 梁小民,梁砾,译. 北京:北京大学出版社,2017.

(八) 商品

商品是经济学一个重要的概念，根据在生活中消费的特点及其自然属性，我们可将商品划分为必需品和奢侈品、替代品和互补品，以及正常品和劣等品。

1. 必需品和奢侈品

必需品是对价格敏感程度较低的一类商品。这类产品通常是满足人类的基本生活，其商品价格的波动一般难以影响人们对其需求量的改变。例如，老年人长期服用的药物就属于必需品。经济学中的奢侈品指的是对价格比较敏感的一类商品，包括人们日常生活中的绝大多数产品。消费者对这类产品的价格敏感程度大。一般情况下，这类产品的价格上升，消费者会减少对其消费，反之亦然。

2. 替代品和互补品

替代品是指可以用来取代另一种商品的商品，例如大米和面粉等。替代品是人的一种理性选择，虽然替代品之间存在差异，但是这种差异会随着价格的变化逐渐消除。商品与其替代品价格同方向变化。一般而言，商品的替代品越多，其商品价格变化对替代品的影响越小。由于寻找替代品是需要付出成本的，人们对一个商品在短期内的价格敏感程度较低。

互补品是指与另一种商品同时使用的商品，例如燃油和燃油汽车、电脑和软件、眼镜镜片和镜架等。互补品的特点是其中一种物品价格的下降通常会引起对另一种物品需求的增加。例如燃油价格的下降可能导致人们对燃油汽车的需求增加。

3. 正常品和劣等品

正常品是指消费需求随着收入的增减而相应向同方向变动的产品。大部分的商品都是正常品。劣等品是指商品的需求与人们的货币收入呈反方向变化的产品。劣等品通常又称为低档商品或廉价商品，一般情况下，这类商品的需求随着人们的收入增加而逐渐减少。

从以上的经济学概念可知，经济学主要是研究人类生计的一门学问。老年经济学主要探讨的是人口老龄化与经济的关系和老年经济问题的科学。老年人在变老的过程中逐渐丧失劳动能力，同时面临各种疾病的出现带来经济支出的增加、老年人面临收入的减少等问题。随着老年人的逐渐增加，从国家层面应该思考老龄化对国家宏观经济的影响，从微观层面应该考虑如何保障老年人的美好生活，主要是研究老年消费在社会再生产过程中的地位、老年消费的特点、老年消费需要的内容、老年消费结构、影响老年消费需要的因素、老年消费需求规律等问题。

三、老年经济学的研究对象

具体地说，老年经济学就是运用经济学的理论与方法，研究个人老化与人口老龄化所涉及的经济问题。在微观方面，老年经济学研究个人在老化过程中经济收入的数量与来源所发生的变化，个人如何在经济上为自己的退休做准备，退休前后经济地位与社会角色的变化，以及如何保证老有所养和参与社会发展等问题。[①] 在宏观方面，老年经济学研究人口

---

① 熊必俊. 老年经济学概述 [J]. 老年学杂志，1989(1).

老龄化对生产能力、投资行为、产业结构、储蓄及消费的影响,研究退休政策,退休金的工资取代率,退休基金的筹措、使用与管理及其在资本投资中的作用等问题。

四、老年经济学研究方法论

(一)行为人有限理性及代理决策假设

理性决策分为完全理性决策和有限理性决策。完全理性决策这一理论假定决策者具备完全客观、理性、逻辑的思维能力,能精确计算和界定要解决的问题,能掌握与决策有关的全部信息,通过对所有备选方案的结果进行精确计算,从而选择报酬最大的方案。完全理性决策理论有以下缺陷。

(1) 决策目标的多元性和模糊性,表现为人类有着错综复杂的利益追求,既有物质层面的需求,也有精神层面的情感需要。

(2) 人类作为情感动物,存在理性缺陷,通常表现为成本陷入或者损失厌恶的现象。例如,对于投入过多的某一事物,我们通常难以放弃。

(3) 人对处理信息的能力有限,表现为人的精力有限及信息不对称。

(4) 决策面临价值冲突的环境。人们经常面临效率与公平的艰难选择。

(5) 决策行为本身受到成本因素的制约。

因此,人们在现实生活中不可能做到完全理性决策。人的理性实际上是介于完全理性和非理性之间的一种有限理性。有限理性在决策过程的表现为以下方面。

(1) 在决策前的信息收集活动阶段,人的决策往往受到知觉选择性的支配(经验和背景因素)。

(2) 在决策方案阶段,人们并不试图找出所有可行性方案,而是通过力所能及的努力寻求满意的方案。

(3) 选择与方案提出的顺序有关。只要找到满意的方案,就有可能不会考虑下一个方案。

代理决策是指因自身不具有决策的条件从而委托他人进行决策的行为。代理决策的原因主要有以下几点。

(1) 现代社会分工的细化体现了技能的专业性,代理决策实际上是当事人委托具有专业技能、资质的人从事特定的决策活动。

(2) 个人自身的特殊性,例如部分具有独立决策的障碍的人需要他人(通常是亲属)进行代理决策。

行为人有限理性及代理决策假设是老年经济学研究的第一个前提。老年人的经济行为实际上是一种决策行为,而这种行为应该是有限理性的。但是,当一个人进入老年后,其决策能力将会随着年龄的增长而有所下降甚至丧失,这种情况一般会导致其他人的代理决策的现象。因此,关于老年经济学的研究必须是以有限理性和代理决策为前提的。

(二)个人资源生命周期合理配置假设

一个人的一生是个人资源不断开发和使用的过程,但是这些资源的开发和使用在生命周期各个阶段的意义有很大的差别。如果我们把一个人的生命周期划分为成长期、工作期和退休期的话，那么在成长期，个人是以个人资源的开发为重心的；在工作期则是个人资源的开发和使用并重的，但随着年龄的增长，使用将超过开发；在退休期则是以个人资源的使用为主的。就老年经济学而言，虽然从表面上看是研究老年人的经济特征及其影响，但是，本质上应该是研究一个人一生中的资源配置问题，即以生命周期为基础的个人资源开发（包括生育、人力资本投资、社会资本投资）与个人资源的合理配置。

（三）社会资源代际转移假设

在现代经济条件下，一个人一生拥有的个人资源包括家庭内部及社会范围内的转移资源。家庭内部资源的代际转移主要通过人力资本投资、遗赠、赡养等形式实现，而社会资源的代际转移则主要通过社会保障制度来实现。当然，资源的代际转移有两种流向：一是从前代流向后代；二是从后代流向前代。老年经济学关注的是后一种流向。在传统社会中，家庭内部的资源代际流动是资源代际转移的主要形式，这是一种封闭式的代际资源转移模式。在现代经济条件下，以社会保障为基础的开放性的社会资源代际转移已经成为主导模式。因此，在老年经济学的研究中，社会代际资源转移是一个重要的理论前提。

（四）生命周期个人福利最大化原则

老年经济学的一个重要原则是个人福利最大化。传统经济学中消费者行为理论、家庭效用理论的基本原则是在资源约束条件下如何实现效用最大化，但是其方法论的基础是时期分析。这个原则在老年人经济行为（特别是消费行为）的分析中依然成立。

但是，如果从生命周期角度考虑，基于时期分析的原则就远远不够了。换言之，老年经济学研究的对象虽然是老年人，但是我们必须把老年人的整个生命经历考虑在内。一个人在老年时期的经济状况、经济行为与其生命周期的其他阶段的经历是密切相关的。作为一个理性的人，当其具备自主意识、自主能力的时候，老年时期的生活安排（收入、风险等）就在其决策范围之内。

因此，从生命周期角度考虑，效用最大化原则就必须修正为个人生命周期福利最大化原则。这个新原则的另一个特性还包括个人资源的开发和配置。其中，个人资源的开发主要包括人力资本投资、社会资本投资（婚姻、社交等）和生育；个人资源的配置包括个人时间资源、经济资源、家庭资源在生命周期各个阶段的合理配置，在此基础上实现个人生命周期福利的最大化。

（五）代际利他与利己均衡原则

老年经济学的研究视野中还包括代际关系，虽然这种代际关系与老龄化经济学中所研究的代际关系不同。老年经济学中的代际关系是指家庭内部的代际关系，即父母与子女之间的（经济关系）。基于这种关系，也就必须为老年经济学确立另一个重要原则：利他主义与利己主义的均衡，理想的状态是家庭资源代际公平分配。

一般来说，父母与子女之间的关系包括利他和利己两种倾向。利他倾向和利己倾向可以划分为不同的类型：按照行为人的主观动机和客观结果可以分别划分为主观利他和客观利他、主观利己和客观利己。父母的利他倾向既有生物学基础（例如，在动物界，亲代对子代哺乳完全是一种利他行为。当然，我们也可以说，动物这样做，是为了满足种群生存的需要），也有社会学原因，但同时也有经济学的动机。

生育经济学理论认为，父母之所以生育孩子，是因为他们既可以从孩子身上获得心理和情感上的满足，也可以从子女那里得到经济和保障方面的收益。实际上，父母的利己倾向也非常明显，孩子经济和保障价值的降低使得许多人减少了生育。另一方面，子女的利他倾向和利己倾向对老年人的经济影响更为明显。因此，在研究家庭内部的代际关系时必须关注利他倾向和利己倾向。这将是未来老年经济学研究的一个重点领域，我们或许可以称其为"家庭政治经济学"。

(六) 人口队列

老年经济学虽然研究老年人的一般经济特征和经济行为，但应该注意的是，各个国家或者同一国家不同时期的老年人的行为方式存在着明显的差别。特别是当社会和经济处于转变迅速的条件下，更可能如此。

例如，一个人进入老年以后，其储蓄倾向是否会降低？从目前的有关研究文献看，还没有看到一致性的结论。因此，在老年经济学研究中应该注意"队列"分析方法。其基本前提是，同时出生或者经历相同的老年人一般具有相同的经济特征和经济行为模式。例如，老年人的消费倾向、消费方式、储蓄倾向、就业模式等都与其过去的社会和经济经历有密切的联系。在这种方法中，注意区别的是"此时的老年人非彼时的老年人"。特别是在我国，由于经济发展与社会变革非常迅速，队列分析方法的意义也就更加突出。

五、老年经济问题学科化——老年经济学与老龄经济学

与老年经济问题联系紧密的学科是老年经济学和老龄化经济学（简称老龄经济学）。老年经济学和老龄化经济学应该以经济学的方法和基础理论为基础，但是由于其研究对象和内容的特殊性，老年经济学和老龄化经济学也应该具有自己特有的方法论和理论基础。

老年经济学的研究对象是老年人经济状况及其决定因素与宏观经济影响，老龄化经济学的研究对象则是人口年龄结构老龄化的经济后果及其对老年人的经济影响。二者的研究对象明显不同，而其差别则首先源于其研究对象的人口学差异。老年人 (elderly) 和老龄化 (aging) 是两个不同的概念，个体老化 (individual aging) 与群体老化 (population aging) 也是两个不同的概念，这两种人口现象的经济学含义在大多数方面也不相同，所以很难将它们纳入同一个理论体系，尽管一些学者将这两个学科分支放在一起，并冠以老年经济学、老龄化经济学、个体和群体老龄化经济学，以及老年和老龄化经济学等名称，但实际上，二者之间并没有真正地融合在一起。无论是从研究对象、研究方法来看，还是从理论基础来看，老年经济学和老龄化经济学都是完全独立的学科。

任何一个学科存在的首要条件是其研究对象的存在，老年经济学存在的前提是老年

人的存在，老龄化经济学存在的前提是人口老龄化现象的存在。但是老年人存在并不意味着老龄化现象必然发生，因此，老年经济学和老龄化经济学存在的前提完全不同。当社会经济发展到一定程度时，任何一个国家或地区都会有一定数量的老年人，这些老年人的经济特征如何，他们的生存和生活状态怎样当然是老年经济学研究的对象，但是若其人口年龄结构很年轻或者处于年轻化状态，那么老龄化经济学就会因为没有研究对象而失去意义。实际上，存活到老年的人在各国历史上已经存在了相当长的时期，而人口老龄化现象的出现则是最近一个多世纪的事情，并且到20世纪30年代才被人们认识到。但是，所谓老年经济学和老龄化经济学并不是在存在着老年人口甚至老年人口规模增长的条件下出现的，而是在人口老龄化于一些国家显现之后逐步形成的。基于这一点，可以说是人口老龄化催生了老年经济学和老龄化经济学。

在人口老龄化的不同阶段，老龄化经济学的意义也完全不一样。根据人口学原理，人口老龄化有两种形态：一是底部老龄化（主要是由于生育率下降而导致的老年人比例的提高）；二是顶部老龄化（主要是由于寿命的延长和老年人规模增长而导致的老年人比例的提高）。从世界各国（包括中国）的人口老龄化发展的历史轨迹来看，人口老龄化基本上是从底部老龄化启动，然后逐步转变为顶部老龄化。从经济学角度看，这两种老龄化的经济意义有很大的区别。在第一种状态下，目前老年经济学和老龄化经济学所关注的几个主要问题（如社会负担等）一般不会发生，并且总体经济效应是积极的。问题主要出现在第二种状态，在这种状态下，老年人口规模和人口老龄化程度同步增长，并可能给经济带来不利影响，甚至冲击。其实，传统经济学并不关注老年人，即使考虑人口因素，也只是人口规模和劳动力规模，因为老年人已经退出经济活动领域，而作为一个人而言，一般都把老年人纳入整个人口，并不做单独考虑。但是当一个国家人口的年龄结构进入了顶部老龄化进程以后，老年人及其规模的经济影响就会凸显出来，从而具有老年经济学问题研究的现实需要。

虽然老年经济学与老龄化经济学是彼此相互独立的学科，但是它们之间仍然存在着密切的联系。从人口学意义上讲，个体老化是人口老龄化的第一个前提，即人口老龄化的首要条件是要有人能够存活到老年；一定的老年人口规模及其增长速度是人口老龄化的第二个前提，没有老年人的人口群体也就不存在人口老龄化现象。但是，这两个前提只是人口老龄化的必要条件，而不是充分条件，即使一个国家存活着一定数量规模的老年人，但只有在以下条件下才能够出现人口老龄化现象，即老年人口增长的速度快于少儿人口增长的速度，或者老年人口减少的速度慢于少儿人口减少的速度。

老年经济学和老龄化经济学的联系可以表述为：老年经济学为老龄化经济学提供了微观基础，而老龄化经济学则为老年经济学研究提供了宏观背景。在某些条件下（如老年人口绝对和相对规模较小），老年人的经济特征和行为不会给宏观经济带来明显的影响，只有当老年人口绝对规模和相对规模较大并且迅速增长的条件下，才会产生实质性的影响，并且随着这一人口现象的发展，其影响也就更直接、更强烈、更广泛。例如，老年人的消费行为和储蓄行为将会给社会消费和储蓄带来影响，进而影响投资和经济增长，老年人的就业状况也会影响劳动力的供求关系。反言之，老龄化经济学为老年经济学提供了宏观的条件。例如，一个国家的发展水平、产业结构、社会保障制度和其他社会转移支付制度都会影响老年人的经济状况及老年人的经济行为。

由于研究对象的不同，老年经济学和老龄化经济学的研究内容也完全不同。

老年经济学的研究内容包括微观和宏观两个层面。在微观层面上，老年经济学主要研究老年人的就业行为和特点、职业流动倾向、收入水平和收入来源、财产和负债状况、消费需求和消费行为、储蓄水平和储蓄倾向、老年人生活安排，老年人和子女（及其他后辈）的经济互动关系等。在宏观层面上，老年经济学主要研究老年人口的经济状况和生存状态及其对消费市场、资本市场、产业结构、社会福利和社会保障的影响。

老龄化经济学的研究内容主要是老龄化引致的经济后果，包括劳动力供给与需求、劳动力价格、技术进步、社会劳动生产率、经济增长速度、产业结构、消费需求、储蓄和投资、社会负担、社会保障、转移支付、公共支出和财政政策、代际经济关系等。

当然，老年经济学和老龄化经济学也有一些研究内容是相同的。例如，在社会保障领域，老年经济学研究的是老年人的经济负担需求及其满足程度，老龄化经济学则侧重于社会保障基金的供给、供求均衡关系及其对宏观经济的影响方面。

老年经济学和老龄化经济学的区别还体现在理论体系和方法论上。老年经济学的理论体系主要包括家庭经济学、行为经济学、伦理经济学、消费经济学、产业经济学和人力资本理论等，而老龄化经济学的理论体系主要包括增长经济学、福利经济学、劳动经济学、制度经济学、政治经济学、人口经济学、可持续发展理论等。

第二节　老龄经济问题

一、老龄经济中的代际利他

老龄化经济学的研究可以分为两个领域：一是传统经济学领域；二是政治经济学领域。在前一个领域中，老龄化经济学并没有自己独特的方法论，基本上是以传统经济学的方法论为基础。但是在后一个领域，老龄化经济学有一个独特的重要原则：代际关系调节原则。可以说，老龄化经济学在这个领域的研究可以称为老龄政治经济学。

（一）老龄政治经济学的假设条件

任何一种经济理论都是建立在一定的假设条件基础上的。就老龄政治经济学而言，其研究重点是代际之间的经济关系及相应的社会和政治关系，其分析应该建立在以下假设基础之上：

(1) 不同的世代是具有各自特殊利益的社会集团；

(2) 代际权利均衡取决于一个国家的政治制度、经济制度、财产制度和家庭制度；

(3) 在市场经济条件下，老年人处于弱势地位；

(4) 社会利他与社会资源的代际转移；

(5) 社会公平。

从宏观层面上看，家庭内部的资源代际分配关系并不能自动地实现外在化。换言之，一个社会的代际关系与一个家庭内的代际关系并不是一回事，前者更为复杂。在传统社会和经济形态中，社会资源的代际分配关系并不存在，或者说，这种关系虽然存在，但在大多数的情况下并不显现出来，只有在有公共财产需要代际之间传递的时候才会凸现。在这种社会中，代际关系主要体现在家庭内部。例如，我国的孝道文化观念和社会范式更多地强调子女与父母之间的关系准则，而在社会层面，仅停留在"尊老"的伦理上。换言之，在我国传统社会中，孝道的经济学含义只是资源在家庭内的代际转移与分配，而不是社会资源的代际转移与分配。由于在传统社会中并不存在转移支付制度，因此，老年人的生活资源是通过其子女的"反哺"而获得的。

但是在现代社会中，我们所面对问题的性质则完全不同。在社会层面上，代际的利他倾向或利己倾向将如何变化？利他倾向的基础是什么？社会代际利他与家庭代际利他有何本质的区别？如果说家庭中的代际利他更多的是主观利他，那么社会代际利他则可能更多的是客观利他，因为社会利他缺乏生物学和伦理学基础。人们不难发现，在一些社会中已经出现了某些形式的代际冲突。没有一个正确的理论基础，就根本不可能建构起一个稳固和有效的社会制度和机制，以实现和保障资源在代际之间的合理流动。

社会利他的基础是什么？答案可能有二：其一，老年人过去为社会、经济、技术、文化等方面的发展做出了贡献，因此，他们有权利从这种贡献中获得社会的回报；其二，后辈人之所以获得比前人更优越的生存、生活和发展环境，是由于前人的贡献，所以后辈有义务为老年人提供资源支持。但是，这两种伦理学意义上的解释并不能解释和说明社会利他的客观基础。

(二) 社会代际利他的客观基础

第一，在现代经济条件下，一个人为了防范老年时期的收入风险，必然将自己的一部分资源储存起来。但是对大多数人来说，未来的风险防范靠自己是难以做到的。因此，防范老年时期收入风险是一个人在年轻时就已经存在的需求。而这种需求将会迫使人们降低自己的消费倾向，当人们的消费倾向过低的时候，就会引致有效消费需求的不足，使整个经济的增长缺乏动力。

第二，如果劳动者要求自己的现期收入必须有足够的部分用于自己的老年收入保险，则必然会提高市场工资率，或者使企业的成本提高，使投资刺激下降，进而导致投资的有效需求不足，同样也使整个经济缺乏增长的动力。因此，人们要求建立社会安全保障，即社会保障制度。

换言之，一个人要实现利己目的，首先必须利他。这就是社会客观利他的真正含义，因此，社会保障制度是社会利他的制度体现。但是，在一个国家的人口老龄化程度较高的条件下，社会资源的代际转移关系就可能出现矛盾、冲突，甚至危机。20世纪80年代以来，一些国家在人口迅速老龄化的压力下，社会保障制度已经出现了危机。实际上，这些危机并不是社会资源的绝对短缺，而是人们权利与义务的失衡，或者说，是利他与利己关系的失衡。一般来说，在客观利他的制度中，一个人在老年时期获得的社会转移资源应该大于或者至少等于他在工作期间对社会转移资源的贡献。但是，如果情形相反，那么就会导致利他与利己关系的失衡。这就给老龄化经济学提出一个重要的课题：社会利他与利己的均衡、权利与义务的均衡。

二、老龄经济的研究主题

进入 21 世纪，世界范围内的人口发展形势将出现重大转折性变化，主要呈现出两个基本特征：一是人口总量的增速明显下降；二是人口年龄结构趋向老龄化。而后一种特征，即人口老龄化的特征，将对人类社会发展产生重大而深远的影响。总体上看，人口老龄化已经不仅是有关养老、老年人照护、老年人医疗及老年人社会保障等与老年人有关的问题，还是事关经济增长、国民储蓄、政府财政乃至经济系统性风险等重大的经济问题。然而，针对人口老龄化这一重大问题，目前的研究仍主要在人口学、社会学及老年学等领域进行，在现行经济学体系内，尚没有形成关于人口老龄化与经济运行关系分析的系统性理论。尤其在我国，将人口老龄化问题纳入经济研究的领域起步很晚。[1]2012 年之前，在我国国家社会科学基金项目课题指南中有关经济研究领域部分里，不论是在"理论经济"领域还是在"应用经济"领域，都未出现过同人口老龄化有关的选题，有关人口老龄化问题的项目仅出现在"人口学""社会学"等领域中。虽然目前学术界以"老龄经济学""老年经济学""老龄化经济学"为名称的成果已经出现，但是从这些成果的内容看，主要是围绕老年人问题而进行的研究，并不在标准经济学的研究框架内，即不属于标准经济学意义下的老龄经济学。如 1976 年詹姆斯·H. 舒尔茨（James H. Schulz）出版的《老龄化经济学》（*Economics of Ageing*），主要是根据美国的经验探讨老年人所面临的一系列无法回避的物质生存问题，具体涉及老年人的经济状况、老年人是工作还是不工作、老年人的退休计划、老年人的社会保障及人口老龄化背景下的代际冲突等方面的问题。李建民[2](2001) 论述了老年经济学与老龄化经济学的学科属性区分，认为老年经济学与老龄化经济学是两个彼此独立又相互联系的经济学分支学科，但是二者的研究对象不同，老年经济学的研究对象是老年人的经济状况及其决定因素对宏观经济的影响，老龄化经济学的研究对象是人口年龄结构老龄化的经济后果及其对经济的影响。然而其研究仅限于对老年经济学与老龄化经济学的属性进行分析。熊必俊[3](2009) 出版了《老龄经济学》一书，主要论述人口老龄化与经济发展、人口老龄化与老龄社会保障、老年人的经济状况、老年人参与发展和开发老年人力资源，以及发展老龄产业等方面的问题。按熊必俊在该书中的表述，老龄经济学在学科体系上是老年学的一个重要分支学科。彭松建[4](1987) 将人口老龄化经济学表述为研究生命周期最后阶段人口的经济关系，并认为这门学科结合生命周期，考察老年人口变动对社会经济发展的影响和社会经济条件对老年

---

[1] 李军，刘生龙. 人口老龄化对经济学发展的影响——兼论经济学框架内的老龄经济学 [J]. 老龄科学研究，2019(2).

[2] 李建民. 老年经济学与老龄化经济学 [J]. 市场与人口分析，2001(9).

[3] 熊必俊. 老龄经济学 [M]. 北京：中国社会出版社，2009.

[4] 彭松建. 当代西方人口老龄化经济学 [J]. 经济科学，1987(2).

人口的影响。

目前，在经济学领域涉及人口老龄化问题的研究，尚处于不成体系的状态，很多有关的文献都是针对特定区域的具体现实问题而展开的研究，例如探讨人口老龄化与经济的关系，以及老龄经济问题的主要内容等。

（一）人口老龄化与经济的关系

人口老龄化对经济的影响，源于人口与经济之间存在着内在的关系。一方面，人口是劳动力的源泉，劳动力影响经济的供给；另一方面，人口同时也是消费者，消费影响经济的需求。因此，人口对经济的供给与需求两个方面均有重要的影响，人口老龄化会对总体经济运行产生系统性影响。可见，在人口老龄化背景下，亟待建立以人口老龄化为基本约束条件的有关资源有效配置与管理的经济学理论，即需要研究在经济学框架内的老龄经济学理论。在现实经济中，一个国家的经济系统运行状况及模式与其人口年龄结构有着密切关系。

经济中劳动力的多少，人口总量固然是重要的因素，但其还与劳动年龄人口占总人口的比重有关，即与人口年龄结构有关。人口老龄化在统计上是人口年龄结构变化的过程，即老年人口比重不断增长的过程。而人口年龄结构的变化体现了经济中劳动力与非劳动力的数量和比例关系的变化，由此必然对应着经济资源配置关系的变化，并进而对经济运行产生系统性影响。

1. 人口年龄结构影响劳动力供给

人口年龄结构决定了经济中不同年龄人口所占比重。人口老龄化导致老年人口比重上升，从而改变了劳动力与非劳动力的数量和比例关系，使劳动力的相对数量（劳动力人口占总人口比重）乃至绝对数量减少，从而不利于经济中劳动力供给的增加。

2. 人口年龄结构影响经济资源配置结构

人口老龄化是老年人口不断增长的过程，由此导致老年人口占用更多的经济资源，具体表现为：政府财政支出负担加重，企业支付的养老金增多，社会需要配置更多的资源给老年人口，等等。人口老龄化对经济资源配置结构的影响，同时会影响各方面利益关系。

3. 人口年龄结构影响劳动力资源的稀缺性

人口老龄化导致劳动力资源的稀缺性增强，从而形成推动人工成本上升的内在动力。由此对经济的影响效应是复杂而深刻的：一方面有助于提高劳动者的工资水平，另一方面则会增加企业的经营成本。因此，人口老龄化对产业发展将产生重要影响，特别是对传统的劳动密集型产业及低劳动力成本的比较优势将产生重要影响，长期来看，将影响产业结构、出口模式乃至经济增长方式。

4. 人口年龄结构影响投资（储蓄）消费比例关系

在宏观经济层面上，一定技术水平下的资本劳动比率关系是局限在一定范围内的。在劳动力资源相对过剩的经济中，只有投入大量的资本，才能满足劳动力与资本组合的需求，从而在劳动力过剩的国家通常表现为高储蓄率、高投资率及低消费率，这与其人口年龄结构有着密切关系。

5. 人口年龄结构影响资本市场

在微观的个人方面，人口老龄化对应着个人预期寿命的延长。为保持个人退休期间的生活水平不下降，消费者就需要根据现期及未来预期的收入，做储蓄与消费的安排，同时涉及对个人资产形式的选择，如购买养老保险、有价证券，甚至投资房产以实现"以房养老"等。微观个人行为汇集到宏观经济上的效应，是人口老龄化对实体经济与资本经济两方面都将产生重要的影响。

6. 人口年龄结构影响需求结构及产业发展

人口老龄化导致老年人口成为越来越重要的消费群体，因此，老年人口的消费需求会影响未来产业的发展。其中，人口老龄化对产业发展的影响是机遇与挑战并存的。只有充分认识人口老龄化对产业发展所产生的影响，及时、有效地进行产业结构调整，才能保持经济持续稳定健康地发展。

综上可知，人口结构因素对经济分析有着重要意义，将其纳入经济学分析框架十分必要。在人口老龄化背景下，加强对人口结构变量的分析具有重要的经济学意义。

（二）老龄经济问题的主要内容

经济学的产生源于资源的稀缺性。由于生活品稀缺，人们必须从事生产，进而才有产品的分配和交换等活动；由于投入的资源稀缺，人们才会试图以最小的投入取得尽可能多的产出；由于机会稀缺，人们不得不参与竞争，否则就得不到所想要的。时间是一种稀缺的资源，因此资金成本需按时计息，工作与生活的计划需合理安排以在有限的时间内取得最佳成效。对稀缺资源进行有效配置与管理，便是经济学的主要任务。因此，资源的稀缺性是经济学的一个核心问题，它既是经济学存在的基础，也是其发展的动力。[①]

世界人口老龄化的快速发展，将不断地改变资源稀缺性的原有格局，人口老龄化成为影响经济运行的一种基础性约束条件。一方面，人口老龄化提高劳动力的稀缺性，增加企业用工成本，降低劳动密集型产业的竞争能力。另一方面，人口老龄化增加老年人口比重，养老作为一项消费活动从一定程度上加剧了经济资源的供需矛盾。

因此，老龄经济问题应该以人口老龄化作为基础性约束条件，研究如何配置稀缺资源。其主要包括两个方面的问题：一是人口老龄化作为约束性因素对经济所产生的影响效应，即关于人口老龄化经济效应的研究；二是在人口老龄化约束条件下经济行为选择的研究，即关于经济层面应对人口老龄化的研究。

三、老龄经济的历史意义

人口老龄化成为 21 世纪不可逆转的常态，构成未来经济运行的一种基础性环境因素。老龄经济本质上是伴随着人口老龄化程度不断加剧的一种未来经济，是以人口老龄化为基本约束条件的经济，其主要研究在人口老龄化为基础性约束条件下，如何进行稀缺资源有效配置与管理。在人口老龄化成为贯穿 21 世纪不可逆转的常态这一时代背景下，老龄经济是未来经济学研究发展的一个重要方向，具有重要的历史意义。

---

① 党俊武. 树立老龄经济新思维 [J]. 老龄科学研究，2020(1).

四、老龄经济的复杂性

人类从年轻社会的漫长演进中涌现出老龄社会这个新的结构,这本身就是一个亟待解决的重大理论问题和现实问题。在年轻型社会,年轻人多,老年人少。到了老龄社会,年轻人减少,老年人增多。这一现象从人口学上已经得到解答,但问题的实质则是其背后的复杂性机制,即尚需对支撑人口结构转变的经济—政治—社会—文化—心理结构做进一步解释。更重要的是,若形成老年型人口结构的经济—政治—社会—文化—心理结构难以适应老年型人口结构深化发展的需要,则难以适应老龄社会、超老龄社会的需要。那么,如何重构新的经济—政治—社会—文化—心理结构呢?这个问题目前仍尚未破题。

复杂性科学的核心是研究结构是如何形成的。那么,支撑年轻社会的经济结构和经济形态经历的变化规律是什么?形成适应老龄社会的新的经济结构和经济形态的关节点究竟是什么?最后,老龄社会的新经济问题包括方方面面,这里我们只从寿命变化的经济效应来说明,即年轻社会是短寿社会,老龄社会是长寿社会。随着全生命周期观念的大众化,人人普遍长寿的客观事实必然倒过来改变每一个人的经济行为,乃至整个全生命行为。在这种情况下,复杂性理论认为,系统中的个体即使遵循简单的规则,通过局部的相互作用构成一个整体,一些新的属性或规律也会突然在系统的宏观层面诞生。人类个体是有意识的,有目的的,且许多行为还具有隐蔽性。同时,人人都会有自己的预期,人们是在交互作用下展开行为的。在这种情况下,人人交互作用的微观经济行为如何在宏观经济上形成整体模式,反过来整体模式的形成又会如何导致个体行为的调整,以适应整体模式的变化?个体应当如何行为?家庭如何安排?企业如何生产和销售?经济决策者应当如何调控?这些经济问题是传统经济学无法解答的。解答这些问题,需要复杂性经济学理论的突破。实际上,工业经济在高级阶段已经十分复杂,新古典经济学已经难以应对。因此,面向未来更为复杂的老龄经济,我们需要的革命是全方位的,当务之急是经济观念和经济思维的革命。这就是用老龄社会的经济眼光看待老龄社会的经济问题,而不能退回到用旧经济观念来应对新的经济课题。

近年来,有人认为,西方发达国家是老龄社会的先行国家,也是为老龄经济提供模板的国家。这种看法有一定道理。但是,老龄经济的革命,特别是老龄产业的革命与工业经济或者工业革命不同,它不是单源头性开创和其他地方跟随的发展模式,而是全球化背景下科学技术达到现代阶段可以多元生发的经济革命。这场革命的总动力是年轻社会转向老龄社会的内生力量。更重要的是,这场革命不仅仅是物质层面的、生存经济层面的,更将深刻受到人的生命质量和精神价值等更高层面的牵动。这场经济革命不仅需要在科学技术等自然规律上有新的系统性突破,更需要在生命尊严和人生价值等方面发挥引领作用。在这种情况下,由于各国的历史、文化、制度特别是经济、社会阶段的不同,虽然都进入老龄社会,但面临的深层次经济革命具有各自的独特性。一方面,我们在年轻社会的经济任务尚未完成;另一方面,我们面临老龄社会条件下新的经济任务。我们要做的,除了充分借鉴其他国家的经验,还需要在超大规模国家模型下发展超大规模的老龄经济,走自己的道路。

五、老龄经济问题研究的趋势

20世纪90年代以来,西方老年经济学和老龄化经济学研究出现了三个重要趋向。

(一)老年经济学和老龄化经济学研究的政治化

可以说,老年经济学和老龄化经济学研究逐渐政治化是政治经济学的复归。20世纪80年代以来,随着人口老龄化程度的加剧,西方国家在第二次世界大战以后建立的高福利制度遇到了严重的挑战,甚至导致了一些国家社会保障制度的危机。但是,这场挑战和危机的本质并非资源短缺,而是资源代际转移和公平分配。因此,代际关系变得更加敏感和复杂。这种关系已经不仅仅表现在伦理和道德层面上(是否承认老年人过去对社会所做的贡献、如何评价老年人的社会和经济地位、老年人的社会经济角色等),而且更突出地表现在经济利益和政治利益的矛盾和冲突上(资源和机会如何实现代际转移、权利和义务怎样均衡、老年人和其他年龄人口的公平竞争等)。此外,在一些国家,由于老年人口规模的增长,使得政治家们开始把老年人作为一个重要的选票来源。因此,在这些国家,老年人的政治影响力有扩大的趋势。在这种政治背景下,世代之间的经济和政治力量的均衡关系也面临着新的调整。

(二)加强对综合性政策方面的研究

老年人口规模的迅速增长和老龄化程度的不断提高对经济运行的各个领域的影响日益明显,并导致了一些重要的经济问题,如劳动力供给和社会负担加重、社会福利制度和社会保障制度面临的冲击、代际经济利益冲突的加剧等,而这些问题的解决及矛盾和冲突的缓解都需要综合考虑,特别是各项相关制度与政策之间的协调已经成为政府和学者关注的焦点。

(三)开始重视对老年消费品及其服务市场和老年产业发展的研究

在许多西方国家,目前的老年人享有很高的社会保障水准,而随着这些国家老年人口规模的迅速增长和寿命的延长,老年人专用和专注商品(服务)将形成了一个巨大的市场。在这种背景下,老年经济学研究中出现了对老年消费品市场和老年产业发展的研究。

第三节 老年消费市场——银发经济探析

一、银发经济的潜力

伴随着现代化进程与社会进步,人口老龄化在全球成为普遍现象。对全世界人口规模最大的国家——中国来说,人口老龄化格外值得重视和研究。这不仅因为中国拥有全世界最庞大的老年人群体，还因为中国正处在迈向社会主义现代化强国的道路上，人口老龄化将对社会面貌产生重要影响。许多研究表明，到 21 世纪中叶，中国人口老龄化将达到最高峰，65 岁及以上老年人口占比将接近 30%。这样一种大规模、快速的人口老龄化，会否影响中国现代化愿景如期实现，这是人们非常关心的问题。

人口老龄化的背景催生了巨大的经济市场。为了研究老年人的消费需求，杨燕绥引入了银发经济的概念[①]。所谓银发经济，是指基于健康长寿和不断升级的消费需求和约束条件，组织生产、分配、流通和消费活动及其供求关系的总称。[②]

（一）老龄化有利于产业结构转型

人口年龄结构的变化会影响老龄人口对最终产品和服务的需求，造成需求结构的变化。社会对物质的需求总量可能会降低，对质量的要求会更高，这有助于推动经济向可持续发展和高质量发展转型。

根据中国统计年鉴的数据，自 2000 年以来，第三产业占国内生产总值的比例越来越高，2017 年为 58.8%；第三产业就业人数占比也逐年增加，2017 年为 44.9%。产业结构的变化在一定程度上反映人口老龄化对产业的影响。老龄化会使积累的劳动力优势逐渐减退，劳动力成本提高，从而使劳动密集型产业的优势渐失，同时倒逼社会创新和人力资本开发，有利于向资本和技术密集型产业转型。

从培育新的消费增长点来看，老龄化也会带来重要机遇。老龄人口具有不同于其他年龄段人群的消费偏好和倾向。随着老年人口规模的持续扩大，老年群体的物质需求和精神需求将不断增长，医疗健康、生活照料、老年用品和休闲旅游产业会产生大量老年消费需求，进而刺激经济增长。

（二）"银发经济"作用尚未完全展现

随着老年人口基数不断增长，老年人经济需求和潜在购买能力将带动可观的市场消费。老龄产业是一个多元化的产业体系，产业辐射面广，产业链长，几乎涵盖了国民经济行业的所有类别。中国是全球老龄产业市场潜力最大的国家，人口老龄化的快速发展，老年人口、高龄老年人、孤独老年人、病残老年人和空巢家庭数量的不断增长，对专业化养老服务机构的建设提出了更高的要求，对老年人相关的产品也存在巨大的需求，这意味着中国拥有一个巨大消费市场的潜力。

我国老龄产业尚处于初步发展时期，正在逐渐形成以养老金融、社交娱乐和养生理疗等几大板块为主的老龄产业发展格局。同时，国家对养老产业支持力度加大，利好政策不断出台。党的十九大报告指出，要积极应对人口老龄化，建构养老、孝老、敬老政策体系和社会环境，推进医养结合，加快老龄事业和产业发展。全国老龄工作委员会预测，未来 10 ~ 15 年是养老产业快速发展的黄金年代。但从整体来看，尽管市场巨大，老年人消费潜能却未完全释放，"银发经济"作为经济增长的引擎之一尚未完全发动。

---

① 杨燕绥. 银发经济与嵌入式养老服务 [M]. 北京：清华大学出版社，2017.
② 胡苏云，杨昕. 银发经济概论 [M]. 上海：上海社会科学院出版社，2020.

中国的老龄产业仍然面临服务供给和支付能力不足两方面问题。从服务供给来看，第一，缺乏清晰的顶层设计和政策性金融支持，企业面临不平等竞争和资金困难等挑战。国家并未明确界定老龄事业和产业的界限，在老龄服务市场，还没有完全明确政府"兜底"的服务对象及相应标准，产业和事业的界限还不清晰，民营企业面临的市场环境有待进一步完善。尽管中央和各地相继出台了一系列优惠政策和措施，但往往落实不到位。老龄产业的利润水平整体较低，投资大，投资回收周期长，对金融支持的要求较高，国家对老龄产业发展的金融支持环境尚不完善。金融机构对老龄产业的发展规律和前景不清楚，对老龄产业相关企业的风险评估机制不成熟，缺乏对老龄产业相关企业进行贷款审批的经验，大部分老龄产业企业融资手段和渠道少，资金困难。第二，规范和标准缺失，市场监管体系不完善，导致市场扭曲。

中国老龄产业发展较晚，相关的标准和规范制定滞后。老龄保健品业存在很多虚假宣传、误导欺骗老年人的情况；一些老年人辅助器具缺乏相应的标准，粗制滥造；一些"老年代步车"无牌照无保险，一旦发生事故，不仅严重损害老年消费者的权益，也会为整个行业带来负面影响。老龄服务业中相关的评估标准和服务标准还不统一，容易产生纠纷，不利于监管部门进行监管，导致老年人消费市场监管不足，老年人的消费权益得不到保障，影响了老年人的消费信心。

从支付能力来看，老年人整体上收入水平较低，有效需求不足。尽管随着社会保障制度的不断完善，老年人的整体收入不断增加，但目前老年人的经济收入仍然较低。第六次人口普查显示，中国老年人的主要收入来源是劳动收入和其他家庭成员供养，养老金占比不高，收入来源单一。2016年参加城乡居民养老保险的老年人平均养老金平均每月为117元，整体保障水平比较低。2017年中国的城镇化率为58.52%，与人口老龄化国家（大部分西方发达国家）相比，城镇化率较低，农村地区的老年人口较多，造成消费能力不足，这是影响和制约中国老龄产业发展的重要因素。[①]

专栏 4-1　　成长中的老年产业商机无限

随着老年消费者在社会中的比例逐渐增加，"银发经济"正日益成为推动我国经济增长的重要引擎。据国家社科基金测算，到2050年，我国老年市场规模将达48.52万亿元，养老产业规模将达21.95万亿元，生产总值将达到33%，中国将成为全球银发经济潜力最大的国家。老年人的衣食住行蕴藏着巨大的商机，如何抢占"银发族"市场，也成了不少人关心的问题。结合前文所述的供需矛盾，其中最主要问题是供给，若想从万亿市场上分得一杯羹，优化供给是关键。就文化和旅游产业而言，占领老年消费市场需从文化和旅游类产品"适老型"上下功夫。

内容上打好"怀旧牌"

怀旧是一种人生安慰。对中老年群体而言，怀旧除了自我安慰，也是一种享

---

① 中国发展研究基金会《中国发展报告2020》课题组.释放"银发经济"的市场潜力[N].社会科学报，2020-09-10(2).

受。这正是文化产品能够带给人独特的心理按摩效应或者抚慰感。然而,近年来关于老年题材影视作品和剧目较少,尤其在怀旧题材方面更为少见。实际上,老年人市场消费需求潜力巨大,将成为未来原创内容的一个重要方向。

开发上打好"个性牌"

针对老年人旅游具有消费补偿性动机的特点,适时推出老年金婚银婚旅行的产品和项目;利用优质自然资源、传统文化资源、中医养生等文化旅游类资源,开发文化研学游和康复保健游等项目;围绕书画、花卉、垂钓、摄影等老年人喜爱的兴趣爱好内容,推广特色性老年旅游项目和产品。这些都是文化和旅游产业可以发力的切入点和爆发点。

营销上打好"福利牌"

尽管老年群体消费水平逐年提升,但该群体依然偏爱节俭,追求实惠。令人欣喜的是,已有商家打起了刺激老年文化消费的福利牌。一些电影院、剧场、博物馆等经营场所将白天时段以惠民价格对老年人群进行开放,既惠及了老年群体,拓展了新的市场空间,也填补了空白时段的经济收入。

在服务上打好"情感牌"

近年来,老年保健品市场乱象频发,一个罪魁祸首就是一些不良商家通过大打"情感牌",让众多老年人陷入信赖危机。当然,这也为我们合情合理合法打好老年市场"情感牌"提供前车之鉴。为此,要打开老年人文化消费市场,各业态需要根据老年人的身心特点和消费条件,提供高质量的"理解型"的文化产品及"子女般"的服务,并通过对称式的宣传和正规渠道,营造安全、便利、诚信的老年消费环境。

资料来源:搜狐网. https://www.sohu.com/a/303587395_753682.

二、银发经济的发展路径

老龄社会是人类社会发展的必经阶段。我国已步入老龄社会,据第七次人口普查结果,我国60周岁及以上人口超过2.64亿人,占总人口的18.7%。人口结构的变化尤其是人口老龄化的加快,将对经济社会发展带来深刻影响,对社会总消费也会产生较大影响。直面人口老龄化的现实,紧扣人口老龄化带来的潜在契机,积极发展银发经济,不仅促进我国整体经济的发展,也为老年人口幸福健康的晚年打下了坚实的基础。[①]

银发经济,即在老龄人群体中产生的经济,也就是与老年人群有关的经济,是由老年市场需求刺激并迅速扩大的产业。它是面向全体公民老年期生产提供产品和服务的各相关产业部门组成的业态总称,包括老龄金融业(属于虚拟经济部分)、老龄用品业、老龄服务业、老龄房地产业(后三项属于实体经济部分)。在人口老龄化的大环境下,积极发展银发经济既是老龄社会的迫切需求,也对经济社会发展具有深远的意义。

1. 改善国民收入格局

只有同时具有购买欲望和支付能力,才能构成有效需求。因此,要想持续发展银发

[①] 陈远. 探索银发经济的发展路径 [N]. 中国人口报, 2017-08-07(3).

经济，应改善国民收入分配格局，不断提高老年人口的支付能力，刺激有效需求。提高老年人的支付能力，需要从个人、家庭、政府乃至社会保障体系建设等诸多方面着手解决。一方面，要掌握老年群体的真正需求。根据马斯洛的需求层次理论，应从生理需求到自我实现需求的每一阶段，了解老年群体的需求，从而"对症下药"。另一方面，要完善供给产业链，提供特色服务。应该建造一个有序的银发经济发展体系，制订中长期的发展规划，结合老龄社会的不同发展时期，提出相应的发展银发经济的计划。

2. 发展科技创新

科技创新是经济发展的驱动力，老龄用品、老龄服务都需要创新，创新不仅可以为老年群体提供更适合的产品和服务，而且可以提升人的能力、改善健康状况和生活品质。

3. 完善银发产业政策体系

银发产业的发展不仅关乎老年群体生活质量和水平的问题，更涉及国民经济发展的问题。故而要逐步完善银发产业政策体系，加大政策扶持力度。一方面，要完善银发产业政策，逐步将成熟、稳定、富有成效的政策，上升为国家法律法规，推动银发产业政策的法治化进程，提高产业政策的效力等级。另一方面，要对民间资本和国有资本投资的银发产业一视同仁；要从财政、税收、金融、技术、土地、人才等不同方面加大扶持银发产业的力度，改变以往扶持政策整体欠缺的现实。

4. 加强银发产业理论研究

银发经济的发展离不开理论基础，但也不能纸上谈兵，需要夯实"理论+现实"的研究。要结合老年群体的特殊需求，进一步加强银发产业理论研究，多角度、多层面地分析发展银发经济的思路、理念、制度等问题。要发扬理论结合现实的精神，总结成功经验，剖析失败教训，为银发经济的发展提供坚实的理论基础。目前，需要遵循"以老年人为本"的指导思想，随着老龄化进程的步伐研发满足不同需求的老年用品，提供专业化服务，拓宽老龄市场，通过提高整个社会的经济发展水平及居民收入水平，增强老年人群及子女的购买能力。

三、我国银发产业的主要内容

我国老年人口规模在快速老龄化进程中持续扩大。在大国消费群体中，老年人群具有举足轻重的地位。据预测，到 2050 年我国老年市场产值规模将达 48.52 万亿元，养老产业规模将达 21.95 万亿元，老年人消费市场将达 60 万亿元。这些参考数据透露出强烈的信号，即"银发经济"蕴藏着一个潜在的大市场。[①] 按需求属性不同，我国老龄产业大致可分如下板块。

（一）老年旅游业

旅游是老年人重要的休闲方式，也是其基本的生活权利。健康的老年旅游文化氛围，是老年人精神文化需求和旅游需求的寄托，也是社会精神文明高度发展的重要形式和体现。目前，我国老年旅游市场需求巨大，2018 年老年游客的平均出游时间为 5 天，人均

---

① 穆光宗. 银发经济是个朝阳产业 [N]. 环球时报，2019-11-07(15).

消费超过 3600 元，老年旅游消费已经是一个约万亿元的市场[①]。受文化和旅游部资源开发司委托，中国老龄产业协会组织于 2021 年 1 月发布了《中国老年旅游产业发展现状和趋势研究》。该研究报告指出，我国已经初步形成了一批老年旅游目的地和线路产品，主要有旅居养老、医疗旅游、观光旅游、乡村旅游等旅游业态，也初步形成了一批专业的老年旅游指导机构和供给商。从总体来看，我国老年旅游发展的主体规模不够大，专业化水平总体不够高，老年旅游品牌尚未形成，老年旅游市场竞争开始加剧，老年旅游业发展依然任重道远。

按照国内外相关经验和预测，我国在 2040 年左右将进入老年旅游稳定发展期，老年旅游将占到全国旅游市场的 50% 左右。预计到 2050 年，我国老年人口将突破 4.8 亿人，比重达到 36.5%，在旅游意愿与人均消费额不变的前提下，老年人口旅游消费总额将达 2.4 万亿元以上。目前，我国老年旅游业发展总体上缺乏顶层设计；缺乏独立的国家战略或没有被系统地纳入国家战略；缺乏系统性，各部门各自为战，旅游企业也是各行其是。此外，老年游客对价格敏感，相较于青年群体花费总体水平较低。该研究报告建议，我国老年旅游业急需利用旅游大数据来促进发展，提高服务和监管的针对性与有效性。要建构老年旅游制度体系，出台相关的异地养老旅游政策和相关准入机制、标准，以及对老年人消费税收、生活补贴和医疗扶持等方面的法律政策，通过减税、信贷担保和利率优惠等方式鼓励老年旅游企业，切实加强引导与调控，有效规范老年旅游市场秩序，为各类主体公平竞争提供良好环境。建立老年旅游业标准体系，尽快出台相关国家标准和行业标准，开展全国老年旅游标准化建设试点。在旅游基础设施建设时应当充分考虑和保障老年群体的需求，提高旅游场所公共服务适老化程度。

（二）养老服务业

养老服务作为老年人的基本需求之一，随着我国进入老龄化社会以来，国家层面也出台相关政策，旨在促进其健康发展。2013 年 9 月国务院办公厅颁布《国务院关于加快发展养老服务业的若干意见》。该意见提出，大力发展居家养老服务网络，具体包括发展居家养老便捷服务、发展老年人文体娱乐服务及发展居家网络信息服务等。

1. 发展居家养老便捷服务

地方政府要支持建立以企业和机构为主体、社区为纽带、满足老年人各种服务需求的居家养老服务网络。要通过制定扶持政策措施，积极培育居家养老服务企业和机构，上门为居家老年人提供助餐、助浴、助洁、助急、助医等定制服务；大力发展家政服务，为居家老年人提供规范化、个性化服务。要支持社区建立健全居家养老服务网点，引入社会组织和家政、物业等企业，兴办或运营老年供餐、社区日间照料、老年活动中心等形式多样的养老服务项目。

2. 发展老年人文体娱乐服务

地方政府要支持社区利用社区公共服务设施和社会场所组织开展适合老年人的群众性文化体育娱乐活动，并发挥群众组织和个人积极性。鼓励专业养老机构利用自身资源优势，培训和指导社区养老服务组织和人员。

---

① 何力. 发展老年旅游任重道远 [N]. 中国老年报，2021-01-08(1).

3. 发展居家网络信息服务

地方政府要支持企业和机构运用互联网、物联网等技术手段创新居家养老服务模式，发展老年电子商务，建设居家服务网络平台，提供紧急呼叫、家政预约、健康咨询、物品代购、服务缴费等适合老年人的服务项目。

养老服务业的发展空间随着人口老龄化的程度不断加剧而不断地扩大，即养老服务业应该旨在满足人民群众不断增长的需求。与养老服务业相关的市场亦在成熟的过程中不断细分细化，形成产业链式的生命历程服务，小到老年餐桌、家政服务，大到长期照护、生命关怀，从社区养老助老服务到全社会创造老年友好环境。养老地产、社区居家养老、专业机构养老、家政服务、医养护结合、智慧养老、信息化养老、机器人养老等社会化养老服务业态正走向市场，为养老产业蓬勃发展注入新动力和新愿景。

（三）老年金融业

当前，我国的金融创新与发展不断强调要扎根实体、弥补"短板"，而老年金融正是未来最大的"痛点"和"难点"。

1. 老年金融需要有政策性与商业性的双重架构

迄今为止，多数老年人在整个社会体系中仍算是金融"弱势群体"，依靠财政保障，以及介于政府与市场之间的政策性金融支持。老年金融业应该厘清政府与市场的关系。政府通过财政等手段满足老年人的基本金融需求，主要用于其吃穿住行等生存需要，这种需要基于人的生物性规律从而可称为基本需求。除此之外，应该发挥市场的主导作用，构建产品特点、风险特征、运作模式有所差异的综合机制，用于满足老年人差异化的金融需求，例如保值增值甚至资产高收益的需求。

2. 注重多元化的老年金融功能"搭配"

老年人的金融需求可能与年轻人不同，例如更注重理财而非融资、风险偏好相对较低等。实际上，现代金融的功能渐趋融合，打破了原有的"分业"格局，对于老年人，应整合金融功能，如支付管理、风险管理、信息管理等。因此，需要针对老年人特点，打造更加稳健和便利的"老年金融超市"。在大数据、云计算等技术冲击下，现代金融业已经发生巨大的变革。老年人在当代信息技术领域中属于"数字弱者"。对此，一方面，应该及时应对信息化时代的变化，加大对老年人的新型金融知识教育与普及。另一方面，老年人也能很快适应新技术挑战。调查发现，近年来使用新型理财产品和移动支付的老年人数量迅速增长，尤其是来自三四线城市的老年人，这也表明了数字化带来的普惠金融便利可能要大于"鸿沟"。

3. 运用动态思路推动老年金融创新

老年金融的需求格局可能是动态变化的，当前三四十岁的人群已经成为中产阶级的主力，亦是新金融的主要倡导者和体验者，那么再过二三十年后，他们将成为老年金融的核心群体，到那时，老年金融特征肯定会发生巨大的变化。因此，着眼于"需求引导供给"的老年金融创新，需要有长期动态的创新思维。

4. 建设老年金融的生态体系

老年人更加注重外部关系与"软环境"，因此更需建设老年金融的生态体系。老年金融不是孤立发展的，理应与"家庭金融""社区金融"等其他热点融合在一起，打造平台经济模式下的老年金融产业链,使金融与老年人的福利改善更加密切地结合起来。①

> **专栏 4-2　"适老"服务**
>
> 全国各地针对人口老龄化问题,探索针对老年人群体的"适老"服务。例如2021年以来中国农业银行山东济宁分行深入推进"服务升温工程",强化科技赋能,关注客户需求,梳理服务流程,将"老吾老,以及人之老"的优秀传统文化落实在日常金融服务中,用暖心金融服务着力提升"适老"服务水平。
>
> 打造便民服务环境。着力完善硬件设施,结合网点实际,为辖内网点配备轮椅、老花镜、爱心座椅、便民药箱等助老用品,方便老年人随时取用。根据网点座椅的不同,制作相应的爱心座椅靠垫等在座椅上布放,方便老年客户进店后及时落座休息。开通"爱心窗口"或弹性服务窗口,为老年人提供优先服务。优化自助设备服务,配备智能柜台、存取款一体机等,让老年人体验更加安全、便捷的业务办理模式。
>
> 优化网点适老化服务流程。设置志愿者服务站,细化厅堂服务流程,落实"首位负责制",关注老年客户业务办理需求,及时分类指导,多岗位联动服务,提高业务办理效率及客户体验。强化员工适老服务意识,组织开展特殊群体及适老化服务专项培训,通过晨夕会、集中培训等形式,强化《老年人金融服务手册》学习,着力提高适老化服务意识和水平,减少老年客户办理业务的等候时间。同时,在业务办理间隙为老年客户适当普及金融知识,提升老年客户的金融风险意识。
>
> 成立便民专项服务队。针对老年人出行不便等特殊情况,组织辖内14个支行成立便民专项服务小队,对高龄、重病、伤残等行动不便老年客户提供上门服务,仅2021年上半年就累计上门服务1040余次。为全部网点配备移动营销PAD,对于无须到网点办理的业务,利用移动营销PAD上门办理,为老年客群提供智能便利的金融服务。同时,积极走进社区、养老院为老年人讲述电信诈骗、反假币相关知识,强化老年客户维权意识和能力。
>
> 开展宣教活动普及金融知识。利用多种方式为老年客户普及金融知识,为全辖网点印制配发《老年人金融服务手册》12600余册,摆放显著位置,供客户随时翻阅。充分利用网点宣传阵地开展金融沙龙小课堂,讲解理财知识,切实保障老年人权益。同时,走进社区、市场、敬老院等常态化组织开展金融知识普及,积极向老年人宣传金融消费者权益,演示反假币识别技巧,讲解非法集资、网络电信诈骗、非法金融小广告等危害,切实提升老年客户权责意识和风险意识。
>
> 资料来源:新华网的文章《济宁农行:暖心金融服务提升适老服务水平》

(四)老年用品产业

老年用品产业可以为需要的老年人提供日常生活的工具性支持。专为老年人提供诸如手杖、餐具、防滑器具、放大镜、助听器及其他方便老年人和残疾人的生活专用品。

---

① 搜狐网. http://www.sohu.com/a/249195814_446453.

2020年1月，工业和信息化部等五部委联合下发《关于促进老年用品产业发展的指导意见》的通知，要求以习近平新时代中国特色社会主义思想为指导，深入贯彻落实党的十九大和十九届二中、三中、四中全会精神，践行新发展理念，深化供给侧结构性改革，实施创新驱动发展战略，培育龙头骨干企业，激发产业发展内生动力，丰富产品品种、提升产品品质、创建产品品牌，深化互联网、大数据、人工智能、5G等信息技术与老年用品产业融合发展，逐步建构完善的老年用品产业体系，增强适应老龄化社会的产业供给能力，不断满足老年人多样化、多层次消费需求。到2025年，我国老年用品产业总体规模超过5万亿元，产业体系基本建立，市场环境持续优化，形成技术、产品、服务和应用协调发展的良好格局。

专栏4-3　　我国老年人的消费特点

我国老年人口数量和比重的大幅度增加，将使银发消费成为极具潜力的细分市场。

老年社会群体的消费特征是一种以年龄为基础的结构性消费，具有如下特点。

1. 求实性消费

求实性消费主要是看中商品的实用性、服务的可靠性及价格的合理性。与年轻消费者不同，一般情况下，老年人购买新产品往往并不会只看中产品的创新程度，而是更多地关注其购买的产品的实用价值。因此，各个年龄层次的消费者的需求存在较明显的差异。我国现阶段的老年群体更加看重商品的安全、可靠、耐用等特性。以手机等电子产品为例，老年群体与青年群体关注点存在差异，青年人可能关注手机的性能、速度等科技创新因素，老年人则更加关注手机的稳定性、操作性（如字体大小等）。

2. 习惯性消费

习惯性消费体现在：老年人的行为表现往往是怀旧和沿袭旧俗的心态大于对新事物的学习和接受，他们通常在消费方面非常谨慎，这主要是源于他们对未来收入减少和支出不断增加的一个基本预判。

3. 方便性消费

老年人的生理变化促成其消费生活变化的自然走向，方便性消费是其生理变化的必然结果，它一般表现为对购买和消费两个方面寻求便利的要求。

4. 补偿性消费

补偿性消费是一种纯粹的心理性消费，它是一种心理不平衡的自我修饰。"代际传承"在国人看来意味着对家庭血缘延续的承诺，老年人一般在退休以后才完成养育子女等传统意义上对家庭的责任和义务，此时才可能有相对充裕的时间和金钱用于自身进行补偿性消费。

5. 服务性消费

老年人的生活能力随着年龄的增加出现减退，需要通过服务性消费（如家庭护理、照顾等）项目来帮助老年人克服因衰老带来的生活障碍。

(五)老年医疗保健业

老年医疗保健业主要涉及药品、保健品、医疗器具等产品的生产与服务。现在医养结合备受关注,老年医疗保健业在促进老年健康方面大有用武之地。我国应不断提高医养服务的可及性和普惠性,不能因为贫困或者低收入而使老年人陷入"看不起病"和"小病扛着过、大病等着死"的人道主义灾难。全民医疗保障福利化而非市场化应该是改革深化的大方向。

从当前我国老年医疗服务所面临的需求看,现有的老年医疗服务体系仍存在不小的差距,表现为供给总量和供给能力不足,医疗养老资源配置不当,老年人享受医疗服务"难"和"贵",社会家庭负担过重。开展老年医疗服务体系建设,必须要有全社会的共同参与、协同治理,要努力打造为老年人医疗、健康、保健提供便捷服务的"淘宝网"[①],建设基于互联网的在线服务平台,"让信息多跑路,群众少跑腿""让老年人不出门,服务找上门"。

(六)老年文化产业

随着社会经济不断发展,老年人的消费观念已发生了改变,对文化精神消费需求越来越高。虽然公共文化体系建设的推进,已为老年人提供越来越多免费的公共文化服务,但对老年群体而言,文化消费的能力和意愿正呈多元化、个性化趋势,如何满足他们的愿望,正是市场值得挖掘之处。

老年文化产业是为满足老年人口不断增长的精神文化需求而产生的。例如,有关老年题材的文学、戏剧、话剧、舞台剧、广播、电视剧、电影等文艺作品,利用互联网搭建的适老化网络文化活动,形成老龄化时代的文化创新模式。应该看到,养老社会化包含但不等于养老产业化,完全推向市场、过分依赖市场难免遭遇"市场失灵"的风险和困境。中国要走养老福利化和养老产业化并行不悖、并驾齐驱的道路。此外,老龄产业发展需要始终彰显以老年人的需要为中心的原则,开发和提供适老化、普惠化和高品质的产品和服务。

专栏 4-4   **老年人的文化需求**

与"坐在摇椅上摇啊摇"的刻板印象不同,如今的老年人退休生活很精彩。"随着我国养老保障制度逐步健全,老年人的基本物质生活得到保障,开始有了更多的精神文化需求。"中国老龄科研中心老龄社会与文化研究所所长李晶表示,我国进入老龄化社会的时间不长,目前老年人中一半以上为年龄在 60～69 岁的"低龄老年人"。他们的收入水平相对较高,有一定的养老储备,有钱有闲,被称为"新老年人"。"新老年人"愿意参与更具拓展性的文化活动、购买品质较高的文化

---

① 人民网. 马建堂:老年医疗服务要"让老人不出门 服务找上门"[EB/OL](2016-03-19)[2021-05-10] http://politics.people.com.cn/n1/2016/0319/c1001-28211314.html.

产品、享受更具个性化的文化服务。同时，他们中大部分人能学会使用电脑和智能手机，并且能接受知识付费、网购、网络社交等新观念。因此，未来老龄文化产业"年轻化"的趋势会越来越明显。

2020年3月抗击新型冠状病毒肺炎疫情期间，中国老年大学协会为全国老年大学免费开放在线学习平台。"网上老年大学"小程序和App上线后，受到学员们的喜爱。两个月内总用户数已超过百万，人均学习21分钟。其中，排名靠前的课程有《声乐教程》《服装搭配》《中医学基础》《电子琴》《葫芦丝》等，每门课程的浏览量都超过了200万次。一位61岁的武汉阿姨通过网上老年大学小程序，学习了160多门网课。

家住北京市东城区的马俊今年65岁，喜欢用智能手机拍摄生活中的美好事物，每次精心修图发到微信朋友圈后，朋友们的点赞、转发，让她心里美滋滋的。马俊的老伴告诉记者，他最近也在手机App听有声书。"年轻的时候没这条件，现在老了，享受一下科技红利，仿佛又年轻了一回。虽然需要付费，但对我这爱看书的老花眼来说，太方便了！这钱花得值！"

"我身边60多岁的朋友们，宁愿在其他方面节省，也要留出一部分预算进行旅游、阅读等文化类消费。"复旦大学社会学系教授于海表示，"老年人对美好生活的向往一点不比年轻人少，他们舍得投入，也乐意为之；希望老有所养，也期盼老有所乐。"

老年人渴望更丰富多彩的精神文化生活，但整体上看，"文化养老"仍面临很多现实困难：广场舞源自老年人的自发组织，但因场地和音响扰民问题引人非议；老年大学本意是让老年人继续学习，但在很多地方变成了活动中心，缺乏靠谱的师资力量和课程设置……传统文化活动不能尽如人意，新型文化产品也存在市场细分不够、监管力度不足、资本意愿不强等问题。不少老年旅游团没怎么用心琢磨客户的文化需求特点，有老年人抱怨"花大价钱去国外旅游，仍是上车睡觉、下车拍照"；一些打着文娱活动旗号的手机App掺杂网购、直播卖货等版块；专门针对老年人的诈骗团伙蠢蠢欲动；文创产品或影视作品缺乏老年视角……

造成上述问题出现的原因有很多。第一，经济社会发展具有阶段性特点，应先解决老年人最基本的养老和医疗保障问题，然后培育老龄文化产业。在"未富先老"情况下，我国老龄文化产业尚处于发展初期，存在老龄化进程与城乡二元结构、文化资源分配不均衡等问题，较为复杂。"以老年教育为例，目前绝大多数老年大学归属各级组织部门管理，其他则由企业、大专院校、科研院所、社会组织等开办。由于各部门和单位工作职能、权责范围的限定，以及活动场地、工作人员等方面条件的制约，大部分老年大学完全向社会开放在短期内还难以实现。"李晶说。第二，面对快速到来的"银发潮"，市场"文化养老"供给能力不足，具体体现为对老年文化需求缺乏准确判断和深度挖掘，简单照搬国外经验，产品服务水土不服。北京安馨康养产业投资集团有限公司董事长鄂俊宇表示，老龄文化产业仍处于探索期，缺乏成熟的运作模式和盈利模式，资本进入意愿有限。"在全国老龄办和北京市老龄委指导下，安馨联合其他机构拍摄了反映老年人生活状态的电影《一切如你》，但市面上以老年人为主角、以老龄生活为主题的影视作品仍不够多。"

不过，老龄文化产业经历的探索、试错和磨合，是任何一个产业从初始到发展壮大的必经之路。鄂俊宇表示，随着政府和社会对老龄人口的关注度越来越高，文化占老龄事业的比重将越来越大。"未来，我国互联网产业的发展会催生层出不穷、丰富优质的老龄文化产品和服务，并且实现线上线下相结合，拥有更多元化的品类细分。"

资料来源：武山县人民政府网. http://www.wushan.gov.cn/xwzx/gwyzcxx/content_187840.

复习与思考

1. 名词解释。

    有限理性　　代际利他　　银发经济
2. 简述老年经济学和老龄经济学的区别与联系。
3. 试论老年群体的消费特点。
4. 如何满足老年人的精神需求？

推荐阅读书目

曼昆. 经济学基础[M]. 梁小民，梁砾，译. 北京：北京大学出版社，2017.

第五章
老年人口学

老年人口通常占(一个国家或地区)总人口的一部分,当这部分人口只占很小的比例时,他们的问题几乎不被人们所注意。老龄问题的突出是人口老化发展的结果,由于人口老化,老年人口比重日益增长,老龄问题才受到社会的关注。20世纪以来,人口结构老龄化问题逐渐成为全球性问题,老年人口学在此背景下应运而生。

第一节　老年人口学概述

随着我国人口出生率的迅速下降,平均寿命的日益延长,老年人口的绝对数在不断增加,老年人口占总人口的比重也日益提高,这与世界各国人口发展趋势具有同一性。随着老年人口的增加,与老年人口有关的经济问题、社会问题越来越突出,这在客观上要求加强对老年人口现象、老年人口问题的研究[1]。因此,建立一门以老年人口作为研究对象的人口学分支科学——老年人口学,是社会经济发展的客观需要,也是人口发展的客观要求。

一、老年人口学的产生

人口年龄结构与社会经济运行相互关联,人口年龄结构的变动,刺激了人们对其变化规律的研究欲望。19世纪以前,世界各国人口的年龄结构偏向年轻型,人口老龄化还没有发生,没有认识人口老龄化的客观需要,也就不存在老年人口学。欧洲产业革命以后,人口年龄结构发生了变化(人口转变),人口老龄化开始了。但当时人口老龄化的速度缓慢,人们还未觉察到。20世纪初,只有法国、瑞典、挪威三个国家的65岁及以上人口占总人口比重超过7%[2]。

老年人口学起源于对人口年龄结构的研究,进而发展成对人口老龄化的研究。从其起源和发展来看,老年人口学实质上是老龄化的人口学研究,即从人口学角度研究人类群体的老龄化。它是关于人口老龄化与社会经济相互关系的学科。

从词义上看,老年人口学应以老年人口为研究对象,研究老年人口的发展变化与社会经济的相互关系。但是,老年人口是总人口中的组成部分,与总人口有必然联系,研

---

[1] 张俊良.试论老年人口学的研究对象及其学科性质[J].人口学刊,1987(5).
[2] 曲海波.老年人口学的产生、对象、性质和方法[J].人口学刊,1987(6).

究老年人口离不开对总人口年龄结构变化即人口老龄化的研究，离不开对人口老龄化和社会经济诸因素的相互关系的研究。由此看来，老年人口学研究两个方面的问题：其一是人口老龄化，其二是老年人口的结构变化。通过这些研究，探讨人口老龄化的数量问题，建立不同类型人口老龄化的模式，探索人口老龄化和社会经济协调发展的途径，阐明人口老龄化的原因、现状及其发展趋势。

二、老年人口学的基本概念

（一）人口老龄化和人口年轻化

人口老龄化是总人口中年轻人口比重下降，年长人口比重增加从而使人口年龄结构变化的动态过程。与此相对应，人口年轻化是总人口中年轻人口比重增加，年长人口比重下降从而使人口年龄结构变化的动态过程。无论是人口老龄化还是年轻化，强调的都是动态过程，而不是静态视角。从某一时点上看到的人口年龄结构是静态的，因而无所谓老龄化或者年轻化。只有从动态的视角，纵观人口年龄结构变化过程，才能看出人口是处于老龄化还是处于年轻化。需要注意的是，年轻人和年长人的概念都是相对的。在观察人口年龄结构动态时，取其年龄中位数或者平均年龄。我国人口年龄中位数，1953年为22.7岁，1964年为20.2岁，1982年为22.9岁，1987年为24.2岁[1]。我国人口的平均年龄，1953年为26.5岁，1964年为24.9岁，1982年为27.1岁[2]。

人口年龄中位数是衡量人口老龄化或年轻化的基本指标。有些文献用老年人口在总人口中的比重来衡量人口老龄化，这在一般情况下是正确的。因为，在一般情况下老年人口比重与人口年龄中位数的变化方向是一致的。但在特殊情况下，也有不一致的时候。如老年人口比重增加而年龄中位数却下降，这时，总人口是年轻化而不是老龄化。这种情况一般发生在老年人口所占比重比较高甚至是老年型人口中，由于出现一个出生高峰，儿童少年人口增加很多，这时年龄中位数及平均年龄和老少比并不一定因老年人口增加而相应提高，相反地，可能会下降。例如，第二次世界大战前美国人口已在老龄化，1940年65岁及以上人口比重为6.9%，1950年增加到8.2%。但另一方面，战后大批青年结婚、多育，产生一个持续16年左右的婴儿出生高峰，这时，65岁以上人口比重继续上升，1960年为9.3%，1970年为9.9%，而年龄中位数却出现相反的变化——不断下降：1950年是30.2岁，1960年是29.5岁，1970年为28.1岁[3]。美国人口在这期间是在年轻化而不是老龄化。人口年龄中位数是表示总人口年龄结构特点的指标，而老年人口比重、儿童少年人口比重、老少比等指标的基本内涵反映的是部分人口的特点。所以，人口年龄中位数是衡量人口老龄化或年轻化的基本指标，而反映部分人口特点的指标，如老年人口比重、老少比等，则是派生指标。人口平均年龄，也是表示总人口年龄结构特点的指标，是衡量年龄结构变化的基本指标。人口平均年龄容易受到极大值和极小值的影响，

---

[1] 数据来源：国家统计局发布今年人口抽样调查公报．人民日报，1987年11月12日．
[2] 曲海波．论老年人口学的基本范畴及其理论框架[J]．中国人口科学，1988(1)．
[3] 邬沧萍．漫谈人口老化[M]．沈阳：辽宁人民出版社，1986．

其精确性不如年龄中位数，且计算过程通常较为复杂。因此，一般情况下在年龄中位数和人口平均年龄之间优先选择年龄中位数。

（二）人口年龄类型

人口老龄化是个动态过程，老龄化和年轻化都是相对的，在分析人口年龄构成时，还需要有静态参照物。人口年龄类型就是根据这个需要产生的。它根据人口年龄标识将人口年龄构成人为地分为年轻型、成年型和老年型。用于划分人口年龄类型的人口年龄标识主要有年龄中位数、老年人口比重、儿童少年人口比重、老少比等。

人口年龄类型划分标准是主观规定的，因而不是一成不变的。它可以根据人类平均寿命与社会经济指标的变化而改变。人口年龄类型表示某一时点人口年龄构成的静态特征，与其动态特征无关。某一时点为老年型的人口，可能在年轻化，也可能在老龄化。反过来，某一时点为年轻型的人口，可能在老龄化，也可能在年轻化。

（三）人口老龄化程度

常用的人口老龄化程度指标有以下几种。

1. 老年比

老年比也称老年人口比重，即老年人口在总人口中所占的比例。老年比表示每100人中的老年人口数量。老年比是衡量人口老龄化程度的最直接、最常用的指标。

2. 老少比

老少比也称老龄化指数，即老年人口对儿童少年人口的比，表示每100名15岁以下人口所对应的老年人口数量。

3. 高龄老年人口在老年人口中的比重

高龄老年人口在老年人口中的比重表示每100名老年人口中，高龄老年人口所占的数量。

（四）人口老龄化速度

人口老龄化速度是度量人口年龄构成数量变化的指标。它是通过两个时点或两个以上时点静态人口年龄构成指标相比较来实现的。两个时点人口老龄化程度指标的比，都可以从不同侧面反映人口老龄化的速度。由此，可以得到一组人口老龄化速度指标。

1. 老年人口增长率

老年人口增长率表示老年人口数量的变化速度。

2. 老少比变化率

老少比变化率表示老少比的变化速度。

3. 高龄老年人口增长率

高龄老年人口增长率表示高龄老年人口数量的变化速度。

4. 老年化率

老年化率表示老年人口增长速度和总人口增长速度的关系。

老年化率 = 老年人口增长率 / 总人口增长率

老年化率的数值大于1，表示老年人口增长速度快于总人口增长速度，人口趋向老龄化；老年化率的数值小于1，表示老年人口增长速度慢于总人口增长速度，人口趋向年轻化。

人口老龄化速度还可以从比较两个时点或两个时点以上的人口年龄中位数(或人口平均年龄)的变化来观察判断。期末人口年龄中位数大于期初的数值，说明人口老龄化，反之，则说明人口年轻化。

三、老年人口学的研究对象

(一)老年人口学的研究对象概述

老年人口学是研究老年人口现象、老年人口问题及老年人口运动、变化、发展过程的规律性的社会科学。所谓老年人口现象是指老年人口的增加、减少、迁移等现象。老年人口问题指老年人口供养问题、再婚问题、医疗保健问题等。老年人口过程是指老年人口数量的增减过程，年龄、性别结构及各种社会结构的变动过程等。因此，老年人口学，一方面要研究老年人口自身的规律性，另一方面又要研究老年人口与社会、经济及自然环境诸因素之间的相互关系的规律性。

具体来看，老年人口学的研究对象主要包括以下方面。

1. 老年人口的增加减少过程

老年人口的增加减少过程也称为老年人口的再生产过程。分析老年人口增加减少的条件、原因及途径，揭示老年人口增减运动过程的数量方面的规律性。其中主要研究由人口出生率下降、人口死亡率下降及平均寿命延长引起的人口老龄化过程，老年人口增长规模、增长速度、增长的后果及其性质等。

2. 人口老龄化与人口转变问题

人口再生产类型转变，即人口从高出生、高死亡、低增长向低出生、低死亡、低增长的转变过程，是在一定的社会经济条件下发生的，在不同的人口中又表现出不同的特点。人口转变必然导致人口老龄化。人口转变的根本原因是社会生产力的提高，人类历史上生产力水平的大规模提高发生在工业革命以后，表现为医疗条件的普遍提高降低了人口的死亡率，工业代替手工业提高了生产效率，推动着技术的进步，同时对劳动力的质量提出了更高的要求，加大了劳动力的培养成本，造成人类生育行为、观念的转变。这一转变实际上是工业革命以来社会变迁带来的人口转变，由此引发社会人口结构老龄化问题。值得注意的是，虽然从全球范围内看，人类生产力水平具有普遍性的提高，但各国和地区的生产力水平具有明显的差异，表现为生产力水平较高的国家和地区人口转变带来的老龄化问题更加严重。

3. 老年人口素质

分析老年人口的身体素质、科学文化素质及思想素质，揭示出老年人口素质变化的规律性。老年人口由于生理机能和抵抗能力的减弱，发病率很高，死亡率也高。因此，加强对老年人口身体素质的研究，对于改善老年人口的医疗卫生及保健条件，意义十分重大。老年人口的文化知识是宝贵的财富，它可以作为间接经验传授给下一代，也可以直接参与社会生产活动,促进社会经济的发展。

4. 老年人口构成

通过对老年人口构成的研究,探讨老年人口构成变动的规律性。老年人口的规律性表现为年龄、性别、职业等方面呈现某种特点。以年龄为例,在人口老龄化的最初阶段,老年人口的年龄特点是低龄老年人较多,且增长速度快。

5. 老年人口与经济发展之间的关系

老年人口与经济发展的关系十分密切。首先,老年人曾是作为生产力基本要素的劳动力,在促进经济发展方面做出了贡献。时至今日,也还有一部分老年人口参加社会经济建设,充分发挥他们的余热,有益于社会经济的发展。其次,老年人口的增加一定程度上加剧了社会经济发展的负担,尽管有部分人可以参加一些社会劳动,但通常是临时性的,部分人在其老年期由于失能等原因无法参加社会劳动,需要社会和家庭供养。此外,老年人口占总人口比重的大小,直接影响社会劳动力的多少,对社会经济的发展起着促进或阻碍的作用。因此,研究老年人口与社会经济发展之间的关系,揭示它们之间相互影响、相互制约的规律性,也是老年人口学研究的重要内容之一。

6. 老年人口的婚姻与家庭

通过研究老年人口的婚姻家庭状况,可以从不同角度揭示老年人口与社会各主要因素的相互关系的规律性。主要包括:老年人口的婚姻状况如未婚、有配偶、丧偶、离婚,老年人口的婚姻问题如再婚问题,老年人口的家庭关系或家属内部的代际关系,等等。

7. 老年人口与生态环境的关系

生态环境与老年人口的身体素质的高低,寿命的长短都有十分密切的关系。自然环境质量高的地区,人口的平均寿命就长,老年人口占总人口比重可能增加,反之,人口平均寿命就短,老年人口的比重就低。因此,老年人口受自然环境的影响和制约。

(二)老年人口学与人口学的联系

人口学是研究人口现象、人口问题,揭示人口运动、变化和发展过程的规律性的社会科学。而老年人口学只研究与老年人口有关的老年人口现象、老年人口问题及老年人口过程。人口学的研究范围,从静态看,包括人口数量、人口密度及人口构成;从动态看,包括人口的自然变动、机械变动和社会变动。老年人口学的研究范围,从静态来看,包括老年人口的数量、老年人口的构成(性别构成、年龄构成、文化构成、婚姻家庭构成)等;从动态来看,包括老年人口的增加、减少、迁移及各种构成的变动过程。因此,老年人口学是人口学的分支学科,属于人口学研究内容的一部分或一个方面的扩展。

四、老年人口学的学科性质

老年人口学是一门社会科学,这是由它的研究对象的性质决定的。老年人口学研究的老年人口现象、老年人口问题及老年人口过程都是社会现象、社会问题和社会过程。老年人口现象是社会现象。老年人口的增减、迁移、婚姻与家庭等现象是由一定的社会制度、经济条件决定的,由一定社会规律支配而产生的现象。例如老年人口在总人口中比重的增加是由于社会经济的发展、生活水平的提高，生育率下降、死亡率下降及平均寿命的延长导致的，是社会因素作用的结果。

研究老年人口结构及其社会经济状况旨在研究老年人口的数量、年龄性别构成、死亡水平、期望寿命、死因构成、迁移行为、地理分布、婚姻状况、居住方式、经济活动与经济收入、社会活动的参与、价值观念、思想状况、医疗保健等与老年人口有关的社会经济问题。这些问题涉及人口学、社会学、经济学等学科。老年人口学着重从人口学的角度研究这些问题。老年人口结构及其社会经济状况是老年人口学的基本内容，是制定老龄政策和解决老龄问题的客观依据。

第二节 我国老年人口现状分析

一、我国老年人口现状

根据 2020 年开展的第七次全国人口普查数据，全国人口中，0～14 岁人口为 25338.39 万人，占 17.95%；15～59 岁人口为 89437.60 万人，占 63.35%；60 岁及以上人口为 26401.88 万人，占 18.70%，其中 65 岁及以上人口为 19063.53 万人，占 13.50%。

（一）老年人口比重较高的城市

按照国际通行划分标准，当一个国家或地区 65 岁及以上人口占比超过 7% 时，意味着进入老龄化；达到 14%，为深度老龄化；超过 20%，则进入超老龄社会。从 60 岁及以上人口占比来看，35 个城市中，有 13 个城市超过了 18.7% 的全国平均水平，其中有 9 个城市这一占比超过 20%，分别是南通、大连、上海、沈阳、哈尔滨、重庆、天津、长春和青岛，主要来自东北、环渤海区域和长三角地区，整体而言，这些城市的工业化和城镇化较早，因此老龄化程度也比较高。从 65 岁及以上人口占比来看，有 13 个城市超过了 13.5% 的全国平均水平。其中，有 11 个城市进入深度老龄化社会，分别是南通、重庆、大连、上海、沈阳、天津、哈尔滨、无锡、青岛、长春和济南。南通的这一比例已达到 22.67%，在全国所有城市中位居第一[①]。

（二）老年人口比重较低的城市

相比之下，35 个城市中，有 8 个城市 65 岁及以上人口占比低于 10%，分别为深圳、东莞、厦门、佛山、广州、郑州、泉州、贵阳，除了郑州之外，老龄化程度低的城市都

---

① 林小昭. 35 个重点城市老龄化大数据：南通超老龄化，深圳最年轻 [N]. 第一财经日报，2021-07-13(A06).

来自长江以南地区。一方面，这些城市所在的省域人口出生率相对较高，少儿人口占比较高，比如泉州0～14岁少儿人口占比高达20.62%，郑州达到了19.05%。此外，包括珠三角、闽南地区的几个城市，外来人口流入较大，15～59岁的人口占比较高，比如东莞这一占比高达81.41%，深圳也高达79.53%，佛山、广州和厦门也都超过了73%。其中，一线城市深圳65岁及以上人口占比仅为3.22%，60岁及以上人口占比仅为5.36%，两个指标都是最低的，深圳也是我国目前人口结构最为年轻的城市。

二、城市化进程改变了我国人口结构

我国大规模的城市化进程始于1978年党的十一届三中全会以后，随着户籍管理制度开始放松，农村人口快速向城镇流动，乡镇企业异军突起，城市数量和规模迅速增加。城市化的快速推进改变了我国的人口结构。

以西安市为例，根据《西安市第七次全国人口普查主要数据公报》显示，2020年西安市常住人口达到1295.29万，比2010年增加448.5万人，增长52.97%，远远高出陕西省的增长水平，比2010年提高了10.08个百分点。十年间，西安市人口结构发生了巨大变化，呈现"两增一降"态势。全市0～14岁少儿人口202.66万人，占比15.65%；15～59岁人口855.09万人，占比68.33%；60岁及以上老龄人口207.5万，占比16.02%，少儿人口与老龄人口比重分别比2010年提高了2.76和3.48个百分点；15～59岁劳动人口比重比2010年下降了6.24个百分点[①]。同时，老龄人口比重增速明显高于少儿人口，老龄化趋势加重。

人口规模增长与人口结构变化将给西安市经济社会发展与政策走向带来深刻影响，主要表现为以下几方面。

（一）城市人口大规模增长使城市发展面临巨大挑战

十年间西安市人口净增448万，是城市人才虹吸效应的显现，可预测未来一段时间，人才虹吸效应仍将持续发挥作用。此外，大量外来人口涌入城市将使城市住房、交通基础设施、便民服务设施等的承载力面临巨大压力和挑战，如果城市基础设施建设不能同步跟进，将会使民生问题凸显、社会矛盾加剧。

（二）少儿人口与老龄人口增长将使社会抚养负担进一步加重

少儿人口与老龄人口增长使家庭和社会都将面临巨大的抚养压力。目前，多数家庭的组成为一对夫妻需要赡养4位老人一个孩子，随着生育政策的调整，部分家庭可能养育两个孩子甚至更多，抚养孩子数量的增加意味着其家庭抚养成本（主要是教育成本）的增加，而老龄人口的增加使政府在医疗保险费用、养老福利服务与福利建设投资等方面的资金压力越来越大。

---

① 赵银侠. 如何应对人口结构变化趋势 [N]. 西安日报，2021-07-05.

(三)人口老龄化程度加深,将使养老服务需求与供给的矛盾日趋凸显

2020年西安市60岁及以上老龄人口占到16.02%,预计今后一段时期社会养老服务需求将会呈现出井喷式增长。事实上,西安市在养老服务供给方面存在着明显短板。一方面,养老服务设施建设明显滞后,存在公办养老机构少、普惠性养老床位缺乏、城市社区养老服务设施达标率低、农村养老服务设施运营率低等问题。另一方面,养老服务质量不高,存在着养老护理员队伍缺口大、社会力量参与养老服务的积极性不高、社会资本投入不足、养老服务的市场化程度不高等问题。

(四)生育意愿不足与生育率低,将导致人口结构失衡现象加剧

生育主体是女性,而生育尤其是多胎生育在一定程度上会导致女性职业生涯中断、收入水平降低、职业晋升困难、职业层次降低及就业歧视等现象发生,不利于女性职业发展。目前,已有不少女性因生育、养育子女而失去工作、失去劳动参与机会或失去从事高层次职业的机会,这一现象将进一步影响女性的生育愿望,应引起社会各界高度关注。

西安市在近年来城市化过程中带来的城市人口规模和结构变化方面的问题,一定程度上反映了我国人口结构的变化特点及我国人口老龄化带来的问题。人口老龄化已成为中国社会的常态,它是现代社会发展的自然过程,也是人口再生产模式从"传统型"向"现代型"转变的必然结果,也被看作是社会现代化的重要标志之一。作为一种不可逆转的人口态势,老龄化的影响已渗透到中国社会的方方面面。

三、我国老年人口学亟须关注的问题

人口老龄化已成为中国社会的常态,其进程涉及个体发展的各个阶段和人口结构的各个层次,不可能只因生育政策的调整而得到根本性逆转,也不可能仅仅通过优化老年人福利而消弭老龄化带来的压力。

人口的社会变迁本身具有不确定性,当前我国刚刚进入老龄化时代,学界对我国人口老龄化特征达成基本共识:人口基数大、老龄化速度快、区域不均衡、高龄老人和失能老人多、空巢化和独居化加剧等。从老年人口学角度来看,现阶段亟须关注劳动力供给、老龄化区域化及家庭模式变迁等问题。

(一)劳动力总供给开始下降,就业结构与模式面临结构性转变

我国劳动适龄人口在老龄化的背景下总体呈现下降趋势,目前按传统概念推算的劳动力供给已经出现拐点,潜在劳动力总量将持续缩减且结构趋于老化,但中短期内我国的劳动力供给依然充足,未来20年间将始终稳定在9亿以上[①]。随着我国产业结构优化升级的深化,对劳动密集型产业的廉价劳动力需求正逐渐下降,而对资本和技术密集型产业的高端劳动力需求则逐步上升,劳动力供给结构与需求结构的不匹配是未来一段时期内劳动力市场的主要矛盾。与此同时,以人工智能和物联网为代表的科技进步正对劳动

---

① 胡湛,彭希哲. 应对中国人口老龄化的治理选择 [J]. 中国社会科学,2018(12).

就业的传统模式形成冲击,这种"技术性破坏"将在缓解未来劳动力短缺的同时淘汰部分传统职业,并产生新的就业方式和职业形态,使就业模式多元化和层叠化[①]。在此背景下,已无法仅仅依靠加强传统劳动力教育投资和加快农村劳动力转移来应对,而必然涉及对老年人力资源(特别是中高端人才)的开发利用、对某些行业从业人员的转移安置与再教育,甚至涉及劳动力市场的重构等一系列更为复杂的议题。

(二)老龄化的地区差异增加了应对复杂性

我国人口老龄化的地区差异主要受到本地人口转变和人口迁移流动两大因素的影响,表现为由东向西的梯次特征,城乡差异则体现出明显的"城乡倒置"特征,根据学者的测算,2000—2010年,我国城市人口比重从6.36%升至7.68%,增加了1.3个百分点;乡村则从7.10%升至10.06%,增加近3个百分点。乡村现有老龄人口比重比城市高出三成,十年间乡村老龄人口比重增幅更是高出城市1.3倍。无论是从老龄化水平还是从老龄化发展速度来看,乡村均远远高于城市[②]。

人口城乡转移是我国当前农村人口老龄化的主导因素[③],这种人口转移又同时有效降低了城市常住老年人口比重。这些现象在我国新型城镇化战略推进期间会持续发酵,其间的老龄化压力将通过人口流动更多地传导至中西部地区(主要是农村)。尽管这会在全国层面增加应对老龄化的复杂度,但也为城镇(尤其是东南部地区)有效延长了人口红利窗口期。

(三)家庭模式变迁将增加未来养老制度安排的不确定性

居家养老是最主要的养老形式,老年人都或多或少地通过家庭或社区获取养老服务。一方面,随着我国家庭户规模的不断缩减、家庭结构的不断简化、老年人居住模式出现结构转变、非传统类型家庭大量涌现,"少子老龄化"的现代家庭在养老抚幼方面的传统功能受到折损。另一方面,中国传统家庭伦理和家庭文化仍具有强大的凝聚力,现代科学技术对日常生活方式的影响极大扩展了家庭的空间联系,家庭成员(主要是亲子)之间的传统互助网络仍以新的形式继续存在[④],这是中国式养老乃至中国式老龄社会应对战略中不可或缺的重要支柱。在家庭政策仍处于系统性缺位的情况下,这些现象将给未来制度安排带来很大的不确定性。

(四)老年人口健康水平不断提升

2010年,我国男性和女性老年人口(60岁及以上)的余寿[⑤]分别为20.04年和23.14年,生活自理预期寿命为17.22年,平均带残存活时间约为2.53年[⑥],需要特别指出的是,

---

① 层叠化是指个体同时具备多种就业身份,可并行且相对独立。例如互联网经济的发展已使传统正规就业群体中的许多人同时具备了其他非常规就业身份,如利用业余时间开网店、代购、代驾、开网约车等。
② 胡湛,彭希哲.应对中国人口老龄化的治理选择[J].中国社会科学,2018(12).
③ 朱勤.城镇化对中国城乡人口老龄化影响的量化分析[J].中国人口科学,2014(5).
④ 彭希哲,胡湛.当代中国家庭变迁与家庭政策重构[J].中国社会科学,2015(12);胡湛,彭希哲.中国当代家庭户变动的趋势分析——基于人口普查数据的考察[J].社会学研究,2014(3).
⑤ 这里的余寿通常又称"平均余命",是养老金缴费率测算的重要参考因素。
⑥ 张文娟,魏蒙.中国老年人的失能水平和时间估计[J].人口研究,2015(5).

人口寿命提高在带来效益的同时也会产生成本及压力，指人类寿命提高在带来效益的同时也是有成本的，例如健康较差的高龄老年人存活率提高就会给社会长期照料和亿万家庭生活质量带来严峻考验。一种更悲观的理论则认为，老年人寿命延长同时使虚弱者存活将导致老年人群中残障比例增加。

而现有的制度安排模式尚未对我国老年人口健康水平提升这一现实进行必要的调适，对其效益未有效利用，对其可能带来的压力也未及时反应，这尤其反映出社会保障系统和老龄科技发展的滞后性，并可能由此形成所谓"长寿风险"问题，即财富负担的增加带来的风险。

人口老龄化给中国社会带来挑战的同时亦蕴藏机遇。中国在应对人口老龄化上具备"后发优势"，与西方发达国家不同，我们是在信息化、网络化的时代背景下进入老龄社会，尤其随着中国特色社会主义进入新时代，中国乃至全球的社会经济形态和结构已和西方发达国家进入老龄社会的时代截然不同，这一方面为中国积极应对老龄化提供了空前的契机与资源，另一方面也使传统制度和政策操作的空间越来越小，必须深化改革不断创新，而这些改革与创新亦将进一步挖掘和利用老龄社会的潜在机遇。

专栏 5-1　将应对老龄化上升为国家战略

2019年11月，中共中央、国务院印发了《国家积极应对人口老龄化中长期规划》。据了解，该规划的时间范围近期至2022年、中期至2035年、远期展望至2050年，是到21世纪中叶中国积极应对人口老龄化的战略性、综合性、指导性文件。规划从5个方面部署了应对人口老龄化的具体工作任务。

一是夯实应对人口老龄化的社会财富储备。通过扩大总量、优化结构、提高效益，实现经济发展与人口老龄化相适应。通过完善国民收入分配体系，优化政府、企业、居民之间的分配格局，稳步增加养老财富储备。健全更加公平更可持续的社会保障制度，持续增进全体人民的福祉水平。

二是改善人口老龄化背景下的劳动力有效供给。通过提高出生人口素质、提升新增劳动力质量、构建老有所学的终身学习体系，提高中国人力资源整体素质。推进人力资源开发利用，实现更高质量和更加充分就业，确保积极应对人口老龄化的人力资源总量足、素质高。

三是打造高质量的为老服务和产品供给体系。积极推进健康中国建设，建立和完善包括健康教育、预防保健、疾病诊治、康复护理、长期照护、安宁疗护的综合、连续的老年健康服务体系。健全以居家为基础、社区为依托、机构充分发展、医养有机结合的多层次养老服务体系，多渠道、多领域扩大适老产品和服务供给，提升产品和服务质量。

四是强化应对人口老龄化的科技创新能力。深入实施创新驱动发展战略，把技

> 术创新作为积极应对人口老龄化的第一动力和战略支撑，全面提升国民经济产业体系智能化水平。提高老年服务科技化、信息化水平，加大老年健康科技支撑力度，加强老年辅助技术研发和应用。
>
> 五是构建养老、孝老、敬老的社会环境。强化应对人口老龄化的法治环境，保障老年人合法权益。构建家庭支持体系，建设老年友好型社会，形成老年人、家庭、社会、政府共同参与的良好氛围。

第三节　生育政策调整——从"计划生育"到"全面三孩"

2021年5月31日，中共中央政治局召开会议，审议《关于优化生育政策促进人口长期均衡发展的决定》，会议指出，进一步优化生育政策，实施一对夫妻可以生育三个子女政策及配套支持措施，有利于改善我国人口结构、落实积极应对人口老龄化国家战略、保持我国人力资源禀赋优势。"

本节主要介绍中华人民共和国成立以来我国的生育政策的变迁，主要包括计划生育政策、"二孩"政策及三孩生育政策等。

一、计划生育政策

（一）中华人民共和国成立初期的"人口"与"人手"之争

1949年中华人民共和国成立伊始，百废待兴，经济建设与民族复兴需要大量劳动力投入。当时，我国主要采取以小生产为特征的自给自足的农业生产方式，而且90%以上的人口生活在农村。农业生产既有对劳动力的需求，也有足够大的容量吸收劳动人口。"我国要大力发展工业、农业、文化科学事业，深深感到不是人口太多，而是人手不足"[①]。"人多力量大"成为社会发展的主旋律，劳动力数量成为决定生产力水平的关键要素。加上受苏联鼓励人口增长的影响较深，党和政府对生育行为进行鼓励、补助和嘉奖，全国上下焕发了极大的生育热情，迎来第一次生育高峰，出生率维持在37‰以上。而这一时期经济社会的复苏提高了人民生活水平和医疗卫生条件，死亡率有了大幅下降，从1949年的20‰下降至10.8‰。中华人民共和国成立初期，我国总和生育率为6.7，即平均每一位育龄妇女一生生育子女数近7个[②]，人口自然增长率上升明显，人口总量呈现高

---

① 若水. 人口与人手 [N]. 人民日报, 1959-04-15.
② 张越，陈丹. 新中国70年的人口政策变迁与当代人口发展 [J]. 宏观经济管理, 2020(5).

速持续增长的态势。

20世纪50年代初期,刚刚成立的中华人民共和国工业基础薄弱、农业生产率低,"一穷二白"的落后生产力与迅速膨胀的人口之间的矛盾给人民群众的衣食住行、教育、医疗等带来了巨大困难。根据第一次全国人口普查结果,我国人口数已达6.03亿人,远超过预估的4.5亿人。在此背景下,以马寅初、邵力子等为代表的社会有识之士开始倡导节制生育、控制人口。如马寅初在《新人口论》中提出,中国人口增殖太快;而资金积累不够快;就粮食而论亦非控制人口不可[1]等。他认为中国经济底子薄,人均各项经济指标低,已经产生并将持续产生人口与经济的种种矛盾与问题。他还对人口发展太快的严重性做了预测,提出解决人口问题的核心在于节制生育、提高质量。人口基数大的基本国情及人口与经济发展之间的关系也引起了广泛重视。自1954年起,党和政府开始宣传倡导避孕节育与晚婚,调整了不准节育的要求[2],并在人口领域中引入经济领域中的计划生产。1954年12月,在节育工作座谈会上,刘少奇明确宣布"党是赞成节育的"[3]。节育政策实施效果显著,在实施一年后人口自然增长率下降幅度达4.46‰。

(二)计划生育政策的首次提出

1959—1961年"三年困难时期",人口出生率的骤降与死亡率的陡升导致人口断崖式锐减,甚至在1960、1961两年出现了人口负增长。1962年,粮食供给恢复后人口自然增长率开始回升,人口数量呈现快速增长趋势,迎来第二次人口生育高峰,进入了连续8年的人口高速增长阶段。1964年,我国人口总量达7.2亿人。在这种情况下,决策层开始重新思考人口控制的必要性,计划生育工作重启,开始倡导实行有计划的生育。1962年12月18日,中共中央、国务院发布《关于认真提倡计划生育的指示》,首次将计划生育确定为国家政策,提出要在城市和人口稠密的农村地区实行有计划性的生育节制,将处于无序状态的生育问题推向有计划的状态。但是,当时的综合国力和经费保障尚不足以支撑在城市和人口稠密的农村全面开展计生技术服务,人口计生工作开展困难。

(三)人口生育政策的渐变

1970年,周恩来两次提及计划生育工作被放松,并指出计划生育属于国家计划问题,而不是卫生问题。1971年人口问题首次被纳入到政府工作计划中,在国务院批转的《关于做好计划生育工作的报告》中提出了以"晚、稀、少"为主要方针的生育政策[4],强调要有计划生育。在制订"四五"计划中,提出"一个不少,两个正好,三个多了"的方针,计划生育政策从宽松逐渐向严格转变,但实际推行时依然本着群众自愿的原则,并不具有强制执行力。与此同时,计划生育工作机构在全国范围内广泛设立。政策出台与机构设立标志着我国人口增殖限制的生育政策基本形成。在这一期间,初步的人口增殖限制政策对于人口控制作用明显,人口自然增长率有了大规模的下降,从1970年的

---

[1] 马寅初. 新人口论 [M]. 长春:吉林人民出版社,1997.
[2] 毛泽东. 毛泽东选集(第四卷)[M]. 北京:人民出版社,1991.
[3] 周恩来. 第一个五年建设计划的基本任务 [A]// 彭佩云. 中国计划生育全书 [M]. 中国人口出版社,1997.
[4] 杨发祥. 当代中国计划生育史研究 [D]. 杭州:浙江大学博士学位论文,2004.

25.95‰下降至 1979 年的 11.61‰,人口高速增长趋势有了一定的放缓,总和生育率从 1970 年的 5.812 下降至 20 世纪 80 年代初的 2.238,实现了初步的人口转变。但中华人民共和国成立 30 年内仍然积累了庞大的人口基数,1979 年人口规模达 9.75 亿人。

(四)实施计划生育基本国策

改革开放前,我国人口再生产特征由高出生、高死亡、低增长转变为高出生、低死亡、高增长,在大多数年份,出生率高于 30‰,而死亡率由中华人民共和国成立初期的 20‰下降至改革开放时的 6.25‰。在经历了中华人民共和国成立 30 年的人口积累后,诸多学者对人口发展总量进行了预测认为,即使在计划生育政策一直严格实行的前提下,2000 年我国人口数量仍将超过 12 亿人,到 21 世纪 30—40 年代至少要增加到 15 亿~16 亿人之多[1];若不实行严格的计生政策,20 世纪末我国人口就会达到 15 亿人[2]。在 20 世纪 70 年代实行的"晚、稀、少"生育政策下,庞大的人口规模与经济发展目标之间产生剧烈冲突,两种生产严重失衡。我国人口多、耕地少、底子薄[3],生产力发展还满足不了人口众多所带来的粮食紧缺、受教育率低、就业率低等一系列隐患,每年新增加的人口把增加的生产一下子就抵消了[4]。而中华人民共和国成立初期出生潮中出生的人口在此期间内也即将成为新的生育大军,进一步加剧了人口形势的严峻程度。这些冲突也成为严格实施一孩政策的主要推动力。在我国人口过剩、生育过多的背景下,计划生育政策的提出将人口问题同改革开放紧密结合起来,开辟出一条人口与经济社会协调发展的道路。

1980 年,中共中央《关于控制我国人口增长问题致全体共产党员、共青团员的公开信》中明确指出,提倡一对夫妇只生育一个孩子。但在当时的生产力水平和社会保障条件下,一刀切的政策给许多家庭,特别是农村家庭,带来了生产生活和养老的双重危机,政策推行遇到了前所未有的阻力,过紧的政策反而引起了生育率的反弹。1984 年,我国对人口政策进行了完善与调整,实行人群差异化,在农村地区实行"一孩半"政策,在少数民族地区依然保持多胎政策。此后,农村地区生育率有补偿性回升,计划生育政策并没有达到预期效果。20 世纪 90 年代,为了确保计划生育政策的顺利实施,不仅在国家层面和地方层面出台了一系列对家庭的奖惩措施,而且基层单位和地方政府进一步加强了对计划生育的控制。这一时期,党中央、国务院对生育政策进行了微调和目标变更,《关于加强计划生育工作严格控制人口增长的决定》明确对于符合条件的夫妇允许其生育二胎,同时将 2000 年人口控制目标上调至 13 亿人。此后,我国人口总和生育率开始平稳下降,进入 21 世纪前,有效遏制了人口高速增长趋势。

二、"二孩"政策

自 1978 年严格的独生子女政策实施后,我国总和生育率有了大幅下降,从政策实

---

[1] 冯立天. 论邓小平人口思想的三个组成部分 [J]. 人口与经济,1997(3).
[2] 邓小平. 邓小平文选(第 2 卷)[M]. 北京:人民出版社,1994.
[3] 邓小平. 邓小平文选(1975—1982 年)[M]. 北京:人民出版社,1983.
[4] 施炎坤. 学习邓小平人口思想的若干认识与思考 [J]. 福建理论学习,2004(6).

施前的 3 下降至 20 世纪 90 年代的 2.1 以下，之后就一直在低于 2.1 生育更替水平以下的低位运行且不断降低，至 1999 年达到最低值 1.49，创造了人类历史上生育率下降最快的纪录。进入 21 世纪，长期稳定的低生育率减弱了人口增长的惯性，并带来一系列人口问题，如人口老龄化加剧、年轻劳动力严重短缺等。21 世纪初期，出于对生育率反弹的担忧，"在实现人口再生产类型的转变之后，人口与计划生育工作的主要任务将转向稳定低生育水平，提高出生人口素质。鼓励晚婚晚育，提倡一对夫妻生育一个子女"。同时，放宽了二胎生育条件，允许各地政府进行政策微调。2006 年中共中央、国务院发布的《关于全面加强人口和计划生育工作统筹解决人口问题的决定》指出，中国人口和计划生育工作进入稳定低生育水平、统筹解决人口问题、促进人的全面发展的新阶段。

（一）"二孩"政策产生的背景

在计生政策有效控制人口规模的同时，人口环境日趋复杂，许多其他方面的人口问题应运而生，如总和生育率大幅降低、老龄化严重等问题，社会中弥漫着新人口危机爆发的焦虑。

1. 低生育率

2010 年第六次人口普查数据公布了我国的总和生育率为 1.181，自此，关于我国是否落入了"低生育率陷阱"[①]、我国的人口形势是否已岌岌可危的讨论开始在学界引起热潮。

有学者认为，根据低生育率陷阱的安全线划分，我国已陷入此陷阱，这将是"强国大患"[②]。有的学者对于统计数据可信度与精确度有所质疑，也有许多研究通过估计普查数据中的漏报率来分析我国的生育率状况。尽管关于是否陷入"低生育率陷阱"的讨论尚无定论，但 20 世纪 90 年代以来我国生育率大幅下降已是不争的事实。

2. 老龄化

计划生育作为基本国策，数十年推行改变了我国的人口格局，人口增长速度显著减缓，加快了"少子老龄化"社会到来的速度。当总和生育率低于 2.1 的世代更替水平时，新增人口数量低于上一代人口数量，长期人口总量下降，在总人口中年轻人占比降低，老年人占比升高。20 世纪 90 年代，我国的总和生育率降至 2.1 以下，且一直维持低生育率走势。根据国际社会判定标准，我国在 2000 年左右开始进入老龄化社会。老龄化带来的问题主要表现在由劳动力锐减造成的用工成本提升、由社会养老成本提高造成的劳动力供给脆弱及未富先老的局面等。

（二）"二孩"政策的预期效果

2013 年 11 月 12 日通过的《中共中央关于全面深化改革若干重大问题的决定》（简称《决定》）可以视为我国进入包容性生育政策阶段的标志性文件。《决定》明确提出中国将

[①] "低生育率陷阱"是 Lutz 和 Skirbekk 在 2005 年提出的，他们认为政策与生育水平存在非线性反馈机制，当总和生育率低于 1.5 这个"分水岭"时，就会出现低生育自我强化而难以逆转，形成"陷阱"。来源：Wolfgang Lutz, Vegard Skirbekk. Polices addressing the tempo effect in low-fertility countries[J]. Popul Dev Rev, 2005.

[②] 穆光宗. 超低生育率陷阱是"强国大患"[J]. 新华月报，2012.

开始实施"单独二孩"政策。随后，2015年十二届全国人大常委会第十八次会议通过了《中华人民共和国人口与计划生育法修正案(草案)》，提出实施全面二孩政策。综合考虑单独二孩和全面二孩政策对人口变动的叠加作用，确实会全面影响未来的人口发展。[①]

1. 增加每年的出生人口数量

基本判断是年龄偏大的育龄妇女会在政策落地后尽快怀孕生育，而年龄较小的育龄人群会依照自己的家庭计划按部就班地生育第二个孩子。所以，全面二孩相对集中的生育周期落在了"十三五"期间(2016—2020年)，预计每年多出生的人口数量最多时可能会达到300万～400万人。按照人口发展的规律性，进入"十四五"期间(2021—2025年)，年出生人口数量会恢复常态，每年多出生100万～150万人。可见，新生育政策一定会增加年出生人口数量，但是不会造成出生人口数量的大起大落。

2. 促使低生育率向更替水平接近

按照一般性规律，因为生育政策放宽后总会有人在政策调整后的短时期内集中生育，形成一定出生堆积现象。单独二孩生育政策使总和生育率从1.5～1.6升至1.6～1.7。实施全面二孩政策，总和生育率水平最高峰值可能达到更替水平上下，恢复常态后，将基本稳定在1.7左右。显然，新生育政策对于稳定适度低生育水平、促进生育率向更替水平接近确有帮助，这将有利于人口自身协调发展，有利于促进人口长期均衡发展。

3. 即时性地增加总人口数量

2015年末，我国总人口13.75亿人，实行新生育政策后总人口将在2030年左右达到峰值14.5亿人，之后总人口开始减少，2050年约为13.5亿人。在可以预见的未来，我国总人口规模巨大的基本特征不会根本改变，人口数量庞大依然是我国人口的首要特征，所有人口结构性矛盾都将叠加在人口总量庞大的基础之上，增加人口问题的复杂性和应对的难度。全面二孩生育政策及预期未来更加宽松的生育政策确信可以缓解人口结构性矛盾，尤其是远期效应显著，但是也将继续增加总人口规模，加剧对新常态经济社会发展成果分配的竞争性，加大资源环境配置的压力。兼顾人口结构和人口数量是调整生育政策的两难决策。

4. 适当缓解人口老龄化

现在步入老年的人口是60年以前的出生人口，全面二孩生育政策落地后的出生人口在60年以后才能变为老年人口，至少2076年以前的老年人口总量不受调整生育政策和实际生育行为变化的任何影响。2015年我国60岁及以上老年人口规模2.22亿，老龄化水平16.1%，2053年老年人口数量达到最大值，为4.87亿，老龄化水平升至34%～35%。虽然新生育政策不会改变21世纪中叶以前的老年人口规模，但可以通过增加出生人口影响人口老龄化水平，对近中期老龄化水平有微弱的降低作用，预计到2050年能使老龄化水平降低2个百分点左右。当然，世代更替，如果每代人都生育2个孩子，经过3～4代人之后老龄化水平就会有明显的下降，推测2100年可降低老龄化水平7个百分点以上。没有近中期的微弱影响的积累也不可能有远期显著下降作用的呈现。

[①] 原新. 我国生育政策演进与人口均衡发展——从独生子女政策到全面二孩政策的思考[J]. 人口学刊, 2016(5).

5. 适当延缓21世纪30年代及以后的劳动力减少的速度

2012年我国15～59岁劳动年龄人口达到峰值9.4亿人，此后劳动年龄人口规模开始缩减，进入下行通道。新政策下出生的人口一定会增加21世纪30年代及以后的劳动力资源，预期到2050年累计增加劳动年龄人口3000万人以上，增多当时劳动年龄人口约0.5%。但是，全面二孩政策改变不了自2013年以后的劳动年龄人口减少的大趋势。尽管如此，未来很长一段时期内，劳动年龄人口规模存量巨大的特征将长期保留，2023年以前在9亿人以上，2042年前在8亿人以上（如果延迟退休，还会在此基础上继续增加劳动力的供给数量）。因此，不要轻言我国的劳动力数量供给的短缺或不足，我国劳动力资源总量巨大和就业供需结构性短缺的现象会长期并存，就业压力长期存在。

（三）"二孩"政策对我国人口问题的影响

从历史角度看，计划生育作为国家的选择，符合我国社会发展的根本利益。过去的人口控制，是为修正人口数量过快地失衡增长；按照人口自身发展规律，人口转变完成，步入低生育水平时代，必然导致阶段性人口结构矛盾的凸显；继续坚持计划生育政策的作用在于人口快速增长得以有效控制之后继续调控人口数量，修正人口结构性偏离，以促进人口的长期均衡发展。

1. 现实的人口情形不容乐观

人口增长与人口增长问题存在因果相证的关系。人口事件是长周期事件，过去的人口变化成就了今天的人口现状，而今天的人口状况又是未来人口变化的基础，这是人口变动规律。我国当前人口的问题主要表现在：第一，人口基数庞大且人口结构严重失衡，人口发展波动性大；第二，人口老龄化进程快，水平高，不可逆转；第三，出生人口性别比长期偏高、不断升高并在高位震荡，人口性别失衡已成定局；第四，家庭变迁急速，小型化、简约化、简单化、核心化、复杂化并存，家庭发展功能和能力弱化；第五，流动人口规模巨大，农村劳动力乡城转移络绎不绝，城镇化快速发展，城镇化超前于市民化；第六，出生缺陷率的存在影响着出生人口的素质。

2. 人口长期均衡发展是理想的目标

20世纪80年代实行的计划生育政策对我国的人口数量、人口结构的变动具有重要的影响，通过强制性手段降低生育率，导致我国人口发展轨迹由1949—1990年间跌宕起伏①的高出生率转变为1990年以来较为稳定的低生育率。从人口发展的角度看，过高或过低的生育率均不利于人口的发展，长期均衡发展是理想的目标，即在资源分配与人口更迭之间实现一种完美的平衡。20世纪90年代以来的长期低生育率带来的人口老龄化问题已逐渐显现，为实现人口的均衡发展，我国的生育政策将随着人口数量、人口结构的变动及时做出调整。

3. 全面二孩政策是人口长期均衡发展的政策基础

从严格控制生育二孩到普遍可以生育二孩是一个量变进步，实现了从严格限制生育到有限限制生育的宽度变化。新生育政策实现了不分城乡、不分区域、不分民族的一体

---

① 跌宕起伏的主要原因是我国20世纪80年代计划生育政策对人口变动有很大影响。

化生育政策，更加体现了制定公共政策的公平性原则，让大家在有限生育的空间内自由决定是否生育二孩。同时，新政策消除了促进人口长期均衡发展进程中的生育制度羁绊，其政策性生育水平是更替水平，预期生育率水平会比目前的实际生育水平更加靠近更替水平，更符合人口增长长期沿着更替水平窄幅波动的人口长期均衡发展的最终目标。

4. 全面二孩政策是人口长期均衡发展可预见未来的必然选择

超越更替水平的生育政策将会质变为鼓励生育政策，属于推动人口适度快速增长和快速增长的范畴。适用于人口规模趋向于衰退的人口发展时期。按照人口发展的规律性，全面二孩政策带来的利弊显而易见，诸如增加劳动力资源、缓解人口结构性矛盾、实现生育政策公平、增加总人口规模等，但是，收益至少要等20～30年以后，甚至更长时间，而新生育政策带来的压力却在未来5年左右体现得最为明显，因为这个时期是出生人口增加最多的阶段，也是经济新常态发展的初级时期，增加出生人口数量，必然强化总人口规模庞大的基本特征，必然加剧经济社会发展成果分配的竞争性，必然增加资源环境配置的压力。全面二孩政策正是在权衡人口结构性压力与人口经济社会发展和资源环境压力之间所做出的理性选择，属于可持续发展政策，对中华民族的永续发展利在长远未来。

5. 建构按政策生育的，公平、中立的生育公共政策体系

在计划经济体制下，集中体现的是国家意志和国家利益，计划生育政策的落实是靠国家的力量在推动，牺牲小家(个人和家庭)利益满足大家(国家)利益，取得了明显的效果。市场经济体制释放了个人天性，强调自由竞争，市场的繁荣发展和市场力量引导家庭少生，自然而然地约束了人们的生育行为，使得低生育率难有起色，效果也是真实有效的，未来真正阻止人们生育二孩的内生性压力并非政策所致，而是发展环境在起主导作用，后果不可小觑。政策在家庭生育中的作用应该是中立的、公平的，政府应该在完善社会公共政策、改善民生、加强社会治理的深化改革的平台上构筑生育福利相关的社会公共政策和经济政策，强化服务管理，满足不同生育意愿和生育行为人群的多元需求，帮助他们达成自己的生育目标，释放二孩政策的效果，使生育率接近更替水平。科学评价我国人口变动的积极意义，科学评价我国的人口政策和生育政策的价值，科学评价我国人口增长方式的现代转变，开启了我们认知人口长期均衡发展的新时代。人口长期均衡发展是我们追求的理想人口愿景，不但有利于人口自身发展，也有利于人口与经济社会、资源环境协调可持续发展，人口均衡发展的战略思路应是着眼未来，着眼长远，着眼于百年之后、两百年之后，甚至三百年之后的人口规模和人口结构的适度方面。促进人口长期均衡发展是我国需要坚持的未来发展战略，积极应对眼前或可预测的未来几十年出现的人口问题，要瞻前顾后，树立大尺度的时空观念，坚持用长期性、前瞻性的战略发展观来规划人口长期均衡发展战略，这是当代人的责任和应有的眼界。

三、三孩生育政策

继中共中央政治局2021年5月31日审议《关于优化生育政策促进人口长期均衡发展的决定》之后，《中共中央、国务院关于优化生育政策促进人口长期均衡发展的决定》

于2021年7月20日公布,就"实施一对夫妻可以生育三个子女政策,并取消社会抚养费等制约措施、清理和废止相关处罚规定,配套实施积极生育支持措施"提出要求,简称实施三孩生育政策及配套支持措施。

(一)三孩生育政策的缘起

1. 独生子女政策及其人口风险

自1980年推行严格的计划生育政策以来,我国的人口计生组织借"人口数量问题"走向历史前台。在独生子女政策和现代性的共同作用下,人口快速增长态势迅速得以扭转。我国人口自1992年进入低生育率时期至今已30年。伴随着持续超低生育率时代的到来,我国的人口形势早已发生了历史性的根本性变化,其中也蕴藏着巨大的人口风险甚至危机。

2. 我国社会形势发生深刻变化

中国的社会形势伴随着改革开放也发生了深刻的变化,各种社会问题与社会矛盾相互交织在一起,目前正处于社会矛盾集中爆发期,在人口与生育方面突出地体现为:一是随着生育率的大幅度下降与出生人口性别比例严重失衡的同方向叠加,严重的男性婚姻挤压及其与此相关的问题加速显现[1];二是与独生子女政策相关的失独家庭、独生子女父母养老保障、亲属关系缺乏等负面效应不断凸显且长期存在[2];三是少子老龄化向纵深发展,社会各界存在养老、育儿等方面的普遍焦虑;四是劳动适龄人口减少,人口红利逐渐消减。种种社会问题与矛盾为人口均衡发展、社会和谐稳定、家庭健康幸福带来了巨大挑战。

3. "全面二孩"政策效果不彰

从2013年全国各地陆续实施"单独二孩"政策到2015年"全面二孩"政策的应运而生,生育政策调整释放出的正向效应有限。总体而言,"全面二孩"政策效果不彰,因生育政策调整而积存的政策势能的集中释放所导致的生育堆积效应早已消退,2018年我国出生人口下降200万人,2019年出生人口为1465万人,比2018年再降58万人,而2020年出生人口只有1200万人,比2019年减少265万人,降幅高达18%。这一方面是由于具有生育意愿的适龄夫妇数量较少,另一方面是由于生育率回升的持续时间太短,虽然曾经迎来了一波政策性补偿性生育,但此后不久便出现了跌落。这充分表明,中国在改革开放后加入全球经济体系的同时,民众的思想观念与生育观念也发生了根本性的转变,"晚婚晚育少生优生"早已成为多数人的自觉行动。这既是中国计划生育所取得的伟大成就,更是中国面临的最大人口问题。"单独二孩"与"全面二孩"政策实施是一次全国性的社会实验,前期生育政策调整未达预期为加快"三孩"新政的出台提供了足够的经验支撑,也打消了人们对生育政策逐步放松后可能出现的较为严重的出生堆积的种种疑虑。

---

[1] 陈友华,孙永健."三孩"生育新政:缘起、预期效果与政策建议[J]. 人口与社会,2021(3).
[2] 风笑天."后独生子女时代"的独生子女问题[J]. 浙江学刊,2020(5).

(二) 三孩生育政策的意义与价值

"全面二孩"政策不仅可以部分避免因独生子女政策导致的系列问题,而且新增出生人数所引发的对公共服务的压力有限,有利于促进经济增长、社会稳定与家庭幸福,例如人口与经济社会协调和可持续发展能力增强、促使性别歧视的消除、促进相关行业的消费与投资需求的增加①。"三孩"新政的意义和作用大抵如此。不过,由于后者所能发挥的预期效应相较"全面二孩"政策更弱,因此其类似的社会经济影响在一定程度上也更不明显。三孩生育政策作为"全面二孩"政策后党中央审时度势、排除万难做出的又一个正确抉择,本身亦有其独特且重大的意义与价值。首先,"三孩"新政实际上是党和政府在生育领域"以人民为中心"的道路上又迈进了一步,使得民众的生育空间得到进一步拓展。相对于以往的生育政策而言,"三孩"新政的颁布与实施意味着公民的生育空间更大,体现了对生命价值的尊重与对生育意义认识上的加深,也是"以人民为中心"执政理念的重要展现。其次,"三孩"新政也在一定程度上平衡了不同族群之间在生育政策上所存在的差异,实现了生育政策的合理化与公平化。尽管三孩生育政策对绝大多数人来讲不会起到明显的鼓励生育的效果,生育数量也不会因此而出现明显的上升。但不可否认的是,在生育机制不断趋同的大背景下,不同族群的生育文化、生育意愿及生育行为之间仍存在一定的差异。我国大部分族群的生育水平较低且同质性较强,但不能就此忽视少部分族群的生育观念还未完全转变、生育行为依旧比较旺盛。生育限制一旦全面放开,恐会造成这部分族群与其所处的自然、经济与社会系统的矛盾进一步加剧,不利于其人口的长期均衡与可持续发展。其实,从实际生育情况来看,选择生育孩子的时间和数量是更科学的做法,三孩生育政策基本上能够满足绝大多数族群的生育愿望,也能避免不同族群间出生规模增长速度上的差距加大,长期而言,有利于我国族群结构的平衡与稳定。

(三) 三孩生育政策落实的配套设施

中国已经陷入"低生育率陷阱"之中,而此前"单独二孩"政策遇冷与"全面二孩"政策效果不彰说明一旦缺少与此相关的配套政策的辅佐,任何生育政策的放开都很难达到预期效果。"三孩"新政配套措施的实施,应当在"全面二孩"政策的基础上,在税费、住房、生育与养育、女性权益、教育、养老等方面进一步完善和巩固。

1. 家庭税费减免

为了提高"三孩"家庭的可支配收入,减轻育儿的经济负担,建议按照生育孩子数量对家庭或个人所得税进行适当的减扣与施行育儿津贴制度:一是根据育儿数量,采取差异化的税费抵扣及经济补贴政策,即个人或家庭生育的孩子越多,能够享受到的退税率越高、退税金额越多;二是考虑以家庭为征税单位,按养育人数设置家庭起征点;三是建议国家考虑以货币补贴的方式,直接发放适度的育儿津贴。在此方面可以更多地学习借鉴德国等国家的累进退税与累进补贴模式。税收是调整并规范国家、市场与社会三者间经济关系的基本制度与基本手段,因而任何税费的减免或抵扣必须遵

---

① 陈友华. 人口新政及其经济社会影响 [J]. 探索, 2016(1).

循"税收法定原则"。税费减免作为与生育政策相关联的配套政策之一，必须在各个层面的法律法规中得到相应的修正，做到法律先行、有法可依。需要特别警惕并杜绝在"多生减税"当中偷逃漏税现象的发生，避免在解决生育问题的同时引发更大的社会不公与国家财政危机。

2. 住房制度改革

大城市房价高企很大程度上压制了人们的生育意愿与生育行为，住房领域的制度改革可尝试从以下几个方面展开：一是深化户籍制度改革，尽快实施自由迁徙政策，降低并最终消除多子女家庭的大城市落户门槛，帮助更多人口在大城市安家落户与安居乐业，在为城市发展提供更多人口与劳动力支持之际，也能使其分享城市经济社会发展成果。二是加强大城市廉租房等保障性住房建设力度，适当提高大城市廉租房与公租房建设比例，并使那些住房困难的多孩家庭优先获得住房保障支持。三是对多孩家庭的购房行为，给予一定的金融支持，例如降低"首付款比例"、给予住房贷款优惠及提供购房补贴等。任何选择性的优惠政策都会面临公平与效率的严峻拷问，对于多子女家庭的住房政策支持都应当具备边际与平衡的考虑，警惕政策补贴或优惠过度。否则，将会严重扰乱市场价格机制的功能发挥，加重全体纳税人的负担，非但无益于人口问题的化解，反而引致更多的社会经济问题甚至是危机。

3. 家庭政策支持与女性权益保障

进一步提高家庭政策支持力度，减轻家庭尤其是女性在生育与养育过程中的较多负担。一是提倡家庭政策的双性别化，从家庭责任的角度出发，实行父育假制度及男女共同缴纳生育保险、享受相同的育儿津贴等措施，其目的是让更多的人意识到男性在生育与养育中应尽的责任[1]。二是提高生育政策的支持力度，适度延长产假、陪护假和哺乳假，父母双方均可享受全额带薪产假。三是加强托育机构、哺乳室等婴幼儿养育基础设施建设，呼吁多元主体加入到育儿服务的提供之中，形成良好的支持生育的社会与市场氛围。四是以国家为家庭政策责任的承担主体，避免"母职惩罚"或"雇主惩罚"。生育的直接受益者是宏观上的国家与社会和微观上的家庭与个人，本着谁受益谁担责的原则，生育与养育的相关责任更多应该由国家与家庭承担[2]。

家庭政策支持与女性权益保障其实是一体两面，家庭生养负担的减轻更多应来自政府的制度性供给而非企业的利润牺牲。只有国家承担起妇女在怀孕、生育与养育方面的责任，女性在职场才能避免受到用人单位为规避某些问题与责任的"性别歧视"。国家不可将本该由政府承担的福利责任转嫁给雇主和家庭，否则这些政策在"趋利避害"驱使下永远无法达到保障女性权益的预期效果。

4. 教育制度改革

教育的经济负担与精神压力过重是人们普遍不愿意多生乃至不生的重要因素，因此，教育制度的相关改革是生育政策配套措施的重中之重：一是适度延长义务教育年限，将学前教育、0～3岁托育和高中教育均纳入义务教育，加大政府在教育领域的公共支出。二是推进优质教育资源的均衡化配置，以此极大地缓解父母在教育资源争夺过程中的巨

---

[1] 天津市妇联. 生育责任对女性劳动权益保护影响的思考与建议 [J]. 中国妇运，2015(12).
[2] 陈友华. 人口新政背景下的新问题及其对策研究 [J]. 中国延安干部学院学报，2016(4).

大投入。三是倡导教育体制改革，改变"唯分数论"的应试教育模式，加强先进的教育理念与文化的宣传，缓解社会之中的教育焦虑。四是学习借鉴公共交通等服务行业人员的作息时间安排，对幼儿园与中小学教职工作息时间进行必要的调整。作息时间调整既不明显增加学校与教职员工的负担，又能有效地化解孩子家长的焦虑与难题，既能让家长安心工作，又能减轻家庭子女教育的经济负担，真可谓一举多得。但教育制度的改革知易行难，也最为艰巨，不仅需要大量的政府财政投入，更会触碰部分既得利益者的"根本利益"，因而更需要整个社会舆论导向的根本性转变。

我国低生育率机制早已形成，即便在配套措施的加持下，"三孩"新政的有限效果也是完全可以预期的。西方发达国家治理低生育率问题的经验表明，一旦掉入"低生育率陷阱"，便难以改变一个国家或地区低生育率的社会现状。尽管部分西方发达国家通过各项鼓励政策刺激生育，推动了生育率的有限回升，但真正摆脱"低生育率陷阱"者寥寥无几，至今也还没有一个西方发达国家（地区）的生育率能够回升至更替水平。试图扭转中国持续低迷的生育率趋势，不仅需要生育政策刺激，更需要足够的时间。为此，我们应当做好充分的心理准备，接受长期少子老龄化的人口现实，在人口问题的应对中，明确政府、市场、社会、家庭与个人的职责与权利，适度降低对政府与社会的福利预期，回归个人与家庭的责任。

复习与思考

1. 名词解释。

    人才红利　　低生育陷阱
2. 简述城市化进程与我国人口结构变化。
3. 试论我国计划生育政策的前景。

推荐阅读书目

郑晓瑛. 中国人口学四十年[M]. 北京：商务印书馆, 2019.

第六章
衰老相关学科概述

衰老是人类个体生物性的表现，其作为一种客观规律通常受到多种因素的影响且不以人的意志为转移。衰老是一个古老的问题，与个体的老龄化密切相关。在人口老龄化出现以前，衰老通常是少部分群体关注的问题，例如古代帝王对长生不老的追求。随着人口老龄化问题的出现，老年学成为一门独立的学科。老年学关注个体老龄化和群体老龄化。衰老是个体老龄化的重要内容，前面的章节已经说明本书的重点在于群体老龄化问题。为了体现老年学学科的完整性，本章在参考学术文献的基础上，简单介绍个体老龄化相关学科的基础知识，并命名为衰老相关学科概述，主要内容包括衰老问题、寿命学、老年医学等内容。

第一节 衰老问题概述

人类平均寿命普遍延长是20世纪的成就之一。但是，人类今后面临的最大威胁之一也是寿命延长所出现的衰老问题。随着人口不断老化，衰老现象日益突出，不只给老年人而且给整个社会都会带来很多挑战。因此，探索衰老机制和寻求推迟衰老措施，已成为当前世界性的问题。

一、人类生理衰老的影响因素及基本特征

衰老是生物的一种不可抗拒的自然规律，从生理学角度来说，衰老是机体新陈代谢衰退的结果，同时也是生物学和社会因素相互作用的结果。人老了以后，不论是机体结构还是器官功能都要出现一些衰退现象，研究衰老生物学的目的就是要通过对各种生物衰老过程的实验，寻找衰老的一般规律和特殊规律，进而探求防止早衰和延长寿命的方法。

（一）人类生理衰老的影响因素

人类的衰老和寿命受很多因素影响，归纳起来主要有两方面：先天性因素和后天性因素。前者是生物学因素，主要是遗传因素，它涉及生物学的许多领域。后者是环境因素，主要是致病因素、社会因素、精神因素及营养、生活方式等。人类在整个生命过程中，在上述各种因素的影响下都不可避免地迟早要发生衰老，这是一种正常的生理改变。

（二）人类生理衰老的基本特征

人类衰老有四个基本特征：第一，普遍性。即人人都要衰老，不仅是某一个器官，而是所有的器官都要相继发生衰老[①]。第二，进行性。老化是逐渐发展和不可逆的，它的进程虽可以推迟和延缓，但却不能使它逆转[②]。第三，内在性。衰老是受遗传制约的一种生理的生物现象，随生物种属不同其开始时间各异，程度也有差别。第四，有害性。衰老可降低和破坏机体各器官生理功能及降低机体抗病能力，直接威胁健康，缩短寿命。人类衰老虽是生命过程发展的结果，但是，衰老的个体差异很大，老化开始的时间及速度的快慢也不一样，有人衰老较快，有人衰老较慢，即使同一个人，机体各器官的衰老开始时间和速度也不尽相同，因此，衰老是一个很复杂的生命过程。

在对衰老机制的研究过程中，学者们先后从整体水平、细胞水平、分子水平及生物遗传学等角度来探索衰老的原因，提出了许多学说，其中代表性的学说有遗传程序学说、差误学说、自由基学说、交联学说、代谢学说、体细胞突变学说、神经内分泌学说和免疫功能改变学说等。

二、遗传基因与衰老

遗传程序学说是在分子水平上说明衰老原因的学说，它认为寿命与遗传密切相关，细胞核中的遗传基因是决定生物寿命长短的主要因素。就人类来说，虽然平均寿命在不同的环境因素影响下可有变动，但是最长寿命大体上是一致的，可以认为寿命和衰老是受遗传信息制约的。细胞核中的脱氧核糖核酸 (DNA) 是决定细胞遗传的基本物质，它存在于细胞核的染色体中。

DNA 通过信息传递系统支配着细胞，使机体依照某种既定程序在特定种属生命周期中，按时生长、发育、成熟、衰退和死亡。细胞分裂的次数与各种生物的寿命是成比例的，细胞分裂的过程也就是生物体发育、成长以至死亡的过程。在各种生物中，不同物种细胞分裂的次数不同，即使是同一物种之间，不同个体细胞分裂的间隔时间也不尽相同。据体外细胞培养实验证实，人体 50 万亿个细胞，约每 2.4 年分裂一次，总共分裂 50 次，便停止分裂，最后死亡，这表明人类生命过程是受特定基因控制的。随着岁月的推移，基因按一定程序活动，贯穿整个生命过程。

人类生物学寿命按照人体细胞总共分裂 50 次这一极限推算，应为 120 岁左右，但是人类一般是达不到这个寿限的。生物衰老是一个复杂的过程，作为整体的人的衰老远比细胞分裂要复杂得多。

遗传因素虽是决定生物的寿命和衰老的关键，但它绝不是唯一的因素，生物的寿命和衰老与生物生活的环境有密切的关系，人类大多数达不到生物学寿命的寿限主要是受环境因素特别是致病因素等的影响。有人把寿命比喻为一个等腰三角形，三角形的底边为遗

[①] 吴镜海.人类生理衰老生物学 [J].海南大学学报（自然科学版），1985(3).
[②] 个体老化与群体老龄化的一个重要区别：个体老化是不可逆的，群体老龄化理论上是可逆的。之所以强调理论上，是因为老龄化是现代社会的发展趋势，实际上是难以逆转的。

传因素，二条邻边为环境因素，包括致病因素、社会因素、精神因素及个人生活方式等。三条边组成的三角形面积为寿命。三条边都长，面积就大，寿命便长。如果只有遗传因素的底边长，而两条邻边却因后天各种环境因素影响而缩短，则三角形面积小，寿命就会缩短。所以，生物的寿命和衰老除主要决定于遗传因素外，与后天各种环境因素有很密切的关系。

三、神经与衰老

人进入老年以后，中枢神经系统的功能随着增龄而减退，除大脑皮层外，丘脑下部和纹状体苍白球系统功能也减退，脑神经细胞在 40 岁以后大约每天减少 10 万个，脑细胞树突也萎缩，脂褐素含量显著增多，这些都能使脑功能减退而促使衰老的步伐加速。

下丘脑是仅次于大脑皮层的调节内脏活动中枢，具有复杂的生理功能，它分泌多种激素，促进和调节各器官功能平衡。此外，还定期分泌一些能抑制人体利用甲状腺素的激素，该激素随年龄的增长而分泌增多，使人体细胞利用甲状腺素的能力降低，而甲状腺素是调节体内所有细胞的新陈代谢的重要激素，当人体细胞不能利用甲状腺素时，细胞功能就会完全丧失而衰退死亡。

衰老表现为随着年龄的增长，在内外界因素的作用下，发生在人体内分子、细胞、组织与器官中的一种不可避免的、不可修复的、有害的改变，它是人类生命进程中的必然发展规律。神经系统是受衰老影响较大的系统之一。当脑组织出现衰老现象，就会产生一些特征性的改变。它可能促进神经退行性疾病的发生发展，导致脑组织发生代谢产物异常沉积，且出现精神、认知、感觉、运动等方面的障碍。绝大多数神经退行性疾病的病程缓慢，如阿尔茨海默病、帕金森氏病、亨廷顿病等的病程可长达数十年[①]。

四、免疫与衰老

个体健康和衰老与免疫系统功能有着密切关系，即免疫细胞及其功能随着年龄的增长会逐渐下降，出现吞噬功能和细胞趋化性降低、免疫细胞及亚群数量改变，产生特异性抗体能力下降等，这些变化会增加感染风险、产生肿瘤和自身免疫性疾病。[②] 一般来说，每个细胞均要经历增殖、分化、衰老和死亡。免疫系统亦会发生衰老，称为免疫衰老，即免疫系统因年龄增长而出现功能失调，可表现为从对接种反应下降到介导抗肿瘤作用减弱，从多发炎症和组织损伤到自身免疫发生及丧失对持续感染的控制。

随着免疫系统功能的逐渐衰退，免疫系统将无法应对新的感染，无法提供长期的免疫保护记忆，进而导致机体发生严重的健康问题[③]。免疫衰老可以影响免疫系统的各个层面，是老年人健康问题的核心影响因素。当免疫系统发生衰老时，机体对体内免疫稳态的调控能力逐渐减弱，使得机体长期处于炎症环境。慢性炎症的状态又加速机体衰老进程，引发、加重一系列健康问题。

---

① 陈颂春，邹峻，顾芹. 衰老与神经退行性疾病 [J]. 老年医学与保健，2017，23(6).
② 李忠，白宗科，张丽伟. 免疫衰老及其相关疾病的防治 [J]. 中国肿瘤生物治疗杂志，2020，27(4).
③ 雷雯，陈国兵. 老年衰弱的免疫衰老以及免疫干预研究进展 [J]. 老年医学与保健，2020，26(4).

免疫系统健康，机体才真正健康。虽然人的寿命是有限的，但通过有效的方式增强免疫细胞活力、促进免疫平衡、增强抗病能力，就能减少老年人患病的概率。随着对衰老机制及免疫衰老的深入研究，结合新的免疫调节技术、中西医结合方法、细胞疗法及精准化个体检测分析，开发更多的抗衰老药物和免疫制剂，从而实现健康长寿的目标。

第二节 寿命学概述

一、衰老生物学与寿命学

寿命学是一个新的名词，用以表述一个新学科的诞生，体现了科学发展的必然，是生物医学分化出来的一个新的分支。寿命学与衰老生物学的亲缘关系有如生理学与生物化学，解剖学与组织学，妇科学与产科学。寿命学是衰老生物学跨入一个新的发展阶段的标志，具有划时代的意义[1]。人类为健康长寿而拼搏的事业中将不断地从寿命学获取新的理论武器。寿命学研究的核心内容是寿命决定因子，即生命支持系统的实质和特征及其作用机理。所谓寿命决定因子是带共性的支撑寿命的关键性因素，这里强调带共性的关键性因素体现了寿命学独具特色的研究内容和目标。①共性是指普遍作用于任何个体，而不是作用于部分个体的因子。寿命决定因子不同于致病因子，后者作用于部分个体。致病因子属于医学范畴，寿命学有别于医学或临床医学。②寿命学与衰老生物学不能互相取代，因为有些衰老的变化与寿命无直接的关系，寿命决定因子指的是支撑寿命的主动的、积极的正面效应，把注意的焦点投放到支撑寿命的关键因子，而不是泛泛地研究衰老。

所谓寿命决定因子或生命活动支撑系统是由三类生理活动的平衡调节系统协调运行实现的机体生命活动诸因素的综合。第一类生理活动是调节内环境的平衡，保持代谢活动正常运行支撑生命活动，其中氧和能量代谢起着至关重要的作用。第二类生理活动是机体内环境与外环境平衡调节系统，使机体在外环境侵袭下保持良好的生存状态。第三类生理活动是物种族系的代际遗传特征的平衡调节系统，保持物种的遗传特征，其中基因表达的有序进行起主导作用。上述三类生理活动调节系统形成三个支撑点：第一个支撑点维持内环境平衡；第二个支撑点维持机体与外环境的平衡；第三个支撑点保持代际之间的平衡。这三个支撑点维持正常生命活动的运行并有序延伸的时程为寿命。

二、百岁老人群体的崛起

20世纪人类寿命普遍增长的洪流中，出现了人类寿命史上前所未有的新局面——百岁老人群体的崛起。总的来说，1800年以前可能没有真正的百岁老人，20世纪前半叶百

---

[1] 李文彬.寿命学概述（一）[J].解放军保健医学杂志，2003(1).

岁老人群体缓慢增长。但是，自20世纪中叶，1860年以后出生的人活到百岁的可能性越来越大了。发达国家百岁老人急骤增加。1960—1990年间，发达国家百岁老人年增长率为7.4%，大约每10年翻一番，而老年人群的增长率出现高龄老年人优先增长的态势，百岁老人的增长速度居首位[①]。

百岁老人群体的增长说明了人类在寿命增长进程中跨入了一个新的历史阶段。在描述人类长寿，特别是探讨百岁老人群体的形成过程与机理时，常常运用选择性存活一词揭示长命百岁的科学实质。选择性存活的基本含义是人群中的个体之间的生命质量有强弱之分。强者生命力旺盛，能有效地抵抗疾病的侵袭，逃脱了老年病的威胁，能够顺利地活到80岁，甚至达到或超过百岁。而弱者生命素质低下，生命力欠佳，过早地死于老年病。老年群体中少数存活的佼佼者是生命力超常的强者。

20世纪人类进化的最根本特征是百岁老年人群体的崛起。百岁老人超长寿群体的形成体现了人类的生命力或生命素质发生了质的变化。超长寿老年人不是选择性存活规律驱动下残留下来的少数幸运儿，而是由超长生命活力的个体组成的独具特色的群体。因此，研究和探索百岁老人长寿的影响因素已成为重视的方向。

三、寿命评估

一般来讲，生存期的个体包括两大类生命活动：一类是以基因表达主宰的代谢和免疫功能组成的生命支持系统。这个系统保证机体生命活动的正常运转，其时间延伸的终点为寿命，也就是说，生命支持系统是正面地、主动地、积极地保证生命活力的最基本的生理效应。另一类衰老活动是负面的效应，导致机体生命质量日益衰退，甚至到达生命的终点。生命活动的正常运行是两类效应的整合，其中生命支持系统的正面效应起主导作用。生命支持系统的活力水平是生命质量的基石，而衰老活动是存活机体处于从属地位的生理效应，因而对于长寿或短寿物种衰老的生物学鉴定的实质是评估老龄个体的生命质量，也就是以生命支持系统的活力水平的参数为指标评估寿命。在科学发展的进程中，寿命的评估取代了衰老的生物学鉴定。

寿命评估的实质是用量化的生物学指标测定寿命决定因子的活力水平和生命质量。根据测得的参数评估寿命发展的趋向，实际上是推算寿命。但是这类工作仍处于初创阶段，称为推算寿命有失稳妥，待发展成熟会自然而然地把人们的认识引向寿命推算的范畴。这类工作早期通称为衰老的生物测定或生物年龄的测定，与寿命评估的含义吻合。由于衰老只反应生命活动的一个侧面，而生命活动的运行是生命支撑系统和衰老两大类生理功能的整合，生命支撑系统起主导作用，核心问题是寿命决定因子主宰的生命质量，决定寿命的走向。因此，通称寿命评估含有更深远的科学内涵。今后研究工作的主流方向是筛选和鉴定符合寿命评估要求的生物学指标，建立以寿命研究成就为基础的人类寿命评估方法或体系。

---

① 李文彬，周常文，王鲁宁. 寿命学概述（二）[J]. 解放军保健医学杂志，2003(2).

第三节 现代老年医学概述

现代老年医学是现代老年学学科体系中的重要组成部分,也是现代医学科学的一个重要分支学科。自1942年美国创立世界上第一个老年医学会,就宣告现代老年医学的诞生。[①] 老年医学是一门研究人类寿命和人类衰老的原因、规律、特征、机制,探讨延缓衰老的对策,老年性疾病的防治,不断提高老年人生活质量,促进老年人身心健康的综合性边缘学科。

一、现代老年医学的主要内容

(一) 老年基础医学研究

以衰老机制和老年人常见病与多发病的发病机制为研究重点,是现代老年基础医学和老年生物学研究中的前沿课题,现在已经从整体水平、器官水平发展到细胞水平、分子水平。衰老机制的宏观研究指出,生物体生长发育达到成熟期以后,随着年龄的增长,在形态结构和生理功能方面都必然要出现一系列退行性变化,并且这些变化往往是全身性的、多方面的、循序渐进的。但是,由于各种脏器自身的特异性不同,因而功能减退程度不尽一致,又因个体具有不同的综合功能,所以衰老常以复杂的形式表现出来,有的表现较为隐蔽,有的则十分明显。对人类而言,这些变化受到多种因素联合作用的影响,因而人体衰老存在着明显的个体差异。

在现代老年医学研究中对衰老机制的探索出现两个引人注目的新课题,一是对衰老机制进行综合性研究,二是将衰老机制与老年性疾病的研究有机结合起来,也取得了突破性进展。

(二) 老年流行病学研究

这是现代老年医学中的一门应用学科、方法学。主要包括:老年常见病、多发病调查,调查其病因、分布、危险因素,开展防治监测;老年人健康状况与长寿因素调查,通过这项调查及相关的基础医学实验研究,探索有利于健康长寿的因素,避免不利因素,用以指导老年保健实践;老年人生理参考值的流行病学调查,提供老年人正常生理状态的参考标准,为开展老年性疾病防治、老年保健工作提供重要依据;老年卫生学调查,包括环境质量、微量元素、饮食营养、劳动状态、精神情绪等。

(三) 老年临床医学研究

老年临床医学研究是现代老年医学研究中进展最快、内容最广、涉及学科最多的重点项目。脑血管疾病是我国发病率、患病率、死亡率和致残率高的疾病,老年人更高,其研究内容涉及脑出血及神经系统其他疾病,如帕金森病、老年性痴呆、老年人癫痫等;心血管疾病方面的老年性高血压、冠心病、心律失常、心力衰竭等;呼吸系统疾病,如呼吸道感染、肺栓塞、肺癌等;泌尿系统方面的肾小球疾病、泌尿系感染、慢性肾功能衰竭等;消化系统方面的胃食管反流病、肠道血管病变、胰腺疾病等。

[①] 曾尔亢.我国现代老年医学的兴起、发展和展望[J].老年医学与保健,2001(1).

二、我国现代老年医学研究展望

为了逐步提高越来越多的老年人口的医疗保健服务质量，我国现代老年医学势必向着更高、更新、更深、更广的水平发展。

（一）老年基础医学研究

在老年基础医学研究方面，应以分子生物学、细胞生物学、生物工程学等先进理论和技术为基础，采用高新的实验方法，对衰老的起因、变化、特征做进一步探讨，以最新的研究成果指导实践，以"衰老是多种因素联合作用的结果"为依据，因人而异采取综合性延缓衰老的对策。由于分子生物学、基因技术的发展和应用，目前无法治愈的老年性疾病，如老年性痴呆、帕金森病和心血管疾病将有望得到控制。

（二）老年临床医学研究

在老年临床医学研究方面，积极探索和发展具有中国特色的社区老年医疗保健服务模式，深入地研究老年性疾病的病因、发病机制和防治措施，坚持贯彻预防为主、中西医结合的方针，不断减少老年性疾病，尤其是心、脑血管疾病、癌症、各种感染性疾病，以及老年糖尿病、老年性痴呆、老年性骨质疏松症等老年人常见与多发病对老年人病残、致死的威胁和危害。

（三）老年流行病学研究

通过对老年人健康状况、常见病和多发病的分布及老年人死因等进行流行病学调查，研究遗传、环境、生活、卫生和心理等各种因素对衰老和老年疾病的影响，为老年人的防病治病和卫生保健提供科学依据。

（四）老年预防医学研究

在老年预防医学研究方面，广泛、深入地开展老年流行病学调查，进一步摸清我国老年性疾病的分布规律及其影响分布的因素，在探索病因、阐明流行规律等领域将取得更大成就，为建立老年性疾病预测，拟订防治对策，评价防治效果提供科学依据。从医学角度出发，全方位探讨生物、心理、社会多种因素对老年人健康、疾病和寿命的影响，真实反映老年人群的疾病和健康状况。

（五）老年社会医学研究

从社会的角度探讨老年医学，根据社会学、管理学、统计学、流行病学等科学方法和成果，研究环境对老年人健康的影响，以及老年人各种保健和福利事业。

三、人口老龄化对老年医学带来的挑战

老龄问题已引起国际社会的普遍关注和重视。我国政府也充分认识到老龄问题的紧迫性，我国是世界老龄化发展最快的国家之一。

(一)加强衰老机理与延缓衰老的研究是老年医学的重大课题[①]

随着社会的文明进步,大量的电离辐射充斥着人们的工作、生活环境,无处不在,成倍增长,它可直接辐射人体内的水分子产生大量羟自由基,使蛋白质氧化,DNA断裂,脂质氧化,导致细胞凋亡。减少细胞内源性和外源性自由基的产生,可以延缓衰老,如提高果蝇体内抗自由基SOD(超氧化物歧化酶)的活性,可使其寿命延长一倍以上。适度节制饮食,可使动物氧负荷降低,氧自由基减少,细胞凋亡得以适当抑制,与衰老相关的生理、生化、行为变化延缓,最终获得寿命延长。端粒学说是由美国抗衰老专家Harley于1990年提出的一个新的衰老学说。他认为位于染色体顶端的染色粒(端粒)的长度与衰老和寿命密切相关。端粒又称端区,其功能是保护染色体的完整性和稳定性,防止染色体末端被酶解或两条染色体的端区融合、丢失或重排。Harley经过多年的研究观察,证明端粒的长短与细胞分裂的次数有关。体细胞每传代一次,端粒就缩短50~200bp(碱基对),当端粒缩短到2000~4000bp时,正常人的双倍体细胞就不能再进行分裂,细胞开始衰老和死亡。Bryma研究发现,端粒的长度与端粒酶的活性有关,端粒酶的活性越高,端粒就越长,染色体的稳定性、完整性越好,细胞分裂次数增多,寿命延长。因此,提高端粒酶的活性,保护端粒DNA不受损害是延缓衰老的重要措施。如避免接触各种辐射线,有害化学物质(苯、芘、苄、乙烯亚胺、甲醛、亚硝酸盐等)、化学药品(氮芥、环磷酰胺、丝裂霉素C、放线菌素D等),适量补充维生素A、E、C及微量元素硒、锌等,可以延缓衰老。

(二)加强老年多发病的防治研究是未来老年医学的主攻方向

随着社会的发展,人民生活水平不断提高,一些地方病、传染病得到有效的控制,而一些社会文明病、老年病、慢性病显著上升,使我国的疾病谱、死亡谱发生了重大变化,其发展规律与西方发达国家走过的轨迹极为相似。目前,我国心脑血管疾病及恶性肿瘤发病率及死亡率明显上升。

随着社会的进步,生活方式和膳食结构的改变,以及社会老龄化、高龄化迅速发展,我国的疾病谱及死亡谱必将随之变迁,如老年性痴呆、骨质疏松症、糖尿病等将有大幅度的上升,并由此引发一系列社会问题,对此我们必须早做准备,加强对未来疾病谱发展变迁的预测、预报,并制定切实可行和有效的防治措施。

(三)老年痴呆症问题需要人类持续的探索与研究

老年痴呆症是一种慢性精神致残及致死性疾病。美国等西方发达国家老年性痴呆在老年人死因中仅次于心脏病、肿瘤和中风,居第四位。据美国公共健康机构报告,1991年美国用于老年痴呆患者费用为1131亿美元,平均每例老年痴呆的直接费用每年为4.7万美元,若计入间接费用,每例年耗费为17.4万美元。美国政府认为,目前耗资最高的疾病是阿茨海默病。因此,老年痴呆症不仅是个健康问题,而且已成为制约生产力发展的社会问题。美国在1990年率先制订"脑的10年"计划,投入巨资进行脑功能及其相

[①] 陶国枢.迎接新世纪老龄社会对老年医学的挑战[J].医学与哲学,2000,21(2).

关疾病的研究，日本于 1995 年推出"脑的 20 年"计划，集中人力、物力对老年的痴呆发病机理及其防治进行了深入研究。并从"认识脑""保护脑"和"创造脑"三方面大力推进脑科学研究。与西方发达国家相比，我国对老年痴呆的研究尚存在着很大的差距，但已受到政府及有关科研机构的关注。中国科学院于 1998 年及 1999 年两次举行香山科学会议，以"跨世纪脑科学——老年性痴呆致病机理与防治"及"脑科学与智能开发"为主题，集中国内知名专家研讨脑科学及老年痴呆主攻方向，国家卫生部已将老年性痴呆列入老年医学"九五"攻关课题。老年性痴呆（阿尔茨海默病）的发病机理尚不十分清楚，目前研究表明，该病与遗传基因、β—淀粉样蛋白前驱蛋白、tau 蛋白过度磷酸化、环境、代谢及增龄等密切相关，但距离彻底揭示该病的发病机理尚任重而道远。由于该病晚期尚无特效治疗，因此利用一切手段，如正电子发射计算机断层显像（PET）、CT、核磁共振、电生理技术、认知功能量表及其他先进检测方法，制定出一套特异性、灵敏性高，简便易行的早期诊断方法是老年性痴呆研究的主攻方向之一。该病的药物治疗目前仍以胆碱脂酶抑制剂占主导地位，这类药物可以改善症状，但不能治本。因此，药物治疗作用靶位的多样化已成为药物开发的新趋势。中医中药也是有前景的治疗途径，有待深入研究开发。老年性痴呆多数须依靠家庭护理、康复，因此，加强卫生普及教育，宣传多用脑，人人注意不断开发自己的智力对预防老年性痴呆至关重要，在政府及医疗行政部门统筹领导下，建立适合我国国情的社会 家庭照料体系及医疗 护理—康复—社会保障网络等，均是亟待解决的问题。

21 世纪的老年医学向着更高（高科技）、更广（群体预防、全民健康）、更深（分子、基因水平）的方向发展。基础医学以分子生物学为带头学科，从分子、基因水平进一步深入探讨老年病的发病机理、衰老机制，期望能有所突破。基因工程技术的进展和应用，将使新药、中药的研究和传统制药工艺发生划时代的变革。随着电子、激光、超声、核磁、核医学、放射线、光纤、生物工程技术的飞速发展，临床诊断技术将向着"超早期诊断""预测性诊断"方向发展，癌症的治疗将应用生物高技术分子调控手段使癌细胞在萌生状态可以趋向凋亡或逆转为正常细胞而得以根治。基因治疗代表了一种全新的技术方法，它是目前人类攻克某些疑难病症最有希望的选择途径之一，相信随着基因工程技术的不断改进，老年病的基因治疗将取得长足的进步。随着麻醉、手术及术后监护、救治的进展，颅脑及心肺外科手术、介入性治疗、器官移植等将逐步放宽年龄限制，为老年病的救治拓宽新的途径。

四、深化老年医学教育体系布局

随着中国老年人口激增，老龄化加剧，老年人的医疗、康复、护理安宁疗护等问题已经成为严峻的社会问题。根据全国老龄工作委员会预测，2022—2030 年为我国老龄化急速发展阶段，年均增加 1260 万老年人。2040 年前后，我国将进入超级老龄化阶段。面对这一严峻局势，2019 年 10 月，国家卫生健康委等八部门联合印发《关于建立完善老年健康服务体系的指导意见》要求，到 2022 年，二级及以上综合性医院设立老年医学科的比例达到 50% 以上。由此可见，未来老年医学科的设置将全面加速。

老年医学、老年护理人才短缺现象严重。名义上是老年医学科，实际上还是以专科思维、专科模式诊治老年疾病。[①]要实现这一目标必须要加快人才培养，满足老年健康服务需求。具体来说，应该从以下方面进行探索和尝试。

（一）制订人才培养规划

根据中国老龄化进程，科学预测老年医学人才需求，加强老年医学教育研究，制订培养计划，科学规划，制订实施方案，引导和支持医学院校开设老年医学专业或老年医学课程，加快具有老年医学整体思维的复合型人才培养，以应对人口老龄化的日益加剧。

（二）制定老年医学本科教育和考核标准

在临床医学专业本科教育的全过程加强老年医学知识和能力的传授。临床医学专业本科生是我国临床医生的最重要储备力量之一，老年医学教育与培训应当涵盖所有未来的临床医生，不应仅限于老年医学科医生。然而，我国医学院校普遍存在部分学校课程设置上有缺陷、专业师资不足、大多以选修课程的形式出现、缺乏相应的实习课程或缺乏临床教学实习基地等问题，使得许多医学专业学生缺乏基本的老年医学专业知识。

（三）创新老年医学人才培养模式

人口老龄化进程的加剧，促使老年医学教育与人才培养成为医学发展的重要领域。多学科协同是老年医学的特点，因此，师资力量的建设也更应强调学科专业性与广泛性的联合。教学大纲、课程设置都需要突出老年特色，老年患者除具有慢性疾病多、多种疾病共存的特点外，还存在诸如焦虑、抑郁等心理问题，病情易受心理、精神、社会和家庭环境诸多因素的影响。除医学与护理知识的学习外，需要开设心理学、社会学、营养学、人文关怀等课程。

（四）建立老年医学专科护理培训和管理体系

长期以来，我国老年护理人才培养的方向主要面向各级医院老年患者，而非面向居家养老和机构养老人群。目前部分护理学院有老年护理系，但护理教学结构中尚缺乏养老护理学院或养老护理系。加强老年护理继续教育，编制统一的老年护理系列教材，包括老年护理学、养老护理学、老年专科护士继续教育相关教材等。

专栏 6-1 我国老年人口将超 3 亿，医院该如何发展老年医学？

国家卫生健康委发布《老年医学科建设与管理指南（试行）》，明确提出：有条件的二级及以上综合性医院要开设老年医学科。

老年医学科看什么病？国家老年疾病临床医学研究中心副主任保志军给出明确答复：患有三种及以上慢性病的老年人，可前往老年医学科就诊。"许多慢性病需要服用两种以上药物，老年人常常合并好几种慢性病，各种药物应如何搭配、怎样

[①] 唐超，徐凤芹. 深化老年医学教育布局[J]. 中国医院院长，2021(8).

系统治疗多种疾病？这些在专科领域难以破解的问题，应该是老年医学科的强项。"

据悉，更多探索老年特有疾病的门诊，在上海的医院冒头：2021年1月，仁济医院老年病科增设老年共病门诊、"肌少症"专病门诊，临床医师药师共同加入老年医学多学科整合团队(GIT)，实现"挂一次号就得到团队诊疗"。在华东医院，老年人记忆门诊、衰弱门诊陆续开设，形成疾病规范诊疗，并逐步推广示范。

老年医院也将"启航"。2021年3月，核定1000张床位的上海市老年医学中心(由复旦大学附属中山医院运营管理)将启动试运行；年内，瑞金医院也将整合建设发展老年医学中心。这一老年医学中心将采取"松紧结合"的管理模式，更有针对性地为老年患者提供帮助。

近年来，国家加大力度发展老年医学。北京将从提升老年人健康管理服务率、加大家庭病床及巡诊服务供给、鼓励医疗机构设置安宁疗护病区等方面完善老年健康服务体系。北京市将完善以老年医院和综合性医院老年医学科为核心，基层医疗卫生机构为基础，相关教学科研机构为支撑的老年医疗服务网络。加大老年医院建设力度，推进老年医学科建设，到2022年，二级及以上综合性医院设立老年医学科的比例达到50%；推进老年健康指导中心建设，探索老年多学科诊疗模式；开展老年人综合评估和老年综合征诊治，为老年人提供用药咨询服务；持续完善120急救网络布局，优化指挥调度系统，提高老年人院前急救能力；积极推动老年医院开展远程医疗服务，建立远程医疗服务站点。

值得关注的是，医疗服务如何融合到养老服务中？在2021年"两会"期间，全国政协委员、北京医院原院长王建业接受媒体采访时表示，有三种案例模式，一是在大型养老机构设置医院。二是在医院框架下建养老院，例如医院可以建立分院，在设置正常医疗床位后，剩下的床位可由养老机构用于养老。三是医院与养老院合作，就近签协议，日常头疼感冒、测量血压等小问题由机构解决，大问题直接送到合作医院。

资料来源：搜狐网. https://www.sohu.com/a/454254492_374886.

复习与思考

1. 名词解释。
   衰老　　寿命评估
2. 简述百岁老年群体崛起的原因、对社会发展的影响。
3. 简述我国老年医学发展的前景。

推荐阅读书目

于普林. 老年医学[M]. 北京：人民卫生出版社，2019.

第七章
老年社会保障

社会保障是以政府为责任主体，依据法律规定，通过国民收入的再分配，对暂时或永久失去劳动能力及由于各种原因而生活发生困难的公民给予物质帮助，以保障其基本生活的制度安排。社会保障制度是一个国家在发展过程中亟须完善的重要的社会制度之一。我国的社会保障制度，是指国家通过法律对社会成员在生、老、病、残、失业、丧失劳动力或因自然灾害面临生活困难时给予物质帮助，以保障每个公民基本生活需要的制度。社会保障制度对维持社会稳定和一定程度上促进社会经济发展有着不可忽视的作用。

第一节　老年社会保障概述

一、社会保障的分类

社会保障的内容主要按照以下两种方式来划分。一是按资源的来源与保障对象来分类，将社会保障项目分为社会保险、社会救助、社会福利及补充保障项目。其中，对社会保险的划分一般按保障项目背后的福利需求分类，分为养老保险、医疗保险、失业保险、工伤保险和生育保险。二是按保障项目背后的福利需求分类，包括养老保障、健康保障、工伤保障、失业保障、住房保障、军人保障、补充保障等。补充保障还可进一步细分为教育保障、贫穷保障、灾害保障、法律保障等。①

二、社会保障的起源

公认的社会保障制度发展史上的标志性现象，按照项目出现的历史顺序来观察，包括 1601 年到 19 世纪中期的英国济贫法、19 世纪 80 年代德国社会保险法、20 世纪 30 年代美国社会保障法、20 世纪 40 年代英国福利国家的建成、20 世纪 70 年代以后以英国为首的福利国家的改革与现状。通过对这些标志性事件细节的梳理与呈现，从中归纳出社会保障的本质是收入再分配或称为强制性收入转移（下文中简称为分配）。分配是强制性的政府行为，这种强制性就将社会保障与自愿性的收入转移（即慈善）区别开来了。分配

---

① 余飞跃. 社会保障学知识体系建构研究 [J]. 社会保障评论，2019(1).

概念的核心内涵为：谁出资、谁获益、分配的准则是什么。从社会保障本质是分配的内涵出发，需要追问以下两个问题。

其一，为什么有人需要社会保障？回到社会保障制度设计的细节现场(现象)中，17世纪到19世纪济贫法的对象主要是贫困流民，19世纪中叶德国社会保险制度的对象主要是贫困劳工，20世纪30年代美国社会保障法的对象是失业后陷入贫困的劳工、老弱病残者，20世纪中叶英国建立一揽子福利计划是因为第二次世界大战后，原有的社会保障制度无法覆盖并保障贫困人口。由此，我们从现象中归纳出，有人落入贫困需要社会保障。贫困即收入(满足基本所需的收入)不足的状态。因此，我们认为社会保障是为了解决收入不足(即贫困)问题而出现的。

其二，凭什么政府会保障这些贫困者？是靠政府的同情与慈悲还是靠他们作为公民的"社会权利"？靠"无知之幕"后面的社会契约①还是靠"穷人使用一元钱的效用大于富人"？②我们回到社会保障历史现象中，济贫法时代英国贫困的流民为了生存会运用暴力(抢、偷、起义、非法罢工)，德国低收入的劳工会在社会民主党的组织下起义、罢工，大萧条时代美国的贫困人口在法律界定范围内运用了权利进行游行示威，而第二次世界大战后的英国国民为了更好地生活而不是备战，运用选票抛弃了"人民英雄"邱吉尔，选择《让我们面向未来》的艾德礼。

当贫困者运用暴力或权利危及他人的安全、财富及社会、政权的稳定时，政府一开始会运用更高级别的暴力对暴力或运用权力的行为进行压制与疏解。英国济贫法颁布之前，都铎王朝(1485—1603年)制定一系列镇压式的法令，用暴力禁止农民流浪。直到1596—1598年的歉收和随之而来的饥荒使得贫困与流浪成为一个社会事件，福利交换暴力才成为普遍性现实。德国19世纪80年代社会保险制度建立之前，为了对抗社会民主党的崛起和工人运动的抗争，俾斯麦于1878年颁布《镇压社会民主党企图危害治安的法令》(《非常法》)，直到1890年才废除。只有当以暴抗暴的成本过高(危及统治和社会稳定)时，政府才考虑用福利交换暴力。政府不是基于同情与慈悲、社会契约、穷人使用钱的效用更大等这些建构的理由或理论来保障贫困者。

我们从历史现象中归纳出，社会保障的动力机制是福利交换暴力。当暴力被法定为平等权利代表的选票时，运用暴力去获取所需转变为运用选票去争取所需，老年人运用手中的选票要求更丰厚的养老金，年轻人运用手中的选票要求更全面的失业保障与就业支持，有小孩的家庭运用手中的选票要求广泛的儿童教育、保健等项目……能够纠集多数选票的需求就更容易被权力的代理人关注而置顶。这样，福利交换暴力转变为福利交换选票。

在工业社会这个人与人结成的关系网络中，我们能够观察到网络中人们最常见的行为是交换。以最常见的铅笔交换为例：一个人用1毛钱就可以交换到一支一生都不一定能够制造出来的铅笔。其背后是"成千上万的人卷入了生产铅笔的过程中……这些人生

---

① 罗尔斯在《正义论》这本巨著中提出了正义的差别原则。他建构了无知之幕，在无知之幕后人们会达成同意差别原则的共同契约。参见：约翰·罗尔斯.《正义论》[M]. 何怀宏，等，译. 北京：中国社会科学出版社，2001.

② 福利经济学认为从富人向穷人进行收入转移的依据是穷人可以带来更高的效用。参见：A. C. 庇古. 福利经济学(上下卷)[M]. 朱泱，等，译. 北京：商务印书馆，2011.

活在不同的地方,讲着不同的语言,信奉着不同的宗教,甚至可能彼此憎恶。然而,所有这些差异,并没有妨碍他们合作生产一支铅笔。""每个人都把自己的工作仅仅看作是获取自己所需要的商品和服务的一种办法,而我们生产这些商品和服务,则是为了获得我们要用的铅笔。每次我们到商店购买一支铅笔,我们都是用我们的一丁点劳务,来换取投入到铅笔生产过程中的成千上万人中的每个人提供的极小量的一些劳务。"这是1958年伦纳德·里德(Leonard E.Read)的《铅笔的故事》中脍炙人口的内容。①

成千上万的物品满足着我们一生所需,正是交换的互利性,人们自愿结成一个关系网络——社会,而不是在一生当中自给自足。从这种意义上讲,我们可以将社会视为人们通过交换合作获得物品的一种方式,"社会的形成与演化就是人类合作的扩展秩序"。②在这幅壮丽的宏大交换合作图景之中,一方面通过交换带来财富的大量聚积,一方面人们也因此深深嵌入社会之中,依赖交换维生。当有人因各种原因(例如禀赋不足、遭遇意外等)而无法通过交换获取所需时,我们称其落入贫困。

落入贫困的人会坐以待毙吗?在社会保障历史现象分析中,我们可以看到贫困者不会坐以待毙,他们会通过盗窃、抢劫、罢工、起义、示威和游行等动用暴力或权利的方式来获取生存所需。我们将这种动用暴力或权利而不是通过自愿互利来获取所得,称为损人利己的或强制他人的交换方式。落入贫困后为什么不会坐以待毙?为什么会并且能够使用暴力?我们需要从演化史上寻找线索。在漫长的演化过程中,如同所有生物,个人生理、心理及行为演化遵循的是,为了更好地适应环境而生存与繁衍。男性为了在竞争中争夺到资源(包括生存的资源即食物,以及繁衍的资源即配偶),依据食物猎取难易程度结成对应的团体,团体内部合作,团体外部运用侵略与杀害等暴力手段来更经济地获取食物与配偶。

团体内部合作的规模与生产技术水平密切相关,工业革命以来的现代生产技术带来了大规模的团体合作。在这种大型社会组织中,彼此互利交换是获取个人生存与繁衍资源的主要方式。然而,当无法通过互利的方式来获取生存所需时,人们并不会坐以待毙,而是会运用暴力去强制"交换"自己所需。如何钳制人们使用暴力,保障其他人的安全与财富?高于个人暴力的第三方国家暴力就成为必需。

国家的起源有不同的解释,但以下观点经得起逻辑推敲:国家源起于暴力的垄断过程。③国家司法起源于不允许个人私自运用暴力或个人以暴制暴,而是通过第三方暴力来威慑或裁决。④国家垄断暴力后,暴力集团内部实行等级制以防止内部使用暴力。⑤

因此,当落入贫困者运用暴力去强制"交换"生存所需时,国家暴力系统会以暴制暴。当然,以暴制暴是有代价的,其成本主要由以下因素决定:其一,穷人暴力总量。暴力总量等于单位暴力量乘以暴力发生次数;其二,政府暴力使用成本。政府暴力使用成本大小依赖于政府暴力存量大小、启动暴力的难易程度及以暴制暴时暴力消耗量;其

---

① 罗卫东. 经济学基础文献选读 [M]. 杭州:浙江大学出版社,2007.
② 哈耶克. 致命的自负 [M]. 冯克利,等,译. 北京:中国社会科学出版社,2000.
③ 马克斯·韦伯. 学术与政治 [M]. 冯克利,译. 北京:三联出版社,1998.
④ 辉格. 群居的艺术 [M]. 太原:山西人民出版社,2017.
⑤ 道格拉斯·C.诺思. 暴力与社会秩序 [M]. 杭行,等,译. 上海:格致出版社,2013.

三，暴力对抗对社会财富的破坏程度。暴力对抗的规模越大、时间越长，社会财富损耗越大。社会财富多数掌握在高收入者手中，暴力的扩展会大量侵犯有产者的财富。因此，当上述三个方面总计的成本过高时，政府会采用福利交换暴力。

福利的多寡取决于以下因素：低收入者暴力的总量、政府抗暴的成本大小及暴力导致的社会影响。在社会保障发展史上，以暴抗暴或者优先于福利交换暴力，或者两者并存。当然，随着民权运动的发展，政府暴力使用范围限制日益严格，而民权的领域不断扩大，福利交换暴力才走向普遍。一个国家民主普及后，用选票交换福利才成为常态。究其原因，民主本身就是一个均分暴力的机制。暴力是一种以损人利己的方式带来所需的有价值资产。如果拥有不均，那么拥有暴力多的人就会运用暴力胁迫、强制较少者，形成不平等。只要一方拥有的暴力比另一方少，一方的暴力在与另一方竞夺资源时就毫无价值。为了防止暴力带来的损人利己结果，对暴力进行平均瓜分，使任何人不得拥有超过他人的暴力以要挟他人，以保证所有人自由。民主实质上是将暴力平均瓜分后，以选票的方式等分给每个人。每个人手中拥有同等的暴力，即选票。选票一方面是放弃使用暴力就的承诺，另一方面是有价值的资产（代表暴力的价值），每个人拥有同等的资产去争取自己的所需，即用选票交换福利。因此，民主条件下福利交换暴力就演变为福利交换选票。

诚然，在现实世界中，分配最终表现为一个政治过程（即利益各方在政治市场上角力的过程）。选票不是其中唯一的影响因素，影响政治过程的一切因素都会影响分配，如媒体的舆论作用、对选举代理人进行资助的力量等。这一切致使怎样分配成为一个十分复杂的问题，然而，这些并没有改变选票成为影响分配的主要因素。能够获得福利的大小取决于政治市场上力量的斗争与对比，即一方暴力威胁有多大，另一方能有多大的支付能力，这两个方面最终通过双方谈判来达成妥协寻求一致。哈耶克在观察福利国家的社会保险制度后曾对其中政治角力过程做了精辟的描述："不是由作为多数的施予者决定应当给予作为少数的不幸者何种东西，而是由作为多数的接受者决定他们将从作为少数的较富裕者那里取走什么东西。"[①]

当暴力被平均瓜分后，福利交换暴力就转变为福利交换选票。这意味着政府应该在社会保障事业中承担主导责任，当公民面临生存危机时，有权利向政府寻求帮助。

三、老年社会保障简介

(一)老年社会保障的含义

老年社会保障，是指建立在法治社会基础上的养老保障体系，主要包括老年人享有社会保障的权利。传统社会是从孝道的角度，家庭后代成员回报养育之恩，以"养儿防老"的"反哺"方式，从老年人的需求考虑，使老年人老有所养[②]。现代社会是从社会公正的角度，社会成果是代代延续创造而来的，要从老年人的合法权益上认识问题，让老

---

① 哈耶克.自由宪章[M].杨玉生,译.北京：中国社会科学出版社,1999.
② 董之鹰.21世纪的社会老年学学科走向[J].社会科学管理与评论,2004(1).

年人享有养老保障,是受法律保护的。

(二)老年社会保障的研究内容

老年社会保障首先要处理家庭保障向社会保障转变这一基本问题。家庭养老保障是农业社会的产物,数千年家庭成员一直是实施养老保障的主体。家庭养老是指主要由家庭提供经济供养、生活照料和精神慰藉等赡养资源。社会养老保障是工业社会的产物。在向城市化、工业化、现代化社会进程中,随着社会和家庭结构转型,形成社会养老保障趋势。社会养老是指主要是由社会提供物质和精神等赡养资源,包括国家、单位、社区、社团、家庭和个人等诸方面,是养老保障的主体,通过国家依法行政,从多渠道保障老年人的晚年生活。

家庭养老与社会养老的区别在于责任主体的差异。家庭养老的责任主体是家庭成员,社会养老的责任主体包括国家、社会等,其中国家通常起着兜底的作用,即满足社会成员的基本生存需要。随着现代社会带来的家庭规模小型化,家庭养老的功能逐渐减弱,社会养老的作用日益凸显。需要注意的是,由于家庭是社会的组成部分,即使社会养老成为现代社会主流的养老方式,仍然不能忽视家庭养老的作用,即家庭成员应该承担养老保障的责任和义务。

老年社会保障要重点解决老年人的经济收入保障问题,老年人的贫困、疾病、生活护理问题是困扰老年人的三大难题。老年社会保障的研究涉及就业问题、养老金问题、护理保健问题等方面。

四、西方老年社会保障概况

考察当代西方福利国家政府角色的变化及相关理论的进展,不难发现,政府的社会福利角色虽从过去的直接提供者变成了支持者,但政府是社会保障制度中最基础的力量这一点并没有改变。政府仍然是社会保障支出中最大的资金渠道,并对服务提供者的服务质量进行监控和评估。西方工业先进国家对于老年人养老的社会保障政策,因人口、社会、经济及政治等因素而有差异,因而也规划出各自不同特色的养老制度。从已往的实践看,20世纪80年代以前,西方发达国家实行以"机构帮助"为主体的"社会养老"模式,制度的重点是把养老保障放在政府开支上;1889年德国俾斯麦首相颁布了世界上第一个《养老保障法》,以后一个世纪西方国家普遍效仿,工业化国家普遍向社会养老过渡,国家把许多过去由家庭承担的任务统统揽了过来,家庭的职能因此削弱了。

第二次世界大战以后,西方工业国家根据20世纪30年代危机和两次世界大战的教训,从资本主义制度长治久安的战略高度出发,对工人阶级做出了一定程度的让步。20世纪40年代英国"贝弗里奇报告"的出笼及稍后"福利国家"的建成标志着社会保障制度的重建。通过比战前更完善的社会保障立法,形成了一套完整的社会保障体系,社会政策进入了"福利国家"阶段。"福利国家"的制度和政策设计实际上为国家政策和个人福利之间的关系设定了一个相对稳定的大框架。由于从20世纪50年代初到70年代中期是西方国家经济发展的黄金时期,在这样的社会、经济背景下,福利国家政策的发展也是一帆风顺。这些国家的政府设立社会养老保险制度,增加社会福利,使老年人的养老获得了保障。

综观世界各国养老保险制度,都主要是依靠政府立法和政策的调节;依靠"共同付费"的方式,实行多层次的分工管理,开辟多渠道筹集资金。1940年时,世界仅有33个国家和地区实行社会养老保险,目前已发展到130多个,实行的方式为普通保险、职工保险、最低生活保险、储蓄存款保险等四种方式的一种或几种。保险资金的来源通常有三种:一是职工本人按其工资总额的一定百分比交纳保险费;二是雇主按工资总额的一定百分比交纳保险费;三是许多国家由政府负担一部分保险费。由于当时老龄化程度相对不高,经济基础比较雄厚,以社会养老为主的形式有很大积极作用。但是随着全球性的生育率下降,人口平均寿命的提高,以及人口不断老龄化,政府的养老福利也面临进退两难的困境。

美国是当代世界上较典型的"福利国家"之一。1935年开始实施《社会保障法》,这部法律一直沿用至今,成为美国社会保障制度的奠基石。当时,罗斯福说:"早先,安全保障依赖家庭和邻里互助,现在大规模的生产使这种简单的安全保障方法不再适用,我们被迫通过政府运用整个民族的积极关心来增进每个人的安全保障。""实行普遍福利政策,可以清除人们对旦夕祸福和兴衰变迁的恐惧感。"[1] 这表明了政府对建立社会保障制度的背景和作用的清醒概括和认识。在《社会保障法》的内容中,老年社会保险和失业社会保险最重要。到20世纪60年代中期,美国"用于社会福利的总开支已变得十分庞大,1976年美国政府保障开支33亿美元,分别占国民生产总值的20.9%和政府财政总支出的60.3%。美国的社会保障进入鼎盛阶段,发展成为一个向90%以上的美国人提供'从摇篮到坟墓'的全方位保障系统。"[2] 特别是那些有临时或永久需要的老年人,能够多方面地获得政府提供的援助。"社会保障、老年保健医疗、医疗补助及形形色色福利计划的总费用,几乎占联邦政府总支出的50%。20世纪90年代美国穷人的标准是,一个四口之家的年收入为14 763美元或更少,但是在美国家庭中有15.1%属于穷人之列。许多处于贫困线以下的美国家庭除上述福利外,还可以领取福利金,这笔钱是美国政府每月向那些收入微薄,不足以支付吃、穿、住等生活必需品的美国家庭提供的福利"。[3] 由此可见,美国政府在避免社会风险,维护社会安全方面依然发挥着重要作用。社会保障制度已成为美国经济和社会生活的一个重要组成部分,起着稳定经济和安定社会局面的重要作用。事实上,美国政府最重要的功能就是承担保障人民福利的责任,这正是"福利国家"的简单含义。

美国政府曾召开过多次"白宫老年会议",从老年社会保障角度研讨对老年人提供支持的问题。1961年1月的首次"白宫老年会议"是一个全国性的国民论坛,目的是让公众关注美国老年人的问题和潜力。在这次会议上,代表们就与老年人口老化有关的研究、培训、联邦组织和其他方面的问题提出了建议,为1965年《美国老年人法案》的通过铺平了道路。这一立法和其后的修正案,确立了联邦政府向州政府划拨专款的制度,用于

---

[1] 史探径.世界社会保障立法的起源和发展[J].外国法译评,1999(2).
[2] 张玉杯,杨会良.论美国社会保障制度及其垄断资本主义性质[J].河北大学学报,1998(1).
[3] 丁元竹.命系百姓:中国社会保护网的再造[M].天津:天津人民出版社,2001.

社区规划与服务、培训和研究,以及在健康与社会服务部系统内建一个工作机构,定名为"老年管理局",以此向老年人提供援助。法案及其修正案为联邦政府提供财政援助帮助老年人奠定了基础。法案提出了十项老年保障目标:①充足的收入;②最大可能的身心健康;③适宜的住房;④为需要机构护理的人提供身体康复服务;⑤就业机会;⑥身体健康地、光荣地、有尊严地退休;⑦追求有意义的活动;⑧卓有成效的社区服务;⑨直接从研究成果中受益,保持和改善健康状况,令生活美满;⑩自由、独立、自主地实施个人的生活计划,主宰自己的生活。①1971年,美国又举办了"第二次白宫老年会议"。在会议召开前,所有州、种族群体、经济阶层和社会组织的代表云集到一起,强调了四个让老年人的生活更有收获的目标:①足够的收入;②适宜的居住安排;③制度性措施和新的对待老年人的态度;④独立、有尊严。②1995年第三次"白宫老年会议"以老年人的经济和健康需要为焦点,普遍的健康照顾及拓展以家庭和社区为基础的长期照顾服务被放在了首位。会议提出要让老年人有可以支付得起的、有安全居住环境的住房,还通过了确保老年人个人的尊严和价值的解决措施。③

西方福利国家的老年社会保障政策在20世纪的发展表明,各国的养老保障体系或模式,都是政府社会政策的重要组成部分。如深受欢迎的美国401K退休福利计划,劳工可依其个人需求自由选择政府核准过的个人退休金计划,给退休人员有多种选择,政府只是做好服务。英国养老保险制度主要由国家基本养老金、企业职业年金和个人养老金等制度组成。近几年的英国养老金改革,主旨是推动企业职业年金的发展,以便政府从沉重的财政负担中得以解脱。这种养老金的好处是有多重保障。养老保障体系与社会保障制度是同一个问题的不同方面,表明老年人是享受社会保障的特殊人群,政府是向老年人提供养老支持的主要力量。

实现"老有所养"需要政府、市场和社会的共同努力。但是,这三者之中,政府无疑负有主要的责任。由于国家承担了预防社会权利不公平和向公民提供社会福利的责任,并且这类功能主要是由政府来履行实施的,我国历年召开的全国"两会"上,政府工作报告都对老龄事业予以关注,而且已从提醒重视老龄问题的阶段,走向如何应对老龄社会及如何解决其带来的问题的新阶段,这表明了政府在保护老年人、制定有关老年社会保障政策方面处于主体的地位。政府在养老保障方面承担的主要责任有养老制度设计与政策法规规范责任、为公民提供养老金的财政保障责任、监管实施责任、建构养老服务体系的责任等。

为了建立健全广泛覆盖、持续发展,与经济社会相适应,与其他保障制度相衔接的老年社会保障体系,首当其冲要解决当前老年人最迫切、最需要解决的"养"和"医"的问题,不仅是贯彻以人民为中心,促进经济社会协调发展的必然要求,而且是提高老年人生命和生活质量,实现社会和谐稳定和国家长治久安的重要保证。

---

① U.S. Department of Health, Education, and Welfare: Older Americans Act of 1965, as Amended, Text and History, Washington, DC., 1970.

② William O. Farley, Larry Lorenzo Smith, Scott W. Boyle: Introduction to Social Work, Pearson Education, Inc, 2006.

③ Official 1995 White House Conference on Aging, Adopted Resolutions, Washington, DC., 1995.

五、我国老年社会保障问题

在我国，随着人口老龄化的加速，无论是经济发达地区还是欠发达地区，都面临日趋严峻的养老难题。老龄问题涉及政治、经济、文化和社会生活等诸多领域，是关系国计民生和国家长治久安的一个重大社会问题。① 据国家统计局统计数据显示：截至 2018 年年末，我国 60 周岁及以上人口占总人口的 17.9%；65 周岁及以上人口占总人口的 11.9%，我国早在 2000 年就步入老龄化社会。作为人口数量最大的国家，中国老年人数量大、老龄化速度快、"空巢老人"等现象日益严重，确切地说，我国经济潜在增长率降低，人口红利削减。老年人抚养系数增高，社会人口负担加重，社会福利和保障事业的成本逐年升高，严重制约了社会的发展。② 老年社会保障制度作为社会保障制度中的重要组成部分，正面临着巨大的挑战。预期寿命的提高和生育率的下降使老龄人口在总人口中的比例迅速上升，大家庭和其他传统家庭的养老方式逐渐衰弱，同时现行的养老制度社会化程度较低、覆盖范围小、给付标准低等问题的存在造成老年社会保障成为一大缺口。另外，老龄危机的到来也使社会结构变得不稳定，如独生子女家庭的养老难题、年轻人养老负担问题等。

面对人口老龄化的趋势，中国政府近 20 年来采取了一系列积极的对策与措施。通过改革社会养老保险制度和社会医疗保险制度，建立多层次老年保障体系；通过老龄事业基础设施建设，保护老年人合法权益，丰富老年人精神文化生活；通过健全老龄事业发展机制，建立老年服务体系，营造尊老敬老助老的社会氛围。这些措施，有力地提升了中国老年人的社会保障水平。然而，与来势凶猛的人口老龄化、高龄化趋势相比，与全面建成小康社会和老龄事业发展的要求相比，我国的人口老龄化应对体系仍然不够健全，老年的福利状况远不能满足需求，老年社会保障问题日趋严峻和紧迫，当前存在以下几个显而易见的问题必须给予高度的重视。

（一）老年社会保障碎片化

世界人口老龄化发展的历史表明，人口老龄化对人类生活的所有方面都会产生重大的影响。在经济方面，人口老龄化将对经济增长、储蓄、投资与消费、劳动力市场、养老金、税收等产生冲击。在社会方面，人口老龄化将影响社会福利、医疗制度、家庭构成及生活安排、住房和迁移。在政治和文化方面，人口老龄化也会有不同程度的影响。《中华人民共和国宪法》第四十五条规定："中华人民共和国公民在年老、疾病或者丧失劳动能力的情况下，有从国家和社会获得物质帮助的权利。国家发展为公民享受这些权利所需要的社会保险、社会救济和医疗卫生事业"。然而，我国老年社会保障制度存在明显的碎片化现象，突出表现在不同老年人群体（如离休老人与退休老人、有收入老人与无收入老人、城镇老人与农村老人等）获得正式社会支持的机会与实际获得率的差异性和不平衡性，由此对老年人的经济、医疗、生活照料、精神慰藉等方面的生存状态产生影响。由于养老"双轨制"的存在，致使老年社会保障制度缺乏公平性，区域差异、城乡差异、

---

① 张敏杰. 老年社会保障：一个严峻而紧迫的民生问题 [J]. 观察与思考，2013(1).
② 曹莹. 浅谈中国社会保障制度的完善——基于老年社会保障视角 [J]. 现代农村科技，2019(7).

职业差异将中国人划分不同的社会阶层。

近段时间，在舆论为延迟退休养老方案争议不休的现象背后，实质反映的是不同阶层之间横亘着巨大沟壑，难以达到一致平衡点。调查显示，赞成延迟的多是机关单位、事业单位人员；高达九成的民众反对延迟退休，且反对延迟的大多是一线工人。可见，养老保障制度碎片化的现状，已经导致社会阶层的割裂。

(二) 老年生活状态空巢化

由于我国经济、社会结构的转变和计划生育刚性政策的实施，独生子女越来越多，使家庭趋于小型化。不少家庭中子女外出务工、经商、求学、出国乃至移居外地或移民海外，特别是广大农村地区的"人口流动"现象非常普遍，加快了空巢老人家庭比例的增长，以"养儿防老"为主要形式的家庭养老模式正在逐步瓦解。

"空巢老人"群体的不断扩大，给社会保障带来了严峻的挑战与考验。"空巢老人"作为老年人中的一个特殊群体，特点就是身边无子女，日常生活既缺子女的照料，又乏他人照护，普遍面临经济供养、医疗健康、生活照料和精神慰藉这"四大共性问题"，存在生活无人照料、疾病无人过问、物质生活困难、缺乏精神安慰、孤独寂寞等一系列问题，特别是高龄、独居、体弱多病的空巢老人，这一现象更为明显。"空巢老人"不仅需要子女和亲朋的照料，更需要政府和社会共同来建立健全社会生活照料和帮扶体系。我国有关政府部门在推行计划生育和独生子女政策之始，就向广大民众宣传"计划生育好，政府来养老"，也就是说，当响应计划生育政策而少生少育孩子的父母进入老年期后面临无依无靠困境时，政府曾有过承担养老责任的承诺，最起码对于独生子女家庭父母进入老年期后要承担起养老的责任，尤其是承担那些独生子女已经先父母而去的"失独"家庭老人的养老责任。

(三) 老年照护体系边缘化

从现有机构养老资源配置状况来看，在充分发挥家庭、社区保障功能的同时，发展机构养老事业成为一项重要的民生工程。但是，国家和省级财政目前还没有投入养老服务社会化的专门工作经费；政府对养老机构的财政补贴也十分有限，政府兴建的机构养老资源配置不够合理，浪费严重。目前除"三无"人员养老由政府全额埋单、实行集中供养的保障方式外，经济收入不高的老年人养老依然缺乏政策的支持。与此同时，一些地方政府花巨额资金举办高标准、高档次的养老机构作为"形象工程"，收住对象大多数是有经济实力的、条件较好的老年人，而那些真正需要政府帮助的低收入人群却难以进入。

由于优势的资源都集中在公立养老机构，民营养老院多数处在灰色地带。虽然国家鼓励"福利院社会化"，使投资主体多元化，鼓励集体、社会团体、个人等以多种形式兴办老龄产业，但面临准入门槛高、硬件差、需求不足、监管不到位等问题。由于老年设施投入大、周期长、见效慢，有一定的风险，银行不愿贷款用于老年设施建设，致使养老服务社会化存在融资难的困境，并面临土地出让价格居高不下、工作人员工资待遇不断上涨等"瓶颈"的制约。部分民办养老机构已变成赚钱项目，使"社会福利"转变为"企业经营"。

第二节 养老金问题

一、养老金简介

养老金属于社会保险基金,养老金制度是社会保险制度的重要组成部分。根据筹集模式的不同,通常认为养老金可分为三种不同类型,分别为现收现付制、完全积累制与部分积累制。

(一) 现收现付制

从近一段时期的养老保险收支平衡的角度着眼,确定向企业或个人征收的费率,以筹集社会保险基金。在这种制度下,老年人养老金来源为即收即付的同时期在职人员缴纳的养老保险费。养老金实际为代际转移支付,即"下一代人缴费供养上一代人"的模式。现收现付制由 Bismarck 于 19 世纪提出,在德国首先得到采用[1],目前欧洲仍有一部分国家采用征税的途径筹集现收现付制的社会保险所需资金。

由于现收现付制不存在养老金的长期管理问题,可以有效避免因通货膨胀导致的基金贬值风险。另外,由于采用了二次分配的给付方式,对于低收入人群,可以更好提供社会保障,可以更好体现社会公平原则。但是,该种筹集模式首先要求人口增长速度保持稳定,同时退休人员的增长速度不能超过劳动力的增长速度,否则难以在劳动力持续下降的情况下支付老年人口的社会保险资金。

(二) 完全积累制

完全积累制也称基金积累制,其资金来源通常为养老金缴纳者本人的累积供款与累积收益的总和。以这种筹资制度积累社会保险费用,并对其进行安全增值管理,从而在未来支付社会保险金。基金积累制需要综合评估人口健康程度、生活水平、收入状况等社会经济指标,从而计算出保障期内所需支付的保险金总量,然后在投保期内分摊需缴纳费用的标准。由于此种制度较现收现付制运行更加简便,另外对保险费用缴纳者具有更强的激励机制,同时也可增加社会储蓄。另外,由于基金积累制的资金来源更加多元化,国家与企业在老龄化现状下需承担的负担较小,同时可以获得更高的生产效率,因此日益为更多国家接受。

但是基金积累制也面临因通货膨胀导致的基金贬值风险,同时以缴费数额作为基准,不具备再分配的社会调控功能,对于低收入人群难以实现福利保障。在世界各国以基金积累制为目标的保险制度改革的趋势下,基金积累制将成为不可忽视的问题。

---

[1] 刘盈辉. 中国老年社会保障的经济制度研究 [J]. 陕西青年职业学院学报,2016(1).

（三）部分积累制

作为一种兼具基金积累制与现收现付制的混合制度，部分积累制在我国已进入养老保险制度改革的实际运行阶段。这种制度将保障资金的一部分用以积累与安全增值来满足未来社会养老开支，同时将保障资金的一部分采用现收现付方式保证当前开支需要。作为老龄化现状下的变通方案，该制度兼具保持短期开支平衡与保证未来支付需要的优点，但也同时存在管理难度大、转型成本高的问题。针对我国现实需要，养老保障制度正在逐步从现收现付制向部分积累制度转型。

改革前，我国从当前在职劳动者的养老保险缴费中支付老年人的养老资金，采用现收现付的制度。改革以来，政府经过一段时间对养老保险的筹资模式探索，1995年国务院发布的《关于深化企业职工养老保险制度改革通知》，规定了基本养老保险制度要实行社会统筹与个人账户相结合的部分积累模式，标志我国养老保险筹资制度转型的开始。2000年国务院发布的《关于完善城镇社会保障体系的试点方案》，再次明确规定基本养老金由基础养老金和个人账户养老金组成，基本养老保险费由企业和职工共同负担，基础养老金由社会统筹基金支付，个人账户养老金由个人账户基金支付，月发放标准根据本人账户储存额除以120；有条件的企业年金实行基金完全积累，采取个人账户方式管理，费用由企业和职工个人缴纳。目前，我国养老保险筹资制度改革已进入从现收现付制向部分积累制的实际运行阶段。另外，上述三种筹款模式也分别对应着不同的给付制度。收益基准制的给付制度按照受益人实际的年龄、工作状况等需求核定标准，与其过去对养老基金的贡献不挂钩。此种制度多见于现收现付制筹款方式，包括福利国家型、自保公助型、国家保障型等养老保险制度。另一种给付制度称为缴款基准制，按照受益人对养老基金的供款数量确定获得的养老金数额。通常设立个人账户，管理个人缴费，缴费较多的个人领取的养老金较高。

我国目前实行的"社会统筹与个人账户相结合"的基本养老制度在上述筹集模式和给付制度的基础上做出探索与创新，对不同的制度进行整合，以实现兼具社会公平与个人激励的社会保障制度。

二、中华人民共和国养老金体系的发展历程

（一）计划经济时期的退休金制度（1949—1977年）

我国曾长期处于农业社会，在自给自足的小农经济中，养儿防老一直是养老的主要模式。这一模式与当时的土地制度、财产继承制度和孝文化紧密配合，保持了社会的稳定，保障了老年人的晚年生活。[①] 随着中华人民共和国的建立，以国家和集体责任为主导的养老金制度开始建立。1951年，政务院颁布了《中华人民共和国劳动保险条例》（1953年和1956年进行了修订），基本上在城镇实现了应保尽保，几乎所有类型的企业职工都

[①] 董克用. 我国养老金体系的发展历程、现状与改革路径 [J]. 人民论坛·学术前沿，2018(22).

被覆盖，由企业缴费、国家兜底，形成了典型的"国家—单位"保障型养老金体制。对于机关事业单位，也建立了相应的退休金制度。在计划经济时期，企业按照职工工资总额的一定比例向国家缴纳养老金。机关和事业单位不用缴纳，由财政直接负担。职工的退休待遇取决于工资和工龄两个因素，退休待遇与退休前最后一个月的工资挂钩；工龄越长，退休金越高。可以看出，计划经济体制下的城镇职工采取典型的现收现付和DB模式(待遇确定型)。当时，职工的退休年龄不同，女职工、特殊工种、重体力劳动者，往往是50岁。女干部通常为55岁，男职工为60岁。领导干部、高级知识分子退休年龄最晚。在农村，由于实行了农村合作社制度，土地不再归个人所有，但是农村老年人仍然以家庭养老为主。无子女的老年人由农村合作社集体负责，这一办法主要依据1956年中共中央《一九五六年到一九六七年全国农业发展纲要》中提出的"五保"制度来落实。

六十年代中期，原本以总工会为主导的城镇职工养老保险体系被冲垮。1969年财政部发布了《关于国营企业财务工作中几项制度的改革意见(草案)》，规定国营企业一律停止提取劳动保险金，由单位直接支付退休员工的退休金，"国家—单位"保险模式蜕化成纯粹的单位自保。当然，在计划经济制度下，企业不是自负盈亏，因此，对养老负担并不敏感。在此期间，农村的五保户制度也没有受到很大冲击。

(二)改革开放时期的养老金制度改革(1978年至今)

我国的经济体制改革首先是从农村开始的。1984年开始，以企业改革为核心的城市经济体制改革成为重点。改革初期，由于城镇就业问题突出，鼓励提前退休曾是安置新成长劳动力的重要手段，养老金的问题并不突出。随着企业改革的深入，特别是随着国有企业改革"自主经营、自负盈亏"原则的提出，对于那些退休人员多的老企业，退休金负担重的矛盾就显露出来。因此，20世纪90年代初，企业养老金制度改革便提上了议事日程。从那时起，中国的养老金制度改革经历了三个阶段：第一阶段(1991—2008年)是中国特色的养老金制度的初建期，其核心问题是解决从计划经济体制向社会主义市场经济体制转轨时期城镇企业职工的养老保障问题；第二阶段(2009—2014年)是中国特色的养老金制度的扩展期，其核心问题是解决养老金制度的覆盖面问题；第三阶段(2015年至今)是中国特色的养老金制度的深化改革期，其核心问题是解决养老金制度的公平性和可持续性问题。经过这三阶段的改革，未来虽然还有很多工作要做，但是，可以说具有中国特色的养老金体系的制度框架已初步形成。

1. 养老金制度初建期(1991—2008年)

这个阶段主要以1991年发布的《关于企业职工养老保险制度改革决定》和1997年发布的《关于建立统一的企业职工基本养老保险制度的决定》为标志。改革从企业养老金制度入手，主要是解决当时的养老金体系与经济体制改革不相配套的问题，重点是建立城镇职工基本养老保险制度。1991年，我国就提出要逐步建立起基本养老保险与企业补充养老保险和个人储蓄性养老保险相结合的多层次养老保障体系。1997年，我国在城镇企业中正式建立起统一的社会统筹和个人账户相结合的城镇企业职工基本养老保险制度，该制度在2005年进一步完善。与此同时，2004年《企业年金试行办法》的颁布标志着我国企业年金制度的正式建立。该试行办法的出台，不仅明确了企业在养老体系中应发挥的作用，也标志着职业养老金制度建设开始起步。

2. 养老金制度扩展期（2009—2014 年）

这个阶段以 2009 年推出《关于开展新型农村社会养老保险试点的指导意见》、2011 年发布《关于开展城镇居民社会养老保险试点的指导意见》以及 2014 年《国务院关于建立统一的城乡居民基本养老保险制度的意见》的颁布为标志，重点是建立城乡居民基本养老保险制度，进一步拓展了养老金制度的覆盖面。

我国城镇职工养老保险制度与许多国家不同，该制度没有关联家庭中的非就业者。因此，城镇中非就业者的养老保障处于空白中。与此同时，依赖农村集体经济的农村"五保"制度在实行家庭联产承包制度之后几乎停顿。于是，现实的困境开始呼唤新的城乡居民养老保障制度。我国在 2009 年开始新型农村社会养老保险试点，原计划用十年时间逐步推开，但是，由于政策深受农村居民的欢迎，仅仅两年多时间就在全国全面实施了。在农村试点的同时，2011 年城镇居民开始了同样的试点。由于试点进展顺利，城镇与农村的模式基本相同，2014 年，政府将两个制度合并，成为统一的城乡居民基本养老保险制度。至此，我国养老金制度实现了对全国适龄人口的制度全覆盖。

3. 养老金制度深化改革期（2015 年至今）

以 2015 年以来推出的一系列改革为标志，中国特色的养老金制度建设进入深化改革期，旨在解决养老金体系长期发展的不平衡不充分问题，让制度更加公平、可持续。在这一阶段，主要有以下举措：第一，启动机关事业单位养老保险制度改革，破除"双轨制"弊端。2015 年《机关事业单位工作人员养老保险制度改革的决定》的颁布，标志着全国范围内的城镇职工养老保险制度双轨制改革正式开始，解决多年来双轨制所带来的困扰。第二，完善城镇职工基本养老保险制度，为解决转制成本问题出台了划转部分国有资产充实社会保障基金的政策，以保障养老金制度的可持续性。第三，城镇职工基本养老保险的全国统筹提上日程，虽然还没有实现全国基本养老保险的统收统支，仅仅是采取中央调剂金制度，但毕竟是迈开了向全国统筹进展的第一步。第四，《机关事业单位职业年金办法》和《企业年金办法》相继出台，第二支柱制度更加完善。第五，开始试点个人主导的第三支柱个人养老金。从上述一系列改革措施的出台可以看出，中国养老金制度建设已经进入深化改革的攻坚期、深水区，正处在关键的历史时期。

我国现行养老金制度体系包括三个层次：第一层次是国家主导的基本养老保险制度，包括城镇企业职工基本养老保险制度、机关事业单位基本养老保险制度（这两个制度在模式上是相同的，但是两个制度分开运行，制度名称仍然保留）和城乡居民基本养老保险三大制度；第二层次是单位主导的职业养老金制度，包括企业年金和职业年金；第三层次是个人主导的个人自愿参加的税延型养老保险。这三个层次分别对应国际通用的三支柱养老金体系中的第一、二、三支柱。

三、我国养老金体系面临的困境与挑战

人口老龄化是我国养老金体系面临的最大的系统性风险。从 2000 年进入人口老龄化社会以来，我国人口老龄化速度逐步加快。伴随着人口老龄化的不断加深及人均预期寿

命的延长，我国现行养老金体系的制度赡养率也将不断增加，这意味着领取养老金的人数将不断增加，而制度内缴纳养老保险费的成年人却在相对减少，同样数量的劳动年龄人口将要供养更多的老年人口。如果保持现有的养老金制度不变，我国养老金体系将面临着巨大的负担，存在可持续性差的风险。

（一）结构性矛盾突出，基本养老保险制度压力过大

随着经济社会发展水平的不断提高，公民对养老金水平的需求也不断增加，一支独大的基本养老金制度带来巨大的可持续性风险。此外，我国补充养老金制度进展缓慢，待遇水平充足性有限。从制度建设来说，我国养老金体系包括第一支柱的基本养老金制度和第二、三支柱的补充养老金制度，受第一支柱缴费率过高及第二、三支柱发展政策不到位等一系列因素的影响，我国第二支柱企业年金进展缓慢，加上刚刚建立的职业年金制度，也只能覆盖少数人群，第三支柱个人养老金制度刚刚开始试点，绝大部分退休人员仅能依靠基本养老金制度保障退休生活。然而，目前城镇职工基本养老保险的替代率已经从 1997 年制度建立之初的 70.79% 下降到 2016 年 46% 左右[①]，已经处于国际劳工组织公认 40%～50% 的警戒线之间，养老金待遇水平"保基本"的功能受到质疑，充足性更是受到巨大挑战。

（二）制度性困境没有克服，养老金体系可持续性受限

1. 制度管理模式存在漏洞，增加了制度的运作风险

为保持制度统一，我国三大基本养老保险制度都采取了"统账结合"的筹资模式，这种试图将公平和效率融合在一起的制度安排在实践中遭遇了一系列困境。就城乡居民基本养老保险而言，其社会统筹部分是非缴费型的，是国家提供的普惠式的城乡居民养老金，为激励个人缴费，国家通过财政配比的方式给个人账户予以补贴。但从实际成效来看，大多数城乡居民都按照最低档次的缴费标准进行缴费，与此同时，计划积累式的个人账户并没有真正意义上的投资运作，造成了城乡居民基本养老保险制度个人账户管理成本高昂、效率偏低。就城镇职工基本养老保险而言，由于统账结合的制度在建立过程中没有解决好转轨成本的问题，在社会统筹和个人账户混账管理的背景下，许多地区的个人账户资金被统筹账户透支，形成空账，无法进行实际投资以保值增值。与此同时，刚刚与城镇企业职工基本养老保险制度并轨的机关事业单位养老保险制度也面临着同样的风险。

2. 领取养老金的条件过宽，加大了制度的支付压力

目前，中国领取养老金的基本条件为：最低缴费 15 年并达到退休年龄（男性 60 周岁，女干部 55 周岁，女工人 50 周岁）。从国际经验来看，西方发达国家全额领取养老金的条件要远远高于我国，一方面其最低缴费年限更长，法国、德国分别都超过 40 年，其他一些国家如英国、西班牙、日本等国养老金的最低缴费年限也大都在 20 年，而我国目

---

① 替代率通常反映退休后收入与在岗收入的比值关系，50% 的替代率意味着退休收入只有在岗时的一半，因此可能面临较大的经济压力。

前规定的领取养老金的最低缴费年限偏低,仅为15年。由于目前我国养老金领取条件过宽,在很大程度上加大了养老金制度的支付压力。

3. 第一支柱统筹层次低,不同地区企业负担不公平

经过多年发展,我国城镇职工基本养老保险仍然没能实现全国统筹,甚至只有部分省份实现了省级统筹,很多省份仍处于养老金省级调剂的管理模式中。基本养老保险是保障职工基本权益和建立完善的劳动力市场的基础性制度,为此,世界上大多数国家是全国统筹,中央政府主导。但是,由于我国经济体制转型的制约,全国统筹一直未能实现,造成两大后果。一是不同省份养老金财政状况不同导致企业缴费负担不同。例如,由于东北地区退休职工多,养老负担重,企业要按照企业工资总额的20%缴纳基本养老保险;而广东省退休人员少,养老负担轻,企业的缴费负担为企业工资总额的14%。这一差距不仅影响了社会资本对东北地区的资本投资热情,现存企业也想方设法离开当地以减轻负担,从而形成了养老金制度的恶性循环。二是养老金转移接续手续繁杂。当劳动力在不同省份流动时,不仅需要转移养老保险关系,还要转移养老金,其中的个人账户部分还好统计,社会统筹部分的转移就更复杂了,工作量繁重,制度成本巨大。

4. 保值增值能力有限,降低了养老保险基金的运行效率

据《中国养老金发展报告》公布利息收入等信息综合分析,中国基本养老保险基金的投资收益基本维持在2%左右,而2000年到2015年间的年均通货膨胀率约为2.35%,中国基本养老保险基金实际上处于贬值状态。与此同时,全国社保基金理事会自2000年成立到2015年年底,其管理的全国社会保障储备基金年平均收益率为8.82%,形成强烈反差,表明我国基本养老保险基金保值增值能力还有较大的发展空间。

(三)中国养老金体系改革的路径思考

从西方发达国家改革实践看,凡成功实现公平性、充足性和可持续性的国家多数实行多支柱的养老金体系。多支柱的养老金体系主要由公共养老金、职业养老金和个人养老金组成。其中第一支柱的公共养老金是政府立法强制实施的养老金计划,旨在给老年人提供基本养老保障,克服长寿风险。政府对第一支柱养老金负有最终责任,一般采取现收现付模式,由当期工作一代人通过税收融资,给付退休一代人的养老金待遇,体现代际之间的社会再分配。在待遇形式上可以实行非缴费型普惠养老金计划,为贫困者及低收入群体提供最低水平的收入保障,旨在消除老年贫困;也可以实行养老金待遇与缴费额度及缴费期限相关的养老金计划。第二支柱是职业养老金计划,一般由单位主导建立,单位和个人共同缴费,通常采取完全积累的方式,国家给予税收优惠等政策扶持。第三支柱是个人养老金,由个人主导,自愿缴费,国家给予税收优惠,采取完全积累制。

全球养老金改革的经验教训表明:任何单一的养老金体系都难以应对人口老龄化带来的挑战。这方面有一系列案例:养老金体系仅仅依赖第一支柱的国家如希腊,近年来的财政危机与公共养老金入不敷出有很大的关系。曾经在20世纪80年代改革中只推行个人储蓄型养老金的智利,也遇到了问题,近年来不得不重建政府主导的第一支柱养老金。从这些教训中可以看出,需要通过多支柱的养老金制度组合,才能更好地进行风险分散,才能建构一个覆盖广泛、充足、可持续的养老金体系。

完善我国养老金体系的核心应该是明晰我国养老金体系的多方责任边界。鉴于我国养老金体系的复杂性，养老金体系的改革和完善不宜推倒重来，应当充分借鉴国际上多支柱的不同主体责任理念，按照不同主体责任划分对现有制度进行有效整合与优化，建立城乡一体化背景下的覆盖全体国民的多支柱养老金体系。

1. 整合第一支柱公共养老金，体现政府责任

根据我国目前养老金体系构成及责任划分，应将城镇职工和机关事业单位养老保险制度中社会统筹和个人账户在制度上分离，恢复其现收现付的特点，雇主与雇员继续共同缴费，但是，需要将个人账户转变为个人缴费记录，不再单独计发，也不再继承。与此同时，财政要通过划转国有资本充实养老金的方式补贴转制成本。重建后的第一支柱可以有助于尽快实现全国统筹，通过大数法则分散风险，为城镇就业者提供基本养老保障。

我国城乡居民基本养老保险的主要对象是农业劳动者，其中的基础养老金是政府财政为农业劳动者年老时提供的生活补贴。这是取消农业税之后政府为广大农民做的又一件好事，也与发达国家实行的"以工补农"政策不谋而合。为提高制度效率，优化整合城乡居民基本养老保险制度，应将城乡居民基本养老保险制度中的社会统筹和个人账户进行分离，将社会统筹部分待遇给付直接定位于公共养老金中的普惠制养老金，合理确定待遇水平，并且随着经济社会发展有序提高。

2. 优化第二支柱职业养老金，强化单位责任

第二支柱养老金是与职业相关联的养老金制度安排，在我国当前制度设计中表现为强制性的职业年金制度和自愿性的企业年金制度，两种职业养老金制度的不同政策给城镇正规就业者带来了新的制度不公，应在完善第一支柱养老金制度的基础上，逐步加强税收优惠等政策支持并考虑运用"自动加入"的方式完善企业年金制度。同时纠正职业年金中国家机关的"虚账"办法，尽快实现"实账"管理。并且，在时机成熟时，应考虑将企业年金与职业年金并轨，建成统一的第二支柱职业养老金。

3. 加快建设第三支柱个人养老金，发挥个人责任

第三支柱个人养老金制度由个人主导，能够发挥个人积极性。个人养老金，一方面，享受税收优惠，另一方面，由于个人养老金是长期资金，可以投资资本市场保值增值。通过第三支柱个人养老金制度建设，可以把传统的"储蓄养老"观念改变为"投资养老"，不仅可以为老年人提供更多的退休收入，而且可以推动资本市场的改革与完善。当前我国正处于经济结构转型期，灵活就业群体规模不断扩大，而这部分群体难以被企业主导的第二支柱覆盖，发展第三支柱个人养老金制度可以对其形成有效的补充保障。

4. 我国养老金体系改革的配套措施

首先，适时延迟全额领取养老金年龄，缓解养老金支付压力。适时延迟退休年龄是许多发达国家应对人口老龄化、缓解养老金支付压力的重要措施。无论从国际经验，还是从我国经济社会发展的现状来看，目前，我国退休年龄或领取退休金的年龄都偏低，有着延迟退休年龄的必要性和紧迫性。这一政策改革过程必须精心设计，处理好各方关系，循序渐进，逐步推进。

其次，适当提高养老金缴费年限，增强制度的可持续性。目前，我国基本养老保险是强制性的，但由于法定的最低缴费年限为15年，很难避免参保人在达到法定的最低缴费年限后停止缴费。特别是在人均预期寿命不断增加及实际工作年限提高的背景下，现行15年的法定最低缴费年限的要求过低，不仅不利于其养老资产的积累，也不利于制度的持续发展。发达国家全额领取养老金的最低缴费年限要远远高于我国，如法国为41年，英国为35年，德国为45年。为适应人均预期寿命延长的需要及保障劳动者退休后的生活，建议明确区分可以领取基本养老保险待遇的最低缴费年限和全额领取基本养老保险待遇的缴费年限两个政策概念。在保留15年最低缴费年限的政策下，制定最低待遇养老金与之相对应。与此同时，将全额领取基本养老保险待遇的缴费年限提高至25年或者30年，并且明确，这一标准今后将随着人均预期寿命的提高而动态调整。

再次，确保缴费基数真实足额，提高养老金收入水平。按照目前政策规定，我国基本养老保险缴费基数可在当地社会平均工资的60%～300%确定，许多企业为降低缴费压力，选择以最低水平确定缴费基数。由于我国基本养老保险缴费基数不实，在很大程度上影响了我国基本养老保险的收支平衡并造成缴费率虚高的现象。

最后，完善养老金投资体制，保障养老金保值增值。重构三支柱的养老金体系的重要前提是必须完善我国的养老金投资体制，第二、三支柱采取的是完全积累的方式，必须保证养老金能够在安全的前提下实现保值增值。我国资本市场经过多年发展，具备养老金投资增值的客观条件，在发挥资本市场作用的同时，必须加强投资的风险控制，完善投资体制，明确投资范围、投资比例及投资决策、管理与执行机制，并加强资金的审计和监督，为养老金投资营造一个良好的环境。

四、完善我国养老金制度的政策思考

（一）坚持市场化、多元化投资原则，保证养老保险基金保值增值

由于我国养老金投资市场过于狭窄和投资渠道的单一，使得收益率低。因此，实现养老保险合理化运营以达到保值增值的目的极其关键和迫切。为此，应立足于国情，坚持市场化、多元化的投资方向。进行多元化投资要综合考虑各类投资产品，防止"鸡蛋放在一个篮子里"的风险。通过加强监管有效规避市场风险，保证投资基金的安全性，委托给国务院授权的养老金管理机构投资运营，集中化运营养老保险金。

（二）实行渐进式延迟退休年龄以应对养老金的不足

渐进式延迟退休方案的制定，不仅能够解决老龄化问题而且将会减少养老金支付的压力。退休年龄的延迟，使得缴纳保险费的时间变长，而领取养老金的时间就会变短，降低了支出，增加了养老保险基金的收入。所以延迟退休意义巨大，但要综合考虑人口结构、劳动力供给及我国的特殊国情等因素，延迟退休应逐步走，开始可以先延迟几个月，之后逐步推进延迟时间，最后达到法定退休年龄的界限。同时要区分对待不同退休年龄群体，有计划地分步实施延迟退休政策。

专栏 7-1　中国养老金个人账户"空账"问题

自从我国养老保险从完全的现收现付制向社会统筹与个人账户相结合的"统账结合"模式转轨以来，个人账户"空账"问题就一直困扰着我国养老保险的改革实践。2005 年底，我国养老保险个人账户"空账"规模累计已达 8 000 亿元；2012 年"空账"规模达到 2.6 万亿；2014 年底已超过 3.5 万亿，2015 年城镇职工基本养老保险个人账户累计"空账"达到 4.7 万亿元。

一、转轨成本承担问题

我国改革前的养老保险基金制度实际上是现收现付制，即用正在就业人员缴纳的养老金维持已退休人员的养老金给付。改革后，从现收现付制过渡到"统账结合"的混合制，意味着当前就业人口养老金缴纳的一部分要建立他们的个人账户，这部分养老金不再做代际转移，这自然会出现一块缺口即转轨成本。我国转轨成本实际上涉及两类人：一是新制度实施前已退休的"老年人"，由于他们以前没有"个人账户"的积累，这就面临着由谁支付其未来的养老金问题；二是"中人"，即在新体制实施时还没退休但已在现收现付制下缴纳了养老金的那部分人。若其退休后根据混合制的目标模式从社会统筹部分领取一部分养老金和从个人账户积累基金中获取一部分养老金，那么就面临着过去年份中应该有的那部分个人账户如何"充实"问题。

二、退休人员的增长过快

近年来，在总体上社会保险费用需求人数增长远超过供应人数增长，2007 年全国参加基本养老保险的在职职工人数为 15 183 万人，2016 年增长到 25 240 万人。参加基本养老保险的在职职工十年内增长了 66.23%；与此同时，全国领取养老金的离退休人员数量增长仍快于参加基本养老保险的在职职工数，2007 年至 2016 年，全国离退休人数增长了 98.6%。

三、养老金管理体制存在的问题

我国目前统账结合的基本养老保险制度设有统筹账户和个人账户，这两个账户的管理机构统一都是各地的养老保险经办机构，并且采取的是混账管理模式。另外，国家对这方面的监督比较匮乏，一个有效的监督机构都没有设立，一旦出现统筹账户的资金无法满足当期养老保险的开支情况，各地养老保险经办机构就能轻易通过挤占个人账户基金进行当期支付。这样不断循环就形成了个人基金账户的空账，这种封闭式养老保险投资管理模式很容易出现问题。

资料来源：关丽净. 我国养老保险基金个人账户"空账"问题及对策研究 [J]. 劳动保障世界，2018(24).

第三节 老年医疗保障问题

一、老年医疗保障概述

老年人的医疗保障是大多数国家社会保障的重要组成部分，随着人口老龄化的加剧，老年医疗保障的重要性日益凸显，而老年医疗保障制度所面临的挑战也越来越严峻。老年人医疗保障的目的是使老年人在行动不便、失能或患病时能够得到及时的医疗服务和费用的筹集与支付。

根据医疗保障制度经费筹集方式可以把医疗保障制度分为国家保障、社会医疗保险、商业医疗保险及储蓄医疗保险等四种模式。不同模式老年医疗保障制度在应对老龄化、提供医疗保障及转移疾病风险等方面均具有显著的作用。[①]

(一) 国家保障模式

国家保障模式是指由政府举办医疗保险事业，通过税收筹资，预算拨款方式补偿公立医疗机构，居民可获得免费(或低收费)的医疗预防保健服务，代表性国家包括英国、澳大利亚、加拿大、泰国等。为了合理利用卫生资源，节约卫生费用，澳大利亚建立了独具特色的"老年保健评估制度"，以确定老年人是否能入住护理机构或得到社区护理服务。泰国的老年人群不仅是全民健康保险制度的受益人群，还受益于泰国的医疗救助计划。该计划为 60 岁及以上的贫困老年人和贫困的小学及初中学生提供免费医疗服务，费用完全由政府负担。

(二) 社会医疗保险模式

社会医疗保险模式是指由国家通过立法形式强制实施，医疗保险经费主要由用人单位和个人按一定比例缴纳，政府酌情补贴。目前采取这种模式的国家有德国、日本等国。为缓解老年人口不断增长的护理需求，德国和日本都通过立法对老年人群实施强制性长期护理保险制度，将长期护理进行分级，按护理等级提供服务与给付费用。长期护理保险制度的实施在一定程度上缓解了德国和日本人口老龄化的疾病负担，满足了老年人对护理的需求。[②]

(三) 商业医疗保险模式

商业医疗保险模式是按市场原则自由参保，按合同约定缴纳保费，提供医疗服务。目前采用这种模式的代表国家是美国。美国针对市场失灵的领域——老年人、伤残及贫困人口，政府出面组织社会医疗保险，具体包括医疗照顾制度与医疗救助制度。医疗照

---

① 覃朝晖，刘培松，王玉沐. 老龄化背景下老年医疗保障制度研究 [J]. 卫生软科学，2016(11).
② 李恬. 德日长期护理保险制度比较及其对我国的启示 [J]. 时代报告月刊，2013(3).

顾制度的保障对象主要为65岁以上老年人、残疾人及晚期肾病的病人，分为医院保险(HI)和补充医疗保险(SMI)两部分。前者资金来源于社会保障工资税，后者25%来自申请人的投保金，75%由政府解决。

(四) 储蓄医疗保险模式

强制储蓄医疗保险通过立法强制劳方或劳资双方缴费，把个人消费的一部分以个人公积金方式储蓄转化为保健基金，以支付个人及家庭成员的医疗费用，政府给予适当补贴，其代表国家是新加坡。新加坡老年人医疗保障是涵盖在中央公积金制度中，该制度要求每个有收入的公民在年轻时就要为其终生医疗需求储蓄资金，从而避免了医疗保健费用的代际转移，可以预防老龄化带来的医疗费用上升的问题。新加坡的 Elder Shield 是一项严重残疾保险，对需要长期看护的严重失能人员提供财务保障，特别是为老年失能群体提供长期看护资金。在提供初级卫生保健的联合诊所就诊的公民可以享受政府补贴，病人一般只需支付50%，儿童和老年人只需支付25%。

二、我国老年医疗保障制度现状

(一) 现行老年医疗保障基于三项制度

目前，我国还没有真正意义上专门针对老年人的医疗保障制度，对老年人群的医疗保障依附于"普惠型的医疗保障制度"，主要有基本医疗保险制度、社会医疗救助制度，以及部分省市实行的老年人优待制度。[1]

1. 基本医疗保险制度

基本医疗保险制度是目前覆盖群体最大的医疗保障制度。老年人群主要是通过参加城镇职工基本医疗保险或城镇居民基本医疗保险、新型农村合作医疗，以及其他地方性的医疗保障制度来享受医疗保障待遇。除了三种主流医疗保险制度以外，部分地区和城市还补充制定实施了一些专门针对老年群体的医疗保障制度。如根据《上海市城镇高龄无保障老年人基本医疗保障试行办法》，高龄无保障老年人可以申请免费获得基本医疗保障；杭州、北京等地专门制定针对城镇老年人口的大病医疗保险制度，在一定缴费比例下，为参保老年人提供支付额度较高的大病医疗费用。

2. 医疗救助制度

政府通过财政拨款、彩票公益金和社会捐助等多种渠道筹集医疗救助基金，对城乡困难群众就医给予补助，并资助农村"五保"老年人和困难群众参加新型农村合作医疗，这在一定程度上缓解了老年人基本医疗困难。不仅如此，各级政府及社会组织在针对老年人的专项医疗救助和康复救助活动方面，也开展了许多具体的救助项目，如为边远贫困地区的白内障患者实施复明手术，为老年缺肢者、听力障碍者免费装配假肢、验配助听器等，帮助贫困、残疾老年人恢复生理功能。

---

[1] 马颖颖，申曙光. 老年医疗保障制度探析 [J]. 中国社会保障, 2014(9).

3. 老年人优待制度

目前，多数省市建立了针对老年人的优待制度，部分省市的老年优待制度涉及老年人群的保健和医疗措施。北京、河北、江苏、云南、广西、吉林等地均出台了关于老年医疗服务的相关规定，具体包括：老年人在医疗机构挂号、诊治、交费、取药和住院时，享受优先服务；医疗机构对行动不便的就诊老年人，应当免费提供担架、推车等医疗辅助工具；社区医疗服务机构要为本社区内老年人建立健康档案，开展卫生保健活动；提倡医疗机构对老年人普通门诊挂号费和家庭病床出诊费，以及对贫困老年人的医疗费用给予优惠或者减免等。这些规定和措施方便了老年人群的就医，并在一定程度上减轻了老年人的医疗负担。

（二）现有制度缺乏老年特征

现阶段各项医疗保障制度虽然在一定程度上解决了老年人群的就医困难，但是，从现状来看，各种医疗保障制度的设计初衷多是针对普通人群，并且仅限于强调"无疾病"或者"病有所医"，缺乏基于老年人口特征的制度安排。随着老龄化的加速发展，老年人对健康的特殊需求日益显现，"普惠型的医疗保障制度"面对老年群体存在很多问题，无法满足人口老龄化趋势下老年人日益增长的医疗与健康需求。

1. 从保障范围来看，现有的医疗保障制度针对老年人覆盖范围较低

一方面是医疗保险制度中的老年人群参保率较低，尤其是农村地区的老年人参保率更低，医疗救助和老年优待制度受制度本身的限制，其覆盖面也很窄。另一方面，部分老年人虽然被纳入某种医疗保障制度当中，但由于受到获取医疗服务的渠道限制，仍然不能有效获得相应的医疗服务。

2. 从保障内容来看，现有的医疗保障制度针对老年人的保障项目较少

在基本医疗保险报销范围内的药品、诊疗项目、医疗服务和医疗设备都是针对普通人群的，并没有专门针对老年常见病的制度倾斜。而老年病多以慢性非传染性疾病为主，发病率高、治疗周期长，再加上老年人体质的下降，亟须在疾病的"事前""事中""事后"均给予制度上的考虑。现有的医疗保障项目在病因预防、定期体检、日常保健、病后康复、对恢复生理功能的护理等方面的缺失及不足，严重减少了老年人获得医疗服务的机会。

3. 从保障形式来看，现有的医疗保障制度主要是一种现金补偿，仅仅是对老年人的医疗费用给予报销或者发放医疗费用补助

单纯的经济偿付已不足以满足老年人多样化的健康需求。因为随着生理机能的衰退，老年人的健康需求不仅仅局限于对疾病治疗的需要，还需要依靠直接供给的、以维护健康为目的的服务，如疾病预防、保健、护理、照顾等。

4. 从保障水平来看，现有医疗保障制度对于老年人的保障水平较低

老年人患病率高、住院率高、失能率高，相比其他年龄段人口老年人医疗花费大。高额的医疗消费要求对老年人有相对较高的保障水平。而现有的医疗保障制度对于老年人来说，在起付标准和报销比例上均存在不合理之处，保障水平较低导致老年群体自身的医疗负担仍然很重。

5. 从管理部门来看，现有医疗保障制度的管理部门不统一，难以形成合力

从管理部门来看，城镇职工医疗保险和城镇居民医疗保险由人力资源和社会保障部门管理；新农合主要由卫生部门运作；医疗救助项目主要由民政部门管理和运作；老年优待制度主要由各级政府下设的老龄工作委员会办公室组织实施。多部门管理体制易造成医疗保障制度的效率不高，各部门权利和责任不明确，不利于老年人群享受方便、快捷的保健与医疗服务。

三、新型老年医疗保障制度的基本内容

由于现有的医疗保障制度无法满足老龄化趋势下老年人群的医疗保障需求，因此，亟须转变和创新老年人群医疗保障的发展思路，重塑老年医疗保障体系。2013年《老年权益保障法》的修订，为进一步改进和完善我国老年医疗保障制度奠定了良好基础。

在政府的主导下，建立起专门针对老年群体的新型医疗保障制度，保障老年人健康权益的实现。老年医疗保障制度的基本内容应当包括以下几个方面。

（一）保障内容

老年医疗保障制度的服务内容主要是针对老年人健康需求和自身特点，提供"治疗性服务"和"非治疗性服务"。"治疗性服务"主要包括医疗和部分护理，涉及基本医疗保险未覆盖的老年病治疗、慢性病治疗、大病治疗和住院等医疗项目，以及短期的疾病护理服务。"非治疗性服务"主要包括预防、保健和部分长期生理护理及生活照料等项目。此外，还要注意加强基础服务设施建设、培养专业的医疗护理人员，积极完善老年医疗的配套措施等。总的来说，面对日益增长的老年健康需求，预防、保健、医疗和护理是老年医疗保障的四大保障内容。

（二）保障对象

老年医疗保障制度要以全体60岁以上的老年群体为保障对象。根据具体服务的种类，不同项目覆盖的年龄阶段可以有所差异；预防和诊疗服务要面向60岁以上所有人群；保健除覆盖60岁以上的所有人群之外，对80岁以上的高龄老年人要有针对其年龄特征的特殊保健服务；护理服务在制度未全面普及的阶段可以只针对80岁以上的高龄群体，当制度发展到高级阶段，再逐渐扩展到所有60岁以上有护理需求的人群。当然，这一标准也可以根据相关实际情况，特别是人口预期平均寿命情况进行调整。

（三）服务提供主体及其各自责任

建立完善的医疗保障管理和服务网络，合理规划和利用医疗服务资源，是医疗保障制度建设的一个重要内容。老年医疗保障建设必须同时发挥医疗机构、社区卫生服务机构及家庭等多元主体的作用。医疗机构主要提供专业性的诊疗和疾病护理服务，针对急性病和老年慢性病的急性发作期提供医疗服务，其特征是治疗时间短、技术含量高、药品和检查比重大。提供老年医疗服务的主要医疗机构有综合医院、老年专科医院、护理

院、老年康复机构、定点药店等。社区卫生服务机构的主要任务是提供全面的初级医疗服务，包括老年疾病的治疗、预防、保健、健康管理和长期护理等服务项目。尤其在提供慢性疾病的日常预防及健康教育和咨询方面，社区占据天然的服务优势。家庭主要提供基础性服务，重点关注预防、保健和简单的家庭护理等。家庭是老年人最熟悉的环境和最长久的居住场所，同时，家庭也是最基本的保健和护理场所，家庭成员是为老年人提供保健与看护最直接的人员。

（四）筹资机制

老年医疗保障制度的资金来源，主要有以下三种筹资方式。

1. 政府的财政投入

政府的财政投入应成为新型老年医疗保障最主要的资金来源。政府应利用一般性税收资金来支持老年医疗保障事业的发展，以保证老年医疗保障服务资金的可靠来源。

2. 个人缴费

个人缴费（包括由医疗保险支付的部分）。为了提高老年群体的费用意识，避免医疗保障服务的过度利用和资源浪费，老年人及其家庭也应该承担一部分费用。由个人、家庭及医疗保险负担的费用主要包括治疗性医疗费用、大病治疗、专业性护理、大型康复性器具使用，以及提供给个人的检查和治疗器械等。这些具有正外部性私人物品特性且不具有集中供应规模的服务需求，由个人、家庭或者医疗保险负担。

3. 社会资本的投入

政府可以引导社会各界资金、吸引和调整民间资本对老年人医疗保障服务的投资和融资，进一步拓宽资金筹集通道，完善融资机制，提供多层次的老年医疗保障服务。

专栏 7-2　现阶段老年社会保障的目标——老有颐养

一、"老有颐养"政策的提出

2019年8月，中共中央、国务院关于支持深圳建设中国特色社会主义先行示范区，提出了实现"老有颐养"打造民生幸福标杆城市和构建高水平养老服务体系的新要求。为落实"老有颐养"的政策目标，2019年10月，《深圳市人民代表大会常务委员会关于构建高水平养老服务体系的决定》出台，对深圳市养老服务做出长远性、全面性的部署。2020年7月，《深圳市构建高水平"1336"养老服务体系实施方案（2020—2025年）》印发，要求以构建高水平养老服务体系为主线，围绕质量变革、效率变革、动力变革，推动实施17项工程67个项目，绘制了"十四五"时期深圳推进"老有颐养"建设的路线图。

二、"老有颐养"的含义

我国已进入老龄社会，老年人口比重逐年增加，人口老龄化带来的社会问题引起了高度关注。党和政府审时度势，已将老龄政策纳入顶层设计的重要组成部分，我国老年福利社会已经来临。"老有颐养"是老年福利社会的生动诠释，是老年福利社会的一种政策表达,体现了我国现阶段关于老年福利政策的国家意志。关于"老有颐养"的基本内涵,主要包括健康、参与、乐活和安养四个方面。

(1) 健康。健康是"老有颐养"的基础。健康主要包括静态层面的健康和动态层面的健康。静态层面的健康主要是指身体健康、心理健康、健康的人际关系和健全的人格等;动态层面的健康,即从个人整个生命周期的角度,通过体育锻炼、合理膳食等科学方式以期达到预防或缓解因疾病带来的失能(残疾)问题,从而减少对医疗服务和康复护理的依赖,实现老年人在其整个生命周期内大部分阶段处于一个相对健康的状态。

(2) 参与。参与是"老有颐养"的核心。参与实际上是老年学理论中活动理论的精髓。参与主要具有两层含义:一是老年人具有社会参与的权利;二是拓展老年人社会参与渠道,以及完善支持老年人参与的制度、法律等社会支持系统,让老年人参与共建共享社会发展成果。

(3) 乐活。根据英文"life style of health and sustainability"中每个单词的首字母臆造出"LOHAS"这个词,中文译作"健康可持续的生活模式"。乐活主要是通过自我增能的方式,努力做到以乐观、包容、积极的心态面对现实生活中的困境和挑战,实现快乐健康生活的人生目标。乐活是"老有颐养"的关键。乐活主要是从老年人个人层面和老年人群体两个层面加以实现。从个体角度来看,老年人可以根据自身条件等实际情况事先规划积极健康的老年生活,从而促进个人的全面发展,让生活更加丰富,让生命富有意义;从群体角度来看,乐活的个体之间的社会互动,从全社会的角度形成一种长幼有序、健康有为、充满活力的老年社会场景。

(4) 安养。安养是"老有颐养"的保障。安养主要是通过家庭养老、制度层面的养老安排,实现每个老年人都能享受基本养老服务,保障其生存权,在此基础上通过制度创新满足老年人多层次的养老需求。从老年福利的角度来看,"老有颐养"主要可以概括为老年经济保障和老年福利服务保障两大方面,即在满足老年人衣食住行基本生存需求的基础上,以满足老年人差异化、个性化的需求为使命,以发展的眼光审视老龄问题,积极帮助每个老年人实现健康、参与、乐活、安养的美好生活。

三、深圳市关于"老有颐养"政策的实施方案

围绕实现"老有颐养"的政策目标,深圳市制定了相关的实施方案,主要从以下四个方面提出了具体措施。

1. 搭建养老服务智慧化平台

以统一的智慧化养老平台实现科技赋能,提供多级联动的智能化服务。运用互联网、移动客户端等现代新兴科技手段为老年人提供便捷、人性化的服务,例如以"数据多跑路、老年人不跑腿"为理念的"无感申办"便民举措,以智能化养老产品和上门服务为依托的"虚拟养老院"等。这些具体而细致的服务项目以智慧化平台技术为支撑,实现养老服务供给与老年人养老需求的有效匹配。

2. 进一步扩大和完善养老服务供给体系

养老服务供给主要涉及政府、社会、家庭三方,实现"老有颐养"需要厘清

政府、社会、家庭三方的职能，从而进一步扩大和完善养老服务供给体系。具体而言：一是发挥政府在养老服务体系建设中的主导作用，强化"兜底线、保基本"职责。制定和发布基本养老公共服务清单，建立基本养老公共服务财政投入机制，做到清单之内项目以政府支出为主，清单之外项目以个人和家庭支出为主。二是发挥市场在资源配置中的决定性作用，通过政府引导、政策支持等方式激发社会投资活力，积极培育社会力量成为养老服务事业和产业发展的重要支撑。三是强化家庭和个人在养老方面的第一责任，通过家庭照护能力提升、乐活养老示范、孝亲敬老环境建设等举措不断构建和完善家庭支持体系，提升家庭照护能力，巩固家庭养老的基础地位。

3. 夯实三种服务，满足多层次养老服务需求

通过政府保障基本、居家社区联动、机构专业照护三种服务实现"老有颐养"。第一，明确和落实政府保障的基本职责。在全市范围内根据属地化原则，每个行政区至少建设一所具有示范、辐射、带动作用的区级兜底保基本型养老机构，在满足符合条件的基本养老服务对象入住需求后，剩余床位可以成本定价向社会开放，彰显公办养老服务机构的公益性质。采用分类支持的方式完善养老服务设施供地保障政策，以抵偿或无偿的方式将政府和事业单位的空置房屋提供给社会力量，鼓励其为老年人提供专业化的普惠性养老服务。第二，实施居家社区养老强基工程。通过对每家每户进行资金自助的方式进行适老化改造，改善提升居家养老硬件生活环境。大力开展各类惠民工程，尤其发挥国有企业在满足养老等民生领域的基础支撑和示范引领作用，为每个老年人提供物美价廉、方便可及的"家门口"养老服务。第三，发展机构专业化照护服务。鼓励养老服务机构连锁化、规模化运营，推动机构等级评定，实现养老机构的品牌化发展。支持养老机构为老年人提供基本民生服务，例如依托熟食中心建设推进长者助餐服务。设立社区养老专员岗位，促进养老服务需求与资源精准对接，做到精准化供给。

4. 构建6个层级的便捷化养老服务网络

养老服务的供给需要市、区、街道、社区、小区、家庭6个层级之间有效衔接，从而保障各项具体服务项目能够精准满足老年人的养老需求。养老服务网络的覆盖先要明确各部门的职责。在市和区两个层面，主要承担政策的制定和落实职能，其中市级承担统筹、指导、管理、评价职责，区级负责落地实施各项政策措施。在街道和社区层面，主要负责养老政策的具体落实，在每个街道至少建设一家长者服务中心，以及在每个社区至少建设一家长者服务站。在小区和家庭层面，主要负责协助街道和社区将具体的养老服务对接到个人，从而满足老年人的各类需求。市、区、街道、社区、小区、家庭6个层级具有不同的功能，说明"老有颐养"是一个系统工程，也彰显了深圳市实现养老服务对象的全覆盖的决心。

四、深圳市关于"老有颐养"政策的实施方案的示范意义

（一）数字政府是未来我国政府发展的方向

近年来，互联网等信息技术的迅猛发展推动政府部门广泛借助互联网、大数

据、智慧平台等信息技术工具，实现治理方式的创新。党的十九届四中全会首次将"数字政府"的表述正式写入政策文件中；党的十九届五中全会进一步明确数字政府建设的内容，提出"加强数字社会、数字政府建设，提升公共服务、社会治理等数字化智能化水平"。数字政府已经成为我国未来政府建设的大势所趋。

信息技术、数字技术等现代科技已在当今我国社会生活中高度普及和广泛运用，作为社会中重要角色的政府，亦要遵循社会生产力发展的规律，努力实现数字政府改革。当前及今后的数十年内，围绕数字政府相关的数字治理、智慧城市等领域的问题是各界尤其是学界研究的热点。

（二）理顺政府与市场的关系

1. 明确政府在养老服务体系中的主导地位

养老问题作为社会保障事业的子项目之一，意味着国家必须在养老服务体系中发挥主导作用。从社会保障发展史来看，社会保障的前身主要是家庭保障。随着工业革命带来的社会进步，传统农业社会下的家庭保障的功能逐渐消退，社会保障已成为各国帮助社会成员抵御生存风险的一道安全网，即我们通常讲的国家或政府需要承担"兜底"的责任，主要是保障社会成员基本的生存需求。国家或政府只能承担"兜底"责任的原因在于社会保障待遇具有刚性的特征，即待遇只能增加不能减少。社会保障待遇降低容易造成社会成员的不满从而引发社会动荡，背离了建立社会保障制度的初衷。社会保障待遇不断增加容易造成国家财政负担过重，"福利国家"曾经出现的危机说明了这一点。同时，承担"兜底"责任意味着国家或政府应该可持续地为社会成员提供保障，即不求待遇高而只求待遇相对稳定。深圳市"老有颐养"相关实施方案明确了政府在养老服务体系中的主导地位，主要体现在对全体社会成员提供基本生存和发展所必需的各种支持。通过制度化的安排，在衣、食、住、行、医等方面以货币、实物或服务的方式实现"老有所养"的目标，发挥其"兜底"的功能。

2. 发挥市场在资源配置中的决定作用

"老有所养"和"老有颐养"是养老服务体系中不同层次的政策目标体系。

相对而言，"老有所养"覆盖的是养老体系中低层次的目标，即满足社会成员（以老年人为主）生存所需要的各种资源。从现代社会保障制度的目标来看，在"老有所养"方面，政府负有组织、协调和监督的重要责任；但从保障人的生存权的角度看，满足人的基本生存需求是基于人类的生物属性，每个人所需要的资源是大同小异的。因此，政府可以通过发展经济等手段为社会成员提供各种资源，解决温饱问题。

"老有颐养"是养老体系中高层次的目标，单纯靠政府的努力难以实现。马斯洛的需求层次理论将个人的需求按从低到高进行分类，主要分为生存权和发展权。当个人生存权得以保障时，便有实现发展权的强烈动机。发展权相比生存权，其赋予的内涵更加丰富，更重要的一点是生存权是基于生物属性的需要，而发展权是基于人的社会属性的需要。社会属性与生物属性的差异主要在于人的意识具有能动作用,即社会属性表现为主观性与客观性的统一,区别于生物属性通常强调客观性。实现"老有颐养",除了政府提供必要的社会支持以满足生存,更加注重每个老年人的个体体验,这种体验具有主观性、私人属性及差异性的特点。满足个人的差异性需求,主要是依靠市场的作用。实现"老有颐养"所蕴含的健康、参与、乐活、安养等具体目标,必须发挥市场在资源配置中的决定性作用,通过建立健全市场机制,完善交易规则,满足老年人差异性需求的交换需要。因此,正确处理政府和市场关系是经济体制改革的核心问题,亦是实现"老有颐养"目标的关键。

(三) 市场化背景下的去商品化探索——深圳市的"社工+义工"联动模式

"去商品化"最早由哥斯塔·埃斯平—安德森提出,指个人福利相对独立于其收入之外又不受其购买力影响的保障程度。去商品化的意义在于保障每个公民的基本生存权。去商品化实际是劳动力的去商品化,即通过相关的政策满足失去劳动能力等社会弱势群体的基本生存需要。

深圳作为经济特区,市场化程度之高有目共睹。市场化推崇平等交换,"时间就是金钱,效率就是生命"造就了三天一层楼的"深圳速度"。同时,一个有趣的现象是市场化程度发达的深圳,义工现象蔚然成风。义工具有去商品化的特点,即付出劳动不一定得到报酬。深圳义工文化的发达与社工的发展密不可分。自2006年12月深圳市被民政部确定为社工制度的试点城市以来,深圳市社会工作事业的发展取得了可喜的成就,一定程度上促进了社会的和谐发展,已初步形成深圳市"社工+义工"联动参与城市治理模式的运作机制。深圳市的"社工+义工"联动模式具有以下特点:一是政府主导"社工+义工"联动模式。社工的岗位由政府开发,社工服务的内容主要是由政府购买。二是充分整合社工和义工资源。深圳的义工文化底蕴深厚,义工人数多,经验丰富,为社工开展服务提供有力的人力资源支持。实现"老有颐养"目标,必须正视老年人的差异性需求,部分老年人可能无力通过市场方式满足其需求,深圳市的"社工+义工"联动模式在养老服务方面就有了用武之地,其通常是以社会工作介入社区居家养老的方式提供养老服务的。

(四) 服务型政府的典范

政府作为社会的核心治理者,对于推动我国社会发展起着决定性作用。随着我国现代化进程的加快,政府的改革成为各界关注的焦点。建设人民满意的服务型政府是改革的目标。服务型政府主要有以下特点:一是服务型政府职能结构的重心在于社会服务;二是服务型政府提倡公民参与,并健全公民参与机制;三是服务型政府与公民之间存在平等、合作的新型互动关系。深圳市"老有颐养"实施方案的制定本身就说明其正在履行一个服务型政府的职责,把养老等社会服务事业作为工作的重心;方案中承诺的"数据多跑路、老年人不跑腿"及"养老不离家、看病不离床"等具体内容展现了服务型政府应有的担当;方案提到的"市、区、街道、社区、小区、家庭6个层级及构建便捷高效的服务网络"体现了服务型政府与公民之间平等、合作的新型互动关系,实现了从社会管理到社会治理的转变。传统的社会管理主要注重政府的作用,社会治理侧重于政府、社会、个人等多方的积极参与,提倡平等对话和协商问题。

五、"老有颐养"的路径

(一)转变治理理念,积极推动数字治理建设实现善治

善治是现代政府的基本目标。政府善治的运行机制主要是治理主体之间形成的信任机制及衍生出来的非正式安排。当今信息技术的高度发展正在深刻地影响和改变我国的经济社会,传统的政府管理和运作模式亟须做出积极的回应。面对数字时代的瞬息万变,应该把推动数字治理建设看作能够带来政府跨越性发展的重要契机。数字治理涉及政府工作人员理念的更新和转变,从传统意义上的管理者转变为治理者,与市民、社会组织、企业等市场主体平等对话,参与社会治理。实现"老有颐养",是政府在人口老龄化方面善治的具体体现,同时对政府提出了更高的要求,即并非将现代信息技术简单地引入治理领域,而是需要建立和完善各类回应、反馈机制,通过制度化的安排满足老年人的合理化诉求。老年人面临失能、疾病的风险较高,容易产生各类问题。实现"老有颐养",应该发挥数字治理的优势,采取线上(互联网技术)和线下(传统方式)相结合的方式共同推动治理建设,实现善治。

(二)构建"双工"联动机制,提升老年志愿者专业化水平

深圳是一座"志愿者之城",具有浓厚的义工文化氛围。实现"老有颐养",不仅需要义工充满热情,更加需要义工具有专业化知识来回应各类老龄问题。构建"双工"联动机制,由社工引领义工、志愿者带动各方形成的"双工"联动式志愿服务,已经发展成为一种较成熟的志愿服务模式。"双工"联动需要政府有关部门的制度化安排才能发挥其最大功效。

实现"双工"联动,可以通过尝试建立常态化的工作机制,大力培养志愿者骨干,提升其专业化水平。在"双工"联动介入具体老年项目时,通常采用由1名社工带动20名骨干志愿者的联动服务模式,通过整合多种资源,为老年人提供服务,项目结束后应该开展项目评估工作,及时进行总结和反思。此外,应该通过讲座、观摩等方式定期为义工开展老年人心理、常见病、老年人交往等专题培训,从而提升服务的专业性。

(三)积极进行"适老化"探索,大力推进老年友好型社会建设

人口老龄化是一个长期的过程,未来数十年我国老年人口占社会总人口比重将会越来越高。因此,要积极进行"适老化"探索,大力推进老年友好型社会建设。首先,应该全面了解老年人的差异化需求,利用市、区、街道、社区、小区、家庭6级网络,将老年人的家庭特征与政府民政部门对接,民政部门统筹协调各方资源(如社工协会、服务方、专业评估机构)对收集的信息进行整理、分析,有针对性地制定具体工作方案,为老年人提供精细化服务,尤其要关注数字时代给老年人带来的困难和问题。其次,要在资金方面拓宽来源渠道,利用灵活务实的财政、税收政策鼓励社会资本参与"适老化"改造,主要包括养老事业和养老产业。养老事业是指由政府主办、以老年人为对象的公共服务事业,具有非营利性,是以法律形式

保证其公平和公正性，目的在于满足老年人的基本生存需求。养老产业是为老年人提供商品和服务的营利性活动的总称，亦称老龄产业、银色产业等。"适老化"改造应该遵循以养老事业为基础，在满足老年人基本民生需要的前提下，鼓励社会力量丰富老龄产业体系，为老年人提供精准的产品和服务。再次，大力推进老年友好型社会建设，通过建立专业、权威适老性评价标准和评估体系，在全社会形成从关注老年人个体到关注老年人社区、从关注老年事业建设到关注老年人生活、从自上而下配置到自下而上传递等新认知，进一步提高老年人的福祉水平。

资料来源：

罗锐."老有颐养"政策理念探析——基于深圳实践的思考 [J]. 城市观察，2022(2).

皮勇华，倪赤丹. 积极应对人口老龄化的深圳路径 [J]. 中国民政，2021(11).

左雪松，夏道玉. 从马克思建构活动方式命题论"乐活族"的兴起 [J]. 齐齐哈尔大学学报（哲学社会科学版），2009(1).

韩兆柱，赵洁. 数字政府研究的历程、现状和趋势 [J]. 学习论坛，2022(1).

吴德帅. 可持续的社会保障去商品化问题研究 [J]. 当代经济研究，2019(5).

董秀. 深圳市"社工+义工"联动参与社区治理的思考 [J]. 武汉大学学报（哲学社会科学版），2009(3).

廖鸿冰，李斌. 社会工作介入社区居家养老服务研究 [J]. 湖南社会科学，2014(6).

施雪华."服务型政府"的基本涵义、理论基础和建构条件 [J]. 社会科学，2010(2).

徐晓林，刘勇. 数字治理对城市政府善治的影响研究 [J]. 公共管理学报，2006(1).

许英. 以志愿服务助力疫情防控 [N]. 深圳特区报，2022-03-15(B02).

陈友华，艾波，苗国. 养老机构发展：问题与反思 [J]. 河海大学学报（哲学社会科学版），2016(6).

黄瑶. 让老年人生活更加安全、便利、舒心——全国政协委员提案聚焦全方位构建老年友好型社会 [N]. 中国社会报，2022-03-06(新闻版).

复习与思考

1. 名词解释。

   社会保障　　现收现付制　　基金积累制

2. 如何看待我国养老金中的"空账"问题。
3. 试述现阶段我国医疗保障存在的问题。
4. 如何完善新型老年医疗保障制度。

推荐阅读书目

邓大松. 社会保险 [M]. 3版. 北京：中国劳动社会保障出版社，2015.

第八章 老年社会工作

老年(或老年人)社会工作,是指社会工作者以老年人及其家庭为服务对象,运用社会工作个案、团体、社区等专业方法和技巧开展服务,维持、改善和恢复老年人的社会功能,提高老年人的生活和生命质量的工作过程。①

第一节 老年社会工作学科概述

一、老年社会工作的概念

老年社会工作是社会工作中以服务对象的生理年龄为分类标准而形成的一个分支。传统上,社会工作将遭遇社会问题的各类社会弱势群体作为自己的服务对象,在社会工作产生之初,老年人便在其服务范围之内。因此,可以说社会工作产生后就包含着老年社会工作。

不同学者对老年社会工作给出了不同的界定。江娅(1999)②认为,老年社会工作是以科学的知识为基础,以利他主义为指导,帮助有困难的老年人走出困境的活动。仝利民(2006)③认为,老年社会工作是科学地整合社会老年学和社会工作的理论知识,运用社会工作的价值观、方法和技巧,积极地网罗各种可能的社会资源,以推行与老年人相关的社会政策,或帮助解决老年人日常生活中的各种问题,满足其需求的实践过程。梅陈玉婵等(2004)④认为,老年社会工作是运用特定的知识体系和技巧,帮助老年人增强个人能力并解决其所面临的各种问题的专业服务活动。姜向群等(2011)认为,老年社会工作是指老年社会工作机构和老年社会工作者运用社会工作的理论、原则和专业服务方法,充分协助老年人解决生活过程中所遇到的困难,为老年人提供社会保障与社会服务,解决老年人的社会问题,使老年人能够继续参与社会生活,度过一个安乐祥和的晚年。

---

① 李增禄.社会工作概论[M].台北:巨流图书有限公司,2002.
② 江娅.老年社会工作[A]// 王思斌.社会工作概论[M].北京:高等教育出版社,1999.
③ 仝利民.老年社会工作[M].上海:华东理工大学出版社,2006.
④ 梅陈玉婵,齐铱,徐玲.老年学理论与实践[M].北京:社会科学文献出版社,2004.

二、老年社会工作的服务对象

从严格意义上来说，老年社会工作的服务对象是遭遇各种社会问题的老年人。老年人因生理机能衰退、心理发生变化，导致其人际交往、社会交往也发生一定的变化。同成年期相比，个体进入老年期更易陷入困境，从而需要专业社会工作的帮助。目前，我国对于老年人的界定以日历年龄达到60岁为划分标准。这样的划分方法简单易行，然而实际的情况是，60岁及以上老年人群的生理、心理状况可能存在很大差异，并非所有60岁及以上老年人都在生理和心理方面处于弱势状态。① 同理，一些年龄尚未达到60岁的中年人也可能提前出现生理和心理上的弱势，遭遇老年群体普遍面临的问题。例如，因恐惧退休而产生行为、情绪失调问题的中老年人，老年社会工作也应为其提供帮助。

社会工作特别强调"人在情境中"(person-in-situation)的观点，也就是说，老年人和某些中年人的问题不是孤立产生的，老年社会工作在解决老年人和某些中年人的问题时亦需要关注他们身处的环境，以及与他们发生互动的家人或照料人员。从这个意义上讲，老年人和某些中年人的家人及照料者也构成了老年社会工作的间接服务对象。

在社会工作中，通常把服务对象称为"案主"。

专栏 8-1　社会工作中的助人自助和案主自决

"助人自助"的服务理念从社会工作产生之日起就是区别于传统慈善救助的核心，也是区别于其他助人专业的一项价值观。社会工作者通过"助人自助"理念的实施帮助案主自我领悟以突破无助处境、转换角度以改变不良心态、重拾自信以克服困难、追求平衡并保持平衡以获得自助力量，最终实现自我发展。"助人自助"就是通过"助人"以实现"人自助"，这一过程中最重要的目标是促进人的能力提升，以获得改善生活的力量。"人们的境遇得以改善源于他们自身的努力，而不是别人的给予。"

案主自决是指社会工作者要尊重案主(受助者)自我选择和自我决定的权利，由案主对自己的事做出决定。案主自决体现了助人自助的理念，是社会工作的基本原则。

资料来源：李斌.中国社会工作的问题域及理念[J].社会工作，2013(2)；
赵清.社会工作在突发事件中的专业技能——基于"助人自助"的视角[J].社科纵横，2021(2).

三、老年社会工作学科化存在的问题

在较早建立社会工作专业的美国、英国等国家，通常设置有独立的社会工作学院或系，而在我国，社会工作专业尚没有西方发达国家那样比较独立的学科地位。我国社会

---

① 罗晓晖.老年社会工作学科发展初探[J].老龄科学研究，2014(12).

工作教育恢复重建始于 20 世纪 80 年代末，至今只有 30 余年的时间。在我国大陆现行的高等教育本科专业目录中，社会工作是一级学科社会学之下的二级学科，而老年社会工作则通常是作为社会工作学科的一个实务或研究方向而存在，并不具有相应的学科地位。在高等院校的院系设置上，社会工作专业或者附属于社会学，或者附属于哲学或公共管理等相关院系。少数高校探索建立了独立的社会工作系，但绝大多数社会工作专业教育仍附属于其他社会科学体制内 (李迎生等，2011)[①]，缺乏独立的学科地位，使得社会工作成为社会科学中比较边缘的学科。而老年社会工作作为社会工作学科的一个分支，自然处于更加边缘化的地位。近年来，开设社会工作专业的高校呈现迅速增加之势，但目前很少有高校在社会工作专业下设置老年工作方向，开设老年社会工作相关课程的高校也不是很多。根据相关资料，南京大学社会工作专业将老年社会学列入了主干课程，中国人民大学社会工作系为本科生开设了老年问题研究的课程，为硕士研究生开设的基础课程中有老年人社会工作 (李晶，2014)[②]。当前，老年社会工作极度边缘化的学科地位显然无法适应人口老龄化形势日益严峻背景下加强老龄科学相关学科发展的需要。

(一)学科的社会认同度低

尽管近年来国家在积极推动社会工作学科的发展，《国家中长期人才发展规划纲要(2010—2020 年)》也将社会工作人才队伍列为国家重点发展的六大人才队伍之一；但对于社会工作学科，社会上的认同度仍比较低，主要表现为：或是将社会工作与志愿服务活动混为一谈；或是将共青团、妇联等群团组织开展的活动等同于社会工作。在对社会工作学科的整体认同度较低的情况下，老年社会工作学科的社会认同度自然也是较低的，而且在社会工作的不同分支中，相对于其他分支社会工作而言，老年社会工作的社会认同度也更低。这具体表现为：一方面，目前高等院校中的社会工作专业较少设置老年社会工作的相关课程，而老年学研究者尽管对老年社会工作给予了关注，却将老年社会工作视为老年学的组成部分 (姜向群，2011)。另一方面，社会上老年社会工作的工作岗位极少，尽管民政部明确规定养老服务机构中应设置社会工作岗位，但在实际工作中设置社会工作岗位并引入老年社会工作专业人员的养老服务机构为数不多。究其原因，这与作为老年社会工作主要服务对象的老年人在社会上的地位较低不无关系。在现代化过程中，工业文明取代了农耕文明，老年人掌握的经验、技能的价值下降，这也直接导致了老年人社会地位的滑落。当老年人的社会价值被贬低时，以老年人为主要服务对象的老年社会工作显然难以获得较高的社会认同。

(二)学科的本土化问题

作为一门应用社会科学，轻视理论，认为仅凭经验总结就能解决服务对象的问题的认识倾向在社会工作学科中较为普遍，并直接影响到老年社会工作。老年社会工作确实应注重实务操作，但这并不意味着老年社会工作实践仅建立在工作者的经验之上。作为

[①] 李迎生，韩文瑞，黄建忠. 中国社会工作教育的发展 [J]，社会科学，2011(5).
[②] 李晶，罗晓晖. 老龄社会学的基本议题 [J]. 老龄科学研究，2014(4).

专业的服务活动，理论的指导作用不可或缺。理论不仅有助于老年社会工作者分析服务对象与其所处的社会环境的关系、其遭遇的社会问题的成因，还能为老年社会工作者提供一套行之有效的解决问题的模式。

目前老年社会工作通常将有关老年问题的生物学、心理学及社会学理论作为理论基础，即老年社会工作目前主要是从相关学科借用理论，还没有形成自己学科的独有理论。以有关老年问题的社会学理论为例，这些理论主要有社会脱离理论、活动理论、连续性理论、角色理论、符号互动理论、社会交换理论等。这些理论从社会学视角来解释个人与他人、个人与社会之间的关系，以及个人在社会中的角色、地位的变化，为老年人面临的一些问题提供了理论解释，在一定程度上可以帮助老年社会工作者加深对服务对象问题的认识。但这些理论都来自西方，在我国的适用性究竟如何尚没有定论。根据我国的实际情况来对这些理论进行本土化，增强这些理论对我国的适用性，是摆在我国老年社会工作研究者和实务工作者面前的一项重要任务。

中西方老年社会工作面临的服务对象的问题的确有其共性，但社会文化、政治制度、福利政策等因素决定了二者之间也必然存在很大差异。因此，西方理论能够发挥的指导作用实际上是十分有限的。事实上，在引入西方专业社会工作之前，我国行政性的、非专业化的社会工作发挥了重要的社会服务功能（王思斌，1995）[1]，也积累了一些本土化的社会工作经验。因此，在借鉴西方理论的基础上，深入反思，总结我国老年社会工作的实践经验，建构有中国特色的老年社会工作理论框架十分必要。

（三）工作方法有待创新

个案工作、小组工作和社区工作是社会工作传统的三大工作方法。目前，老年社会工作的方法基本上也是这三大方法，即老年个案工作、老年小组工作和老年社区工作，每种方法还包含若干种模式。整体上来看，首先，这些方法虽然比较多样化，但其作为社会工作方法的通用性较强，作为老年社会工作方法的独特性较差，在将社会工作领域通用的方法转化为老年社会工作专门领域适用的方法方面做得还很不够。其次，这些方法基本上都是相互独立的，各方法之间缺乏相互借鉴和必要的整合，而老年社会工作需要解决的服务对象的问题又是综合性、多面向的，单独使用一种方法来解决服务对象的问题往往难以奏效，缺乏系统、整合的方法极大地制约了老年社会工作的发展。20世纪60年代以后，国际上社会工作领域内部出现了打破传统方法界限、采取综合取向的社会工作实践模式(generalist practice approach)，主张从个人、家庭、组织、社区和更大的社会环境来全方位看待服务对象的问题，后来又进一步提出了高级综合模式或专门实践取向(specialist practice approach)(何雪松，2005)[2]。近半个世纪以前这些模式的提出无疑都是在倡导打通三大传统方法之间的壁垒，建立基于综合、整合视角的实践模式。而老年社会工作学科的方法建设在社会工作学科内部显然是极为滞后的，至今仍没有系统、整合的方法出现。另外，当前老年社会工作的方法基本都是从西方借鉴而来，这些在西方政治制度、文化传统、福利政策脉络中形成的方法在我国的适用性问题也值得我们深思。

---

[1] 王思斌.中国社会工作的经验与发展[J].中国社会科学，1995(2).
[2] 何雪松，陈蓓丽.当代西方社会工作的十大发展趋势[J].南京师大学报（社会科学版），2005(6).

> **专栏 8-2　　小组工作介入老年群体的技巧**
>
> 小组工作是专业社会工作者以两个或者两个以上的老年人组成的小组为服务对象，通过有目的的活动，帮助小组成员共同参与集体活动，以获得相关的知识与经验，协调老年人之间、老年人与社会环境之间的关系，促成老年人行为的改变，最终实现老年人个人潜能的挖掘，使其晚年生活内容丰富，得到快乐。
>
> 做好小组工作需要掌握很多社工专业技巧，第一，在活动的设计上要充分考虑群体的特殊性，项目组在此次小组活动中为丰富小组内容设计了绘画、折纸等活动环节，但小组成员存在视觉、书写障碍，活动开展有难度，所以需要志愿者协助。第二，在个人能力上，社工作为小组活动的策划者、组织者、带领者、协调者，在小组中的角色要视小组发展状况及时转变；鼓励小组内部自己讨论，形成相互鼓励、相互支持的群体。第三，关于细节。在时间把握上要有度，不能超时打乱老年人的时间安排，活动结束后要及时作小组评估，让老年人分享对此次小组活动的感想，以便调整之后的安排。第四，基于优势视角看待老年人，积极挖掘老年人的优点。在小组活动中积极关注小组成员的变化，调节好小组活动气氛。第五，小组活动结束后处理好老年人的离别情绪和移情，以及工作者的反移情。
>
> 此外，做好小组工作，需要注意以下问题：
>
> (1) 要充分考虑老年人的非强制性角色的特点，即老年人随时因各种原因不履行和社会工作者达成的各种约定，社会工作者应该提前做好思想准备和应对措施。
>
> (2) 要注意一个从众效应，即一个小组中某些老年人因为从众带来的心理负担，最终影响目标的实现。
>
> 资料来源：夏娟. 小组工作理论在机构养老年人员社会适应项目中的应用研究 [J]. 社会与公益，2021，12(2).

第二节　老年社会工作理论

一、优势视角理论

优势视角理论目前已经成为社会工作最重要的理论视角之一，该理论是基于对传统社会工作"问题视角"的反思而提出的，在社会工作理论发展过程中具有范式革命的意义。可以说优势视角理论集中反映了社会工作专业的基本理念和宗旨：尊敬且重视个人的价值和尊严，挖掘人的潜能以实现助人自助。[①]

[①] 孟德花，张菡. 社会工作优势视角理论及其对积极老龄化发展的实践启示 [J]. 法制与社会，2014(6).

社会工作的优势视角理论从其基本理论主张的契合性上来看，对积极老龄化目标的实现具有直接的理论和实践指导意义。随着现代社会工作专业的不断发展，社会工作的服务对象已经逐渐扩大为因个人因素或环境因素而面临各种问题的社会大众，即所有人均可以成为社会工作的服务对象，因为人的生命周期就是一个不断面对问题、解决问题的过程。在老年这个特定的生命发展周期同样不例外，对于老年人群体而言，问题的解决同样意味着发展和进步。而最关键的问题在于社会能不能真正用优势视角理论去认识老年群体，去解决老年问题。

优势视角理论是基于对人的两个积极性基本假设的基础之上的：首先，个体是具备解决人生中面对的各种问题从而获得自我发展的潜能的；其次，人能够自我发展取决于环境资源的状况。这种对人充分地相信和肯定开拓了人性中无限的"可能性"。优势视角关注的是"人"而非"问题"，更非"缺陷"，而这正是每一段生命旅程得以继续并开创意义的根本所在。

（一）作为"人"的老年群体具备三大个体层面的优势

1. 希望

作为动力源泉的老年人的希望可以启动"能做什么"的思维，进而激发个人的力量，老年人生命意义的实现就有赖于希望和随之而来的目标。

2. 能力

老年人同样具备发展的能力，这些能力包括与生俱来的固有能力、已经表现并被认可的能力、需要挖掘正待开发的能力，还有正在获得的能力。老年人具备的所有能力都能够被尊重和了解，并促进其运用是积极老龄化实现的基础性关键要素。

3. 自信

当个体建立了目标并且具备能力，能否做出行动改变取决于其自信程度，即个体的自我效能感，即个体对自己能力的感知，以及对自己的能力是否足以支撑起实现目标的感知。超越既定思维的框架，营造一个开放的系统去充分认识到老年人身上的无限"可能性"，用更积极的优势视角去认识和发现老年人的优势，并且帮助老年人摆脱年龄歧视的藩篱，认识到自身的价值和优势，是积极老龄化得以实现的基础性关键要素，也是每一个老年人能够感受自我价值、保持自我肯定和健康生活的关键要素，因为其涉及最根本的社会价值定向。

（二）环境中蕴含的待开发的优势为积极老龄化的实现提供结构性支撑

优势视角的第二个基本假设是认为个体的行为大多取决于其所拥有的资源状况，这里的资源既包括个体自身所拥有的资源，也包括社会环境中所蕴含的资源。社会工作认为"人在情境中"，环境资源的状况直接影响着个体的生存、发展乃至生命意义的实现。充分挖掘社会环境中的优势，是推动积极老龄化实现的结构性关键因素。在前述对老年个体优势的认知基础上，须更多认识到老年人不仅仅是自身生理机能衰退带来抚养、照料问题，老年人的优势让这个群体拥有成为社会人力资源重要一部分的可能性，并且这方面的可能性亟待开发，而其最终开发的程度则如何取决于对环境中两大基本优势的认知和发掘。

1. 社会支持网络

社会支持网络意涵两个层面的内容：资源和双向性的社会支持模式。

(1) 资源。老年人所拥有的环境中的资源包括正式资源和非正式资源。正式资源是指国家、社会、正式机构等提供的各种政策、设施、服务等资源。非正式资源包括以血缘关系和朋友关系等情感性因素支撑所提供的各种资源。在探讨积极老龄化实现的过程中，人们往往更多关注正式资源的开发和利用，比如养老福利政策的制定，老年服务、医疗、照料设施的建设和养老机构的建设，等等，而容易对非正式资源有所忽视。基于情感因素的非正式资源虽然零散、非专业，甚至不易察觉，但是由于其具备可接近性和易接受性的特点，因此，相对于老年人而言是亟待开发的一部分资源。

(2) 双向性的社会支持模式。依据美国社会学家林南的理论，社会资源不仅能够被占有，即上文所言老年人可以拥有环境中的正式资源和非正式资源，同时社会资源还可以通过社会网络的建构不被占有即可获得使用。从这一点来讲，环境优势的发掘不单单源于客观占有的资源，还有相当一部分资源的价值可以通过社会关系网络的建构得以实现。因此双向性的社会支持模式把支持与被支持视为一个持续的互动过程，以建立老年群体自身的社会支持网为目标，协助解决传递支持的实践过程中出现的各种问题，及时跟进各种措施，进而促进弱势群体的自我参与和自我发展。社会支持网络的建构是老年群体环境优势发掘的重要方面，人人享受健康资源是社会发展的一个目标，这个目标不仅仅针对儿童、青少年、中年人，而是针对所有人群，当然也包括老年人。环境必须能够满足需要，有效地规划未来，使社会和老年人最大程度地利用可得的资源。

2. 机会

机会代表一种可能性，机会平等是社会正义研究的重要议题，通常分为形式上的机会平等和事实上的机会平等。积极老龄化倡导让每个老年人都能独立参与社会性活动，发展对老年人友善的社区。充分保障老年人社会参与的机会是环境优势的重要方面。优势视角的社会工作倡导社会工作者要建立一种基本的工作理念，即认识到社区是资源的主要机会来源，有待根据服务对象的想法与个人能力去发掘和培育。优势视角理论的解释力不仅体现于社会工作过程中对微观层面个体力量的肯定和信任，同时优势视角也适用于宏观层面社区乃至国家面貌的改善与提升。在世界人口老龄化背景下的中国养老问题，同样不仅关系每个老年人个体的生存和发展，而且作为日益庞大的老年群体的状况关系着整个国家和社会的发展。从宏观社会发展的层面去认识老年问题，必须基于一种文化的平等性，就像人们认识解决儿童、青少年问题的重大意义并努力发掘其潜力和优势一样，认识到并以平等的文化和价值去认识老年问题从本质上并无二致。从这个层面上来看，真正浮出水面，引起人们思考和重视并非"问题"本身，而应该是站在"人"的优势视角层面上思考"人真正要的是什么"及"如何更好满足人的需求"，这是优势视角理论的精髓。

站在传统"问题视角""病态视角"的对立面而提出的优势视角理论，其理论本质并不是忽视问题的解决，而是在解决问题的过程中提醒人们将人的发展放在首要的位置，就如在很多优势视角理论阐述中经常引用的一个比喻一样，个体的人就如植物的种子，其存在的潜能的自然生长现象，可能会有一个完全实现和终结的过程，种子生根、发芽、抽枝、开花、结果、凋零，而人也有生老病死无可挽回的生命周期。不过，由于种子实现生命形式和功能之后，本身可不断孕育下一代的其他无数种子，因此事实上种子蕴藏的潜能也是无限的，正如处于生命发展周期最后阶段的老年人一样。尽管老年人处于一种事实上的衰退，但其潜能仍然可以产生并实现，关键是环境能否给老年人提供其优势的生长性机会和空间。

(三) 优势视角理论在积极老龄化实现过程中的实践路径

在老年社会工作领域，通过对前述优势视角理论的分析，可以梳理出以下实践路径以更好地推动实现积极老龄化的发展目标。

1. 优势评估

相信绝大多数老年人有能力学习、成长和改变，将工作的焦点放在正向经验的发掘、提醒、肯定上，而不是问题和病理方面。

2. 建立目标与个人计划

关注老年个体、老年群体的目标与个人计划，激发其希望和动力，为其自我功能的重建寻求原动力。

3. 社会支持网络建构

发掘和建构老年个体、老年群体的社会支持网络，注重对非正式资源的挖掘和非正式支持网络的建构，同时提升其发掘资源、运用资源的能力。

总之，在当代中国面对未富先老老龄化社会加速到来的现实之下，实现积极老龄化的发展目标，积极引入社会工作的优势视角理论显然既具备理论上的高度契合性，同时也具备现实层面的实践可行性。

二、增权理论视角

(一) 增权的含义

增权 (empowerment) 又译为增能、赋权[①]，1976 年巴巴拉·所罗门 (Solomon) 首次提出增强权能的概念。增权理论认为现有的社会结构某部分存在缺陷 (如个体、家庭、群体、社区等)，因而导致了社会问题的产生，个体某些需求的不足及问题的出现是由于环境影响个人而造成的结果，增强权能意味着赋予或充实社会个体的权利，增强个体应对环境影响的能力，因此社会工作者应该将专业力量发挥于缺乏权能的个体及群体成员身上，帮助他们增加权能，使他们学会应对外在环境的影响，以促进社会稳定发展。[②] 增权具有三个层面，包括个体层面、人际关系层面和社会参与层面。个体层面的增权是指个体能够控制及管理好自身生活的能力，同时能够使个体与自身所在环境进行融合，并且提高他们社会参与和社会影响的能力，不同群体的个体层面的增权侧重点有所不同。人

[①] 结合本文的结构，为了表述明确，统一用"增权"这一说法。
[②] 全国社会工作者职业水平考试教材编写组. 社会工作综合能力中级 [M]. 北京：中国社会出版社，2018.

与人之间产生的关系和联结能够促使个体提升自己的权能，如若缺乏这种相互之间的关系则很难提升自身的权能。因此，处于人际关系互动中的个体能够提升自己的权利和能力，在一定程度上也可以促进社会中有效资源和信息的传输与流动，并且提升自身形象，这就是人际关系层面的增权。社会政策和决策对个体生活产生一定的影响，某些弱势群体存在于不利的社会环境中，深受环境影响的这部分个体便缺乏参与社会生活的权利和能力。因此，社会参与层面的增权就是对于受到社会决策影响的群体而言的，他们希望能够争取到表达自身需要和利益的权利，并且要求参与社会生活及合理分配社会资源，同时希望争取到社会的公平对待。

(二) 增权理论视角的社会工作介入

1. 个案工作介入

社会工作者可以通过开展老年个案工作，依据个别化原则，有针对性地探究不同老年人在不同情况下遇到的生理、心理和社会问题，具体问题具体分析。在个案介入过程中，可以通过访谈、观察等方法，运用倾听、接纳、同理等技巧扮演好引导者、使能者的角色，向他们传授相关老年知识（如身体保健、情绪管理等方面的知识），同时引导老年人思考自己的问题，帮助老年人分析他们具有的优势和能力并帮助他们制订合适的个案介入及增权计划，协助老年人解决遇到的问题并获得自我完善和自我发展。在这一过程中，社会工作者要注意关注老年人个人生活技能的提升，以及知识的获取和理解情况，注重挖掘和开发老年群体的潜力，注重提高他们适应社会环境及角色转化的能力，同时要关注老年人心理、自我认知和自我评价的变化，以帮助老年群体缓解自身负面情绪，提高他们的自信心与满足感。

2. 小组工作介入

一方面，人际交往过程中老年人可以习得他人长处以弥补自身缺点及不足，挖掘自身潜能，促进权利和能力的提升；另一方面，交往互动过程中老年人可以获得一定的资源、信息及社会支持，强化老年群体社会支持系统，从而可以帮助老年人增强信心，缓解自身负面情绪，增加社会影响力并改善与他人的相处模式及相处环境。[1]

社会工作者可以组建老年增权小组，针对不同老年群体的特征设计合适的小组增权活动，提升他们的应变能力和适应能力，帮助老年群体挖掘自身潜能、增强权能。同时可以加强与同辈人群的交流，增进同辈之间的沟通与了解，使老年群体在与他人的人际交往中产生良好的互动，以此缓解他们的无力感、失能感和孤独感。此外，通过与他人的交往，老年群体可以提高人际交往能力并扩大人际交往圈，在原先的社会支持系统基础上获得更多的社会支持，也能够帮助提升老年群体在社会中的影响力。

3. 社区工作介入

社会工作者通过开展社区工作，积极鼓励老年人走出家庭，帮助他们融入社区，激励他们主动参与社区组织的各类社会实践、能力提升及社区建设活动，提高他们参与活

---

[1] 陈丹. 浅析增权理论在老年服务中的应用 [J]. 商，2015(3).

动的积极性，使他们在参加活动的同时充分挖掘和发挥自身潜能，从更深层次提升他们解决问题的能力，促进他们参与社区建设，进一步促进社区发展。社会工作者还可以联合社区建设老年活动中心，开展各种形式的活动，帮助老年群体建立良好的伙伴关系，协助拓展他们的社会支持网络。①

另外，社会工作者可以协助搭建社区议事平台，定期开展社区居民意见会议，听取老年群体在社区生活中遇到的问题，依据共同的问题制订社区工作计划并链接外部资源，分析现行社会政策帮助老年人更好地解决问题，使他们学会并掌握维护权益的途径与方法，在以后的生活中运用学习到的方法保障自身合法权益，促使他们更加积极地参与社会事务，主动表达自己的权益和需求，增强自身能力的同时提升社区责任感和归属感，促进老年群体参与社区建设。

（三）老年社会工作中的增权策略与"自我独立"的目标实现

增权是老年社会工作的基础理论，同时也是一种实践。要实现老年人自我独立的目标实现，离不开增权，即肯定老年人自身在把握自我生活的一种能力。亚当斯(Adams)将增权定义为：个体、团体和社群掌管其境况、行使其权力并达成其自身目的的能力，进而将自己和他人生命的品质提高到最大限度的过程。②中国台湾学者宋丽玉则认为增权是个人对自己的能力抱肯定的态度，自觉能够控制自己的生活，并且在需要时影响周围的环境。③可以说，对于增权的定义很多，在使用中也往往会根据当下的情境来采用或理解。尽管如此，但在某些方面具有共同点，譬如基弗(Kieffer)认为，公民的能力、社会政治修养、政治能力或参与能力是其三个共同构成要素，④在亚当斯那里三个要素则变成了"人们的能力、行使权力的过程及获得的成就"。总体来说，增权肯定了个体的自尊、自我独立的价值，并寻求通过挖掘案主的潜能，积极介入来实现其在个体、人际、社会三个层面上权能感的获得，肯定了人的主观能动性及其个体与环境的相互作用性。

在老年社会工作领域，增权理论的应用实践是一个渐进发展的过程。在很长时间内老年人都作为一个被照顾者的形象存在，其需求标准、内容为专家判断或认定，因此增权并没有纳入政策议程中来。20世纪70年代，由于社区照顾的兴起，开始强调社区服务对象的个人能力建设和社区集体的增权，以改变居民的观念和态度，培养他们的参与意识，提高他们控制自己的命运和生活机会的能力，增强社区联系、归属感和义务感，由此增权理念在社区工作尤其是社区照顾服务中得到认可，压迫的历史观、生态视角、文化视角、批判视角及种族阶级和女权主义的思想成为其主要的知识基础。此后二三十年里反映这种增权理念或优势视角的相关文献日益增多，增权逐渐成为社会工作实践的

---

① 贾丽婷. 增能视角下老年社会工作介入路径思考[J]. 社会与公益，2020(7).
② 亚当斯. 增权、参与和社会工作[M]. 汪冬冬，译. 上海：华东理工大学出版社，2013.
③ 宋丽玉. 增强权能策略与方法：台湾本土经验之探索[J]. 社会政策与社会工作学刊，2008(2).
④ Kieffer C. H. The Emergence of Empowerment: A Development of Participatory Competence Among Individuals in Citizen Organizations. Doctoral Dissertation, University of Michigan, 1981.

内在要求和重要手段。[①][②]

一般意义上，增权是理性主义的，与人道主义、存在主义的理论和实践密切相关，因而非常强调自觉和自制。[③] 将增权理念引入到老年社会工作，目的就是帮助老年人评估自身的需求和能力，掌控环境和解决问题。[④] 增权意味着老年人无论是否正遭受着病痛的困扰，除了极度的痴呆，都有可能在照顾关系中成为一个积极的参与者。既强调唤醒老年对象的权利意识，也在一定程度上肯定老年人在身体和心理上的弱势，强调照顾关系中社会工作者和专业人士的协助，通过某种训练达成一种积极的社会行动或心理状态，从而与他人及社会环境之间形成一种良好的适应和平衡关系。这不仅意味着赋予老年人在解决自身问题和困难中的主动性，强化他们对自身生活的独立性控制，也要求个人增权与集体增权的携手并进，通过组织和社区的力量来改变老年人在机构管理和决策过程中的参与，以便整个社会能够创造一个促进老年人尊重和平等的环境。

在照顾关系中老年人也不再是单纯的依赖者，他们可能具有积极的角色认知，这种认知有利于从过度强调照顾者压力负担的讨论中脱身出来，转向一种以权利为基础理念的实践，推动与社会工作者之间合作伙伴关系的形成。可以说，无论是个体主动还是外力推动式增权，其都是为了支持和促进那些失能失智或心理障碍的老年人，增强对生活选择和控制的能力从而实现自我独立性。

那么，如何通过增权来促进老年人自我独立目标的实现呢？古铁雷斯等[⑤]认为增权过程的四个重要构成因素包括：①态度、价值和信念；②通过集体的经验加以确认；③批判性思考和行动的知识与技巧；④行动。在此基础上建构的社会工作实践模型包括问题的界定与评估、目标的确定、角色的承担、介入策略、技术与评估等五个因素，[⑥] 其论述阐释了增权的一般内容和过程。相比其他群体，老年人更有可能使用社会工作来保障自己的生活、选择、控制和尊严。因而在老年社会工作实践中，社会工作的实践目标就变得清晰，关键在于通过系统介入策略来达成这些目标。基于增权的实践领域分为自我与个体、团体、组织、社区及政治体系的增权。

1. 自我与个体增权

自我增权强调案主对于自身有更多的掌控权，个体增权则在于更加强调互动关系中的个体能力、自决，两者从不同角度强调案主自身的能力。在老年个体的晚年生活中，其自身有权利尽可能长的独立、正常生活，这要求不断实现能力培育，提升老年人日常生活自理能力。能力培育通常是指通过某个教育项目或培训计划来实现个人成长和潜能的发挥。同时基于对个体能力的肯定，福利服务中更倾向于采取代替服务的现金支付，

---

① Weick A. Reconceptualizing the philosophical perspective of social work. Social Service Review, 1987(2).
② Cox E. O. Never too old: Empowerment-the concept and practice in work with frail elderly. Shera W. & Wells L. Empowerment Practice in Social Work：Developing Richer Conceptual Foundations. Toronto, Canada：Canadian Scholars'Press Inc, 1999.
③ Payne M. Modern Social Work Theory: A Critical Introduction. London: Macmillan,1991.
④ 何楠. 增权理论与老年社会工作实务 [J]. 法制与社会, 2010(2).
⑤ Carr S, Robbins D. The Implementation of Individual Budget Schemes in Adult Social Care. London, Social Care Institute for Excellence, 2009.
⑥ 陈树强，增权. 社会工作理论与实践的新视角 [J]. 社会学研究, 2003(5).

这种给予个人消费选择权的做法,被当作"获得持续照顾和支持的人"在个人护理中维持、恢复独立和自主的主要机制。

在个体与社会环境的关系中,则意味着直接让老年人参与分析他们自己的处境、使老年人参与信息收集的过程,从越来越多的非正式社区活动中发展他们建立网络的能力。相对于强调专业控制的权威式增权,强调权力分享、鼓励独立发展的协助式增权更受青睐。[①] 社会工作者可以帮助老年人更好地适应环境,譬如出院或搬进疗养院,同时可以通过提供一系列服务,为老年人及其照顾者提供现实和情感支持,充当不同环境之间的桥梁及良好的护理质量监测,[②] 从而通过培养自尊、自我认知等健康人格的发展,实现对自身和生活的控制。

2. 团体和组织增权

团体增权作为一种对抗压迫的增权战略,其目标在于通过组织化的方式实现对案主在个体、人际和社会政治生活方面的支持和改变。组织增权则要为组织成员提供发展的理论与实践机会,创造协商决策的组织结构,分享责任与领导能力。[③]

在老年照顾关系中,一方面,要充分发挥自助团体的作用,由他们给予照顾者及老年人支持和帮助;另一方面,要不断提高养老服务输送的效率,充分满足老年人的多样化、多层次需求,从而要求政府积极寻求与社会、市场关系的调整,有意识、分步骤地向社会放权、授权,积极引导老年人及其照顾者的参与,通过良好的治理体制和机制打造供给主体与服务使用者之间的伙伴关系。在此过程中专业社工与相关团体(或组织)之间的关系,在资源、领导方式及支持程度方面的差异,使彼此的互动方式存有不同。增权承认个体的潜力及其在相关事务中的决策权,但社会工作者的专业指导、资源的链接及鼓励自我倡导等方面具有特殊的作用,同时基于现有体制和组织对于老年人的排斥、歧视或差别性对待,地方分权、组织网络的搭建及更加灵活的权力授予方式等常常作为提高参与,在增权中提高服务输送效率的有效方式。

3. 社区增权

社区增权通常与社区的自我管理和成长、组织网络的发展及影响力的增强有关,[④] 换句话说,就是通过社区能力的培育实现人、组织及社区的自治能力和可持续发展。通常社区增权与社区层面的民主参与有关,强调政府与社会的合作伙伴关系,社区生活中的每个人都得益于社区在自上而下和自下而上的资源的链接,老年人也不例外。在老年社会工作实践中,社区不仅是资源链接的平台,也在服务输送中扮演重要角色的组织终端。社区工作以社区为基本载体,建立信任关系和广泛的成员互动,这要求肯定老年人的能力、技能和资产,在评估和干预中利用这些信息,增强社区能力,支持社区居家养老,将老年人作为建设社区能力和社会资本的合作人,从而从需要评估走向资产评估,着重

---

① Heron J. Helping the client: a creative practice guide. London, Sage, 1990.

② Kaplan D. B. & Berkman, B. Dementia care: A global concern and social work challenge. International Social Work, 2011(3).

③ Zimmerman & Warschausky. Empowerment theory for Rehabilitation research: Conceptual and methodological issues. Rehabilitation Psychology, 1998(1).

④ 吴晓林,张慧敏. 社区增权引论 [J]. 国外理论动态,2016(9).

于社区能力和优势实现对成员的增权。①

与此同时在自上而下的公共服务输送体系中，政府应该在公共服务供给决策中赋予本地社区以更大的参与权和影响力，其政策导向在于强调自治组织与社区部门在社会政策体系中的角色，促进政府与社会之间的良性互动。为此，政府要大力培育社区参与的组织化力量，改变和调整社区参与的制度环境，积极引导公民参与。

综上所述，无论是个体增权，还是团体增权、社区增权，其过程在于使得个体、组织在不断变化的社会和政治环境中能够掌控自己的生活，而增权结果在于赋予人们认识、获得掌控其生活的能力，只不过是采取能力培育、改变和调整环境还是提供支持辅助性服务，存在方式和侧重点上的差异而已。可以说，在不同层面上，增权的目标在于通过个体和环境的调适来实现老年人自我独立，而不是强调老年人生存的障碍和对环境的依赖。

第三节　老年社会工作介入问题

一、西方老年社会工作的历史发展

在西方工业化发展进程中，老年人的社会角色和地位不断下降，由于在竞争性市场中他们往往缺乏消费能力和影响力，常常被认为是没有劳动能力或退出劳动力市场的弱势群体，他们也时常因法定服务的缺乏而陷入贫困。在这一时期社会工作的目标群体主要是儿童和贫困群体，除了部分老年贫困问题受到关注之外，普遍性的老年风险往往被视为个人问题或家庭照顾的内容而缺乏系统性的风险应对。与之相对的是，志愿和慈善服务得到繁荣壮大，与个人主义倾向联系在一起的"自助精神"在英国等诸多国家得到较快发展，但这种自助更多是一种自由市场的产物，其强调慈善社团及志愿服务代替法定服务，老年人自身往往因缺乏能力而呈现边缘化地位。②

此后作为工业社会中老年风险的回应，针对老年人的相关保险和保障计划开始设立。与此同时，受到实证主义和病理学的影响，社会工作展现出对建立工作专业性的最大追求，表现出浓厚的病理实践取向，强调对某个具体服务对象或受助者的社会状况和人格进行精确界定，努力寻找一套可依的实践处理系统。③ 这种病理学取向在第二

---

① 徐月宾，郭名倬. 老年社会工作实务 [M]. 北京：中国社会出版社，2015.
② 朱浩. 赋权和自我独立：中国老年社会工作的目标、策略及其政策反思 [J]. 中国农业大学学报（社会科学版），2019(6).
③ 姚进忠. 阐释与激活：社会工作理论的实践逻辑演进与本土化探究 [J]. 华东理工大学学报（社会科学版），2014(5).

次世界大战后福利国家的兴起和发展中不断反思和纠正,社会工作开始重新找回"社会"因素的价值意义,强调社会结构及环境在社会工作实践中的地位,从而不再局限传统的病理学和个人归因取向,而更加强调个体和环境之间的互动,尤其强调服务对象所在家庭、团体、社区等网络体系的链接,这使得老龄作为一种"风险"普遍得到政策的回应,相关个人和社会服务的供给不断加大,老年福利也成为最大的福利服务支出项目。

由于对机构"非人性化"的抵制及社区照顾的发展,很多老年人开始依靠社区和家庭实现"在地养老",政策实践也试图通过社区照顾项目的开展,强调老年人在社区内部尽可能地独立,在这些社区照顾项目中老年人被赋予一定的参与权利。譬如英国 1978 年沃尔芬登(Wolfenden)报告中强调了个体、非正式支持网络、志愿团体和法定机构的伙伴关系,突出了志愿部门的功能作用及自助进取精神和创造行动的价值意义。尽管如此,这种赋权非常有限,更多的仍旧强调老年人对于公共养老机构、社区和家庭的依赖,其需要的标准主要由专业人士来认定,并在具体执行中强调通过"照顾管理"来约束老年人的过度需求。

到 20 世纪 70 年代,经济危机在某种程度上导致福利国家的整体支出缩减,老年人的相关福利在资格条件和享受标准方面都一定程度上受到影响。在理论和政策实践中,新公共管理主义、"社群主义"及"第三条道路"所强调的公共服务效率、集体主义价值观及"无责任无权利"的个体责任观,深刻影响了老年照顾服务的实践,个体和家庭被要求与政府、市场共同承担福利的责任,"混合福利"迎来快速发展的时期。在此时期老年工作的重点在于如何增进个体和家庭的责任,依靠家庭和社区照顾来确保老年人尽可能独立,进而减轻养老的公共支出压力。

故此,相关的家庭政策和社区营造计划成为政策实践的主要内容,从"依赖"走向"自我独立"成为化解政府财政危机的一种政策上的倡导,这在某种程度上增加了老年贫困,但客观上也发展了老年人自身的主体意识,尤其是老年人在相关服务项目中的参与权,从而影响了此后老年社会工作的实践。

进入 20 世纪 90 年代,老年人的自我独立不再是政府财政平衡的需要,在某种程度与老年人的自我价值及健康老化的水平联系在一起。1991 年联合国制定并通过的《联合国老年人原则》中提出"独立、参与、照顾、自我充实和尊严",2002 年马德里老龄问题国际行动计划则提出了"确保全世界所有人都能够有保障、有尊严地步入老年,并作为享有充分权力的公民参与社会"的目标。此后世界卫生组织 WHO 开始推动"积极老龄化",强调最大程度的"健康""社会参与"和"安全保障",这些组织都将老年人作为社会的重要人力资源,强调国家和地区只要发展预防性政策、推动健康与积极的老年项目,促使老年人健康独立和继续有生产力,就可以面对人口老化的挑战而享受人类最大的成就。许多国家政策实践中也将增强独立性作为其基本内容,譬如英国工党制定的"现代化议程"强调了支持独立性、发展预防策略和服务的重要性。社会工作实践也开始从弱势案主的帮助者走向尊重、肯定和鼓励案主自身的能力和权力,强调老年照顾中合作伙伴关系的形成,以持续推动老年社会工作"自我独立"目标的实现。

二、老年社会工作介入的领域

社会工作者具有服务提供者、支持者、倡导者、管理者、资源获取者和政策影响人等多重角色(王思斌,1999)[①]。在实践模式上,社会工作既有聚焦于个体,强调个体改变的个人处遇模式、治疗模式,也有聚焦于社会,谋求社会改变的社会改革模式和社会发展模式(马凤芝,2013)[②]。作为社会工作的分支,老年社会工作也不是仅仅针对服务对象提供直接服务,而是能够在宏观、中观、微观这些不同的层次上在多个领域发挥作用。

(一)宏观层面

老年社会工作应立足于解决人口老龄化导致的人口年龄结构与经济社会发展之间的矛盾,着力推进国家关于建构理想老龄社会的顶层设计。在内容上,这种顶层设计应兼顾三个方面:一是解决人口老龄化与经济、政治、社会、文化发展互动而产生的人口问题、经济问题、政治问题、社会问题、文化问题;二是解决少儿人口、成年人口和老年人口三大年龄群体在老龄社会的背景下社会资源的创造和分配问题;三是解决全人口老年期要面临的问题(党俊武,2012)[③]。具体到实践层面而言,老年社会工作应基于以上三个方面,积极推动相关的老龄社会发展战略规划、老龄专项规划、老龄政策、老龄法律的制定。老年社会工作者既可发挥政策倡导作用,呼吁相关老龄规划、政策、法律的尽早制定,也可实际参与制定工作,或是通过开展老年社会工作研究,为相关的老龄规划、政策、法律的制定提供意见建议。此外,在政策制定的基础上,及时对政策实施效果进行评估,发现政策制定和执行中的问题,促进老龄政策的不断修正和完善,也是老年社会工作可以发挥作用的重要领域。

当前,老年社会工作应重点推动国家制订老龄社会发展中长期战略规划、制定老年长期护理保障制度、支持老年人参与社会发展的政策,完善养老保障制度和医疗保障制度。

(二)中观层面

在中观层面,老年社会工作应立足社区层面或组织层面促进老年人的参与,并使老年人与社区或组织中的其他成员能够和谐共处,建构不分年龄、和谐共融的社区或组织。老年社会工作者可从以下几方面着手开展这些工作:第一,促进老年人参与社区或组织的发展,增加老年人对社区或组织的归属感,以更好地融入社区或组织生活。第二,改变老年人的负面社会形象,提高社区或组织中的其他成员对老年人的接纳程度。第三,扩大老年人的社会支持网络,促进社区或组织中的其他成员对老年人的帮助,以及老年群体的自助和互助。第四,争取社区或组织层面的老龄服务资源,以更好地满足老年人的需求。

[①] 王思斌. 社会工作概论[M]. 北京:高等教育出版社,1999.
[②] 马凤芝. 社会工作实践模式的演变及对我国的启示[J]. 中国青年政治学院学报,2013(2).
[③] 党俊武. 关于我国应对人口老龄化理论基础的探讨[J]. 人口研究,2012(3).

(三) 微观层面

老年社会工作在微观层面不仅要面向老年人,也要面向老年人的家人和照料者,老年社会工作者扮演着社会服务传输者的角色。针对老年人可能面临的问题,老年社会工作者能够提供的服务主要包括两大类:一是帮助老年人解决日常生活方面的实际困难,例如帮助老年人解决其经济困难,照护资源不足,人际关系不良,退休、丧偶等事件后的适应障碍等问题,以及为其提供临终关怀方面的服务。二是满足老年人实现个人发展的需求,例如提升其知识、技能及其他参与社会发展的能力等。在评估老年人需求、生理、心理状况及其所处的社会环境的基础上,老年社会工作者可根据老年社会工作的专业方法,制订服务方案,为服务对象提供直接服务。当然,老年人面临的这些问题并非在与老年社会工作者的直接互动中就能全部得到解决,在某些情况下,可能还必须通过老年社会工作者向外界争取资源才能得以解决。

随着社会的发展进步,以及老年社会工作在宏观层面的推进,老年人日常生活方面的实际困难会在制度完善的过程中不断减少,老年人发展方面的需求将日趋增长,老年社会工作的具体领域也将得到拓展。

三、我国老年社会工作的反思

我国有养老敬老的孝道传统,子女赡养父母天经地义。"天地之性,人为贵。人之行,莫大于孝"。几千年的华夏文明中孝道和尊老是家庭和子女的基本义务,是"仁""德"的根本。费孝通认为,不同于西方的"接力模式",中国子代的养老行为可以概括为反馈模式,[①] 即养老是代际关系的主要内容,传统文化中的"养儿防老"思想正是这种模式的体现。在传统社会的"家本位"体制下,子女对老年父母有赡养的义务,这种赡养不仅在于"养",还在于"敬",尊敬老年人是"孝"的重要内容,在此背景下"家庭养老"成为唯一的养老模式,"父母在,不远游",子女和老年父母共同居住也成为通常存在的形式,受到"孝道伦理"的家文化约束和影响,要求老年人"自我独立"只会让彼此双方深以为耻。

相对于西方那种"自下而上"式强调老年人增权及独立和对自我生活的控制,我国更加强调政府的自上而下式的行政推动。因此,西方国家那种倡导老年人"自我独立"的个体生理和心理的价值追求,在我国传统社会中并不没有得到重视。随着我国社会转型和家庭的现代化,养老的责任开始从家庭转移到社会,以政府主导的社会化养老服务体系逐渐建立起来,尤其独居、空巢、失能等特殊老年人关爱服务得到了快速的发展。政府在养老方面的财政投入不断加大,不可否认其很大程度上改善了老年人的福利水平,增进了其生活质量,但也带来了负面效应:一方面,老年福利不断扩张,某种程度上促使庞大"养老金群体"规模的持续增长,导致老年人从对家庭的依赖转向对国家的依赖,伴随的是福利分配结构的不断调整,在劳动力市场不稳定的情况下,代际不公平的声音

[①] 费孝通. 家庭结构变动中的老年赡养问题——再论中国家庭结构的变动 [J]. 北京大学学报 (哲学社会科学版), 1983(3).

持续放大。另一方面，进一步加深老年人作为社会产品和服务绝对消耗者的印象，他们被贴上社会负担的"标签"。这种负向的个体和社会的角色认知极大地降低了老年人的自身价值，导致其在家庭和社会中的地位不断下降，容易形成负面的"老化态度"，而在制度安排中更多强调"养"，则进一步使得"依赖"文化盛行。

正是基于这种实践中的担心和反思，也基于家庭养老文化的特殊地位，新近的政策实践，一方面强调依靠社会化支持实现老年人的"居家"或"在地"养老，另一方面也充分肯定老年人个体在解决自身福利需求中的主体作用。"自我养老""自养""自立"这样的概念开始出现，强调老年人从依靠子女走向"依靠自己"，从依赖或期望子女的反哺到依靠老年人的自养和老伴之间的"互养"，老年人自身在养老中的作用和地位不断得到强调。[①]2008年以来，河北肥乡"农村互助幸福院"、天津的结对互助、江苏姜堰的"时间银行"等诸多互助养老模式开始蓬勃发展，2018年互助式养老更是写入了政府工作报告中。互助养老的价值主要在于促进个体价值的实现，既强调个体主观能动性和潜能的发挥，又强调通过鼓励参与同辈网络的建立来提升其权力，促进群体意识的发展。[②]这种互助就是一种个体增权和团体增权的实践，有利于在个体、团体与社会环境互动中获得个体的权力感和自尊自信，进而一定程度上提升个体自我独立的愿望和信心。

综上可知，在我国转型期依赖文化和制度性建构的影响持续存在，同时"自我独立"的价值取向也开始得到倡导，"自我独立"不再是一个西方名词，其对于老年人自我价值的肯定，不仅是我国现代化家庭特征的写照，也是老年社会工作发展的应然之义。尽管如此，依赖或自我独立，这种价值冲突会持续存在，同时对于实现"自我独立"的路径也存在不同的看法：是将老年人作为一个资源的依赖者，依靠行政推动来实现社会化资源的投入，抑或是通过增权，肯定老年人自身的潜力，通过能力培育、打造互助网络、社区发展等方式方法来增进老年人的自我独立？这些冲突和争议持续影响着我国老年社会工作的实践。

在我国老年社会工作中，其首要定位是帮助老年人的工作，特别是处境困难的老年人。有学者认为这源自社会对老年群体的歧视、不尊重，[③]也有学者认为其发展是意识形态福利视角下的制度发展和政策倡导，直接受国家性质与结构影响，最大问题是国家的养老制度与政策是否能够使广大老年人群体都享受到平等的养老服务。[④]一般意义上，在我国养老服务的实际社会工作更早，而专业社会工作的引入更晚，尽管两者的根本目标都在于满足老年人的异质化、多层次需求，但前者更加将老年人作为弱势群体来看待，其服务主要依赖自上而下的行政推动，后者则更加强调社会工作的专业性，更加依靠专业的知识、技术、价值和方法，而且更加侧重于与案主之间的互动，强调增权增能。实际上在社会转型期两者通常并存，且后者常常受到前者价值观、行为方式的影响，社会工作的专业性所崇尚的"助人自助"的原则并不受认可，服务主体并不认为老年人是有能力的，导致其把工作重点放在如何链接社会资源，提供服务方面。正因如此，增权并

---

① 穆光宗. 家庭养老制度的传统与变革 [M]. 北京：华龄出版社，2002；风笑天. 从"依赖养老"到"独立养老"——独生子女家庭养老观念的重要转变 [J]. 河北学刊，2006(3).
② 班娟. 社区老年群体互助养老中增权模式探究 [J]. 社会科学战线，2014(8).
③ 易勇，风少杭. 老年歧视与老年社会工作 [J]. 中国老年学杂志，2005(2).
④ 赵一红. 我国本土化老年社会工作的发展路径研究 [J]. 社会科学辑刊，2016(1).

不是重点，根据需求评估实现服务的递送和管理成为社会工作者的日常任务。

通常社会工作者扮演着诸如个案管理员、社会支持协调者、协助者等角色，但在我国实践中，由于养老服务资源主要来自于政府，其服务内容、运作方式及人员队伍的结构都在一定程度受到行政权力的约束，专业社工的角色和作用方式受到极大的限制。目前，老年专业社工岗位主要由政府购买，主要在站点或社区中为居家的老年人提供服务支持及相关服务的管理，其重点服务对象主要是失能、空巢和独居的低保老年人，也包括那些失独或特殊病患家庭的老年人。

在当前养老服务市场不成熟及社工专业性不高的情况下，这种通过社工实现"点到点"的服务输送，工作的重点在于外部资源的获取，而非内部资源的挖掘，极大地影响了专业社工与案主之间的互动，导致"两张皮"现象的发生，即通过链接外部资源，保障自理程度高的老年人参与社会活动的需要，而将自理程度不高的老年人留在家庭或将其作为一个专家决定需求的弱势群体。实际上专业社工的服务对象恰恰是那些所谓的弱势老年人，如何增进他们的自我价值，实现自我独立，才是专业社工的职责所在。实际上不仅这部分自立程度较低的人，存在增权不足的问题，对于那些健康自立程度较高的老年人也同样如此。据2017年北京师范大学发布的"中国老年人政策进步指数"显示，老年人参与社区活动、维权、教育与自治方面的发展速度已经滞后于老年人口的增长速度。社会参与作为增权的重要途径，整体不佳的表现在很大程度上会影响社会工作的实践及自我独立目标的实现。

基于此，老年社会工作的实践极大地背离了促进老年人"自我独立"的宗旨，而转型期的特有意识形态和文化，使得社会工作者与老年人之间的关系许多时候局限于服务的管理和资源的提供，或强调社会工作的行政色彩，或过于强调社会工作的专业化，否认老年人的"案主自决"及其在解决自身问题中的知识、能力。这在一定程度上否定了老年人自身在社会化养老服务体系中的主体作用，将其责任从家庭及照顾者过度施加于政府身上，加重了公共财政的负担，而实际上老年个体及家庭是福利生产的重要主体，老年人的个体生活经验、经历及家庭环境的适应性调整等，都可能帮助自我独立。

因此，在老年社会工作的反思中，一方面要看到转型期我国社会工作中的不足，重新审视个体及社会对待或回应老年群体的方式，并要意识到传统理论与方法对老年及老年群体的观念应当有所转换或更新。要积极强化专业社会工作的发展，在优势视角和增权理论框架下将老年人作为解决自身问题的重要组成部分，而非因自身生理机能衰退需要依赖和照顾的困难群体。[①]另一方面要依据我国社会结构和文化的背景，推动养老政策的制定和社会工作实践的调整，正如当前社会工作的本土化研究中对于孝道价值观的强调。[②]在此背景中来谈增权和自我独立，否则容易导致回避问题，将老年人客观存在的需求及应对风险的脆弱性推回给家庭和个体，沦落为某种程度的"管理主义"或"市场化"。

当然，还要考虑"人在情境中"，只有人与环境良好地平衡，自身的价值才得以彰显，"自我独立"并不只是生理上的自立，也代表着与社会环境良好地适应和互动。传统社会工作将案主在社会系统中的失败作为问题的起点，认为其本身的病态特征影响着他

---

① 陈伟，黄洪. 批判视域下的老年社会工作：对社区居家养老服务的反思 [J]. 南京社会科学，2012(1).
② 谢宇，谢建社. 本土化视野下的孝道价值观及其在社会工作中的运用 [J]. 社会工作与管理，2016(5).

们与环境互动的正确态度，这种治疗和心理模式极大地影响着个体的认知及老化态度。其实，这种老化态度是社会结构、社会情境及个体认知共同作用的结果。这种系统认识不仅要求社会工作实践中的介入方式方法更加灵活，同时也要求社会工作者在个体、团体和社区等多个层面上实现介入，积极寻求个体正式照顾与非正式照顾网络的连接，探寻福利服务输送的最佳路径。

要实现人与环境的调适，社会工作者不能只关注案主本身的问题，还应该将其与生理、心理、社会等诸多因素联系起来，增进人与环境的互动。只有人与环境良好的平衡，案主才可能良好地接纳自己，体现自我的价值，这要求社会工作者应该积极地融合多种社工方法和手段来增进个体与环境的互动。其中，增权作为一种综合宏观和微观的理论方法，可以引发对于社会结构、情境的关注，将案主问题与广泛的社会系统联系起来。与之相联系的是，通过强调人与环境的互动来说明人类行为的动力，在某种程度上否定了社会行政的单一资源输送方式，也促使我们对社会工作实践中强调控制和管理的目标取向进行反思。这种基于批判视角对社会工作中行政体制的压制和"权力"赋予方式的挑战，可以将老年人从结构性依赖中解脱出来，通过"增权"而不是"行政推动"来实现服务资源的分配和输送，也将老年人需要的定义从政府专家、专业人士手中还给其本身，而社会工作者可以寻求个体、社区、团体和组织等不同层次的增权，弥补老年人的"权力"缺失。

复习与思考

1. 名词解释。

   社会工作　　助人自助　　增权
2. 如何理解"人在情境中"。
3. 我国老年社会工作面临的困境有哪些？

推荐阅读书目

梅陈玉婵，齐铱，徐玲.老年学理论与实践[M].北京：社会科学文献出版社，2004.

第九章
老年社会政策

社会政策是研究国家与其公民的福利之间的关系，以及如何通过政策的制定与实施把国家和社会的作用纳入到个人的"福利组合"中去的一门应用社会科学学科。在西方发达国家尤其在欧洲，社会政策学已经成为一门"显学"。社会政策学科价值理念如下：以"公平"与"人权"为基本价值观；从不讳言自己的"价值立场"；以"公民参与"为基石；以"渐进主义"为发展策略。

第一节 社会政策概述

一、社会政策的起源

德国社会政策学会的中坚骨干、曾经帮助俾斯麦首相创建社会保险制度的瓦格纳(Adolf Wagner)，最早提出了社会政策的定义，他认为"社会政策是依立法和行政的手段，以排除分配过程中的弊害的国家政策"，"现在国家的主要目的，在变更财富的国民分配，而使劳动阶级获受利益。一切政策应使其社会政策化，国家当保护劳动者"[①]。

瓦格纳的"社会政策"定义有三个特点：第一，明显是针对当时德国乃至整个西方世界普遍存在的"分配过程中的弊害"的；第二，明确指出国家的责任在于"保护劳动者""使劳动阶级获受利益"；第三，瓦格纳的定义有其特殊的含义，"一切政策应使其社会政策化"，这意味着国家的所有政策的基本立场必须符合上述两个条件。

从以上引述的关于社会政策的早期定义中我们可以看到，一百多年前的德国乃至西方世界显然是存在着"分配过程中的弊害"的，而当时另外一些经济学家，如英国的曼彻斯特学派，则主张"自由放任主义"，"社会政策"的概念就是在这样的历史背景下有针对性地提出来的。

社会政策的发展与成熟则要到第二次世界大战以后，当时在英国的应用社会科学领域，出了两位大师级的人物，一位是马歇尔(Thomas Marshall)，一位是蒂特马斯(Richard Titmuss)。马歇尔提出：社会政策是与政府相关的政策，并涉及向公民提供服务与收入的行动，而通过这些行动会对公民的福利产生直接的结果。社会政策的核心是社

---

① 曾繁正.西方国家法律制度：社会政策及立法[M].北京：红旗出版社，1998.

会保险、公共救助、健康和社会服务、住房政策及教育等。蒂特马斯则认为：社会政策应该包括三个部分：一是"社会福利"或"社会服务"，二是"财政福利"，三是"职业福利"。他把"社会福利"或"社会服务"的部分形容为"社会政策的冰山露出水面的部分"。对于这一部分蒂特马斯诠释道："我们关注的是对一系列社会需求，以及在稀缺的条件下人类组织满足这些需求的功能的研究。人类组织的这种功能在传统上被称为社会服务或社会福利制度。社会生活的这个复杂的领域处于所谓的自由市场、价格机制、利益标准之外。"对比两位学者对社会政策的界定，最显著的特点是前者相对狭义，而后者相对广义。从之后社会政策学的发展及后人的评述来看，广义的解释更被普遍接受。譬如，米休拉 (Ramesh Mishar) 认为"社会政策是依据需求的某些标准分配社会资源的有关的社会安排或社会行动模式"。拉特里迪斯 (Demetrius Latridis) 认为"社会政策是向全体人民提供公民权利的媒介物"。瑞恩 (Martin Rein) 则认为"社会政策被认为是社会生活中那些不太具有交换特征的方面，在其中等价交换被单方面的转移所替代。这种替代由具有某种合法的身份，或属于某个社会群体来证明其正当性"。①

一般认为，社会政策 (social policy) 作为一门学科范式和实践领域起始于传统社会向现代社会的转型过程中。尽管直到目前为止，学界对于社会政策的定义仍存在分歧，但无一例外地承认：社会政策是削减社会变迁所带来的社会风险而实现人类福利增进，以及为实现这一目标所制定的政策干预和行动框架，其所秉承的原则和价值包括平等、效率、自由和需要。②

二、社会政策的模式

英国是工业革命的发源地，因此也是最早遭遇从传统社会走向现代社会过程中产生的诸多社会矛盾的国家。一时间，传统的宗教的或世俗的慈善事业难以应付汹涌而来的社会问题。1601 年英国颁布的"伊丽莎白济贫法"，通常被认为是开了国家干预社会 (济贫事业) 之先河，因此"伊丽莎白济贫法"也被后人追认为最早的社会政策。英国模式强调的是"国家责任"或"政府责任"，基本特点是自上而下的"施与"，是以政府提供社会服务的"集体供给"方式实施的，其核心是"需要"。当时，国家对"需要"的界定是很苛刻的，能不饿死人就算是满足需要了。在行政程序上，也强调要以进行严格的"家庭经济调查"为前提，以确定申请者是否"真的"贫困或有需要。在社会福利理论中，有一种称为"补救型"(一译"剩余型"或"残补型") 的社会福利模式，可以理解为对社会成员因市场和家庭的作用的缺失而造成的生活困难进行补救的社会福利模式。这可以与以"需要"为核心的英国模式相对应。

19 世纪末，德国走上了工业化的道路并开始崛起，但在当时并未形成有效的社会责任机制。地主阶级对工人阶级的剥削十分残酷，导致劳资矛盾十分尖锐，工人阶级的反抗日趋激烈。于是，工人阶级在马克思主义的指导下，争取权利的斗争风起云涌。最后

---

① 唐钧.社会政策学导引 [J].社会科学，2009(4).
② 迪安.社会政策学十讲 [M].岳经纶，等，译.上海：格致出版社，2009.

迫使国家建立社会福利制度，意欲通过改善收入分配的不平等状况，使劳动阶级与贫苦民众的处境有所改善。所以，欧洲大陆的社会政策是工人奋起斗争而得来的胜利果实。这种自下而上争取来的社会政策，强调的是"个人权利"或"三方机制"，是从维护个人权利出发，通过雇主、雇员和政府三方谈判协商的方式来确认的，其核心是"人权"。社会福利理论中的"制度型"社会福利模式，可以理解为以与劳动力市场相关的个人（及其家庭）权利为基础，通过谈判明确国家和雇主责任，从而形成国家制度的社会福利模式。

第二次世界大战中问世的《贝弗里奇报告》秉承了英国社会福利"补救型"的传统，对"有需要"的人提供福利保障。在新的制度设计中，废除了被称为"家庭经济调查"的"羞辱性"的行政程序，给"需要"的扩张准备了条件。第二次世界大战后英国建成"福利国家"，由于一些政治的或意识形态的原因，加上经济发展正处于"黄金期"，政府对"需要"的界定越来越慷慨，形成了对教育、健康、社会服务、社会保障、住房等一系列的"集体供给"。英国的"补救型"传统也影响到美国、澳大利亚、新西兰和新加坡，这些国家在摆脱英国统治后，不约而同地在社会福利方面仍然坚持低标准和有限范围的"有需要"，"更加强调自给自足、勤劳工作、节俭和家庭"。

三、社会政策学的起源与发展

自19世纪末以来的一部社会政策发展史，大致上可以划分为三个阶段，即"前福利国家"阶段、"福利国家"阶段和"后福利国家"阶段。划分的时间界线则以20世纪40年代英国《贝弗里奇报告》的出台及稍后的"福利国家"的建成，以及20世纪70年代末英国撒切尔主义、美国里根主义的"社会福利制度改革"这两个在社会政策发展历史上起决定性影响的事件为准。

（一）"前福利国家"阶段（19世纪70年代—20世纪40年代初）

这一阶段的主要目标是"缓解贫困问题"。在这一阶段，社会政策的概念首先在德国被提出。但是，国家施行社会政策的实践却可以追溯到1601年英国"伊丽莎白济贫法"的颁布。进入20世纪，社会政策研究的中心逐渐移向英国。为在政府政策与个人需求之间搭起一座互动与沟通的桥梁，作为国家政策与个人福利之间的"传承机制"的社会工作的作用凸显出来。当时的社会政策研究和教学主要被包含在社会工作学的范畴之内，甚至只是社会工作学的一门课程。同时，社会政策研究与社会工作研究一样，主要是基于"问题导向"和"行动导向"，在对贫困、健康、住房、教育等方面具体政策的研究占主要地位。其中最为著名的有19世纪末、20世纪初英国的布斯和朗特里关于贫困问题的研究，如布斯（Charles Booth）的《伦敦东区人民的劳动和生活》和朗特里（Seebohm Rowntree）的《贫困：城镇生活研究》。

（二）"福利国家"阶段（20世纪40年代初—20世纪70年代末）

这一阶段发展的主旋律是"政府行政管理"。20世纪40年代英国《贝弗里奇报告》的出台及稍后的"福利国家"的建成标志着社会政策研究进入了"福利国家"阶段。"福利国家"的制度和政策设计实际上为国家政策和个人福利之间的关系设定了一个相对稳定的大框架。由于从20世纪50年代初到70年代中是西方国家经济发展的黄金时期,在这样的社会、经济背景下,福利国家政策的发展也是一帆风顺的。在这一阶段,逐渐地,从社会工作学中分出了一门独立的学科,称为"社会行政学"。因为已经有凯恩斯经济学和《贝弗里奇报告》基本上框定了福利国家的"大政方针",所以,政府和社会要做的事似乎就是将福利国家的既定政策通过各种社会福利计划与相关服务具体地落实到每一个公民身上。因而,政府的行政管理似乎更值得关注。于是,"研究各种提供'社会服务'的人类组织和正规结构"的"社会行政学(Social Administration)"作为一门独立的学科首先从社会工作学中分化出来。据周永新教授介绍,蒂特马斯是社会行政学的第一位教授,因此被奉为这门学科的鼻祖。在社会行政学中,社会政策研究已经占据了相当大的分量,蒂特马斯当时教的就是"社会政策"。他的讲稿在他去世之后由他的学生编辑为《社会政策十讲》一书,成为社会政策领域的经典著作[①]。

(三)"后福利国家"阶段(20世纪70年代末至今)

这一阶段的主题是"社会福利制度改革"。20世纪70年代西方国家走进了"滞涨时期",凯恩斯经济学和福利国家理论受到了普遍的怀疑。以英国的撒切尔主义和美国的里根主义为代表的社会福利制度改革翻开了社会政策研究的新的一页。这一阶段又可分为两个小阶段:一是从20世纪70年代末到20世纪90年代初,保守主义和新自由主义大行其道,对福利国家理论大肆抨击,将其作为西方经济衰退的"替罪羊";二是20世纪90年代中至今,"中间道路"占了上风,既对保守主义和新自由主义的盛行进行反思,又对福利国家的理念重新审视并基本加以肯定。在这一阶段,福利国家的基本理念受到冲击。同时,全球化的影响使社会政策的变化更为频繁、影响也更为广泛,"福利多元化"成为时代的主流。全球化也使社会政策需要更为广阔的国际视野。于是,社会政策的不确定性与日俱增,社会政策研究的必要性和紧迫性也增加了。因此,仅仅局限在"行政管理"上来讨论相关的问题已经落后于形势,为适应需要,到20世纪90年代后期在大学中将"社会行政系"易帜为"社会政策系"成为风潮,这标志着社会政策作为一门独立的学科和研究领域日趋成熟。

四、社会政策的学科特点

经过100多年的演变,社会政策已经形成了一个独立的研究领域。如今,社会政策通常被认为是研究国家与其公民的福利之间的关系,以及如何通过政策的制定与实施把国家和社会的作用纳入到个人的"福利组合"中去的一门应用社会科学学科。具体而言,社会政策学科领域一般涉及社会保障政策、文化教育政策、医疗卫生政策、城市规划与住房政策、人口政策等。

---

① 蒂特马斯.社会政策十讲(中文版)[M].江绍康,译,香港:商务印书馆,1991.

（一）价值理念的特点

价值观念的特点表现在以下几方面。

其一，以"公平"与"人权"为基本价值观。蒂特马斯认为："人不单是经济性的人""人是一种社会存在""应该关切社会中的人——尤其是人际关系里非经济性的因子"。因此，社会政策学从一开始就将自己的理论架构的核心定位于"公平"(equity)与"人权"(rights)。

其二，从不讳言自己的"价值立场"。蒂特马斯指出："社会科学——特别是经济学和社会学——明显不是'免除价值'的，永远也无此可能。""以中立的价值立场讨论社会政策是没有意义的事情。""在社会福利体系之内，人们无法逃避各种价值选择。"这个特点在国际上得到广泛的认同，并得到联合国的认可与推广，1962年联合国出版的《社会服务的组织与管理》一书中指出："不论人们视之为狭隘还是广泛，这些定义均含有三个目标——当然还有价值判断：第一，其宗旨皆为行善——政策指向为市民提供福利；第二，兼有经济与非经济的目标，例如：最低工资、最低收入保障标准等；第三，涉及某些进步的资源再分配手段。"

其三，以"公民参与"为基石。蒂特马斯将社会政策看成是"有关矛盾的政治目的和目标的抉择，以及它们的厘定过程"。在这样一个过程中，"公民参与"是不可或缺的。

20世纪80年代以来，社会政策也借用了市场化的语言表示一种与时俱进的新观念，譬如将政策对象看作"客户(client)"，在政策实施的过程中强调要时刻倾听客户的意见，这就更清楚地体现出作为政策实施主体的政府机构的公共服务性质。

其四，以"渐进主义"为发展策略。社会政策领域所推崇的政策主张，绝非"激进"，而是实事求是，强调调查研究，以充分了解面临的社会问题的来龙去脉；同时反对急躁冒进，提倡脚踏实地，重视在政策过程中积累起一点一滴的社会进步和文明成果。

（二）社会政策学科建设的特点

其一，研究领域的边缘性、交叉性和开放性。经过最近几十年来不同学科背景的专家学者在社会政策领域中一起工作，社会政策学成为一门具有边缘性、交叉性和开放性等特点的新兴应用社会科学学科，而这个特点正是其强大的生命力之所在。当前，社会政策学彻底打破了传统学科的分界线，正将社会学、经济学、政治学、行政管理学、社会心理学、社会工作学等学科的知识以"适用"和"实用"为目的在这里融为一体。回顾历史，一开始提出社会政策概念的德国社会政策学会的成员大多都是经济学家。而到蒂特马斯把社会政策作为一门独立的学科来讲的时候，这门课又主要是建立在社会学和社会工作学的知识体系的基础之上。蒂特马斯曾为社会政策研究列出的一份长长的所需基础知识的"菜单"："研究社会政策的基础知识要包括：人口变迁——它的过去与现在，以及对未来的预测；家庭制度与妇女地位；社会分层与阶级、世袭阶级、地位和流动等概念；社会变迁与工业化的后果，城市化和社会状况；政治结构；工作伦理与工业关系的社会学；少数民族与种族偏见；社会控制、附和、越轨行为和维持政治现状的应用社会学等。"

其二，研究方法的具体化与技术化。目前，社会政策学的一个发展趋势是分工越来越细，越来越具体化甚至技术化，常常就一个社会问题进行非常深入和连续、持久的探讨，追求更为有效的解决办法。因此，社会政策更多的是关注解决具体的问题而不仅仅停留于理论体系的建构，强调研究对象及研究方法实用性是社会政策学的最大的特点[①]。其追求的目标通常是在某一个具体的社会领域中提出一项有效的社会政策，以及良好的政策效果和社会反响。就研究方法的具体化而言，社会政策学的内部分工是细之又细的。譬如，关于老年社会政策的研究，通常会分成三个部分：资金保障、服务照料和亲情慰藉；而到了这一层次还能往下细分，譬如服务照料又可以分为社区照顾和院舍照顾等。

其三，政策建议的可行性和可操作性。政策一词有着行动取向和问题取向的意思。社会政策学强调从不同的社会问题出发，具体地分析每一个问题的来龙去脉，找出问题的根源，然后提出具有"行动性"的，即具有可行性和可操作性的政策建议。可以用社会学研究与社会政策研究的区别为例来说明上述观点。通常，社会学家进行两种类型的经验研究——"描述性研究"和"解释性研究"。"描述性研究是知识探索的第一步。它主要是为了弄明在何时、何地、对什么人发生了什么事情。在描述性研究中，人们认认真真地收集资料来描述群体、社会活动和事件。虽然描述性研究是必不可少的起点，但是社会学家长盛不衰的理论兴趣却使他们去研究事物为什么会发生。解释性研究就是为了回答'为什么'和'怎么样'的。[②]"

社会政策研究则在"描述性研究"和"解释性研究"之外，还必须加上"对策性研究"，而且后者才是研究的真正目标。如果不能形成有效的政策建议，从社会政策的要求来说，研究任务就没有完成。而在社会政策研究中，"描述性研究"和"解释性研究"的部分可以间接或直接借用社会学的研究成果。

(三) 社会政策与公共政策的比较

社会政策与公共政策本是两门不同的学科，但从目前的发展趋势看，二者之间呈现出趋同与合流的态势。因为社会政策和公共政策具体的形成过程是共同的，这表现在两个方面："一是一项具体政策的确定往往是各种社会力量博弈的结果""二是确定下来的政策设计、执行都应该主要以科学知识和相关技术的运用为主，以此来保证政策的科学性"[③]，这些特点决定二者可以互相学习与借鉴，甚至互相渗透和直接利用。

公共政策学的发源地是美国，是从政治学中分化出来的一门学科。关于公共政策的含义，主要有以下看法：①公共政策是一项含有目标、价值与策略的大型计划；②公共政策是设计大量人才和资源或关系到很多人的政府决定，凡是政府决定做的或不做的事情就是公共政策；③公共政策是一个有目的的活动过程，而这些活动是由一个或一批行为者，为处理某一问题或有关事务而采取的；④公共政策是由政府机构或政府官员制定

---

① 李秉勤.英国社会政策的研究、教学及其借鉴意义[A].//唐钧.社会政策：国际经验与国内实践[M].北京：华夏出版社，2001.
② 波普诺.社会学[M].李强，等，译.北京：中国人民大学出版社，1999.
③ 杨伟民.社会政策导论[M].北京：中国人民大学出版社，2005.

的政策①。从这个意义上说，公共政策包括了政府制定的所有的政策，当然也包括了国防、外交等国家政策，其涉及范围要比社会政策更大。在研究方法上，公共政策学秉承了"实证主义"的科学传统，强调其"中立"的立场，主要研究的是从政策实践中抽象出来的一般的"政策过程"，并致力于将其定量化，即将政策过程用"数学模型"的方式表述出来。

社会政策学主要来自欧洲，其知识体系的基础原本是社会学和社会工作，所以它继承了这两门学科"行动导向"和"问题导向"的特点。其涉及的领域较为狭窄，主要是指与老百姓的社会权利密切相关的政策。社会政策学也更强调"价值观"，强调从不同的社会问题出发，具体地分析每一个问题的来龙去脉，找出问题的根源或症结，然后提出具有可行性和可操作性的政策建议。在中国当前较为特殊的社会环境和学术氛围中，一些公共政策理论有可能导致认识上的误区。譬如，按照公共政策理论，所有的社会产品，包括服务，应该被分成两大类：一类是公共产品；一类是私人产品。政府的职责是提供公共产品，而私人产品则应该由市场来提供。但是，按公共产品的三大特征，亦即"非排他性""非竞争性"和"外部性"来衡量所有的社会保障制度，可以说，这些由政府提供的规避社会经济风险的服务其实都是私人产品。

第二节 老年社会政策概述

一、人口老龄化带来的隐忧

进入 21 世纪以来，中国开始了快速的老龄化进程。与其他国家相比，中国的老龄化有三大特征：其一为速度快，从 2000 年进入老龄化社会以来，截至 2017 年底，中国的老龄化程度由 10.3% 上升到 17.3%，年增长率约为 5.93%。据国家老龄委预测，2020—2050 年中国的老龄化处于加速阶段，2050 年 60 岁以上老年人口占比将超过 30%。其二为规模大，2000 年 60 岁以上老年人口数量约为 1.3 亿，而到了 2017 年底中国老年人口数量达到 2.41 亿，预计到 2050 年左右达到 4.37 亿的峰值。② 其三为 80 岁以上高龄老年人与失能（失智）老年人不断增多。近年来，我国 80 岁及以上高龄人口以年均 4.7% 的速度增长，2000—2010 年高龄老年人占老年人的比例由 9.23% 上升至 11.82%，到 2050 年高龄老年人占老年人的比重将达到 21.78%。由于长寿并不意味着健康，寿命延长往往与自理能力下降相依存，中国失能老年人口的数量在急剧增加③。国家老龄委 2016 年发布的

---

① 陈潭. 公共政策学 [M]. 长沙：湖南师范大学出版社，2003.
② 姜向群，杜鹏. 中国人口老龄化和老龄事业发展报告 [M]. 北京：中国人民大学出版社，2013.
③ 刘二鹏，张奇林. 失能老人子女照料的变动趋势与照料效果分析 [J]. 经济学动态，2018(6).

《第四次中国城乡老年人生活状况抽样调查成果》显示，处于失能、半失能状态老年人的规模达到了 4063 万人，占老年人口的 18.3%①。而预计到 2030 年和 2050 年，中国失能老人的规模将进一步上升到 6168 万和 9750 万。②

老龄化社会城市面临的社会问题对政府服务形成挑战。老龄人口的大量增加给城市的养老、住房、公共卫生、医疗保健、环境品质、生活设施和社会支持系统等提出了新的考验③。

(一) 养老金缺口问题

我国现在的养老保险基本制度模式是现收现付制④，其核心目标是保持当期的收支平衡。现收现付制本质上是代际协议，即工作的一代人创造财富来供养退休的一代，是社会成员在财富分配上达成的共识。⑤ 随着老龄化程度的进一步加深，即使在现收现付制度模式下，压力也会越来越大。人口老龄化，对基本养老保险支出增长的冲击带来的压力必须有高度的忧患意识，青年群体除了参加基本养老保险履行责任，还有参加职业养老金、个人养老金等多种自主选择。从现在开始，为自己的权益，也为代际赡养义务，以及社会的和谐稳定，都应当积极投入到老年财富储备当中去。

(二) 医疗资源问题

老年人口因为生理机能、身心保健的水平降低及自然衰老的加快，患病的概率的快速增加导致老年人口对医疗服务与设施的需求巨大，我国现有城市医疗卫生服务的供给体系将面临巨大压力。

(三) 老年人权益问题

老年人的权益问题随着我国老年人口的比重越来越大，已由个人或某一小部分人的问题逐渐演变为社会问题，如若处理不当，极易带来巨大的风险，影响社会的稳定发展。当前我国老年人权益问题主要表现在老年人的人身财产保护、精神赡养及老年人婚姻等方面。

二、建构老年社会政策体系的紧迫性

党的十九大指出，中国特色社会主义进入新时代，我国社会的主要矛盾已转化为人民日益增长的美好生活需要和不平衡不充分的发展之间的矛盾。照料需求是人民群众日常生活中众多需求中的一种，步入老龄化社会及放松生育限制以来，普通家庭和民众对

---

① 数据根据 2015 年 12 月中国老龄科学研究中心发布的《第四次中国城乡老年人生活状况抽样调查》整理而成。
② 穆光宗. 银发中国——从全面二孩到成功老龄化 [M]. 北京：中国民主法制出版社，2016.
③ 胡小武. 老龄化社会城市老年政策的理念变革 [J]. 城市问题，2008(7).
④ 在现有制度下，虽然存在个人账户制，但现收现付制发挥的作用仍然巨大。
⑤ 胡晓义. 不应夸大养老金缺口问题 [N]. 中国老年报，2020-09-30(4).

照料服务的需求愈加明显。在老年人照料需求方面,目前中国拥有世界上最大规模的老年人口数和高龄人口数,而由于寿命延长与慢性病患病概率具有天然的联系,使得"长寿而不健康""病苦老龄化"所带来的"老龄失能化"具有较强的不可逆性,中国失能、失智的老年人口数随着老龄化程度的快速推进也在急剧增加。① 大规模失能、失智的老年人的存在对家庭的照料能力及专业化、社会化的长期照料服务体系有了更高的要求。化解老龄化所带来的长期照料负担需要具有普惠性、创新性的老年社会政策。

三、建构老年友好型社会政策体系

党的十九大报告提出,"积极应对人口老龄化,建构养老、孝老、敬老政策体系和社会环境,推进医养结合,加快老龄事业和产业发展"。这是基于老年友好型社会政策的顶层设计,把养老、孝老和敬老三者从不同角度并列在社会政策体系中提出,是我国应对人口老龄化政策体系的新突破。

建构中国老年友好型社会政策体系的实质是要实现国家、社会、家庭责任的有机统一,充分发挥国家养老、家庭孝老、社会敬老相互支持所形成的合力,为老年人营造支持性的社会环境,最大限度地发挥出老年人生活能力和社会融入能力,让老年人都能实现颐养天年的梦想②。

(一)家庭孝老是我国老年友好型社会政策体系的基础

我国传统"养老文明"孕育了破解养老问题的"中国路径"——以孝养老。孝道突出以养老为本位,将养老作为家庭的主要职责之一,使老年人得以接受子女的奉养。家庭孝老是由家庭成员提供养老资源的养老方式和养老制度,形成循环往复的途径。在经济供养上,家庭养老是代际之间的经济转移,以家庭为载体,自然实现保障功能和保障过程。家庭养老促进代际交流,给予老年人精神归属感。家庭养老是中国传统道德强大内在力的必然结果,中国人提倡尊老爱幼,在全社会形成养老尊老的风气。

第一,家庭孝老主张老年人不仅物质上需要帮助,而且精神上要得到慰藉,感情上要有所寄托,从而引导家庭养老实现物质赡养和精神赡养的统一。更重要的是孝道不断地将敬老的观念赋予家庭养老,使得家庭养老从家庭行为转变为社会规范,短期行为变成世代相继。因此,在社会政策上,需要继承"孝亲敬老"的传统家庭美德和感恩观念,自觉将其升华为尊老敬老的社会公德,并落实到职业道德和个人品德上,把关爱老年人从道德层面提高到国家政策层面,并做出制度安排。

第二,我国传统社会以孝破解养老困局,国家以弘扬孝道文化来鼓励家庭成为养老主体。当下传统孝道的价值在市场经济作用之下已发生变化,社会政策与孝道观念不能相互照应,社会政策与孝道观念需要相互补充,以应对已出现和将会出现的各种难题。原为养老理论支柱的孝道文化,现在要从一种家庭伦理上升为一种社会伦理,为养老社

---

① 张奇林,刘二鹏. 面向家庭的照料社会政策建构:范式、因应与路径 [J]. 青海社会科学,2019(2).
② 林闽钢. 建构老年友好型社会政策体系 [N]. 中国人口报,2018-10-11(3).

会化提供文化支撑，促成家庭养老与社会养老协力解决养老困局，这是历史发展的必然。

第三，家庭是养老的第一居所，家庭养老服务是最重要的养老服务，特别是家庭的生活照料、精神慰藉、亲情关爱等是其他养老方式难以替代的。应当制定发展型家庭养老支持政策，通过政策的刚性促进，强化家庭的养老服务功能，这是积极应对人口老龄化和解决养老问题的重要途径。

（二）社会敬老是我国老年友好型社会政策体系的支柱

随着社会的发展和养老资源供应者的多样化，经济供养、精神慰藉与生活照顾三大养老需求全部由子女来提供的养老格局朝着多元化方向发展。如果说"家庭孝老"是家庭内部子女一代奉养父母一代以维系家庭的运转和延续，"社会敬老"则是年轻一代共同供养上一代以推动社会发展，是"子女奉养"的社会化。社会养老金制度就是一种社会孝老模式，实现代际间的更替赡养。在家庭孝老嬗变为社会敬老过程中，社会敬老已成为社会责任和社会公德的基本要求。社会敬老推动国家社会养老政策的转型。

第一，社会敬老在当下必须进行创造性改造转化，必须以时代精神对其固本与开新。在政策设计上，一是实现"义务对称"，体现平等性。二是合乎情理，体现自觉性。三是兼顾养心养身，体现情感性。四是互助互利共享，体现时代性。青年和老年两代人的机会和权利，只有不同时段的各自侧重，并无任何一方的独占或舍弃。

第二，要充分肯定社会照护服务的社会价值，把社会照护服务作为社会政策体系发展的重点。一是生活不能自理需要长期照护的老年人，给所在家庭带来精神、经济双重负担。二是女性经济独立意识和社会参与的增多，对传统的家庭照护方式形成一定冲击。因此，悉心照护并维护老年人的生命尊严是孝行的基本范畴，社会化的长期照护显得日益重要，建立与经济发展水平相适宜的长期照护服务体系迫在眉睫。

（三）国家养老是我国老年友好型社会政策体系的主体

家庭小型化、家庭养老功能弱化是发展趋势，现代社会家庭规模变小，传统社会养老依赖的多子女家庭正在被核心家庭取代。相对于多子女家庭，独生子女家庭的人力资源匮乏，这也意味着养老资源的短缺。一定程度上，家庭孝老和社会敬老延缓了社会养老问题。但当前社会结构变化带来的养老问题仅靠家庭内部无力解决，养老由各自的家庭问题转变为需要全社会共同面对的问题。强化政府养老责任，发展社会化养老服务是大势所趋。目前，我国养老保险制度和养老服务体系正处在转型发展之中，进一步深化改革，发挥出国家养老的主导作用，仍是今后国家养老发展的核心目标和任务。

建立面向全民的"社会服务国家"。以社会服务作为主线，改善社会保障的给付结构，不断增加社会服务项目，逐步提高社会服务质量，探索"社会服务＋现金给付"的新型供给结构。以老年人需求为导向，建立城乡统一的社会服务制度，促进城乡基本社会服务的均等化。以有质量的养老服务为目标，提升养老服务供给能力和水平，形成中国特色的养老服务体系。

> **专栏 9-1　　老年友好型城市**
>
> 　　随着长寿人口不断增加，如何满足老年人口多样化的服务需求，成了世界各国面临的重要问题。为了更好地营造一个安全、舒适、便捷、适合老年人生活的城市环境，2005 年在巴西里约热内卢召开的第十八届老年病学和老年医学 IAGG 世界开放会议提出了老年友好城市倡议。随后，世界卫生组织呼吁更多的国家参与全球老年友好城市项目。世界卫生组织根据各方意见制订出《全球老年友好城市建设指南》。全球老年友好城市建设的最重要理念是"积极老龄化"和"居家养老"，其最终目标是，创造具有包容性的城市环境，提高城市老年人生活质量。在老年友好城市追求积极老龄化的实践过程中，仍需进一步打造老年友好环境，提升城市弱势老年群体的生活质量，延长其健康余寿，而非仅仅延长平均余命。在老年友好城市建设中，通过政策、服务、场所提供等方面的支持，使人们以积极的态度看待老年人，更好地认识老年人的价值，对他们的需求予以预测和回应，尊重他们的决定和对生活方式的选择，保护那些处于弱势地位的老年人，并帮助他们更好地融入和参与社区生活。老年友好城市计划旨在支持所有年龄段的人积极参与社区活动，在自己的家中安全地生活与他人保持联系，在社区中保持健康和积极状态，并受到尊重。老年友好城市政策既是对积极老龄化的延续，又是对积极老龄化的深化。一方面，老年友好城市的理念是通过促进积极老龄化来改善老年人的生活，与积极老龄化所倡导的"健康、保障、参与"之理念相一致。老年友好城市计划将关于老年人的社会政策整合成以下八大方面：物质环境方面的户外空间和建筑、住房、交通；社会环境方面的社会参与、尊重与社会包容、市民参与和就业、信息交流、社区支持和健康服务。另一方面，老年友好城市强调的是能做什么，而不是不能做什么。它不是仅仅对老年人友好，而是对所有人都友好。其核心特征包括设计多样化、服务多样化和尊重多样化。
>
> **建设老年友好型城市的社会政策体系**
>
> 　　**1. 物质环境**
>
> 　　物质环境对于促成或阻碍老年人社区互动等社会参与具有重要作用。对于老年人来说，理想的物理空间通常是一个紧凑的社区，在其中，商店、健身场所和社会服务提供场所都在一个合适的步行距离之内。步行是老年人最常选择的活动，无论是作为一种运动形式还是到达目标场所的手段。由于部分老年人失去了驾驶私家车的资格，他们不得不选择公共交通，缺乏交通工具往往导致老年人不能很好地维持社会关系、保留重要的健康预约，以及使用基本公共服务。改善公共巴士线路有利于增加老年人的社会交往。具体来看，根据老年人的健康需求，改善公共交通的覆盖范围和出车频率，增加社区到医院的健康线路，保障出行的可及性。在住房方面，提供住房补贴，规定新建房屋需要按照老年友好建筑设计标准建造。针对居家养老的人群，提供居家生活所需的各种便民服务。

2. 社会环境

希望通过促进有意义的社会角色发展和积极参与社区干预措施，以期帮助提高老年人的生活质量。①向老年人提供参与社会活动的机会，组织的活动包括培训实用技能、开展体育活动等。②为老年人提供健康课程，利用公园、画廊、剧院、音乐场所等开展喝咖啡、散步、展览、园艺、音乐表演等活动，在非高峰时期针对老年人群发放折扣卡，既能为老年人提供实惠，亦能提振消费市场。③老年人通常会倾向于依靠他们的照护者和社交网络来获取他们需要的信息。但由于他们使用电子产品的能力和学习能力逐渐下降，往往会与许多老年友好政策失之交臂。对于老年人信息障碍问题，可以为老年人提供了"一站式"服务，包括填写表格，提供政策咨询和服务商信息，出版针对老年人的信息手册，调整读物的字体大小，等等；同时，政府部门可以尝试与商业机构开发老年友好计算机程序。④增加对社区卫生服务的资金投入，社区为老年人提供初级保健和卫生服务，尤其注重预防工作和协助家庭护理服务提供，患有慢性病的老年人还会有定期回访。⑤探索信息瓶机制。信息瓶活动鼓励人们将个人的医疗细节保存在储存于冰箱中的容器里，在需要紧急服务时随时可用，在紧急情况下节省救治时间。信息瓶作用的发挥需要专业医护人员、志愿者及家庭成员的密切配合，信息瓶机制的建立旨在以老年人为中心，建构涵盖家庭、社区志愿者及医疗机构的社会网络，应对老年人医疗方面出现的突发情况，最大程度救助老年人的生命健康。

资料来源：同春芬，苏芮.爱尔兰老年友好社会政策及其借鉴意义[J].老龄科学研究，2019，7(8).

四、基于老年人权益保障的老年社会政策的思考

老年人合法权益主要包括：第一，作为公民应该享有的普遍权益，例如生存权、经济保障权、居住权、健康权、被照料权、安全权利、发展权等。第二，作为老年人应该享有的特殊权益，例如被赡养权、退休权、共享社会发展权、闲暇生活权等。

随着中国老年人口数量的日益增加，老年社会政策的制定应该关注老年人的权益保障问题。老年人的权益保障涉及以下基本问题。

（一）老年人的权益并不随着年龄的递增而衰减

随着年龄的增长和器官的老化，使老年人生理方面发生了很大的变化，往往在体力和智力方面同年轻人比较成为弱者，如果不给予关注和保护，就会受到来自家庭和社会的歧视，使老年人的一些权益自觉或不自觉地受到社会或家庭的侵犯和伤害，这是同文明发展相悖的。老年社会政策应该以老年人权益不受侵害作为其基本目标之一。通过完善相应的法律法规与规章制度，保障老年人的合法权益。

(二)生活保障是老年人最重要的合法权益

老年生活保障，主要分为离退休金和社会救助金、居住问题及合法财产保护问题。

老年人享受国家规定的离退休金和医疗、福利及其他待遇，任何单位和个人不得改变或取消。针对无依无靠、无经济收入的老年人，由当地民政部相关单位给予生活救济。

居住环境的好坏直接影响着老年人的身心健康。因此，保护老年人的房产权和居住权就成为老年人合法权益的重要内容之一。

(三)老年人人身和合法财产问题不容忽视

老年人合法财产是其毕生的积累，是老年人晚年幸福的重要物质支柱。当前，老年人合法财产侵害问题以家庭为标准可以分为两大类。一类是家庭内部的人身财产侵害问题。主要包括虐待老年人现象、未依法赡养老年人，以及掠夺、哄骗老年人财产等问题。在处理老年人家庭问题时，应该尊重传统文化中的伦理观念，最大程度协调老年人与家庭成员的利益，维护相互之间的情感纽带。

另一类是家庭外部的侵害问题。这一部分主要涉及虚假购物、诈骗等造成的人身财产损失。老年人因自身条件的劣势，难以识别现代社会生活中的各种信息，部分不法分子利用老年人对健康、精神方面需求的特点，对老年人实施人身财产侵害。

应该完善老年政策体系，关注老年人权益保障问题。第一，遵循老年人享受社会发展成果的原则，定期提高老年人生活待遇，包括养老金、救助金、医疗保障等。第二，建构社区、志愿者、家庭、老年人之间的社会网络，解决老年人养老中面临的各种困难。第三，丰富老年人的精神生活。针对老年人健康方面的需求，社区应该联系社会各界定期开展相应的讲座或交流活动，向老年人传授养生保健知识及保护人身财产安全的相关知识，满足老年人的精神需求。

专栏 9-2　　预防老年人被诈骗问题探析

老年人随着身体机能的逐渐衰退，对于健康的需求日益增长。当前我国的老年健康产业的发展相对滞后，出现了以改善健康状况为由的老年保健品诈骗的现象，严重侵害了老年人的权益。

老年人保健品诈骗现象存在的原因主要有：第一，现有健康产业市场难以满足老年人的需求。社会脱离理论给人们的观念带来了一定的误区，认为老年人应该远离社会，其基本生存需求得到满足即可，容易忽视其对疾病预防及身体保健等较高层次的需求，同时造成老年人脱离社会的孤独感，为不法分子提供了可乘之机。在一些真实案件中，部分老年人由于长期受到忽视，容易将不法人员当作"亲人"，这些人只需要有足够的耐心及较少的专业知识，通过事先排练的剧本，一步步地哄骗老年人达到侵占财产的目的。第二，是相关监管措施的不到位。虚假电视广告、网络广告极易走入老年人的视野，老年人因自身原因容易造成损失。

此外，老年人除了对健康需求较旺盛，同时渴望对财富的增长。不法分子利用老年人追求财富的心理，通过"高收益投资"等手段，对老年人实施财产诈骗。这类骗局具有持续时间长、受害者多、社会危害性大等特点。造成老年人受骗的原因有：第一，我国部分老年人具有一定的存款积蓄，网络流行的"中国大妈"曾一度被视为投资客。第二，老年人缺乏相应的专业知识，对于当前的投资形势了解甚少，难以识别相关的风险。第三，老年人独特的心理。不法分子利用老年人"不服老"、急于表现自己的能力、自己并非毫无用处的心理，许诺老年人高收益，造成老年人上当受骗。第四，老年亚文化群的问题。老年人通常聚在一起抱团交流心得，他们希望给家里惊喜，通常是同辈人群交流"投资心得"，因此导致该骗局的隐秘性和长期性。不法分子利用"拆东墙补西墙"的方式，给予部分老年人少量的"回报"，老年人私下分享体会，介绍更多的人参与，当不法分子认为时机成熟，便"抽身立场"，导致较多数量老年人的财物受到损失。

预防老年人被诈骗，需要国家、社会、家庭联动，应该满足老年人合理的需求，正确看待老年人的能力，尊重老年人，让老年人能及时与家人、社区沟通，最大程度地减少遭遇诈骗的风险。

复习与思考

1. 试论社会政策的起源。
2. 社会政策与公共政策的区别有哪些？
3. 简述老年友好型社会政策体系的内容。
4. 分析家庭养老在社会政策中的作用。
5. 试述在处理老年人家庭纠纷中慎用法律手段的原因。

推荐阅读书目

肯·布莱克莫尔，路易丝·沃里克-布思. 社会政策导论[M]. 四版. 岳经纶，张艺嘉，张虎平，译. 上海：格致出版社，2019.

第十章 老龄问题研究

中华人民共和国成立以来，我国人口经历了高速增长到低速增长，经历了曲折的发展轨迹，仅用了40～50年时间就走完人口转变历程，这决定了我国人口老龄化的速度和程度。进入新时代以来，我国人口结构性挑战加剧，人口老龄化矛盾凸显。站在新起点，社会主义现代化强国建设的人口基础是快速而不断加深的老龄化态势。开展老龄问题研究是老年人实现美好生活需要的重要基础，对应对人口老龄化问题具有积极意义。

第一节 数字鸿沟问题

2020年，新冠肺炎疫情肆虐全球，成为严重的全球大流行病事件。新冠肺炎疫情改变了人们的生活方式，同时也进一步加剧了数字鸿沟。无论是外卖、网购还是网课，其主要的使用对象为年轻人，很多老年人因缺乏对现代科技的适应力、掌控力、驾驭力而被迫望"云"兴叹。现代科技是一把双刃剑，其在促进社会发展的同时也制造了老年弱势，使老年人成为"信息中下层"的典型代表或"数字弱势群体"。何谓数字鸿沟？是科技的快速发展还是老年人自身造成了老年人数字弱势？科技快速发展如何顾及老年群体，进而实现老年和科技的共生发展？这些问题值得深入探讨。

一、数字鸿沟问题简介

数字鸿沟指由不同性别、年龄、收入、阶层的人在接近、使用新信息技术的机会与能力上的差异造成的不平等进一步扩大的状况，具体表现在三个方面。一是接入沟，即信息有产者和无产者在电脑和网络可及性及性能上的差距，主要取决于信息基础设施(包括电脑、手机、网络等)状况、经济实力和政府决策等。二是使用沟，即信息有产者和无产者在网络使用上的差距，主要取决于技术界面的友好性和使用者的数字技能。三是知识沟，即使用效率或人们运用数字技术改变现实生活能力的差距。即使接触到相同的信息，社会经济地位不同的受众从中获取知识的速度、效率也不同，使得最终获得的知识量也不同。这三层数字鸿沟相互联系且层层递进，其中接入沟是基础、使用沟是过程、知识沟是结果。关于这三个方面后文中还将做详细分析介绍。

过去30年，数字鸿沟现象日益凸显。其中，代际差异是数字鸿沟的重要表现形式，即老年群体和青年群体在信息科技接受程度、使用频率和知识掌握上存在巨大差距。在接入端，无论是使用非移动网络的比例还是使用移动互联网的比例，老年人均明显低于年轻人。截至 2020 年 3 月，我国 60 岁以上老年网民占网民总数的 6.7%，老年网民普及率为 23.7%，不及年轻网民 (73.0%) 的 1/3（根据 2019 年末我国人口总量和构成进行估算）。同样，我国每 2 个人中就有 1 个人使用手机上网，但每 5 个老年人中才有 1 个人使用移动互联网。[①] 在使用端，由于存在数字技能短板，老年人在搜索引擎、App 安装、微信使用等方面的比例明显低于年轻人。其中，老年人使用搜索引擎的比例为 4.4%，不足非老年网民 (27.4%) 的 1/6；老年人人均手机 App 数量为 37 个，仅为 20～29 岁年轻网民（人均手机 App 数量为 84 个）的 44.0%；老年人使用微信的比例为 26.2%，不到非老年用户 (88.9%) 的 1/3。在知识端，数字信息技能的缺失和日益信息化的社会使得老年人无法获得基于信息化的各种服务，老年人对信息科技相关的生活掌控能力下降，因而造成新的社会排斥和不平等。比如，老年人更容易成为网络谣言、网络诈骗的受害者；在进行网络问政的过程中，常常出现老年人集体失声的现象；未来，如果医院都需要通过软件进行预约，那么老年人看病将变得非常困难。

二、我国数字鸿沟问题的现状

2020 年 11 月 24 日国务院办公厅印发《关于切实解决老年人运用智能技术困难的实施方案》（以下简称《实施方案》）。《实施方案》要求，持续推动充分兼顾老年人需要的智慧社会建设，坚持传统服务方式与智能化服务创新并行，切实解决老年人在运用智能技术方面遇到的困难。[②]《实施方案》的上述目标，应当在三个方面达成社会共识并组织落实。一是数字化和智能化的应用不能"一刀切"，要充分考虑不同年龄群体的需求和实际困难，特别要兼顾老年人的特殊困难；二是切实解决老年人运用智能技术遇到的各种困难，在一些智能化和数字化的场景下，应当配置专门的人员为老年群体提供帮助和服务；三是要在全社会树立尊重和帮助老年人群体的社会新风尚。

《实施方案》聚焦老年人日常生活和出行遇到的七大类高频事项和服务场景，并提出了 20 条具体举措和要求。落实这些举措和要求，应当从以下三个方面发力。一是提供解决老年人运用智能技术困难的组织保障，国家在建立国务院各有关部门参加的部际联席会议机制的基础上，应当设立专门的机构确保老年人在数字化和智能化社会下各种权益的实现，努力消除和弥补老年人面临的"社会数字鸿沟"；二是在完善相关现金支付、无障碍改造、消费者权益保护等法律法规的基础上，要重点完善和修改《老年人权益保障法》，依法保障老年人在数字和智能环境下的各项权益，尤其是形成全社会接纳、尊重、帮助老年人的社会新风尚；三是建构完备的社会评价和监督机制，建立一种兼顾老年人特殊困难的双轨制智能化应用场景，并纳入新基建的范畴，制定社保、政务、医疗、金融、电信、邮政、信访、出入境、生活缴费等公共服务适应老年人的国家强制性统一标准，并在全国推广实施。

---

① 黄晨熹. 老年数字鸿沟的现状、挑战及对策 [J]. 人民论坛，2020(29).
② 王春晖. 努力消除老年人面临的"数字鸿沟" [N]. 人民邮电，2020-12-01(8).

三、数字鸿沟的具体表现

(一) 出行问题

据报道,河南郑州一位大爷乘公交车时没带零钱,驾驶员提醒可以手机支付,大爷竟"咣"一下把手机扔进投币箱,这波操作直接把驾驶员看懵了。网友留言回复:又想笑又心疼。这也不禁令人深思,数字鸿沟,老年人该如何迈过?[①]

(二) 公共服务问题

据报道一位湖北省宜昌市秭归县茅坪镇西楚社区的老年人冒雨到社区代办点用现金交医保,却被工作人员拒收。在视频中,工作人员告诉老年人"不收现金,要么告诉亲戚,要么你自己在手机上支付",该视频引发了社会的广泛关注和批评。此外,一位94岁的老奶奶行动不便,为了激活社保卡,被人抬到银行进行人脸识别。

数字支付、网上预约看病、扫码点餐、健康码登记……,如今数据的互联互通极大地方便了人们的日常生活。然而,在现实中,对于年轻人来说轻而易举的事情,对一些老年人来说可能格外困难。比如,个别医院、景区"仅支持扫码支付",让一些没有智能手机的老年人感到十分不方便。有关调查显示,60岁以上人群当中使用电子支付的仅有51%。这也就意味着,尚有一半老年人不会使用电子支付手段。[②]

在快节奏的智能生活中,老年人不会用智能手机无法充分享受智能化服务,会遇到哪些困境?《西海都市报》记者随机采访了数位老年人。"我后天去新疆,还能买到火车票吗?""姑娘,买票信息怎么看?"2020年11月27日15时,在西宁火车站购票大厅,一位老年人焦急地询问旁边正在排队买票的年轻人。老年人今年81岁,要去新疆,但因自己不会操作智能手机,只能到火车站询问,最终老年人在车站工作人员的帮助下,成功买到了一张动车票。73岁的刘大爷,也向记者反映了自己在"数字时代"所遇到的烦心事。虽然用叫车软件乘车越来越普及,路边招手仍然是老年人们首选的打车方式。刘大爷说:"自己不会操作打车软件,有时候遇到高峰期,打车一等就是半个多小时,甚至更长。有时候帮女儿取个快递,有的要求使用微信扫一扫,这不是折腾人吗?索性后来女儿也不让我取了。""阿姨,手机支付,可以享受满减活动。""姑娘,我都70多岁了,不会操作这些,就用现金支付。"在西宁市城东区一家商场里,正在支付的老年人略有遗憾地说。现在不管是购买汽车票、火车票还是叫网约车,或移动支付享受的优惠……年轻人只要拿起手机就可以搞定,不用排队,省时省力。但对于这些老年人来说,没有感受到一丝方便,反而有更多的不便,更多的无奈和无助。[③]

数字时代,一些地方、一些行业确实存在对老年人"不够友好"的问题。一方面,在公共服务及社会治理层面,过于追求效率和速度,没有充分考虑到老年人这个庞大的群体。另一方面,由于认知能力、思想观念、知识结构等原因,老年人接受新信息、学

[①] 姜婷. 数字鸿沟,老年人该如何迈过 [N]. 鄂州日报, 2020-11-13.
[②] 让老年人同步迈入数字时代 [N]. 经济日报, 2020-10-28.
[③] 腾讯网. 数字时代 不能落下老年人 [OL]. https://new.qq.com/rain/a/20201130A02E1F00.

习新技能的能力较弱，对数字化设备与智慧生活适应较慢。科技进步应当是普惠的，数字化时代也同样属于老年人，老年人不该被数字社会"抛弃"。客观上讲，随着数字化产品越来越多地渗入日常生活，老年人想要融入现代社会，学会使用智能手机等技能很有必要。实际上，对于数字化产品，老年人并非完全排斥，不少"新潮"的老年人与时俱进，主动拥抱"数字化"，迎来了丰富多彩的晚年生活。从这个方面讲，老年人要树立终身学习理念，积极主动融入并适应数字化社会。

四、数字鸿沟问题成因分析

老年人由于身体原因，精力不足，独立学习新事物存在困难，且知识结构、思维逻辑等方面与年轻人存在一定差距，强行让所有老年人都融入数字社会，显然并不现实。智能技术、信息技术日新月异，人们的生活越来越便捷，网络购物、水电缴费、银行理财……一部智能手机让人足不出户便能轻松搞定许多事情。然而，社会上还是会出现不少老年人因不愿或者不会使用智能手机，而频频遭遇困难和麻烦。"手机软件的页面看上去密密麻麻，眼花缭乱，经常找几圈找不到自己要按哪儿。上面字也小，根本看不清。"李大爷今年65岁，平时他买菜用微信扫码支付，还会在家人群里抢红包，但其他应用软件，他只是偶尔使用，过后很快就将操作方法给忘了。李大爷最怕输入验证码，这是他对很多手机软件"敬而远之"的重要原因。"没办法，人老了，跟不上趟，经常等我输完验证码，提示已经超时，搞得人特别紧张。"一次，李大爷在使用手机银行转账的时候，因为输入验证码总是慢一步，来来回回折腾了一个下午，最后还是李大爷的女儿专程回来解决了问题。

帮助老年人跨越数字鸿沟，还得有针对性，有更多的包容和耐心。一方面，有些老年人心态年轻，不服老，有着非常强烈的学习意愿，社区、老年大学不妨开设一些教授使用智能手机的培训课程，手把手教老年人学习智能手机，并加强防网络诈骗知识宣传，帮助老年人掌握防骗知识和技能。同时，鼓励家属对老年人多点耐心，一次教不会就多教几次。另一方面，社会服务行业需要保留一定数量的人工服务、现场指引，给那些不愿与数字化接轨的老年人多一点安全感，让他们不因恐惧数字化而不愿出门。无论如何，爱老敬老孝老就要帮助老年人更快更好地适应社会，关注他们的身心健康。

整体来看，老年数字鸿沟可以分成接入沟、使用沟和知识沟三个基本类型。

"接入沟"指不同社会群体在接入互联网设备、获取数字化信息资源与服务上的机会差异，是当前我国数字鸿沟治理需要解决的基础问题。当前我国社会中，数字鸿沟的"接入沟"主要体现在以下两个方面。一是互联网使用的年龄结构差距。从互联网使用人群年龄结构来看，老年人和年轻人之间存在巨大的差距。2020年9月末发布的第46次《中国互联网络发展状况统计报告》显示，2020年中国60岁及以上网民占全部网民比例仅为10.3%，远低于老年人口在总人口中18.2%的占比。从增长趋势上看，老年网民规模的增长不容乐观。2011至2020年间，我国网民总体规模从5.13亿人增加至9.04亿人，而2020年老年网民规模仍仅为6100万人，且老年网民规模的增长并未排除我国人口年龄结构迅速老化的影响。二是互联网接入的城乡差异。据上述《报告》，尽管我国行政村通光纤和 4G 网络比例均已超过 98%，但农村地区互联网普及率仅为 52.3%。另有研究使用"数字基尼系数"衡量我国各地区数字化发展水平的均衡程度，测算出 2017 年我国数字基尼系数为 0.59①，数字化发展仍然处于相对不均衡的状态。上述数据表明，我国农村地区、偏远地区的互联网服务基础设施建设仍存在不少薄弱环节，尤其是这些地区老年人个体拥有的互联网设备及公共场所可供老年人有效利用的互联网服务设施仍非常缺乏，老年人对智能设备和网络技术的了解和掌握十分有限。

"使用沟"指不同社会群体在使用数字技术的方式、程度、技能方面的差异，是当前我国老年人数字鸿沟治理需要解决的重点问题。数字使用沟的形成主要源于以下几个层面：文化层面上的老年刻板印象和年龄歧视；技术层面上的数字媒体和智能设备的不友好设计；个体层面上的老年人生理和认知功能衰退；个体—社会结构层面上的个体资源禀赋差异、社会经济地位差异。

"知识沟"指不同社会群体因互联网可及性、使用方式和技能的差别导致的最终知识获取方面的差异，亦即数字时代信息资源和知识的鸿沟，是未来需要给予更多关注的问题。当前我国社会中数字鸿沟的知识沟主要体现为老年人因相对低下的数字素养，往往容易成为数字诈骗和谣言等网络风险的受害者。

五、逾越数字鸿沟的举措

对比 60 岁及以上人口数和 60 岁及以上网民数，不难发现中国有上亿老年人没能及时搭上"信息化列车"。未来，中国社会的老龄化将更加严峻。因此，我们在包括数字化的科技成果转化上，必须注重"适老化"开发，利用科技手段和技术，尽快填埋上"数字鸿沟"。当然，更重要的是公共政策制定首先要体现这种"适老化"，要真正将人民群众的利益放首位，不能让老年人"掉队"。"脱网一族"不能成为被遗忘的角落，公共服务应主动"适老化"，公共服务要给老年群体"量身定做"，即使是互联网服务也要强调服务的精准化，简单且易推行。同时，公共服务也必须要考虑技术进步的迭代发展，尽量不要一刀切地跨越式替代，要保留一定比例的传统渠道。也要关注老年人的需求，即使推行"无纸化办公"与"数字化录入"，也应该有专人为不会使用数字化设备的老年人服务……，"老吾老，以及人之老"，数字化是一场深刻的科技带动社会的革命，但革命不是要革掉某个群体，以人为本就要体现公共服务的包容性和全民性，公共政策的制定和实施应该充满善意与温度。②

（一）人工窗口仍然保留

虽然已实行网上预约和现场自助机挂号，但在门诊大楼，医院仍保留着人工服务窗口，现场挂号、缴费、打印检查结果等服务。"年纪大了，也不怎么会用智能手机，但现场挂号也是一样的。"青海省人民医院门诊大厅，正在排队挂号的老年人刘先生说，有导诊和志愿者帮助我们，并不觉得有什么不便利。在西宁中油燃气客户服务中心大厅里，

---

① 澎湃网. https://www.thepaper.cn/newsDetail_forward_13641234.
② 徐晓兵. 填埋数字鸿沟从公共领域做起 [N]. 兰州日报，2020-11-09.

不少居民正在窗口和 24 小时提供服务的自助缴费机前排队缴纳天然气费用。现场工作人员介绍,在窗口缴费的老年人居多,大厅有专门的工作人员帮助老年人在自助缴费机缴费。"孩子们都在上班,只能我来缴天然气费。想在自助机缴费,但眼花,看不清,窗口缴费人少还方便。"今年 63 岁的张阿姨说。在火车站、客运中心、银行等窗口,除了在手机可以操作相关事宜和现场的自助机外,仍保留着人工服务窗口,同时,安排了不少工作人员为老年人群提供咨询。不少银行在大厅配备服务机器人,对于老年人来说,仅跟机器人对话就可以办理排号、咨询相关业务等。

(二)扫码问题、现金支付不再"为难"老年人

移动支付的普及改变了我们的生活,从吃饭、购物、看电影、买菜到乘飞机、住酒店,很多消费场景最常用的支付方式已经变成了扫码支付。在西宁市城中区一家超市里,收银员拿着几张纸币和一些硬币交到了正在结账的一位老年人手里。工作人员告诉记者,虽然有些老年人会使用移动支付,但不会操作的老年人还是占大多数。我们发现,当遇到老年人用现金结账时比扫码支付要费时,但排在后面的顾客很少有催促的现象。"小伙子,你帮我看看怎么扫健康码。"在省人民医院外科大楼门口,一位老年人正向旁边的工作人员咨询,工作人员也耐心教老年人怎么操作。现场一名工作人员说,有时会遇到有的老年人手机没有网络的情况,工作人员就会详细记录老年人的身份证信息,在体温正常的情况下,允许进入。同样,在火车站、长途汽车站台,工作人员告诉记者,对于不会操作手机的老年人,扫健康码不做强制要求,可持身份证件至人工登记处进行登记查验。对于乘出租车时老年人用现金支付,不少司机师傅表示,平时出车还是会准备现金以备找零。

六、建构老年数字鸿沟治理体系

(一)基本原则

老年数字鸿沟治理应当遵循以下两个基本原则:一是以人为本,使科学技术发展真正服务于人的全面可持续发展;二是技术效率与社会效益相平衡,树立技术效率与社会效益兼顾的长线思维[①]。

老年数字鸿沟治理的核心理念包括以下四个方面。

一是参与式治理。建立包括政府、市场/企业、社会/社区、家庭、个人等不同主体在内的多元共治格局。

二是包容性治理。充分尊重和保障包括老年群体在内的所有人群的基本需求与发展需要,创造年龄友好、代际和谐的社会环境和更具人文关怀的多元社会、包容社会。

三是全方位治理。既要关注全人群,将对全年龄段、全区域人口的数字思维和技能培养视作老年数字鸿沟治理的基本方略;还要覆盖全方位,从老年群体实际需求出发,围绕老年群体日常生活涉及的基本事项和服务场景,分领域制订治理方案,不留治理死角。

---

① 陆杰华,韦晓丹. 老年数字鸿沟治理的分析框架、理念及其路径选择——基于数字鸿沟与知沟理论视角 [J]. 人口研究,2021(3).

四是可持续治理。一方面，要关注老年人自身的可持续发展，使科技发展持续为老年人增权赋能，推动老龄社会共建共治共享；另一方面，要关注代际之间及代际更替的可持续发展，以社会和家庭两层面的数字反哺为重要渠道，将数字鸿沟有效转化为数字红利。

老年数字鸿沟治理的主要目标有以下三个。一是老年人的信息技术门槛得以普遍消除，二是实现全体老年人公平发展，三是老年人数字化社会融合程度得到全面提升。

整合上述原则、理念和目标，一个有效治理老年数字鸿沟的制度框架，应当由政府、市场、社会、家庭、老年人等多元主体共同参与，将线上适老化与线下适老化建设相结合，贯彻于顶层制度建设、数字基础接入设施建设、信息能力与素养建设、年龄友好环境建设等重要战略安排中，最终达到老年数字鸿沟弥合、老年公平发展和老年价值实现的目标追求。

（二）治理的措施

1. 顶层制度建设层面

发挥政府主导和引领作用，建构老年数字鸿沟治理政策制度体系。

第一，要制定和完善相关法律法规和监管制度，加强数字化的法治化进程，在现行《老年人权益保障法》中补充和完善关于老年人数字平等、反歧视、数字救济、终身教育等内容。

第二，要探索政府监管、平台自治、行业自律、公众参与的综合制度，建立数字化法治建设的长效机制。政府牵头联合行业、企业共同制定老年人数字权益保护公约和集体行动准则，严厉打击电信网络诈骗行为，切实保障老年群体参与数字生活的合法权利和安全便利。

第三，要建构覆盖全年龄段、全生命周期的信息技术教育体系。将数字技能教育纳入义务教育，为全社会的数字化能力形成奠定坚实基础；将媒介素养教育作为公民素养教育的基本内容，完善终身学习机制；发展老年信息技术教育，切实保障老年人接受数字技能再教育的基本权利。

2. 数字基础接入设施建设层面

提升互联网基础设施覆盖率和效率，保障信息技术公平。

一方面，进一步提高农村边远地区互联网基础设施与服务覆盖率，深度下沉互联网基础资源，打通贫困老年人享受数字生活的最后一千米；另一方面，持续推进网络提速降费工程，推动行政村实现宽带网络普遍覆盖，下调网络、设备和服务资费，提供每个老年人都负担得起的数字网络设施和服务。

在基本解决城乡、地区基本数字技术与服务可及性的基础上，充分利用5G网络、大数据、物联网、人工智能等新一代信息技术，以数字技术打通政务服务、城市治理、公共安全、产业发展、数字民生等几大领域，进一步优化公共服务，使科学技术赋能老龄社会治理，为解决老龄化社会治理难题提供创新性方案。

3. 线上与线下适老化建设层面

创新适老技术与完善线下配套措施结合，提供更多便捷服务。

线上适老化建设应突出"科技向善"理念，倡导企业将经济效益与社会效益相统一，主动承担更多社会责任。不断发展年龄友好智能技术,加强新媒体与智能设备的适老化设计,简化智能终端操作流程,更多地开发和应用老年友好的硬件、软件功能。

线下适老化建设则强调消除老年数字鸿沟不仅要从提高数字接入和使用程度入手,同时也要适当保留传统服务方式。在公共交通、医疗、社保、民政、金融、电信、邮政、信访、生活缴费等高频服务领域保留线下服务渠道,合理配备引导人员和现场接待窗口,推广"一站式"服务,减少不必要的流程,确保缺乏手机及互联网基础知识的老年人同样能接受基本公共服务,充分体现公共服务的包容性和公共政策的善意与温度。

4. 信息能力与素养建设层面

加强家庭与社会数字反哺,推动数字技能代际传递。

在家庭层面,鼓励子女向年长一代持续传递数字思维和数字技能,带动其更好地适应数字化生活。在社会层面,整合社区资源,依托社区文化活动中心开展丰富多样的数字能力与素养教育活动,发挥基层党员、社区工作者、志愿者和同辈群体主动帮扶和协助身边老年人学习互联网智能技术的积极作用。在为老年群体提供信息能力与素养训练的同时,要突出老年人的主体地位,强调老年人自身的积极性和主动性,倡导和激发老年人主动学习信息技术和适应信息化社会的积极态度,帮助他们拥抱舒适和便利的数字生活。

5. 年龄友好环境建设层面

在全社会强化积极老龄化价值导向,建构共建共治共享社会。

要消除对老年人的误解与歧视,重新定位老年人的社会角色,建构年龄友好的环境,倡导年龄平等的理念。老年并不意味着衰弱、无助、愚昧、落后,老年群体同样能够掌握数字技能,融入数字社会,是社会生活的重要参与者和贡献者。政府应将建设年龄友好环境,推动数字化、智能化创新与促进老年人功能的更好发挥紧密结合,为老年人共享数字化社会发展红利、参与社会发展和实现自我价值创造有利条件。

> **专栏 10-1　老年数字鸿沟出现的新问题——"网瘾老人"**
>
> 　　哪个瞬间,让你觉得父母老了?是以前勤劳温和的妈妈,现在变成了沉迷手机的网瘾老人?是过去有想法、讲道理的父母,现在张嘴就是"微信上说……"?还是父母为了免费苹果,每天定闹钟在虚拟果园里施肥浇水、在家庭群里"轰炸"?自从换上智能手机就变成了低头族,热衷于刷短视频到凌晨、用游戏金豆换粮油……。采访中,不少子女评价:"这就是我家老爷子本人"。玩手机,已经成了老年人休闲娱乐的主要方式之一。相关数据报告显示,截至 2020 年 12 月,我国网民规模达 9.89 亿,其中有近 2.6 亿是"银发网民"。而让老年人花时间最多乃至成瘾的 App 大致是社交和消磨时间两类,包括抖音、快手、微信,以及种树、K 歌、小游戏等。现在,如何与互联网相处,是新一代老年人的必修课,如何帮父母戒网瘾,则成了一些年轻人的新课题。
>
> **一、超过 10 万老年人日均在线超 10 小时**
>
> 　　微弱灯光从房门缝隙透出,伴随着一阵笑声。林晨知道,父亲又在刷手机了。

他轻轻推开门，低声说道："都凌晨两点了，怎么还不睡！"像是做错事被抓包的孩子，老林迅速将发亮的手机藏进枕头下，假装入睡。透过一张屏幕，老年人的休息时间被不断吞噬。而作为子女，林晨感到无可奈何。

"都已经63岁了，还这么贪玩！一点不注意身体。"林晨顺手关上了灯，刚往外走了几步，房间里又传来视频外放的声音。自从迷上短视频后，老林一改以往严肃的老干部形象。家庭群里，一天能转发二十多条养生短视频；为了看自己喜欢的主播，甚至跟孙子抢起了手机的使用权。"老年人刷起短视频来，简直比现在的小年轻还疯狂。"回想起小时候泡网吧上网，被父亲抓的样子，林晨哭笑不得。风水轮流转，"父母沉迷手机怎么办？"如今已成为年轻人社交的热门话题。一批老年人在成功追上互联网浪潮后，与当年他们口中的"网瘾少年"一起，跌入了同一条河流。

"我爸妈该不会染上网瘾了吧？明明眼睛不好，戴上老花镜也要废寝忘食地看。一点小事，也要几乎天天发短视频，几十条留言评论必须逐个字斟句酌地回复。但如果看到同学老友群里别人发了什么，还特别敏感非要往自己身上'搬'；最担心父母受到网络诈骗方面的不良影响。"这是林晨的心声，也是现代儿女们共同的忧虑。

中国互联网络信息中心的数据显示，截至2020年12月，我国网民规模达9.89亿人，其中50岁及以上网民群体占比提升至26.3%；《2020老年人互联网生活报告》中的结论更为惊人：超过10万老年人日均在线超10小时。当越来越多的老年人，触碰到互联网，他们被吸引、被裹挟、甚至被控制，沉迷这个虚拟交流世界，迎接他们的，会是什么。

二、爸妈的网络圈子内容五花八门

王珍的母亲一天能刷五六个小时短视频，不带歇息的。平日做好饭菜，第一反应是掏出手机录上几段，时不时还会出声夸赞下自己的手艺。在她关注的用户中，从所谓的健康科普、搞笑视频、家庭调解，到各式各样的心灵鸡汤，"品类"众多。起初，王珍并没有留意，直到母亲常常因为上网太沉迷，导致几次延误了接孙女放学，延误了正常做饭时间，眼睛也越来越看不清。"母亲还开始在同城频道里寻找好友，甚至把自己的私人电话留在公开简介里，只为有人陪着聊聊天。"王珍觉得，老人们倾向用娱乐、情感内容来充实生活。

"我尝试过各种方式阻止母亲越陷越深——换老年人机、删软件甚至是开启青少年模式，但这些办法都招来了母亲的情绪反弹。"王珍回忆道，她打开母亲的手机后，发现了最容易踩的两个"雷"：被各种情感短视频洗脑、被各种营销手段套路。"没想到精明了一辈子的老妈屡屡中招，现在我每天都要提醒她凡是涉及钱财的，千万不要相信。"王珍苦笑道。

晓年的妈妈则沉迷全民K歌一年多了，家里卫生间成了录音室，耳机不离耳，一首歌一晚上循环二十几遍。还加入了专门的K歌交流群，每天至少耗费4个小时用来数别人给她送了多少好评，自己做了多少任务，她有个专门的记录本。"最终，晓年明白了，妈妈沉迷的不是唱歌，而是点赞、播放和排名。

三、手机成情感寄托，健康却频亮红灯

"咱不玩手机了好不好，我陪您下下棋""走，吃饱饭散散步去"，为了帮父亲戒网瘾，林晨决定多花点时间陪陪父亲。但很可惜，大多数子女都付不起这个时间成本。

起初是怕父母被时代落下，给他们换了最新的智能手机，本以为将玩手机作为一种无聊的消遣，可一旦沉迷上瘾，长时间刷手机带来的身体危害在很多老年人身上也体现了出来。他们会抱怨头晕、眼花、视力模糊、脖子酸痛、身体疲劳……年轻人都不能熬的夜，更何况上了年纪、"三高"俱在的他们。

而除了对身体健康的影响，网络虚拟交流空间、不良信息对老年人的精神和心理的影响同样需要重视。唐威的母亲就是如此，她不像很多同龄老年人在退休前就能熟练使用手机，她是直到被儿子从农村老家接到青岛看孩子后，才刚开始学会使用智能手机。"母亲性格比较内向，不喜欢交际，思想保守，也没什么兴趣爱好，平时白天帮我们看孩子，晚上就回到专门为她买的同小区的房子内休息。"唐威回忆起，最初给母亲买了智能手机后，母亲很高兴，加了很多亲人群、朋友群、邻居群、团购群，因为对搬来新环境不熟悉、不适应，也没有朋友可以倾诉，积满了各种情绪的母亲，就干脆和手机做起了"最好的朋友"。

但是随着使用手机时间越来越长，唐威的母亲开始对网络上各种各样的信息难以辨别，本身敏感的她开始自我怀疑。"看到一些不权威的养生视频，会怀疑自己是不是得了病；看了别人转发到群里的婆媳关系的文章，会猜测别人说的是自己。结果睡眠越来越不好，每次看完情绪就很低落，动不动生气甚至哭……"最终唐威陪着母亲走进了心理诊室，被诊断为抑郁症。

四、子女应多陪伴老年人

"像唐威母亲这样的情况，在门诊上遇到过很多例，老年人原本有自己特殊的心理特点，如适应能力弱、内心敏感脆弱等，因此本身就是抑郁症的高发人群，而不恰当地使用手机、沉迷网络，进而对生活、身体、心理等造成了严重影响，就需要进行干预。"青岛市市立医院临床心理科主任王克指出，对于"银发网民"这一现象，55岁以上的老年人社会角色和家庭角色都在变化，子女对父母的需求也降低了，他们需要通过网络、手机建立和社会的联系，满足情绪价值。

有的老年人入院后躺在病床上仍不能阻止刷短视频的执念；打点滴时，还会请求护士别打右手，原因是"左手刷手机不习惯"；有的老年人盲目轻信网络上不存在的东西，尤其是被养生保健营销所控制，上当受骗而完全听不进家人劝阻，最后来到心理诊室寻求帮助；有的老年人情绪受困，追究其根源仍是十几年前被网络诈骗钱财而长久内疚……王克指出，这些案例都真实地存在于许多家庭中，治疗时一般会建议老年人先停用手机，不要再接触手机，然后配合改善睡眠和情绪的药物，同时进行定期心理咨询和治疗，经过几个月的过程，多数患者最后都走出了网瘾带来的困境。王克建议，子女要给予父母更多的陪伴。"子女要常回家看看，和父母多聊聊天，不必强求父母更换生活环境。"而老年人最好在每天固定的时间出去活动，增加兴趣爱好，这些做法都可以明显改善情绪。

资料来源：腾讯网. 超过10万老人日均在线超10小时！拿什么拯救你，我的网瘾父母[EB/OL]. https://new.qq.com/rain/a/20210727A0804700.

第二节 以房养老问题

一、问题的缘起

我国城乡空巢家庭超过 50%，部分大中城市达到 70%；农村留守老人约 4000 万，占农村老年人口的 37%，城乡家庭养老条件明显缺失。这一连串数字反映了我国严峻的养老形势，加之我国老龄化是在社会保障制度不健全、经济发展水平相对落后和家庭结构转型时期到来的，这都无疑使得我国养老问题成为一个迫在眉睫的困局。为此，我国有许多学者借鉴西方发达国家，尤其是美国，反向抵押贷款运作经验，于 20 世纪末提出了以房养老理念。① 它是指利用家庭生命周期与住宅生命周期的差异，依据个人家庭拥有资源在一生中予以最优化配置的理论，将住房这种不动产通过某种制度安排，实现价值波动的流动，可以对家庭养老保障事宜发挥相应的功能。② 作为缓解我国养老危机，已承担起一定养老重任所提出的以房养老模式，目前在我国推行实施的迫切性和必要性已是不言而喻。

民以居为安，所以居者有其屋几乎成为每个家庭的要求，如今，这个要求也基本上已实现。另外，随着我国市场经济的深入和完善，房地产行业得到了蓬勃发展，这为房价的稳定保值升值提供了强有力的保证，同时，处于中等经济状况的老年人是大部分主体，这都为以房养老理念的运作夯实了坚定的物质基础。作为人们生存发展的基本生活资料，住房是反映城市居民生活水平的重要指标，住房产权更是以房养老模式得以实现的决定性条件。现如今，随着城市化发展与住房分配货币化改革方案的开展及国家房改政策的不断完善，我国城镇新建住宅面积逐年增多，居民住房情况逐年改善，大部分城镇居民拥有了产权归属自己的住房，自有房的比重大幅上升，并且住房消费呈现多元化。

我国房地产业发展至今的期间，虽然出现过短暂的萎缩、低迷阶段，但从各个角度上可以看出，增长与继续繁荣才是主流趋势。特别是自 1998 年以后，随着住房实物分配制度的取消和按揭政策的实施，加之政府的扶持，中国房地产行业进入平稳快速发展时期，同时也成为我国经济的支柱产业之一。如今的人们已不再是追求简单的有所居，更多的都已经在进行二次置房，为的就是满足更高一层次的品质需要。在这种情况下，我国城镇居民拥有两套住房以上的比例也非常大，这为我国房地产行业蓬勃发展提供良好契机的同时，也为以房养老模式得以实现提供了基本的赖以实现的物质基础。

从需求主体方面考虑，个人态度决定着他们是否愿意采纳以房养老模式这种养老行为，但这种态度又是非常复杂的，它深受我国传统文化标准及现行观念的相互冲击的影

---

① 范英丽，睢党臣．"以房养老"模式的运作基础分析 [J]．西北农林科技大学学报（社会科学版），2012(3)．
② 柴效武．以房养老理念 [M]．杭州：浙江大学出版社，2008．

响。传统社会历来重视家庭孝道，子女应该侍奉在年老父母身边。随着市场经济体制的改革，社会步调的加速，城市化与工业化的进程，传统的社会形态已发生改变，当老一辈人还在继续怀着子女侍奉跟前的预期时，年轻人的观念已经在发生改变，即以房养老可能成为老年人的无奈之选。

二、我国"以房养老"问题的现状

近年来我国居民生活条件得到了很大改善，我国医疗卫生环境、疾病防御控制乃至重大疾病治愈情况都有显著进步。外在条件优化在一定程度上延长了我国人口平均寿命，使人口老龄化现象愈发严峻。① 人口老龄化不只是中国的特殊社会情况，而是世界各国都在面临的问题。在此背景下，为合理解决人口老龄化带来的经济和社会问题，世界各国进行了多方位探索。其中，住房反向抵押养老保险方式是发展较好并符合我国国情的一种养老方式。②

2013 年 9 月 6 日，国务院印发《关于加快发展养老服务业的若干意见》，住房反向抵押养老保险在我国首次被提出。2014 年 7 月，中国保监会在北京、上海、广州等一线城市开展试点工作，推行住房反向抵押贷款政策。2014 年之后，该政策在我国推行实施效果并不好，市场反应不够热烈，群众接受度不高。2018 年 8 月，中国银保监会发布《关于扩大老年人住房反向抵押养老保险开展范围的通知》，决定向全国推广该制度，"以房养老"模式再次引起大众关注。"以房养老"成为新时代老年人的养老选择之一，对我国养老事业发展有很大的启示，但受老龄人口接受度和国情影响，现阶段该政策推行依然遇到很多阻碍。寻找正确的发展方向，探索这一新型养老模式在中国特殊国情下的发展道路并尝试提出解决方案，具有现实意义。

"以房养老"即住房反向抵押养老保险，是指为了维持或提高有房产老年人的晚年生活质量，通过抵押房产获得充足的保障资金，但依然可以居住在自己的房子里，享有房屋处置权外的一切合法权益，直至去世。老年人身故后，由保险公司享受该住房的处置权。③

我国人口老龄化趋势持续上升，预计 2050 年前后，我国老年人口数将达到峰值的 4.87 亿，占总人口的 34.9%。相对于中国人口基数而言，这是一个巨大的数量。这一数据表明我国家庭与社会的抚养压力将越来越沉重。同时，"未富先老"也是中国经济社会的发展特色。我国人口老龄化程度已经达到了西方发达国家水平，然而经济发展水平却依然和发达国家存在着不小的差距。我国面临着和西方发达国家一样甚至更重的养老压力，但却没有足够的经济能力支撑全民养老事业。老年人不具备劳动能力，大比率老年人口成为我国经济发展的制约因素。我国养老保障制度处于发展完善的过程中，存在一定缺陷，并不能完全保障老年人的晚年生活。

---

① 王盈馨. 我国推行"以房养老"的现实困境及应对策略 [J]. 山西农经，2020(3).
② 张晓青. 以房养老模式在我国的可行性分析研究 [J]. 现代商贸工业，2007(11).
③ 柴效武. 以房养老理念 [M]. 杭州：浙江大学出版社，2008.

基于理论角度，推广住房反向抵押养老保险是对生命周期理论和遗产动机的实际运用，根本目的是达到家庭资源乃至社会资源的最优配置。基于现实角度而言，住房反向抵押养老保险是保险市场的一项创新和发展，也是房地产行业发展的一种新思路。保险市场作为我国金融市场的一部分，发展稳定，前景开阔。随着金融市场不断细化和监管合理化，保险业受到人们青睐，保险业成为一项新的投资理财方式。①

三、"以房养老"存在的问题

（一）传统家庭观念的制约

中国社会的传统家庭观念是人们不愿接受"以房养老"的主要制约因素之一。一方面，在道德伦理层面，赡养父母是每个子女应尽的义务。虽然父母独自养老可以缓解子女养老压力，但会给子女造成心理压力，甚至会使子女面对社会舆论压力。另一方面，对大部分中国家庭而言，房产是家庭最主要的财产，也是家庭财富的集中体现。将房产抵押获取养老资金的行为有悖大部分家庭的金钱观念，大部分人不愿意接受将房产处置权交给保险公司。虽然社会越来越开放，人们对新鲜事物的接受度越来越高，但涉及个人财产和亲人，人们依然受传统观念影响较大。②

（二）土地产权有期限

我国个人房屋产权只有70年使用期限。对于保险公司而言，将要收回的房产价值具有很大的波动性。保险公司面临很大的市场风险，可能还会存在新型骗保行为。同时，保险公司缺乏相关人才，在对承保房屋的评估方面可能出现偏差。以上风险导致投保人投保顾虑多，承保人承保意愿低，一些规模较小的保险公司不敢轻易尝试，制约了住房反向抵押养老保险的进一步发展。③

（三）中介市场发展不完善

住房反向抵押贷款养老保险的推行不仅需要保险公司参与，还需要中介机构参与。首先，房产价值评估和变现资本处置仅依靠保险公司是不够的，需要有更加专业的中介机构，才能使"以房养老"资金顺利流通、承保公司顺利承保。其次，资金使用的规范性需要相关部门加强监管，需要出台相对应的监管条例。再次，养老资金运用可能需要其他金融机构或非金融机构进行配合。目前，我国市场缺乏专业的房产评估机构，房产中介良莠不齐，监管条例不够明确、精细。部分中介抓住新产品发展初期监管不完善的漏洞，不遵守市场准则，导致市场混乱，使老年人客户对"以房养老"产生不信任，阻碍了"以房养老"的社会普及。

---

① 赵立志，夏咏雪，马卓然. 我国城市"以房养老"的问题与对策研究 [J]. 城市发展研究，2014(11).
② 朱鲲鹏，张晓伟. 我国实施以房养老制度可行性分析 [J]. 湖北社会科学，2015(1).
③ 马征. 政策过程理论视角下"以房养老"推行困境的原因分析 [J]. 河北经贸大学学报，2018(3).

四、关于"以房养老"的政策建议

(一) 充分发挥政府政策扶持作用

"以房养老"是解决养老问题而派生的营利性金融产品,虽不能从源头上解决养老问题,但可以减轻政府和家庭的养老重担。政府要加强宣传,增强公信力,提供政策支持。首先,政府可以充分利用广播、电视和新媒体等方式,扩大宣传,让民众了解住房反向抵押养老保险,认识到这一产品的优势。其次,政府应当完善相应的金融支持政策,平衡保险行业发展。再次,在征税过程中适当进行政府补助,减少"以房养老"经营机构承担的风险。最后,政府要出台政策,规范市场机制,加强监管,在合理合法的情况下,扶持这类养老理财产品的衍生和发展。

(二) 完善土地所有权期限的风险提示

土地所有权是"以房养老"的核心关键,养老资金是通过将房产进行反向抵押贷款得到的。这项养老模式在我国难以进行的原因之一是土地所有权的期限问题。政府应明确土地所有权在抵押中的所属关系,在保险合同中明确做好风险提示,使双方明确可能存在的风险和产权产证的处理权,避免在实际操作时因房产期限问题出现麻烦。

(三) 促进中介机构相互协作

住房反向抵押养老保险的实施会涉及很多中介机构,例如房产价值评估公司、房产中介、银行等。不同中介机构涉及的业务范围不同。为保证住房反向抵押养老保险顺利实施,各中介机构要相互协调,根据自身职能发挥专业能力,使信息更加精准、透明,使各项工作衔接更加顺利,达到相互协作、信息共享和互利共赢的局面,保障"以房养老"业务顺利开展。

住房反向抵押养老保险是一个舶来品,这个新型养老模式解决了很多发达国家的养老问题,分担了社会压力。尽管"以房养老"在我国试点结果并不理想,该险种在我国发展仍然面临很多困境,比如传统观念的束缚、市场反应不积极、土地所有权期间限制、金融机构分业经营限制等。2018 年银保监会再次强调住房反向抵押保险,说明我国面临的人口老龄化压力日益增加,需要更多灵活的养老方式来分担社会养老压力,促进社会资源的公平配置和优化配置。为促进住房反向抵押养老保险在我国的发展,应加大对该险种的宣传力度,规范市场主体行为,加强中介机构间的合作。同时,政府应完善立法,加强政策支持力度,扶持该产品的发展。"以房养老"若能结合国情广泛推行,不仅可以减轻青年人的养老负担,提升老年人的生活质量,促进家庭和谐,也能推动我国社会保障体系和法律完善,还可以加强房地产行业与金融市场的联系,促进资金融通,从而推动我国经济发展。

第三节　嵌入式养老问题

一、嵌入式养老

我国人口老龄化表现为两大特点，一是速度快，二是规模大。这导致了我国养老资源在相当长的时间内极为短缺，出现了"未备先老""未富先老"的局面。而"原居安老"则是一个社会总成本最低、资源配置最优化的养老方式。原居安老的核心要义是老年人在专业化、人性化、产业化为特点的社会化养老服务的支撑下实现居家养老和社区养老，以维护老年人的自主、自立和自尊，维持老年人既有的社会关系和社会资本，延缓老年人生理和心理的衰退。①

而要实现原居安老，社区则必须实现有就近可达的养老服务设施，有便利可及的服务，并全面提供以老年人持续照护需求为核心的服务内容。为此，则需要解决以下困境和难题。

（一）已建小区养老服务设施配套难

按照新城市主义理论，城市中的不同人群，包括老年人，享受公共服务的可接受的出行距离范围是步行15分钟左右，社区依据需求按照15分钟半径规划公共服务设施比较科学。由此，上海市提出了打造"15分钟养老服务圈"的目标，以实现老年人"生活圈"和"养老圈"的同一。目前，各地均要求新建住宅小区按照规划和标准配套建设养老服务设施，已建成住宅小区通过购置、租赁、置换等方式开辟养老服务设施。而对于已建成住宅小区，特别是老旧小区，按照标准补充配套养老服务设施却面临困难和阻力：一方面，这些小区房价一般比较高，新建养老服务设施给所在地政府造成很大财政压力；另一方面，是新置养老服务设施通常会遭遇"邻避"现象，引起周边部分居民的抵制。

（二）未形成闭环的养老服务体系

原居安老需要在社区中形成一个"全生命周期"的养老服务闭环，而目前的社区养老服务体系还不完备。其一，服务项目之间未形成完整的逻辑闭环。当前养老服务机构或组织虽提供生活照料、康复护理、医疗保健、文体娱乐、老年大学等丰富的项目，但缺乏一种理念或目标（比如"积极老年化"的理念）将这些服务项目逻辑串联起来，以让老年人理解项目的内涵及其目标，从而乐意接受并参与到各个项目之中。其二，服务供给与服务评价未形成闭环。现有的评估往往针对养老机构的硬件，而对服务的开展和管理等软件建设涉及较少。养老服务因缺乏相应的服务跟踪和评价，进而不能科学全面地呈现服务效果，导致无法为改进服务提供有力的数据支撑。其三，服务递送未形成闭环。比如日间照护中心，多数都不提供接送服务等；又如，由于缺乏专业人才及"邻避

---

① 冯梦成. 社区嵌入式养老：实现"原居安老"的路径 [N]. 社会科学报, 2020-12-03(3).

效应"① 十分明显,绝大多数养老服务机构都不提供"临终关怀"服务,从赡养、养护到安宁各阶段的连续性照护服务模式也就难以形成。

(三)医疗服务能力不足

养老离不开医疗,而原居安老则要求将医养结合的重点放在社区和家庭。对于失能和半失能老人,医疗服务成为生活必需。社区居家养老服务机构因能力不足无法为老年人提供所需的持续性医疗服务,居家老年人的医疗服务只能在高等级医院获取,导致了许多地方存在着老年人在医疗机构"挂床"和"压床"的现象。而随着人们"重医疗,轻预防"的观念改变,老年人开始关注日常护理、慢性病管理、健康教育等服务。但由于硬件配置不足及专业康复医学人才的缺乏,多数社区居家养老服务机构也无法为大病康复期、慢性病防治、易复发病患者等人群提供可及性医疗服务。

(四)家庭照护能力弱化

在原居安老中,家庭仍需承担不可或缺的责任。这一方面是为了促进代际交流,给予老年人精神慰藉,另一方面是为了减少养老的社会成本。但是,家庭结构的小型化核心化、人口流动、工作压力等因素导致子女无力承担对老年人的近身照顾责任,家庭照护功能趋于弱化,老年人需要居家养老支持。发展嵌入式养老则是解决上述问题的有效可行路径。所谓嵌入式养老模式是以社区为载体,以资源嵌入、功能嵌入和多元运作方式嵌入为理念,通过竞争机制在社区内嵌入一个市场化运营的养老服务机构,以整合周边养老服务资源,实现养老机构与社区的有机融合,为老年人就近养老提供专业化、个性化、便利化的服务。嵌入式养老首先利用存量闲置资源建养老服务设施,如利用工业用地、仓储用房及商业、办公、社区用房等存量资源兴建养老服务设施,以较低的成本实现社区养老资源的增量嵌入;其次,通过叠加服务功能,打造社区养老综合体和若干个家门口服务站,以全面提供"近家""进家"的服务内容;再次,通过引入社会组织、市场主体负责或参与服务设施的运营,提高养老服务的专业化水平和服务效率。与机构养老和居家养老相比,嵌入式养老既避免了机构养老的过度社会化,解决了老年人亲情慰藉和社区归属缺失问题;同时,也弥补了居家养老的个性化及专业化能力不足的缺失。

嵌入式养老模式是以社区为载体,以资源嵌入、功能嵌入和多元运作方式嵌入为理念,通过竞争机制在社区内嵌入一个市场化运营的养老服务机构,以整合周边养老服务资源,实现养老机构与社区的有机融合,为老年人就近养老提供专业化、个性化、便利化的服务。嵌入式养老首先利用存量闲置资源建养老服务设施,如利用工业用地、仓储用房及商业、办公、社区用房等存量资源兴建养老服务设施,以较低的成本实现社区养老资源的增量嵌入。其次,通过叠加服务功能,打造社区养老综合体和若干个家门口服务站,以全面提供"近家""进家"的服务内容。再次,通过引入社会组织、市场主体负责或参与服务设施的运营,提高养老服务的专业化水平和服务效率。与机构养老和居家养老相比,嵌入式养老既避免了机构养老的过度社会化,解决了老年人亲情慰藉

---

① 邻避效应指居民或当地单位因担心建设项目对身体健康、环境质量和资产价值等带来不利后果,而采取的强烈和坚决的、有时高度情绪化的集体反对甚至抗争行为。

和社区归属缺失问题；同时，也弥补了居家养老的个性化及专业化能力不足的缺失。

当前，嵌入式养老处于探索起步阶段，面临一些发展中问题，比较突出的是嵌入式养老机构的收支平衡问题。由于是散状分布在社区中的小机构，嵌入式养老机构整体运营成本比较高，加之养老服务又属于公共服务的范畴，并不能采用市场开放价格，这为机构的生存和可持续发展带来困难。从各地实践看，一般采取三种办法来解决嵌入式养老服务机构收支平衡问题。其一是"以大带小"，即将社区的大型养老院、敬老院（大机构）和嵌入式养老服务机构（小机构）同时交给一家养老服务组织运营，以让大机构的资源和嵌入式养老服务机构实现共享，减少嵌入式养老服务机构的运营成本。其二是连锁经营，即一家养老服务组织同时经营多家嵌入式养老服务设施，实现品牌化、连锁化经营。而这两种做法需要养老服务组织具有雄厚的实力及被社区所接纳和认可。其三是形成"溢出效应"，即服务机构的人力、物力资源向周边社区的居家老年人辐射，上门提供服务。这一做法受制于老年人的支付能力，面临有效需求不足的问题。[①]

因此，嵌入式养老机构还需要政府给予相应支持，以增强其社区资源的整合协同能力和养老服务的社区辐射能力。如推动养老服务设施与社区卫生、娱乐、文化、体育、健身等其他生活设施实现功能上的联结，以形成系统性的社区养老服务资源；支持和推动社区和家庭适老化改造、推进家庭照料床位建设、鼓励老旧小区加装电梯等，提升老年人居家养老的品质；探索社区养老中基本医疗服务、康复护理等与医保之间的衔接措施，以增强老年人的支付能力；开展居家养老服务咨询，为老年人提供个性化、精准化的养老方案等。

二、嵌入式养老的概念辨析

社区居家养老与机构养老是除家庭养老之外的主要养老模式，而"嵌入式"养老则更多是居家养老和机构养老结合的新生产物和模式，有必要从基本概念的内涵、外延等方面对三者进行界定和区分。所谓社区居家养老是指老年人在家中居住，由社区提供为老服务的一种社会化养老模式。章晓懿指出，"社区居家养老服务是指以家庭为核心、社区为依托、专业化服务机构为载体，通过政府购买服务、社会参与、非政府组织实体承办的运作方式，采取上门、日托或邻里互助等服务形式，为居家养老的老年人提供以生活照料、医疗保健、心理慰藉等为主要内容的社会化服务"。[②] 于潇认为，机构养老是一种以社会或政府机构提供养老为老服务的方式，其载体是敬老院、老年公寓、托老所、老年护理院等。"养老机构具有专业化、社会化、市场化的特征，其职能是提供专业化的老年人生活照顾服务，其服务对象包括完全能够自理的老年人，特别是半自理和完全不能自理的老年人"。[③]

现今"嵌入式"养老模式仍处于起步阶段，研究较少，学者对其定义也存在分歧。虽然学者在界定"嵌入式"养老模式时，着眼点和侧重点各有不同，但总的来说，"嵌入式"养老模式是机构养老和社区居家养老两种模式上的补充和整合，即以社区为载体，

[①] 冯梦成. 社区嵌入式养老：实现"原居安老"的路径 [N]. 社会科学报，2020-12-03(3).
[②] 章晓懿，刘帮成. 社区居家养老服务质量模型研究——以上海市为例 [J]. 中国人口科学，2011(3).
[③] 于潇. 公共机构养老发展分析 [J]. 人口学刊，2001(6).

以资源嵌入、功能嵌入和多元的运作方式嵌入为理念，通过竞争机制在社区内嵌入一个市场化运营的养老方式，整合周边养老服务资源，为老年人就近养老提供专业化、个性化、便利化的养老服务。

三、"嵌入性"理论及其在"社区嵌入式养老服务"中的作用机理

嵌入性（embeddedness）概念最早由波兰尼提出并将之用于讨论经济活动如何嵌入在社会关系网络之中。他关于人类市场的经济行为嵌入于社会关系的命题，将"嵌入性"用于经济行为与社会制度相互依存关系的指代，此后格拉诺维特进一步将嵌入性概念深度细化，其认为经济行动应该被看作是人际关系的互动，是紧密嵌入在特定的社会关系网络中的，理解经济行为就必须考虑行动者在社会、文化和制度的"嵌入性"，并且提出了一个关于嵌入性的分析框架：结构嵌入和关系嵌入。[1] 前者主要是指宏观层面上多个主体的关系网络嵌入更广泛的社会结构中，后者则主要体现于行动者嵌入所在的关系网络中，强调主体之间的信任和互惠。不同学者还基于不同角度对嵌入的形式和类型进行了划分，譬如 Halinen 等从企业的业务嵌入角度将其分为时间、空间、社会、政治、市场与技术等六种，同时按照嵌入的层次分为微观嵌入和宏观嵌入；[2] Zukin & Dimaggio 则将其分为政治嵌入、文化嵌入、结构嵌入和认知嵌入；[3] 这些分类方法体现了嵌入理论在不同领域内的应用，也使得"嵌入性"成为理解经济与社会关系的重要概念。

在我国，嵌入性理论思想自清华大学罗家德 2007 年引入以来，在社会资本、社会网络方面取得丰富的成果，譬如边燕杰、张文宏关于劳动力求职过程中的强弱关系[4]及刘林平对关系生产和再生产类型和路径的讨论，[5]这些本土化研究突出了嵌入理论的关系取向，极大地推动了嵌入性理论在中国情境下的运用。有学者认为"嵌入性"的理论化和抽象化的程度具有"概念伞"的性质，[6]该特质使其与社会学、管理学、发展经济学等学科理论快速融合。在社会学领域，"嵌入"概念主要用于阐述社会关系网络对个人效用、资源获取、行动约束等方面的影响。[7]也有学者从结构和关系两个层次来认识，譬如王思斌注意到嵌入的结构性特征，认为"嵌入不能简单理解为在甲中有乙，嵌入强调了结构"，"嵌入"某种程度上等同于"介入"；[8] 蒋小杰，王燕玲则强调"嵌入"所具有的情景条件和行动者不同动机，关注于社区这一情境中具体行动者的利益诉求、策略性的行动选择及权

---

[1] Granovetter M, "Economic Action and Social Structure: The Problem of Embeddedness", American Journal of Sociology, 1985,91(3).

[2] Halinen A,Trnroos J. "The Role of Embeddedness in the Evolution of Business Networks", Scandinavian Journal of Management, 1998,14(3).

[3] Zukin S, Dimaggio P. Structures of Capital: the Social Organization of the Economy[M]. Cambridge: Cambridge University Press, 1990.

[4] 边燕杰，张文宏. 经济体制、社会网络与职业流动[J]. 中国社会科学，2001 (2).

[5] 刘林平. 外来人群体中的关系运用——以深圳"平江村"为个案[M]. 中国社会科学，2001(5).

[6] 兰建平，苗文斌. 嵌入性理论研究综述[J]. 技术经济，2009(1).

[7] 刘世定. "嵌入性"用语的不同概念、逻辑关系及扩展研究[A]// 经济社会学研究（第二辑）[M]. 北京：社会科学文献出版社，2016.

[8] 王思斌. 中国社会工作的嵌入性发展[J]. 社会科学战线，2011(2).

力博弈。① 与此同时其常常被用于国家与社会关系的解读,"嵌入""反向嵌入""双向嵌入"等词汇,被广泛用于描述中国强势政府下社会行动者处理国家与社会关系的策略取向。② 这些研究不仅强调了嵌入的结构性意义,而且肯定了行动者在社会网络的约束条件之下,利用社会资源在具体情境中实现某种活动目标的关系运作和策略使用,从而体现了嵌入概念在宏观和微观层面的方法论意义。嵌入理论不仅强调社会关系网络中的主体合作,同时也在一定程度上谋求技术支持以实现结构性的重塑和嵌入,这与当前强调合作治理的现代社会具有逻辑上的契合,支持技术合作(信息网络)和制度合作(社会关系网络)的特性使其理论意义得到充分的应用和发展。故此,嵌入理论在医养结合养老模式、政府购买养老服务等具体主题方面经常使用。③

在"居家养老为基础、社区为依托、机构为补充"的社会化养老服务体系框架中,社区居家养老是最贴近老年人身心需要的一种选择。在养老服务资源组织和递送的过程中,社区作为依托成为内外部资源链接的主要平台和载体。对于老年人的多层次、多元化需求,社区服务功能的良好发挥取决于如何实现外部资源的导入,这种资源进入既要与老年人需求形成衔接,也要寻求不同服务内容的融合和有效率的组织输送,而对于开展服务的主体来说则需要与政府、社会组织和个体之间形成互动合作,且在社区内部获取广泛信任和认同。在此意义上,社区嵌入式养老服务与嵌入理论关于"经济行为嵌入社会关系网络"的假设不谋而合,从而使得其成为当前社区居家养老服务的重要创新,它代表着将医养服务嵌入老年人身心家庭、社会网络、文化传统、经济制度、政治架构的一种理论与实践。④

从嵌入理论出发,社区嵌入式养老服务不仅强调外在的医养资源嵌入到社区的场景中来,也强调通过主体合作来搭建一个符合社区情境需要的服务供给网络,从而使得社区嵌入式服务的重点在于将专业化服务嵌入社区和家庭,以及实现正式照顾和非正式照顾服务体系的衔接。可以说,社区嵌入式养老意味着主体在互动合作过程中通过策略和资源的利用产生嵌入性,形成新式的服务输送网络体系,并随之资源的重组和关系的塑造促发新的主体结构形成。

四、"嵌入式"养老模式的优势分析

(一)小规模优势

"嵌入式"养老模式的突出优势之一,在于其规模小,易形成独特的小规模优势。"嵌入式"模式下的养护中心常开办在社区,依附社区闲置空地或闲置居民房建造或改建而成,可以充分利用社区闲置资源。"嵌入式"养护中心规模小,灵活性高,对位置要求

---

① 蒋小杰,王燕玲. 县域社会治理的行动者分析与模式建构[J]. 行政论坛,2019(2).
② 冷向明,张津. 半嵌入性合作:社会组织发展策略的一种新诠释——以W市C社会组织为例[J]. 华中师范大学学报(人文社会科学版),2019(3).
③ 何立军,杨永娇. 社区嵌入视角下中国社区基金会典型模式比较分析——基于深圳的实践探索样本[J]. 江汉论坛,2018(7).
④ 杨燕绥. 银色经济与嵌入养老服务[M]. 北京:清华大学出版社,2017.

低，易布点且对社区日常生活影响弱。小规模开办方式下，"嵌入式"养护中心资金需求小，相应地所需承担的风险小。在管理与运行方面，由于其规模限制，管理阶层相对比较简单，管理难度和运营要求都相应降低。在推广方面，"嵌入式"养老模式下的养护中心规模小可复制性强，易推广。①

（二）地缘优势

目前，虽然社区居家养老服务建设取得了很大进展，但是，大多数城市的社区居家养老仍然停留在以提供最为基本的公共服务的阶段，所能够服务的老年人也较为有限，尤其是瘫痪、半自理、轻度失智、失能的老年人，社区居家养老所能够提供的服务无法满足其需要。子女往往只能请保姆或者将其送到离家较远的养老院，这直接抬高了养老成本。而且，突然到一个陌生环境，也导致了这部分老年人存在适应困难，甚至生命质量下降的状况。同时，中国养老机构的床位数量紧缺，供需相对失衡，常常是"一床难求"。虽然郊区养老机构大多存在床位空置现象，但受经济能力的制约，以及受安土重迁的传统养老观念影响，更多市区老年人还是更愿意选择就近养老。因此，许多养老机构常常处于"愿去的不收，愿收的不去"的尴尬境地。"嵌入式"养老模式下的养护中心一般设立于社区内部或社区附近，拥有良好的地缘优势。养护中心可以采用多种运营模式，如政府托底购买服务、社区完善服务功能等，为周边生活半自理、轻度失智、失能的老年人提供"全天候"护理照料，并通过日托、助餐等方式，辐射到社区其他有需要的老年人群体，能够满足老年人就近养老的需求，让老年人在不离开熟悉的社区环境与人际关系的同时得到养护中心的护理照料。"嵌入式"养老模式致力于营造出"养老不离家"的新模式，从而在一定程度上弥补其他养老模式的不足。

（三）情感优势

与机构养老相比，"嵌入式"养老模式更能满足老年人的心理需求，更具情感优势。"嵌入式"养老模式下的养护中心离家近，地理优势独到，可以方便老年人"常回家看看"，以满足老年人对家庭的依恋。子女工作之余也能够方便地看望父母，给予老年人亲情温暖和心理慰藉。

根据马斯洛的需求层次理论，人的需要按照重要性的先后出现的顺序分为五个层次，分别为生理需求、安全需求、归属和爱的需求、受尊重的需求和自我实现的需求。"嵌入式"养老模式完全能够满足老年人的基本需求和发展需求。

1. 满足生理需求

"嵌入式"养老模式可以使老年人仍然住在原有社区，根据个体不同的健康状况，灵活选择不同的居住模式，都能够享受到养护中心提供的专业养老服务。"嵌入式"养老模式根据不同的服务人群设计了更具针对性的养老服务，将疗护康复、生活照料、精神慰藉等社会养老服务延伸至家庭，使老年人在不脱离家庭生活方式和生活环境的情况下，就能享受到多重化、专业化的养老服务，充分满足了老年人养老的生理需求。

---

① 胡宏伟，汪钰，王晓俊，等."嵌入式"养老模式现状、评估与改进路径[J].社会保障研究，2015(2).

2. 满足安全、爱与归属的需求

"嵌入式"养老模式下的养护中心离家更近、专业性更强且能够保持原有的生活环境，便于子女在工作之余照料父母，共享天伦之乐，享受家庭的温暖，有利于维持老年人社会关系的连续性，保证老年人在安全、归属感和爱等方面的需求。

3. 满足尊重和自我实现的需求

老年人有参与社会活动的需求，渴望与别人的接触和交流。"嵌入式"养老模式给予了在活跃期和自理期的健康老年人以发挥余热的平台，为老年参与、老有所为打下了基础。同时，可以鼓励老年人积极投身于"嵌入式"养老服务的监督与评估工作中来，根据其切身体会提出感知性意见。这样既有助于嵌入式养老服务的改进，也有助于老年人尊重和自我实现的需求。

（四）专业化优势

1. 人员的专业性

"嵌入式"养老作为专业实务，人性化和专业化是其本质所在。现行部分"嵌入式"养老模式下的养护中心由政府宏观调控、社区支持、养老企业负责具体运营。企业化管理模式下养护中心组织更为健全，内部管理制度更为全面，各项养老服务均有专人负责。从服务队伍人才配备来看，"嵌入式"养老模式下的养护中心主要由管理人员、医生和护工组成。由于"嵌入式"养护中心由养老服务企业竞标承包，存在竞争性，能够在一定程度上切实提高工作人员的专业性。

2. 技能的专业性

"嵌入式"养老模式相对更加注重对工作人员技能的培训。社区整合就近医疗资源，通过引进专业医疗资源作为补充嵌入养护中心。同时，所聘用的养护中心工作人员能够熟练应用医疗资源，对外面向全社区老年人提供基础医疗服务，对内将对入住老年人提供专业疗护康复及精神慰藉等服务。一些地方的"嵌入式"养护中心还在努力实现养老和医疗服务的"无缝衔接"，如在上海，部分"嵌入式"养护中心正尝试建设一条绿色通道，可以在一分钟内将公寓里的老年人推进医院，切实保障服务人群生命安全。

3. 服务的专业化

"嵌入式"养老模式实现医养结合，更能体现服务专业化优势。如北京地区的部分"嵌入式"养老社区内，社区卫生服务站为社区内所有老年人建有健康档案，此外每周定期开展两次巡诊服务。老年人在社区卫生服务站即可看病拿药并进行医保报销，将社区卫生服务有效整合入了"嵌入式"养老功能组合。这种医养结合的方式不仅缩短了老年人与医院的距离，解决了老年人看病难、买药贵的问题，同时，也在一定程度上打破了医养分割的局面，实现了医养同步，这显著区别于传统的对优抚老年人的"疗养功能"。另外，市场化机制下，养护中心之间形成一定的竞争关系，也有利于其服务专业化的提升。

（五）资源整合优势

1. 资源整合的广度拓宽

在资源利用方面，"嵌入式"养老模式能够充分挖掘社区内部资源，对社区闲置房屋、活动室进行有效利用。同时，如理发屋、菜市场等社区外部生活养老设施也能为"嵌入式"养老所用，达到了降低养护中心运营成本的效果，从而能够切实降低养老费用。同时，"嵌入式"养老模式有效地整合社会多方面力量，对于资源的广度也有切实的拓宽。"嵌入式"养老集合了居家养老和机构养老的长处，整合了政府、市场、社会、家庭，四个方面的资源优势，实现了四者良性互动、有效协同。因此，"嵌入式"养老模式在不改变老年人原先生活环境的情况下，能够更积极地调动社会资源，是一种有效整合、有效发挥各种养老资源作用的机制和模式。

2. 资源整合的组合形式创新

目前，"嵌入式"养老模式下养老服务企业的引入的方式主要有两种，一种是政府购买养老服务企业相关服务模式，第二种是养老服务企业自主投入，或与其他机构组织合作运营。而在第一种模式下，又因购买方式不同，又可细分为"公办私营"（非竞争性购买）模式和"公开招标"（竞争性购买）模式两种。"公办私营"模式下，养护中心由政府设立，养老服务企业进行管理和运行，企业运行费用完全由政府承担。"公开招标"模式下，养老服务企业通过公开竞争，在质和量上最具优势的竞争者胜出。在此模式下，养护院中心完全由养老服务企业自行建立，自主运行。此外，其他社会组织也可以通过不同方式灵活参与"嵌入式"养老模式。由此可见，"嵌入式"养老模式是吸纳社会力量参与养老事业的良好途径，所吸纳各种资源的组合方式更为丰富，灵活性强。

3. 资源整合的效能提升

"嵌入式"养老模式下，资源组合引入门槛相对较低且形式灵活，资源组合的形式多样、组合的运营机制更顺畅，组合的效率也有所提升。另外，"嵌入式"养老模式更有利于发挥市场的积极作用，实现养老服务机构和政府的双向选择，从而实现资源整合效能的提升。

4. 形成良好的运行机制

在部分"嵌入式"养老模式中，政府托底购买专业养老服务，以社区作为平台，充分利用社区中的闲置公建配套设施，通过引入社会资源，借助专业养老服务机构整合社区内为老服务资源，保障养护中心的有序运营，从而实现老年人"在家门口养老"的愿望。政府、社区、社会组织、企业互相配合，互相协调，形成完善联动的运营机制。通过多方面资源的有效整合，最终形成"老年人得实惠、社区更完善、政府创政绩、企业得利益"的多赢局面。

(六) 运营效率优势

"嵌入式"养老模式下的运营机制相对更为科学健全与高效。"嵌入式"养老模式现有两大类运营方式，一类是由政府和社区全权负责运营，政府财政补贴作为主要资金来源，社区负责整合土地、人力、医疗资源等养老资源，其他社会组织嵌入合作；另一类是由养老企业出资，结合政府补贴，由养老企业自主聘用养老服务员，自主运营自负盈亏，社区参与协调管理，其他社会组织灵活参与。

在第一种模式中，社区作为"嵌入式"养老模式的运营主体，实则不是独立的决策主体，而是政府在职能上的延伸。这种模式能够更好地贯彻地方政府的养老政策，避免由于追求盈利最大化而出现养老政策偏差。在第二种模式下,"嵌入式"养护中心由专业养老服务企业直接负责管理与运营,采用企业化的管理方式。在员工管理方面,对员工进行工作考核,规范工作流程、动作与作风。员工薪酬组成多样,且与绩效挂钩,切实提高其工作积极性。强化员工培训,使其具有科学、专业的养老理念和服务技术,也提升了人员配备的稳定性。各项养老服务专人专项,岗位职责清晰,做到"专人专岗"。在市场化的条件下,对养护中心进行公司化管理必将带来效率的显著提升,避免运行随意松散的弊端。这两种模式虽在运营主体和运营方式上有所区别,但因地制宜都有利于更好地提高"嵌入式"养老模式运营效率。

(七)建筑理念与居住理念协调优势

由于老年人与年轻人有不同的兴趣爱好和价值观念,使得建筑模式与居住模式产生了矛盾。目前我国的社区规划与住宅设计都以青壮年人群为依据,缺乏对老年人这一弱势群体的需求的优先考虑,特别是在社区配套功能服务方面,对老年人各种需求考虑不够充分。在社区建设中,往往热衷于建设托儿所、幼儿保健站等儿童服务设施,而忽略老年活动站、医疗点等老年人配套设施。"嵌入式"养老模式的出现,使得老年人不用与子女分居,也能同时享受到专业机构服务和相应的配套设施,一定程度上化解了建筑模式与居住模式之间的矛盾。而且,对老旧小区的改造,增加"嵌入式"养老中心,也极大地改善、提升了老旧小区的养老服务功能。

五、"社区嵌入式养老服务"的类型特征和运作方式:以上海市为例

上海市作为最早进入老龄化的城市,其老龄化程度和高龄化程度一直高于其他城市和地区。据 2018 年《上海统计年鉴》显示,2017 年上海市老年人达到 483.6 万人,占总人口的 33.2%,超过全国平均水平的 2 倍,其中高龄老年人达到 80.58 万。为此上海在加强养老床位建设的同时不断强化发展社区助餐服务、托老所、日间照料在内的社区养老服务,尤其为了回应失能老人、独居老人及出院康复老年人的需求,重点发展嵌入社区的"长者照护之家"及"枢纽式"为老服务综合体,如此长者照护之家和为老服务综合体成为上海社区嵌入式养老服务的主要类型。长者照护之家属于单一功能,为老年人就近提供集中照护服务的社区养老服务设施,一般采取小区嵌入式设置,辐射周边社区。为老服务综合体则是社区内各类为老服务设施的相对集中设置,其依托信息化管理平台,统筹为老服务资源、提供多样化服务、方便群众办事。①它集成了长者照护之家、日间照料中心、助餐点、护理站或卫生站等服务,为社区老年人提供日托、助餐、助浴、康复、护理等一站式养老服务,并辐射社区里所有老年人,形成"15 分钟服务圈"。

---

① 朱勤皓.上海社区嵌入式养老服务发展研究——新形势下老龄工作的探索与创新 [J].科学发展,2017(8).

(一)社区嵌入式养老服务的基本类型:"枢纽式"为老服务综合体

作为嵌入式养老服务的典型类型,枢纽式为老服务综合体主要特征在于通过各类服务资源的整合和信息化实现社会化服务的嵌入,目的在于使老年人在熟悉的环境里安度晚年。在上海市,为老服务综合体的建设主要强化四个方面的整合,即"设施组合、服务统合、管理整合、虚实结合",通过合理配置和整合服务内容,实现"一站式综合服务""一体化资源统筹""一网覆盖的信息管理"和"一门式的办事窗口"。作为链接不同服务资源和机构设施的服务接入和管理平台,其不仅提供日托、全托、助餐、医养结合、服务受理等多样化的服务,而且设置有老年人日间照护机构、长者照护之家等服务载体,这些设施采取公办民营方式,委托第三方专业机构运营,他们通过打造医护、社工等专业技术人才及养老护理员在内的服务团队,不仅为社区嵌入式养老服务设施中的老年人提供综合服务,还积极向家庭延伸,为有需要的老年人提供居家上门服务或喘息服务。

不同于以往各类资源的分割和空间布局上的零碎,为老服务综合体中设置的社区日间照料中心、长者照护之家、敬老院、护理院,基本采取小区嵌入式设置,各类便民服务网点、助餐点及文体中心等毗邻建立,这样在社区形成15分钟生活服务圈,老年人可以不离开社区就能获得各类服务。可以说,为老服务综合体主要以长者照护之家为依托,以养老机构、生活服务中心、日间照料机构和社区睦邻中心为补充,融合各类便民服务、社区居民活动、邻里互助等内容,为社区里老年人打造了一个从日常生活服务到日间、短期机构照料的养老服务圈。相关服务的开展既依托政府和社区打造的各类服务载体,也借助社会化力量的介入,通过政府与社会资本合作的方式来实现养老服务供给网络体系的打造,该过程不仅意味着各类服务的融合,也意味着在社区空间中各类社会化服务的"嵌入",其致力于打造的"一站多点"服务网络要求各类社会主体之间的嵌入式合作,同时其在服务供给中与政府之间的互动,也在重新塑造原有的治理模式,促发更多以满足老年人需求为导向的机制和体制创新。正因如此,上海市通过为老服务综合体在街镇的完全覆盖,推动社区养老服务设施向嵌入式小规模、多功能方向发展,促进居家、临托、短托等各种服务方式融合发展。目前已经基本形成以家庭为主体、以社区为依托、以社会化专业服务供给为支撑、以政府托底为保障的社区嵌入式养老服务架构。

(二)社区嵌入式养老服务的主要运作方式

1. 公建民营式

当前社区嵌入式养老服务大多依靠社会治理体制和机制的创新,将社区社会生活服务中心、养老机构、大型日间照料机构综合设置,其中集成长者照护之家、老年人日间照护中心或托老所在内的社区综合为老服务中心,大多由政府提供资金和设施,以招标的形式委托社会组织或企业具体运营,即通过公建民营的方式来实现站点活动和服务的开展,这种模式被认为能够充分发挥他们在管理和服务方面的优势。在上海,社区嵌入式养老服务中的长者照护之家、日间照护中心等大多采取公建民营的方式,充分体现了政府与社会资本在社区层面的合作。譬如上海普陀区通过引进爱照护专业养老服务公司，打通居家养老和社区养老，在长者照护之家中为老年人提供分级照护服务，其中的床位既有政府托底的养老床位，也有部分社会化床位。爱照护的专业护理人员为老年人提供康复照护服务可以帮助有需要的老年人，在社区机构照护和居家上门照护之间实现切换，确保不同需要的老年人得到及时合理便捷的照顾。对于爱照护专业服务公司来说，自身的护理人员、康复师及IT服务团队可以为老年人提供动态的健康监测、康复、理疗和护理等专业化服务，其人员可以通过科技创新来实现在机构和居家服务之间的自由流动，确保技术支撑和人员队伍能够同时满足机构和居家养老的需要，并能保证其护理人员的薪酬水平。爱照护公司的相关服务涉及机构、社区和居家等不同形式类型，其着力打造全周期、全龄段、全天候的照料社区，在一定程度上实现了养老服务产业发展与城市公共服务管理的融合。区、街道政府依据《上海市民政局关于本市公建养老服务设施委托社会力量运营的指导意见》，为其提供从硬件设施、服务运营、相应税费减免及水电气等价格优惠，还在委托协议中设立风险保障金和维护发展资金，鼓励和支持他们提供标准化、规范化、可持续的高质量养老服务。

2. 民建民营的"物业+养老"式

"物业+养老"模式主要是通过将原来的物业用房改建成为综合为老服务中心，由物业进行日常经营，为老年人提供服务。国务院办公厅新近发布的《关于推进养老服务发展的意见》（国办发〔2019〕5号）中提出"探索物业服务+养老服务模式，支持物业服务企业开展老年供餐、定期巡访等形式多样的养老服务"，将其作为居家、社区和机构养老融合发展的重要内容。一般认为物业公司具有信任、需求精准把控、运营成本三大优势，但由于嵌入式养老对于专业性及企业自身盈利的要求，发展较为缓慢，诸多房产企业在自身楼盘较早开展社区养老服务，但主要针对的是那些具有自理能力和活力的老年人，时近也有企业譬如北京的首开寸草，在自有物业中开始建构介护型养老模式，为社区老年人提供从日常生活支援到医疗护理照护等整体养老解决方案，但总体来说由物业公司提供嵌入养老式服务的尚在初始阶段。在上海市，物业公司等社会力量开始广泛参与到嵌入式养老服务中来，不仅表现在设施空间的改造方面，而且融合物业便民服务的照料服务得到迅速发展。在杨浦区，不断探索社区共治的"熟人养老"服务模式，通过对保安、保洁、保绿、保修等队伍的培训和组织机制创新，为社区老年人提供助餐、助洁、助急、助浴、助医"五助"服务项目，但这种提供仍旧是基本照料服务。在长宁区，"物业+养老"模式更加深度与嵌入式养老结合，其利用社区闲置用房改造小型养老服务设施，提供养老顾问、喘息式养老、助餐、助医、助急、助行、助浴、电梯加装咨询、惠老家园等一体化、一站式服务，这些小型社区托养设施不仅可以获得建设补贴，还可以获得政府对养老服务设施从运营补贴、水电气及税收等方面的政策支持。

六、社区嵌入式养老服务的社会化运作机制及其内在逻辑分析

融合医养护服务的社区嵌入式养老形态，要求政府与社会资本合作打造政府主导、

多元主体共同参与的社区治理格局，而负责具体运营的民营机构也必须依赖于产业链的分工合作，从而形成宏观上的网络式嵌入结构。同时，不同服务嵌入社区的过程也意味着"关系"的运作和信任感的培育，其在社区情境中的策略行动构成了微观层面的关系嵌入，这种宏观和微观的"嵌入"关系的形成透视了政府与社会资本如何合作的逻辑，从而展示"社区嵌入式养老服务"的社会化运作机制。下面将从"嵌入"概念本身出发，从宏观和微观两个层面，关注社区嵌入式养老服务中的服务融合和衔接、政社关系及社区情境中信任机制的形成，阐述政府与社会资本合作及后者在社区情境中的行动逻辑。

(一) 宏观嵌入："一站多点"服务网络

在社区内部嵌入小型化照料机构符合老年人依据地缘持续生活的心理特质，尤其嵌入的短期照护、临时寄养、日间照料、居家照护、康复训练等，符合老年人随年龄增长生理功能不断下降对医疗、康复和护理服务的需要。在上海，社区综合为老服务中心作为包括长者照护之家、日间照料中心、助餐点、护理站等在内的综合养老形态，与社区其他生活设施一起构成15分钟生活服务圈，最大程度上以一站式的方式满足老年人的多样化需求。在其服务网络的规划中，为老服务综合体在所有街镇都有设立，集成日托、全托、助餐、医养结合、康养服务等功能，成为养老服务在社区递送的基点。借助互联网＋技术平台链接外部社会化、专业化和多样化的养老资源，形成养老服务供给的基本网络，同时还结合实际地理空间形态，在街镇还启动为老服务综合体分中心建设，按片区推进，打造更多因地制宜设立的综合体，并与每个居村的标准化老年活动室相配套，进一步健全服务网络，提供家门口的服务，譬如陆家嘴街道许多新建小区设立有专门的"家门口服务站"，这些站点融合了包括老年人在内的8大类170多项基本服务，从而形成以"为老服务综合体"为基点的"一站多点"式服务网络。

这种服务网络结构不仅体现了政府、市场、社会和家庭等不同主体的责任分工，而且强调各类服务的引入和融合发展，形成了政府主导多主体共同发展的格局。政府负责出钱、出场地，以及相关知识技能的培训，企业或社会组织负责站点运作和上门服务递送，与此同时政府支持的"老伙伴计划""老吾老计划"使得志愿者及家庭成员也成为情感慰藉、家庭护理的重要提供者，充分体现了为老服务综合体在人员招募、培训和家庭照料知识分享方面的作用，使得"一站多点"式网络在一定程度上实现与家庭养老的角色互补，形成以老年人需要为本、以社区和家庭为服务空间的网络形态，确保正式照顾与非正式照顾之间的良好衔接。为老服务综合体集结的长者照护之家、日间照护中心、托老所等，推动了养老设施与医疗设施的整合设置，其与外部医疗机构的签约合作使得医疗护理及养老服务资源在社区落地中的融合发展。同时其服务对象不仅包括政府兜底的低保困难老年人，也包括了有需要的失能或半失能及临时照护的老年人。政府兜底的老年人可以通过养老服务需求统一评估体系获得生活照料和临时护理服务，由财政为其提供购买服务或补贴，该补贴可以用于居家上门照护服务、社区托养服务和按照有关规定入住在养老机构的认知症照护单元，而对于那种经济非困难的老年人则需要自行付费入住长者照护之家等机构。据朱浩的调查，上海长者照护之家的床位费大多在3000元左右[①],此外还有餐费等收费项目,这使得民营企业在社区养老服务方面具有一定的收益,从而鼓励更多的社会资本参与到养老领域中来,推动了养老服务市场的发展。其将机构服务资源向社区的延伸,打破了原有的三个板块的严格区分,使得老年人可以获得专业化、多样化的服务,推动养老服务事业和产业的同向发展。

(二)微观嵌入:养老运营主体在社区空间中的"关系运作"

嵌入多样化养老服务的为老服务综合体,最大的优势在于不脱离老年人熟悉的社会关系和生活环境。政府通过与社会资本合作的方式在社区情境中为老年人提供服务,可以兼顾老年人对专业化服务和人文关怀的需要。对于社会资本方来说,一方面通过政府购买、委托或租赁等方式与政府形成委托代理关系,另一方面在区域(社区)中要面向顾客(老年人)开展基本公共服务和部分增值服务,其服务的顺利开展依赖于与老年人及其家庭的互动。嵌入式养老服务不仅在于建构一个"一站多点"的服务供给网络,也在于服务商与顾客之间的良好互动,彼此建构的信任资本将成为服务良好输送的关键,而这在于养老运营主体的服务和产品的形式表达(譬如营销方式)是否符合老年人的生理和心理需要。与此同时,由于嵌入式养老服务强调日托、全托、助餐、辅具推广、医养结合等服务的集成,这些服务不是单个企业有能力提供的,且在需求有限的情况下不能饱和生产,势必要求多个服务供给者之间形成合作分工,打造"共享生态"的养老服务企业环境。由此,嵌入式养老服务主体不仅依靠不同层级政府和社区在资金、设备场地、组织力量及智力方面的支持,也需要通过租赁、购买和合营等多种方式,与送餐、看护、家政、医疗康复等在内的上下游养老企业形成合作。这种合作必须基于社区情境的需要和共享的产业生态,为社区内老年人提供异质化服务且能够一定程度获得利润。这要求实际运营嵌入性养老服务设施的民营机构,基于社区和居家老年人的需求实现服务的生产和供给,在服务商内部形成比较健全的服务转包和合作关系,通过资源共享和综合的服务包形式来为不同的服务"点"提供照料服务。众所周知老年人的信任类型更加倾向于"关系"而不是制度,这种特质要求实际运营嵌入式服务的民营主体,仅仅依靠政府"背书"及相应的过程监督和规制是不够的,必须依靠与社区居民持续性的互动来形成社区关系网络、信任与规范。在上海,民营养老机构在社区的延伸服务,模式可以依靠品牌化、连锁式经营复制,但在不同社区获得的支持是不同的,体现了社区情境下信任机制的重要性。其枢纽式为老服务综合体实现了空间上的营造,但具体服务的开展仍旧需要寻求相关社会组织的培育及合作来实现,依托他们在社区开展健康宣传、护理知识讲座或培训、上门服务等活动形成信任机制。这使其既区别于社区一般的养老服务,体现机构延伸服务的专业性,又可以加强与老年人及其非正式照顾主体之间的互动和了解,增进他们对于社区小型嵌入养老机构的信任。嵌入式养老机构在社区开展的关系运作,更容易形成老年人对机构服务的心理预期,增进老年人对机构及其人员的认知信任和情感信任,同时也间接通过子女、亲属等非正式网络提高老年人对嵌入养老机构的信任程

[①] 朱浩. 社区嵌入式养老服务的社会化运作机制及其实践逻辑[J]. 云南民族大学学报(哲学社会科学版),2020(5).

度，从而为社区嵌入养老服务提供潜在顾客和市场化动力。①

(三)社区嵌入式养老服务中"人—环境—机构"的系统逻辑

从以上看，社区嵌入式养老服务从宏观来说是打破机构、社区和居家不同养老方式的边界，通过建立集约式的服务网络实现在社区情境下的人与机构设施及服务的连接，微观上则更多关注的是养老运营主体在社区情境下的策略行动，社会网络既可能带来资源也成为约束，充分体现了嵌入理论的基本假定，强调经济行为(乃至个体的所有行为)要嵌入其社会关系网络之中，而社会关系不仅为个体的市场行动提供动力，而且可以为整个产业提供支持。在宏观"一站多点"网络结构中，集结了长者照护之家、日间照料中心、托老所等多种形态的社区综合为老服务中心，作为枢纽式的养老平台强调了自身在网络中的中心位置，其他小型化的嵌入式养老机构则作为网络中的节点发挥各自功能，但这种功能发挥在主体结构上依靠于政府与社会资本的充分合作，社会资本要思考如何建构全龄、全域的长者养老服务及企业自身业务体系之间的产业链闭环，在服务网络上则体现于打通长者养老服务圈和生活圈，在15分钟生活圈内为老年人提供一站式的便民服务、医疗、护理、康复、家政等多样化服务。对于社区嵌入式机构来说，其自身的发展需要站在建构养老服务生态系统的高度上，思考自身在整个系统链条中的位置。

社区嵌入式养老服务模式的兴起最初回应的是老年自理能力下降，他们需要专业化照料但又不想离开社区和熟人环境。专业化服务在社区内部的供给和获得，在主体结构上必须依靠政府与社会资本的合作，无论是长者照护之家，还是日间照料中心的社区嵌入养老形态，其服务网络必须实现三个连接：人与人的连接、人与机构的连接、机构与机构的连接，即要求服务对象能够链接到提供不同服务的照护服务人员及服务机构，通过不同机构和专业组织在服务链条上的专业分工和合作，在社区情境中实现对老年人的专业服务供给和情感性支持。在此意义上养老运营主体需要在社区熟人关系中开展策略性运作，与老年人的非正式照顾网络形成互动，自身才有可能得到发展。通过开展文娱活动、知识培训讲座、咨询辅导等方式，增进与老年人及其家庭的互动，形成社区关系网络、信任与规范，可以为其在社区发展提供持久发展的动力。与此同时社区嵌入服务作为养老服务生态链和产业链上的一环，单一经营某类嵌入式项目的企业盈利有限或难以持久经营，要求经营主体自身具有整合服务资源或全产业链经营的能力，不断寻求与专业机构资源的链接，且需要站在养老服务生态系统的高度上，依靠信息化技术建立机构与机构的分布式合作网络，通过服务链的打造提高养老服务资源的整合效率。正如上海实践中某些物业公司，由于缺少专业服务能力，提供的单一服务或针对健康老年人的服务项目，时常面临经营困局缺乏内在发展动力，而那些覆盖居家、社区和机构不同业务的机构，其运作的社区嵌入式服务往往在服务内容、能力和质量方面能够得到保证，而不同服务链上的利润互补可以为企业提供长久经营动力。整体来说，社区嵌入式服务是养老服务链上的一个环节，其遵循"人—环境—机构"系统逻辑，既要面向微观上的社区情境和熟人关系，又必须面向市场，依靠养老运营主体的市场竞争来获得可

---

① 方亚琴，夏建中. 社区治理中的社会资本培育 [J]. 中国社会科学，2019 (7).

持续发展动力,也只有这样才能实现政府与社会资本的良性合作,实现养老服务事业和产业的相互促进。

七、"嵌入式"养老模式的问题和挑战

(一)养老传统观念的阻碍

"养儿防老"作为一种传统的养老观念,在中国有着深厚的文化底蕴,实现三代同堂共享天伦之乐,仍然是当代老年人的养老梦想。然而人口结构的变化、家庭规模的缩小,使得传统的家庭养老逐渐难以为继。而安土重迁的思想常使得部分老年人不愿选择机构养老,以及"送养老院即为拒绝赡养老年人"的传统孝悌观也使得很多子女不敢送老年人进养老院。"嵌入式"养老机构虽然有着离家近的优势,不同于传统养老院,但由于人们对"嵌入式"养老的了解较少,接受起来依然有一定困难。在这双重因素的影响下,不少老年人在缺乏子女完善的养老照料的情况下仍然勉强维持家庭养老的状况,而不愿选择更为适宜的"嵌入式"养老模式。

(二)模式经验需要进一步积累

"嵌入式"养老模式作为一种新型养老模式,正处于发展和推广的萌芽时期,影响力相对小于居家养老和机构养老。目前,"嵌入式"养老模式仅在上海、北京、重庆、石家庄等几个经济较发达城市社区开展实践,而在经济状况较落后的城市社区发展薄弱,缺乏可直接借鉴经验。同时,由于现有的四大模式实践的运行时间仍然较短,运营机制均欠成熟,经验积累还不够充分,缺乏开发全过程的经验,其影响力还没有形成,现在大规模普及推广仍然存在一定挑战,而稳健的试行和推广模式较符合实际需要。

(三)地方政府规划理念和政策落实相对滞后

由于目前存在养老机构和养老产业方面的政策难以落实到地方的问题,且"嵌入式"养老模式本身的成功经验少,不够成熟,地方政府对"嵌入式"养老模式虽然表现出了兴趣,但是,真正制定且落实实际支持政策的地方,仍然相对较少。具体体现在:在政策优惠方面,对加入"嵌入式"养老模式的养老企业融资、用地等优惠政策较少,优惠措施的完善和落实都需要加强;在养老规划上,现有的城建、功能规划对"嵌入式"养老模式考虑较少,在城市规划的入口仍然存在发展瓶颈。因此,如何加强地方政府支持力度,进一步完善"嵌入式"养老配套政策并确保支持政策落实,仍然面临一些挑战。

(四)社区管理与企业化运营存在协调困难

目前,"嵌入式"养护中心有两种主要运营模式,一种是由政府主导,由社区负责具体运营;一种是由养老服务企业为运营主体,独立运营。第一种运营模式下,"嵌入式"养护中心由社区负责具体运营,将社区养老相关工作分离出来,对社区其他工作影响小。而第二种运营模式下,由养老企业为主体运营"嵌入式"养护中心,由于占用社区资源,

容易对社区事务、社区工作和社区其他居民生活会产生影响。尤其是"嵌入式"养护中心在居民楼进行改造、经营的时候更易与社区住户造成矛盾。另外，企业化运营下的"嵌入式"养护中心与政府领导下的社区，也可能由于工作理念、工作方式、利益群体的不同，从而引发分歧。比如说：外区老年人通过入住"嵌入式"养护中心而使用社区内公用养老设施，易造成增大原社区养老设施需求和妨碍原社区其他老年人使用的状况。因此，如何建立社区、企业与居民之间的协调关系，保障"嵌入式"养老机构顺畅运行也是"嵌入式"养老模式所面临的一大挑战。

（五）规模效应相对较低

目前，"嵌入式"养老模式处于发展初期，受社区规模限制、社区老年人数限制、社区用地限制、建设资金限制等，"嵌入式"养护中心常常规模较小，不具备规模优势，这增加了成本回收困难。由于目前不少社区存在配套养老服务设施不够完善的问题，在建设"嵌入式"养护中心时，仍需进行新建部分养老设施，这也在一定程度上增加了"嵌入式"养护中心的建设成本。民众对"嵌入式"养老的认识不足，存在部分偏见与顾虑，是目前一些"嵌入式"养护中心入住率低的重要原因。另外，政府虽然表示支持，但由于具体支持政策的完善和落地仍然需要时间，目前对"嵌入式"养老的实际支持力度小，很多政策优惠和补贴都没能落实。由于前期投入较大，成本回收周期长，资金实力较弱的养老服务企业常常难以度过经营初期。这不仅限制了养老服务水平的提高，也削弱了以优质服务吸引社区老年人入住的优势，造成入住率不能提高的恶性循环。正是上述原因，在不具备规模优势、优惠补贴没能落实的双重压力下，"嵌入式"养护中心运行和成本回收也存在较大压力。

（六）社区内部建设用地紧张

"嵌入式"养老模式下的养护中心用地来源有两种：一种是租用社区内居民的闲置房屋，另一种是由养老服务企业自行申报自行新建。但两种方法均易遇到建设空间、用地难的问题。在租用土地时可能会面临租不到地、租金高、出租方不配合、租用期限无保障等问题。而在用地审批方面，由于现有的城市建设和规划方面对"嵌入式"养老机构考虑少，"嵌入式"养护中心没有独立用地指标与专项用地政策，因此审批困难重重。因此，"嵌入式"养护中心想要拥有环境良好、适合发展的土地阻力巨大。另一方面，即使是近年来新建的带有"嵌入式"养护中心的社区，大多数也只是在图纸上或初期工程竣工时拥有较好的养老环境。随着居住区内老年人口的逐步增多，以及"嵌入式"养护中心服务对象增多，所需要的室外活动空间逐步增大，对室内外场地的功能性需求也逐步增多，建设初期所拥有的养老服务设施常常难以支持后续需求。

八、社区嵌入式养老服务未来发展的政策思考

社区嵌入式养老服务符合老年人生理和心理需要，应该鼓励和倡导，同时基于老年人对美好生活的需求，需要着力引导机构服务进社区，打通居家、社区和机构养老服务

的边界,提高老年人在熟悉的环境中获得专业服务、多样化服务的可及性和便捷性,实现"人—环境—机构"的良好互动,这要求持续推进社会治理体制和机制的创新,积极寻求政府和社会资本的合作,基于需求本位来打造养老服务产业链和发展养老服务市场。

(一)政府应该努力实现职能和角色转变,通过政府购买、委托经营、PPP项目等多种方式积极寻求与社会资本的合作

政府可以在资金、土地、设施和人才等多方面对在社区开展服务的养老运营主体提供补贴和政策优惠,增进社会资本的参与动力,尤其要正确认识养老服务事业和产业之间的关系,对于在社区嵌入养老机构中临时托养和照护的老年人,要分类给予补贴和扶持,鼓励这些小型化托养机构面向市场运作,为那些不能享受基本公共养老服务的居家老年人提供市场化服务。政府可以推进适度普惠福利,对这些老年人服务提供适当补贴和优惠,从而引导需方通过市场解决自身养老问题。政府还可以借助"互联网+"等信息化技术倾力打造社区综合为老服务平台,建构统一的养老服务需求评估体系,加强养老服务资源的整合和转介(譬如上海推出的"养老顾问"制度),减少供方和需方在信息上的不对称,为老年人接入社区嵌入式机构提供咨询和转介服务。

(二)政府与社会资本的合作,必须面向市场建构养老服务产业链发展的整体性思维

社区嵌入式服务的发展是基于老年人需要和养老产业链向下延伸的内在要求,但常常依赖于政府的财力和行政资源的支持,使得社会资本的参与有限,缺少可持续发展的内在动力。实践证明单纯依靠政府投入或补贴的方式来实现社区嵌入式养老的发展,仅适用于政府效率较高,社区功能及人才队伍较完善的地区。社区嵌入式服务作为打破机构、社区和居家养老的一种新兴模式,其能够兼顾老年人对于地缘、情感及专业化支持方面的需要,但其模式真正优势在于资源整合,因此其发展必须建立在产业链上的高度上建立系统思维,通过集约医、养、护和康复等产业链资源,实行连锁化和产业化经营,方可在政府引导下形成一个成熟健康的养老服务市场,为"在地养老"的老年人提供符合其自身需要的健康养老服务。

(三)面向市场经营的养老服务企业需要努力增进人、机构和环境的互动,在社区情境中不断寻求嵌入,建立制度和人际信任的微观基础

在社会行动中经常讲"人在环境中""在情境中理解行为",个体需求往往是社会结构、社会情境及个体认知共同作用的结果。在社区情境中我们同样面临着社区的个性化问题,它们在人口结构、文化特质、社会关系网络等方面常常存在差异,因而老年人的需求特征可能也存在不同。养老服务企业进入社区具体运作长者照护之家、日间照料中心等,其服务对象一部分是政府兜底的老年人,与这些人的契约关系是间接的,但与那些自行付费入住的老年人及家庭则构成直接的市场契约关系,如何通过增进信任开展照护服务或增值服务就尤为重要。前面所述中提到老年人基于"关系"信任的特质,使得熟人关系、非正式关系网络在其信任机制中发挥着重要作用,而社区嵌入式养老具有的

地缘和情感关怀的优势，需要回应这种信任机制的特定要求。

因此，养老服务企业进入社区不能只关注老年人，更应该考虑养老行为受到生理、心理、社会等因素的综合影响，将增进人、机构与环境的互动作为自身的重点，只有兼具专业化服务和人文关怀，企业在社区开展的嵌入服务才能获得可持续发展。另外由于民营机构的服务运作要立足社区，这需要服务机构基于"人—机构—环境"的系统逻辑，依据人员特征、社区情境、专业理念的综合考虑，在"三社联动"机制中寻求自己合适的地位，通过在社区情境中良好的关系运作，增进老年服务对象及家庭的信任度，从而为机构服务链条上的其他终端提供潜在顾客。

社区嵌入式养老服务实现了居家养老和机构养老的优势结合，是符合老年人生理和心理特质的养老形态，实现服务下沉在社区层面发展小型化、专业化且集约医养护资源的养老机构，是提高养老服务便捷性、可及性的内在要求。在政府主导的社会化养老服务体系中，政府与社会资本的良好合作为社区嵌入式养老服务提供了发展的动力。实现其更深入的发展，离不开养老服务事业和产业的双轮驱动。在政府加强培育和支持的基础上，需要养老服务企业树立基于产业链的系统思维方式，加强自身的资源整合能力，打造产业资源的共享生态，面向市场为老年人提供优质、便捷、公平、安全的多样化服务。同时在具体服务运作中也要考虑社区空间运营的微观基础，通过策略行动来增进人、环境和机构的互动，加强正式照顾和非正式照顾关系的衔接，从而真正体现嵌入式养老在地缘、情感支持方面的优势，增进彼此之间的信任，以及由此展开市场契约关系的建立，推进养老服务市场的不断成长和发展。

专栏 10-2　机构养老的"去机构化"

机构养老是随着家庭养老模式的发展而产生的。在我国传统的养老模式中，很长一段时间内都是以家庭养老为主的。近年来，随着我国经济的发展和医疗水平的大大提高，人口老龄化现象愈加严重，老年人的赡养问题日益突出。由于人口预期寿命的延长和我国实行计划生育政策，家庭的代系人口结构呈"四二一"型逐渐增多，由此带来的家庭承担养老的功能日趋减弱，越来越多老年人的赡养模式从家庭养老转变成为机构养老。

事实上，养老机构在不断壮大的同时也面临着发展瓶颈：老龄化速度快、老年人口基数大，导致社会上养老机构及其床位的数量远远不能满足老年人的养老需求。供需失调导致养老机构迅速扩张，具体表现为床位数增长，同时各地对兴建"航空母舰"式的大规模养老机构的热情也始终高涨。然而在以"量"的追求为优先考量的前提下，机构养老能够为老年人提供的往往囿于提供同一性的基本服务，更容易忽略老年人们作为"社会人"的心理社会需求，以及随着经济社会发展而日益增长个性化的需求。为此，通过"去机构化"的理念与实践或许能够开辟出一条突破瓶颈的崭新思路。机构养老的"去机构化"可从两个层面去阐释：一是在机构发展中尽量淡化机构管理的模式化与机械化，在服务上彰显人性化与个性化，让机构生活更加趋近于一般的社会(社区)生活,更加注重"全人"照顾;二是养老机构在充分满足机构内服务需要的同时,积极拓展服务的"院墙外"延伸,向周边社区开放优势资源,提供更具普惠性的机构养老服务。机构养老的"去机构化"对于解决其发展中的一些养老服务、入住方式、发展方向等问题,以及更好地满足老年人的需求等方面,提供了一条更广阔的思路,并可循其找到适用于不同机构的可靠途径,这是机构养老发展的一个新趋向。

养老机构的"去机构化",可以从以下几个方面进行探索尝试。

(1) 在价值观上,要求注重养老机构中的人文关怀。首先,在养老机构中,应充分利用机构的设备和资源为老年人组织一些老年人们喜欢的节目,在条件允许的情况下,邀请老年人的亲人一起参加活动,为老年人营造一种"家"的氛围。其次,为那些感觉无助的老年人增权,让他们感受到自己仍然是有用的,有尊严与价值的。让老年人积极参与到机构所组织的活动中来,并且鼓励老年人们在力所能及的情况下发挥自己的能力,结合其业余爱好,自行组织老年人兴趣小组,比如合唱团、书法绘画兴趣小组,甚至话家常小组,以老年人喜欢的形式让他们参与其中,使他们感受到自己仍然老有所为。同时,可以促使他们接纳机构,进而为机构的发展献计献策。总之,通过老年人家属参与老年人活动,了解老年人生活,改变社会上一部分人对养老机构的刻板印象,减少对机构养老的误解,让老年人有一个放心、舒心、安心的养老环境。

(2) 在机构服务上,要求提供更加多元化和灵活性的专业服务。养老机构在发展中应该在老年人基本生活得到满足的情况下,为老年人提供更加全面、多元化的服务。服务内容不仅包括生理层面的服务,还要涉及心理层面(如亲情关怀、心理护理、心理治疗等)、职业层面(如老年人组织、特长技能训练等)、社会环境层面及心灵层面(如宗教信仰、临终关怀等)的服务。同时,机构运营过程中应大力加强专业化培训,抓好在职人员职业道德、专业知识和岗位技能培训工作,特别是养老服务管理、护理专业知识和技能的培训,逐步提高养老服务队伍的专业化水平。

(3) 养老机构在发展中"因地制宜",吸收居家养老和社区养老的优势。机构养老与居家养老、社区养老相比,费用高和缺乏人文关怀是它最大的劣势,应借鉴和吸收居家养老和社区养老的优势,扬长避短,以获得长足的发展。机构养老的"去机构化"并不是说不再需要机构的模式,它更强调的是在机构养老管理和服务模式上的"去机构化",比如,在家庭允许的条件下,可以尝试采用周末、节假日送老年人回家与亲人团聚的措施,同时提倡子女定期来机构看望老年人的双向互动机制,重新建立老年人完整的社会生态系统;养老机构定期向社会开放,让社会上的人了解养老机构老年人的生活状况,建立"无围墙式"的养老机构;充分利用社会资源,如志愿者资源、社会募捐等,从而减轻养老机构的负担。

(4) 拓展养老机构的服务外延,实现机构与社区互动。养老机构应该积极拓展服务外延,利用自身优势资源,向社区老年人提供服务,如开放食堂或餐厅允许社区老年人搭伙助餐,吸纳社区成员参与老年兴趣小组甚至专业社会工作小组等,一来能够最大程度地使用机构的优势资源,二来能够为机构拓展服务收入上提供思路,最重要是形成"围墙"内外老年人良性互动的途径,在削减机构老年人社会剥离感的同时,让社区老年人也能享受到机构服务,培育潜在客户。同样,这也是机构社会责任的体现,有效增强其社区认同。

资料来源:高文钑,祝恺.机构养老的"去机构化"探究[J].社会福利(理论版),2012(10).

第四节 长期护理保险问题

一、长期护理保险制度的产生

2020年9月,为应对人口老龄化、健全社会保障体系,国家医保局、财政部发布《关于扩大长期护理保险制度试点的指导意见》(以下简称《意见》),明确将扩大长期护理保险制度试点范围,并就长期护理保险的资金筹集、待遇支付、管理服务机制等方面做出细化规定。这一文件刚刚发布,就引起了舆论的广泛关注,相关话题在社交媒体平台上热度居高不下。被称为社保"第六险"的长期护理险缘何能够引起如此关注?从以下两组数据中我们或可见其端倪。全国老龄工作委员会办公室的统计报告显示,截至2019年底,我国60岁及以上人口达2.54亿,预计到2053年,中国老年人口将达到4.87亿的峰值,占总人口的34.9%。另据中国保险行业协会、中国社科院日前联合发布的《2018—2019中国长期护理调研报告》,当前我国失能老人人数已超过4000万,其中4.8%处于日常活动能力重度失能、7%处于中度失能状态,总失能率为11.8%。

所谓失能,是指由于意外伤害或疾病导致身体或精神上的损伤,导致生活或社交能力的丧失。按照国际通行标准,吃饭、穿衣、上下床、如厕、室内活动、洗澡是衡量失能程度的核心指标。一般来说,1~2项无法独立完成为"轻度失能",3~4项无法独立完成为"中度失能",5~6项无法独立完成为"重度失能"。按照这一标准解读上述报告可知,目前我国超过10%的老年人基本生活无法完全自理。而如此庞大数量的失能、半失能老人的背后则是千万个失能家庭在经济和精力上的长期付出,"一人失能,全家失衡"已成为社会养老问题中的"痛点"所在。

长期护理保险针对的正是失能人员的长期护理保障需求。自2016年开展试点以来,长期护理保险制度有效提高了失能老人生活质量,减轻了家庭负担,已取得初步成效。根据国家医保局的统计数据,截至2019年6月底,15个试点城市和2个重点联系省的长期护理保险参保人数达8854万人,享受待遇人数42.6万,年人均基金支付9200多元。探索建立长期护理保险制度,是党中央、国务院为应对人口老龄化、健全社会保障体系做出的一项重大制度安排。不仅对于改善失能老人生存状况、提高养老服务质量具有重要作用，也将带动养老护理等相关产业的增长，催生更多的市场发展空间，为我国经济增长提供强劲发展动力。[1]

让老年人体面、有尊严地生活是全社会的美好愿望和共同责任。以此次长期护理保险扩围为契机，在总结和实践的基础上形成适应我国经济发展水平和老龄化发展趋势的长期护理保险制度，推动建立健全满足群众多元化的长期护理保障体系，将助力我国养老体系补短板，让老年人真正老有所养、老有所依、老有所乐、老有所安。

二、长期护理保险制度的试点情况

为了满足失能人口养老照护的巨大需求，化解未来长期护理负担过重引发的社会性风险，部分地方自发启动试点。2016年6月27日，人力资源社会保障部办公厅发布《关于开展长期护理保险制度试点的指导意见》，确定承德等15个试点城市和山东、吉林2个重点联系省份开展长期护理保险制度试点。2019年李克强在政府工作报告中明确提出要进一步扩大长期护理保险制度试点[2]。经过4年多的实践探索，试点地区基本形成适应当地市情、省情的长期护理保险制度政策框架和运行模式。2020年5月6日，国家医疗保障局就《关于扩大长期护理保险制度试点的指导意见》公开征求意见，新增试点城市14个，长期护理保险制度将进一步扩面。

（一）政策目标

长期护理保险制度的指导意见主要对试点的目标与任务、基本政策、管理服务与配套措施等进行了规范。规定了制度的试点目标为"探索建立以社会互助共济方式筹资，为长期失能人员的基本生活照料和与基本生活密切相关的医疗护理提供资金或服务保障的社会保险制度"。

基本政策包括4个方面：在保障范围上，提出保障长期处于失能状态的参保人群；在参保范围上，试点阶段原则上主要覆盖职工医保参保人群；在资金筹集上，规定可通过优化职工医保统账结构、划转职工医保统筹基金结余、调剂职工医保费率等途径筹集资金；在待遇支付上，规定基金按比例支付护理服务所发生的费用，支付水平总体上控制在70%左右，根据护理等级、服务提供方式等制定差别化的待遇保障政策。[3] 管理服务主要包括三个部分：在基金管理方面，提出参照现行社会保险基金有关管理制度执行，基金单独管理、专款专用；在服务管理方面，规定建立健全对护理服务机构和从业人员的协议管理和监督稽核等制度；在经办管理方面，提出可以探索委托管理、购买及定制护理服务和护理产品等多种实施路径、方法。配套措施方面提出加强与其他保障制度之间的统筹衔接、协同推进长期护理服务体系建设和发展、探索建立多层次长期护理保障制度等内容。

---

[1] 姜珊. 建立长期护理保险制度是大势所趋[N]. 中华工商时报, 2020-09-29(3).
[2] 杨健, 贾林. 我国长期护理保险的试点模式分析与发展路径研究[J]. 劳动保障世界, 2020(14).
[3] 陈诚诚. 长期护理保险试点总结及发展建议[J]. 中国社会保障, 2020(6).

(二)政策内容

试点开展以来,各地由地方政府或社保局、医保局以办法、方案、细则等形式颁布出台了系列配套政策,为推动长期护理保险试点实践提供了依据。初步统计,15个试点城市共出台长期护理保险配套文件81个,每个试点5个以上,这些文件涉及资金筹集、流程规则、服务范围、护理标准、评定考核、待遇给付等多个方面,为进一步深化扩大实践,提供了坚实的政策体系基础。

在筹资机制方面,大部分试点城市探索建立了多元化的资金筹集模式,即个人缴费、单位缴费、医保统筹基金划转、政府财政补贴多方责任共担的筹集机制。从资金筹集形式看,有定额筹资和比例筹资两种方式。定额筹资按照制度规定的特定额度标准来划转资金或缴纳保费;比例筹资是参保个人、医保基金、用人单位和政府财政按照一定比例划转或缴纳保费至护理基金。

在支付方式上,存在按床日(月、年)定额包干、按病种、按服务次数、按服务单元和发放现金补贴五种模式,各试点城市大多采用复合式的支付方式。在支付标准上,主要有三种模式。一是根据护理方式区分不同的支付比例;二是根据人群不同,享受待遇的高低不同;三是根据缴费年限的不同,支付标准不同。

在保障内容上,多数试点地区的政策文件规定以居家照护、机构上门照护、机构照护为主要形式。① 在经办服务上,主要有社保机构和商业保险公司经办两种模式。其中,委托商业保险公司开展经办的又分为三种模式。第一种是将具体的业务委托给具有资质的商业保险公司,第二种是从商业保险公司中抽调人员与社保人员进行合署办公,第三种是按区域将区域内涉及长期护理的部分业务打包委托给某一具有资质的商业保险公司。在具体的服务管理模式上大部分采用定点机构资格准入和协议管理模式,设定严格的机构资格准入条件、准入流程、服务内容管理及退出机制等管理办法,确保服务质量,加强服务监管。

(三)政策效果

1. 有效减轻失能人员家庭经济压力和解放劳动力

随着我国城市化、工业化的快速推进,引发大规模人口流动,多年的计划生育政策引发少子化,家庭趋于小型化,原有的家庭解构,空巢独居老人不断增加,传统"孝道文化"心理结构松动,使得家庭照护功能逐渐弱化。很多家庭特别是上班族家庭对老年人、残疾人的照护既力不从心,也不专业,压力普遍增大,严重影响生活和工作质量。长期护理保险制度的实施,为失能老人提供专业照护服务,增强了社会化照护服务供给能力,初步建立起以居家为重点、机构为辅助,兼顾生活照料和医疗护理,医养结合、医护结合的基本照护服务供给体系。很多老年人因为有长期护理保险的待遇支付而住进了专业化的养老护理机构。使失能老人可以在家里或在医养照护机构得到精心照料和护理,减轻了家属照护压力。并将家庭的子女从护理中解放出来,可以安心做好自己的本职工作,这本质上是保护了社会劳动生产力。

---

① 姜春力,张瑾. 我国长期护理保险制度试点成效、问题和建议[J]. 中国经贸导刊,2020(19).

2. 整体上减少医保支出和改善老年人的生存质量

需要长期护理的失能人群很多长期滞留医院,存在"社会性住院"现象,消耗巨额医保基金。就医住院期间会大量用药,对老年人的身心产生巨大的负担,这些患有慢性病的老年人更需要长期照护服务,医疗救治服务的比重应该下降。试点实践显示,长期护理保险促进了这部分人群转向居家、社区、护理院、养老院等机构获取护理服务,节约了医保资金,优化了资金与资源配置,改善了老年人的生存质量。

3. 有效促进照护产业发展和扩大就业渠道

仅有生活照料单一技能的"保姆"、护工难以满足当今社会健康照护需求,从业人员专业化水平较低、安全管理薄弱等问题突出,大量刚需家庭和高净值人群寻求满意的照护人员困难。护理员职业处于边缘化状态、社会认同感低,流动性大。"找不到,不好找"和"不标准,不规范"成为健康照护领域面临的主要痛点。巨大的需求与社会化照护供给的不足形成强烈对比,必须抓紧时间建构具备医疗护理和生活照料技能的高素质健康照护人才队伍。从试点地区的实践看,长期护理险促进了养老机构、护理机构的发展,激活了养老护理培训市场,促进了养老护理和健康照护人才队伍的培养,激发了就业创业,促进了养老产业、家政服务产业的发展,拉动了经济增长,有利于培养一支专业的护理队伍。

4. 带动社会资本加快投入发展照护产业

长期护理保险试点城市吸引了大量社会资本进入。长期护理保险制度的实施,一是为定点服务机构提供了政策和资金支持,推动部分一、二级医院转型,增强了传统养老机构医疗护理的功能,促进了医养结合发展。二是对定点服务机构进行政策引导,增强了服务机构居家医疗护理服务能力,使享受居家照护待遇的老年人,在家里既能得到基本生活照料,也能得到医疗照护服务。三是有效撬动社会资本投资医养照护服务产业,拉动社会化医养照护机构的迅速发展。四是产业发展创造了大量就业岗位,吸引公立医院管理人员、转岗再就业国企职工、应届大学生、农民工等各类人员进入相关行业。

三、长期护理保险制度存在的问题

(一) 政策制定存在的问题

1. 政策完整性不足

试点地区在长期护理家庭成员照护支持政策、专业人才培养制度、长期护理的常规统计制度、需求和服务评估制度等方面缺少相关政策。上海长期护理保险事业发展较快,可以承接失能老人长期护理保险的护理服务机构已经发展到150多家。但是,申请家庭照护补贴的门槛非常高。

2. 法治建设不完善

国外长期护理制度的核心是依靠法律和制度的支撑和保障。目前我国长期护理制度法律建设存在不完善的方面:没有专门针对长期护理保险的法律文件。人社部2017年发布长期照护试点指导意见,要求15个城市开展长期护理保险的试点工作,但是目前长期护理保险仍在探索阶段，没有全面推广或者继续铺开试点的后续文件。另外，《社会保险法》虽可作为目前长期护理保险的支撑法律文件，但其不专门针对长期护理保险，如果将来全面实施长期护理保险的条件成熟，则需要制定相应的《长期照护保险法》补足该项政策的法律空缺。

3. 缺少具体配套措施

一是缺少服务标准。缺乏统一的长期护理对象准入机制的科学评价系统，对于失能、失智老人没有统一的分类、分级标准。明确、严格的制度规范对于失能老人长期护理服务的有序发展至关重要。二是评估监督制度不完善。三是缺少人力资源建设配套措施。目前，我国养老服务护理人员的缺口非常大，国外也存在护理人员短缺的问题，因此，从源头着手，加强培养体系的建立非常重要。

（二）筹资方式存在的问题

1. 过度依赖政府补贴

我国长期护理保险试点的15个城市及其他计划试点长期护理保险的城市，筹资问题的解决方法基本离不开医保资金和财政补贴，在可持续发展方面存在一定问题。因此，我国须构建多元化的筹资渠道解决可持续发展问题。医保资金压力过大，支撑力不足。试点地区多采用医保基金平移方式为主的长期护理保险基金筹资方式。试点以来，医保基金划拨占比高达79%，2013年，22个地区医保基金出现赤字，200多个地区的统筹基金出现当期收支不抵。

2. 社会保险模式的客观限制

从西方发达国家的经验来看，长期护理保险是一个负担较重的产品，无论是财政支撑，还是由国家、企业和个人共同分担，均将面临沉重的负担。近年来，我国医保和社会保险支出金额较大，占GDP的比重逐步增加，各地医保和社保基金压力均较大。这表明，如果推行纳入社会保险领域的长期护理保险，会增加各地财政的压力，也会增加企业的缴纳负担。

3. 商业保险存在现实困境，民众对商业长期护理保险的认知较少

目前，商业长期护理保险在我国无法普及，主要存在以下问题：一是我国老龄化数据不足，保险公司缺乏相关老龄化风险评估、护理服务等数据，定价难。二是政策配套及服务配套不足，国内缺乏完善的护理服务体系，政策法规有待完善，配套设施相对滞后，不利于保险公司开发长期护理业务。三是保险意识缺乏，目前基础商业保险，如寿险、重疾等保障都没有被全民认知，对于长期护理保险，老年人和家庭成员都需要一个较长的认知过程，加上成熟的商业保险费用较为昂贵，能负担的家庭有限。

四、发展长期护理保险的政策建议

我国大部分试点地区长期护理保险均为社会保险，商业保险发展能力不足，难以带动或者承担长期护理保险的运营。由于我国地方财政基础不均，完全依靠社会保险制度支撑，会影响长期护理保险的可持续性。建议长期护理保险以社会保险为主，商业保险

为补充。加快顶层设计,统筹长期护理保险发展的各个方面,探索政府在制度设计中的主导作用。坚持专业化经办管理方向,对长期护理保险实行准入管理,由专业健康保险公司经营政府委托的长期护理保险,规范市场秩序,提高经办管理水平。

(一)加强对家庭、社区照护的政策支撑

家庭照护方面,制定家庭照护的经济保障制度,鼓励家庭成员与失能老人共同生活,给予个税减免;制定照护休假制度等。继续落实经济困难的老人、失能老人福利补贴制度。社区照护方面,补齐短板,尽快缩小区域差距,完善用地、补贴等各项优惠政策,对公办机构、非营利性和营利性机构要公平对待。继续加大"放管服"力度,降低社会力量参与的制度性成本。

(二)建构多元筹资渠道

破解筹资问题,建立多元化的筹资机制是政府推动长期护理保险的重要推手。要建立政府和个人为主、社会为辅的筹资机制。明确政府责任,政府提供必要的财政补贴支撑长期护理保险可持续发展。健全长期护理补贴机制,建立分类统筹,优化补贴水平。根据老年人失能程度、经济收入状况等确定不同级别的资金补偿标准。继续探索落实个人缴费责任,可以根据各地区经济发展情况,确定个人缴纳比例。对于特困人群,财政给予适当补贴。地区经济条件允许的情况下,建立长期护理保险单位缴费机制,通过增加个人和单位缴费,逐步降低医保基金占比。制定税费等优惠政策,鼓励单位缴纳及鼓励社会资本投入长期护理事业。营造良好慈善环境,通过社会慈善金等渠道筹集资金,明确慈善捐赠比例及慈善鼓励政策,鼓励社会资助。

(三)鼓励发展多层次的养老照护机构

1. 合理布局养老照护机构

在空间布局上,根据人口密度,覆盖范围及经济水平等因素,合理规划布局养老护理机构。在层次分类上,要根据地方经济水平合理布局不同档次的养老机构,高档、中低档及小型养老护理机构要均衡发展,满足不同层次老年人的需求。

2. 发展多种类型的养老护理机构

对于失能老人长期照护,有学者认为,不需要所有的养老机构都要达到接收中重度失能老人的建设和护理标准,常规养老机构以满足完全自理老年人为主,可以接收轻度失能老人。加强护理机构和中重度护理机构建设,满足失能老人的康护需求。加强护理机构建设,要求护理机构实现医养结合,完善长期护理医疗和护理设施,如康复治疗室、重症加护病房、救护车等,建立临终关怀病房,形成多层次需求,保障老年人能在护理机构得到有效康复监护。[1]

---

[1] 赵春飞,陈立忠. 长期护理保险试点问题研究 [J]. 中国经贸导刊, 2020(10).

第五节 临终关怀问题

一、临终关怀问题的缘起

中国正进入人口老龄化加速发展时期。根据中国医学科学院北京协和医院、国家癌症中心陈万青教授团队发布的报告预测，2022 年我国将有新发癌症病例数量 482 万例。① 庞大的癌症患者数量加上人口老龄化的快速推进等原因致使每年大约有 750 万临终者需要得到专业化的临终关怀服务，而目前我国临终关怀机构严重不足。② 研究显示，到 2050 年，中国将成为全球老龄化程度最高的国家，全国失去自理能力的老年人接近 940 万，部分失能老人更是多达 1894 万，而这是高发病率和高死亡率的群体。③

临终关怀的实施对象为生存期不足 6 个月的各类患者，其医疗原则为既不加速也不减缓其死亡过程，旨在体现"社会沃母"的伦理精神。已经有大量医学文献及临床研究证实临终关怀在处理病痛与死亡问题中的巨大作用，且临终关怀可节省巨量医疗资源，它还是颇有争议的安乐死的部分替代。然而中国临终关怀发展现状，仍然极大落后于世界平均水平。④

二、临终关怀的实践困境

尽管过去 30 余年来，各级政府根据各方学者意见采取了诸多措施，希望能够扭转临终关怀落后于世界平均水平的现状，但是，临终关怀现实层面的操作依然困难重重。

（一）临终关怀的观念障碍

临终关怀涉及医学伦理学及广泛意义上的生命伦理学，其本质在于生命神圣性与生活质量之间的矛盾，在这个终极层面，临终关怀与堕胎、动物权利与安乐死等棘手问题一样，充满了理性与日常经验之间的冲突。虽然追求医疗服务的公益性价值及医疗资源配置边际效用的最大化是我国政府力举的行政意图，但在实操层面，存在于社会公众中的概念障碍，必然对政府立法实践形成阻碍。在理想层面，一国政府之立法实践，往往是社会公众伦理道德与现实需求的意志表达，因此，临终关怀法规建构的立法滞后，首先源自社会公众对临终关怀本身的矛盾态度与犹豫不决。

医学伦理学评价医疗行为和医学研究是否符合道德，而道德的基础又在于人与人、人与自然之间适当关系的正确认识。医学伦理学强调病人利益第一、尊重病人和公正这三条基本原则，而这些原则往往使临终病患处在与家人、社会和政府形成尖锐矛盾的地

---

① 秦苗. 中美癌症人群画像出炉：差距缩小 [N]. 医师报，2022-3-3(B07).
② 杜阳. 慈善组织介入临终关怀研究 [J]. 新西部，2018(10).
③ 李义庭，刘芳，付丽，等. 以人为本，推进我国临终关怀事业的发展 [J]. 医学与哲学（人文社会医学版），2006(12).
④ 李尼. 临终关怀制度建构：挑战与线路图 [J]. 华南农业大学学报（社会科学版），2020(1).

位。因为临终关怀理念倡导当病患进入 6～10 个月的临终阶段,应该放弃积极主动的治疗性措施而转为通过医学和心理学干预使其平静安详地面对死亡,其医护原则为镇痛治疗、对症治疗或通过心理交流解除精神痛苦。

生命伦理学运用伦理学理论和方法,在跨学科跨文化的情境中,对生命科学和医疗保健的伦理学方面,包括决定、行动、政策、法律,进行系统研究,其本质要素在于生命神圣性与生活质量之间的深刻矛盾,源起于生命科学的迅猛发展与世界范围内医疗费用的大幅攀升。生命伦理学认为任何一种生命都是神圣的,同时,生命神圣性又必须与生活质量与人的尊严相匹配。生命科学的进步与医疗器械的发达使许多临终患者的物理生命得以延续,如呼吸机及饲管维持的人工生命,但毫无尊严可言的低下生活质量,又使众多临终患者感觉生不如死。中国在医学伦理学、生命伦理学等方面严重落后于西方发达国家,迟至 20 世纪末才有卫生部与伦理学界的初始沟通,导致立法程序严重落后于实际的法律诉求。

(二)卫生设施不足与城乡卫生支出不平等

世界卫生组织的临终关怀定义是:面对死亡威胁时,为改善其生活质量而进行的一种努力,包括利用早期诊断与无可挑剔的评估及病痛和其他生理、心理及灵性问题的处置以预防或减轻病痛。临终关怀群体不仅包含病患及其亲朋好友,而且还包括提供医护服务的医生、护士及志愿者。向这个庞大群体提供临终关怀服务,意味着要解决众多极具挑战性的问题。首先是医疗资源相对平等的分配,包括针对人口的少数与多数、城市与乡村分布等要素而实施的医疗资源分配。尽管已经有数量不断增长的慈善机构开始向临终关怀群体提供服务,但真正解决此问题,还需要基本的社会医疗制度改革,而这却需要相当长的时间。例如对当前卫生体制的改革已经提上议事日程,目的是要减轻各地卫生部门及其他医疗卫生服务提供者自行筹集经费的负担,① 使各地机构不再费心思从事更有利可图的治疗措施和销售利润更多的药物以弥补自身经费不足。②

(三)临终关怀医护制度滞后

临终关怀是一项新兴的医护事业,其宗旨迥异于传统医疗,因而必须有相应医护制度作为保障。世界卫生组织曾宣称,很多病患对于治疗性的处置失去反应能力,对他们来说,"疼痛、其他病症的控制,以及心理、社会与灵性问题的解决是极其重要的",这意味着,临终关怀不仅仅关涉心理,而且还有灵性需求问题,这就从知识结构与信仰两方面对医护人员提出了严峻挑战,因而涉及护理对象、目标及标准的更新。董瑞馨等提出增补现行分级护理制度标准,"制定出从生理、心理和生命伦理学的角度对患者及其家属进行全面护理的规范化照护制度。"③

---

① LIU X Z, XU L Z. Evaluation of the Reform of Public Health Financing in China[J]. Chinese Health Resource, 1998 (4).

② LIU X Z, LIU Y L, CHEN N S. Chinese Experience of Hospital Price Regulation[J]. Health Policy and Planning, 2003 (15).

③ 董瑞馨,张立群,宋毓敏,等. 提出增补《分级护理制度标准》的原因及内容探讨 [J]. 护理学杂志,2009(6).

临终关怀是一个多学科治疗模式，旨在为各类慢性、进行性疾病患者提供关怀，其重点在于要在整个护理期间保持令人满意的生命质量。已经有大量论文报告证实晚期病人的生理与灵性层面的对应关系。例如，相信肉身死亡之后还可能有持续的灵魂存在，就会使病人感到极大宽慰。①

晚期病人会经历万分痛苦和令人沮丧的心灵苦旅，他需要一路独自挣扎。如果人们知道自己过世之后，会有一些仪式来安慰，这本身可以减轻某些心理折磨，但人们最需要的，往往还是那些能够帮助自己回答万千问题、有学问、有理解能力、值得信赖和有爱心的人陪伴左右。

为优化临终关怀方案，不仅需要在医院或医疗机构里专辟单独的临终关怀病房为病人提供必要空间，而且还需要专业队伍来协助每个科室的医疗人员完成其护理程序，这样才能把知识与技能融合进多重生理及心理步骤中去。这就包括将临终关怀置入日常医疗实践中去，使住院病人有机会得到专业关照，以管理复杂病症，因而需要足够多的临终关怀教育与培训。真正的临终关怀改善，需要搭建起基础性的医疗设施，使跨学科的援助包括在其中，这样可以提升对这个特殊群体的理解水平。要做到这一步，政府须提供更加宽松的环境和足够的财力及灵性支持，从而使社会各个层面的力量调动起来。

三、临终关怀体系建构线路图

临终关怀是对临终病人疾患或疼痛予以主动控制，并对病人及其家属心理积极干预的善终宁养，涉及包括医护及志愿人员在内的整个临终关怀群体。由于死因模式的变化，中国跟世界其他很多地方一样，细菌、病毒导致的传染性疾病大为减少，而脑血管、心脏疾病、精神障碍、癌症等内因性难以治愈的疾病日趋增加且费用剧增，而过度医疗又给患者本人及家属造成严重心理及财务负担，从而使安宁养护成为必然选择。在中国临终关怀事业发展的众多问题中，法律法规建设的滞后又处在明显的位置，因此，临终关怀法律法规的建构就成为亟待解决的问题。

（一）临终关怀法规制度性优化

西方发达国家临终关怀事业蓬勃向上的要因，在于"制定法律法规提供保障、财政和保险资金资助、以民办为主公办为辅兴办机构"，②在中国，由于政府掌握着绝大部分资源，非政府组织（NGO）发展严重不足，社会捐赠管理机制不健全，因此，民间机构极难形成临终关怀的中坚力量。我国国家层面缺乏强制性的专门法规，③缺少制度硬约束，后续问题只能流于空谈。法律法规建设作为根本保障，必须有相应的资源配置作后盾，从而形成政府和社会两种有效的保障机制。大大缓解医疗资源分配不公与低效能问题，主要需解决以下三个层面的急迫问题。

---

① Jacobson M C, Rosenfeld B, Kosinski A, et al. Belief in an Afterlife, Spiritual Well-Being and End of Life Despair in Patients with Advanced Cancer[J]. Gen Hosp Psychiatry, 2004 (26).
② 吴晶，周膺. 中国临终关怀的制度性优化 [J]. 理论与改革，2018 (4).
③ 杨璟歆，刘毅. 关于完善我国临终关怀法律制度的几点思考 [J]. 医学与法学，2019(1).

1. 财力后援

安宁养护是一项巨大的社会经济工程,没有国家的巨大财力支持和医护目标的转型难以成事,这是欧美社会实践早已证实的。政府的主动投入与配套支持,都需要从法律层面得到预算与政策许可。

2. 医疗与养护的区分

临终关怀事业的核心之一,是要在人们的医护观念中形成正确的生死观,对于无法治愈的病人,必须有法律法规进行规范指引,甄别救治与养护的对象。缺乏针对性的规范指引,也就少了明确的评判标准,从而形成法律障碍,导致临终者的权益受损、医疗资源的巨大浪费、医患关系的矛盾与冲突……。谁来判断患者是否符合缓和医疗条件,在患者陷入昏迷后又由谁来代替申请,以及相关医师做出伤害患者的行为时又该如何问责都成了无解的问题。无法为这些问题寻求合法依据,缓和医疗几乎寸步难行。①

3. 区分临终关怀与安乐死

安乐死在西方为越来越多的国家所接纳,在我国仍然处于探索阶段,由于临终关怀与安乐死存在某些方面的交叉,必须有国家法律法规的明确指引与规定,才能有效避免不必要的医患纠纷与法律后果,减小临终关怀事业夭折的可能。

(二)医保统筹基金管理法规化

在终止对晚期病患的治疗措施后,医保资源可用于针对临终患者的姑息护理和灵性关怀,因此,医保全覆盖不仅利大于弊,且有现实可行性。医保全覆盖要解决以下几个方面的现实问题。

1. 与世界卫生组织要求接轨

目前,欧美70多个国家和地区相继按照世界卫生组织要求开展了缓和医疗,其中绝大多数已经将医保与缓和医疗挂钩,并以具体法规政策鼓励民营企业以多种方式参与,使医保对临终关怀的救济作用落到实处并展现出可持续性。

2. 形成完善的监督机制

医保涉及巨额资金,亦涉及与众多参与机构的复杂关系,高效与适当的临终关怀运行,与明确具体的监督机制须臾不可分离。安宁疗护的"上海模式"强调对安宁疗护相关收费项目专门立项(生存期评估、心理护理、心理治疗、哀伤辅导、音乐疗护、水疗等)。厦门市将养老机构的内设医疗机构纳入医保服务范围进行管理与监督。河北巨鹿以"医养一体、两院融合"的政策,将民政与卫生、人社部门联合起来进行机构互认、资源共享和共同监督。这些实践已充分证明可持续的临终关怀事业与严密的监督机制存在正向关系。既要鼓励民营养护企业积极参与,同时又必须有严格的管理机制堵塞制度与财务漏洞。

3. 增强制度建设的前瞻性

老年化、城市化与环境污染之间的关系错综复杂,医保全覆盖涉及的对象和覆盖范围必须预判。许多先前不具备医保覆盖资格的对象,以及众多新型病种与临床症状,必

---

① 林明华. 当前医改背景下缓和医疗制度研究 [J]. 厦门特区党校学报,2016(2).

须根据原则性框架预留空间，避免临终关怀的具体处置措施与规程与现行医保规定发生冲突。

(三) 政府推动临终关怀全民教育

中国传统文化中的生死观、孝悌观和医德观是阻碍临终关怀事业大力发展的思想障碍，必须依靠科学界和政府的共同力量推动死亡教育。一是建立临终关怀系统学科，在大专院校的医科分层推进，使安宁疗护的医学措施条例化；二是通过媒体对普通民众进行临终关怀教育，使既不加速亦不延迟死亡的宁养医护深入人心，从而使有限的医疗资源转向对临终患者的灵性关怀而非徒劳无益的治疗措施。临终关怀教育必须解决下述具体问题。

(1) 在国家层面形成战略决策。欧美医改与临终关怀事业的发展都曾遇到过瓶颈，政府必须吸取海外临终关怀事业发展过程中的经验教训，尽快形成国家战略，避免医保资源的欠缺、浪费与不平等支出，并消除人口中存在的观念误区。

(2) 积极推动局部地区成功经验的传播。我国地区经济发展不平衡，各地尝试临终关怀事业的驱动力和经济条件各有差异。个别地区行之有效的经验，政府应当推广至其他地区，并在国家层面予以协调。

(3) 鼓励各级政府与民营机构举办大型临终关怀教育推广活动，使临终关怀教育获得与其他公益事业同等的地位与机遇，使"尊老"与"扶幼"协同并进。

(四) 大力培育临终医护资源

政府通过行政立法的形式，开拓专项基金等融资渠道，为全社会提供临终医护所需的人力资源。李鸿等人的研究显示，医护资源缺乏，与社会存在文化教育盲区直接相关——只有"人生观"而无"人死观"的教育。而安宁疗护所需要的庞大人力，可从经过相关教育和培训的志愿者中得到极大补充。[①] 加大医护资源的疏通，会使自觉的志愿活动有效地补充医护资源，从而形成高效率的临终关怀医护群体。

临终医护资源的拓展，还与政府奖惩措施直接相关。对于临终医护这样一些需要强大心理能力的职业，各级政府与民营机构必须以对待高危行业与特种职业从业者的态度予以职业薪金及补助上的支持与鼓励，同时提高全民意识，使临终关怀从业者受到全社会的普遍尊重。

临终关怀群体，包括数目庞大的晚期癌症患者、严重失能老人与临终关怀从业人员，这个群体的安康涉及众多人口，成为城市化、人口老龄化和社会高速发展中的一个突出问题。与此相关的安宁养护涉及政治、经济和法律诸层面，也涉及公共资源的合理利用、医疗费用的再分配、医疗保险的覆盖范围、伦理道德、人文关怀、人性理念，是衡量一个国家及地区文明发展程度的标准之一。中国临终关怀事业发展落后的主要原因在于缺乏制度保障。由于缺乏制度保障，数十年来各级政府在临终关怀事业发展上流于政策研究和不具备强制约束力的通知、意见、指南，缺乏强有力的资金支持，也不利于海内外

---

① 李鸿，杨慧峰. 安宁疗护中社会志愿者对死亡教育的认知分析 [J]. 全科护理，2019 (1).

民营经济积极参与。也由于法律法规缺位,临终关怀教育严重不足,在医护人员、志愿者及全民意识中皆存在临终关怀知识欠缺、医护措施与规程不到位的问题。因此本书提出,在法律法规建设的前提下,大力改善医保、慈善资源,加强临终关怀教育和资源拓展,吸取国内外发展的经验教训,使现有安宁养护实践在业已成型的基础上壮大成熟。

第六节 时间银行问题

人口的快速老龄化及高龄化趋势已经成为我国基本国情的重要组成部分,人口基数大、增长速度快、未富先老等特征增加了社会发展和经济发展的难度,给社会管理在一定程度上加大了压力。同时,独生子女在新的经济形势下,他们中的很大一部分人都难以在家陪伴和赡养老人,老年人的养老需求得不到满足,老年人口的空巢化现象日益明显。为应对日益严峻的养老形势,我国提出了"互助养老"这一新型养老模式。这种养老模式的出现,既可以满足老年人的养老需求,也可以满足老年人的精神需求。

互助养老是一种超越血缘关系,可辅助家庭养老,借助广大社会力量解决养老问题的新型养老模式。互助养老模式作为农村和社区养老模式的补充,更为强调老年人之间的相互慰藉和帮扶。在这种养老模式下,老年人之间语言相通,习俗相近,兴趣相投,相处和谐,有利于加强社会成员之间的联系,建构和谐社会。① 但在互助养老模式中存在着可持续性不足的问题,为解决这一问题,我国引入了"时间银行"机制。

一、互助养老模式下"时间银行"的产生

互助养老"发生于民间,是老年人们自主选择和政府引导相结合的产物,是老年人基于友爱互助、相互信任的基本原则,在基层社区实现的自我管理和自我服务"。②2018年十三届全国人大一次会议上,李克强在政府工作报告中指出,"为积极应对人口老龄化,要大力发展居家、社区和互助式养老",自此,推进互助养老成为养老工作的重点。中国的互助养老模式在借鉴国外有益经验的基础上,在本土化发展中逐渐形成了简单的互助养老模式和"时间银行"机制下的循环互助养老模式。

(一)互助养老模式

互助养老模式近几年在我国蓬勃发展,原因主要有以下几点:第一,受计划生育的基本国策影响。20世纪70年代,为了应对我国高速增长的人口压力,国家实行计划生育

---

① 陈功,王笑寒. 我国"时间银行"互助养老模式运行中的问题及对策研究 [J]. 理论学刊,2020(6).
② 陈静,江海霞. "互助"与"自助":老年社会工作视角下"互助养老"模式探析 [J]. 北京青年政治学院学报,2013(4).

的基本国策。计划生育政策的贯彻实施，使目前有相当大一部分家庭为独生子女，而他们成立家庭后一般将要面临抚养 4 个老年人的巨大养老压力，加之目前许多子女因工作等方面的原因，不与老年人生活在一起，这部分老年人的养老需求就不能得到很好的满足。第二，经济的快速发展，导致贫富差距、城乡收入差距的扩大。改革开放以来，市场经济快速发展。一方面，经济水平得到了提高，改善了生活条件；另一方面，老年人的养老需求却没有引起重视，尤其是对于农村外出务工的青壮年来说，他们大部分没有足够的经济条件将父母接到城市一起生活，赡养他们，只能将家里的老人留在农村的老家，定期给予赡养费。这导致老年人空巢化现象严重，其精神需求也得不到满足。第三，老年人对养老需求的多元化要求。随着生活条件的改善和医疗科技水平的提高，人均寿命延长，老年人口的数量增加，对生活照料的需求也将大大增加。同时，空巢化现象严重，老年人得不到子女的陪伴，易产生思念、孤独等复杂情感，并且缺少精神上的慰藉。因此，互助养老这一模式在我国应运而生，并迅速发展起来。

互助养老"可以是一对一、一对多，也可以是多对多的形式。如为缓解养老压力，有些地区整合本地资源，在养老院等机构养老和以社区为基础的传统养老模式上，探索创建了新型的社区互助养老模式。其开展以'自愿结合、互助养老、相互帮助、共建和谐'为内容的社区互助养老试点活动，扩大互助养老范围，采取鼓励老年人自愿结合的方式，在热心老年人家中及社区两个层面上建立互助养老点和互助养老中心，形成以老年人家庭为基础的家庭式互助养老和以社区养老设施为依托的社区式互助养老，倡导低龄老年人照顾高龄老年人、身体好的老年人照顾身体偏弱的老年人，使老年人活动由以前的扎堆娱乐型向团结互助型发展，让老年人们在所熟悉的环境里，开展有益身心健康的活动，形成老年人之间相互关心、相互照应、相互帮助、加强联系的良好氛围。"①

互助养老模式有以下几个特征：第一，形式多样化。"老年人可以自由选择帮扶对象，可以是一对一的形式，也可以是一对多或者多对多的形式"。第二，和谐性。互相帮助的老年人大多生活在同一地区，生活环境相同，语言交流无碍，爱好习惯相近，互帮互助的和谐程度高，不仅可以满足养老需求，也可以满足老年人的精神需求，在精神上可以相互慰藉。第三，自由性。老年人可以按照自己的意愿选择帮扶对象，一般没有具体的强制要求。但是由于这种简单的互助养老模式缺乏约束力与使之长效坚持的机制保障，无法实现良性循环，其持续性发展存在一定的问题，于是，"时间银行"在我国应运而生。

（二）"时间银行"

"时间银行"的概念最早由美国哥伦比亚大学的埃德加·卡恩 (Edgar S. Cahn) 于 1980 年提出。20 世纪 80 年代前后美国出现了高失业率，卡恩提出这种模式的初衷在于整合社会上大量闲置的人力资源，"它的原意是指把公益服务者做公益事业的时间累积起来像存钱一样存入银行，也就是时间银行，留待其需要的时候，可随时从时间银行里支取自己

---

① 侯丽琴. "时间银行"模式下互助养老服务合同法律关系研究 [D]. 天津：天津商业大学硕士论文，2014．

以前的时间，用来为自己服务。"①简单地说，就是将服务时间看作是货币，在我们有能力提供服务时，将服务时间存入银行，在我们需要帮扶的时候，就像取款一样将服务时间提取出来，享受他人提供的相等时数的服务。

"时间银行并不是一个简单的时间概念，而是对于时间货币的具体表达。时间银行是在商业银行的基础上发展而来，将吸收'存款'、发放'存款'、管理、结算与养老服务结合起来"。"时间银行"面向所有人开放，对于那些经济条件不好、晚年生活又需要照料的老年人具有更为重要的意义。最初，"时间银行"的运行非常简单，由社区作为组织牵头人，雇用他人管理有提供服务能力的老年人志愿者，将服务提供者参加养老公益活动的时间累积起来，"时间银行"的管理人员给予凭证，等服务提供者将来需要养老服务的时候，可以随时提取自己存储的服务时间，由其他志愿者提供相等时数的所需服务。

"时间银行模式下的互助养老存在时间银行组织方、服务提供方、服务接收方三方主体。时间银行是组织牵头人，是整个模式得以运作的核心主体，服务提供方和服务接受方是重要的另外两方主体，不可或缺"。②"时间银行"应当实现养老的电子化管理，在设立时应当"搭建一个互助式的信息空间，参与的人员可以在这个空间内进行浏览，从而获取服务需求与服务提供者的相关信息，也可以根据自身情况参与相关服务活动"。服务提供者和服务接受者都可以在"时间银行"进行注册，在注册时就应当了解"时间银行"的双向性，即在注册的时候就可以从其他注册者那里得到帮助，但同时也需要为其他注册者提供帮助，做到先付出、后回报。服务提供者可以在"时间银行"的平台上查看服务请求，并结合自身的服务能力，判断自己是否满足提供该服务的条件，找到合适的服务对象。到此次服务过程完成后，由"时间银行"的管理人员根据此次服务的完成数量、质量、服务效果，以及接受服务方给予的评价等内容，将其换算成时间币储存到"时间银行"的信息系统中。服务接受方则可以在注册后向"时间银行"提出服务申请，详细说明自己的服务请求、服务的难易程度，由"时间银行"根据这些条件在系统内进行匹配，将信息反馈给匹配度最优的服务提供方，由其为需要服务的老年人提供服务。在服务完成后，由"时间银行"的管理人员进行结算，扣除服务接受方的时间币，储存提供服务方的时间币。

将"时间银行"机制引入互助养老模式，让我们对于建构完善的养老体系有了新的预期：第一，有效缓解养老压力。"时间银行互助养老模式建立时间币交换平台，不但体现了对服务者劳动价值的认可，也让服务者能够以现在的付出换取未来的回报，极大地提高了服务者的激情，解决了养老服务不能可持续进行的问题"。③第二，有针对性地满足老年人的养老需求。"时间银行"互助养老模式可以满足老年人的生活照料需求和精神需求，通过自己的劳动换取他人的帮助，获得自我价值的肯定和各方的尊重，减少孤独、思念等情感，精神得到慰藉。第三，变革传统养老理念，提供新型养老互助平台。"时间银行"采用电子化管理，有效整合资源，建立完善的服务评价和时间币兑换系统，不仅

---

① 程成.基于时间银行的居家互助养老模式研究[D].西安：西安建筑科技大学博士论文，2015.
② 侯丽琴."时间银行"模式下互助养老服务合同法律关系研究[D].天津：天津商业大学硕士论文，2014.
③ 卢晓琳.时间银行养老模式对积极老龄化影响的实证研究[D].广州：广东外语外贸大学硕士论文，2017.

为老年人提供养老服务，而且使提供的服务有评估、有记录、有依据。

二、"时间银行"在我国实践中存在的问题

我国的"时间银行"是在借鉴国外有益经验的基础上，结合本国的具体情况进行的探索和发展。在我国，一般将"时间银行"与互助养老模式相挂钩。"时间银行"在我国起源于20世纪90年代末期，第一个试点是1998年在上海虹口区开办的"劳务银行"：服务需求者向居委会提出申请，在居委会的组织下，本着自愿、方便、就近的原则，服务双方签订协议，将劳务内容与时间录入劳务银行。此举得到广泛关注，随即各地纷纷效仿。广西、山东、湖南等省份进行了试点。后来"时间银行"所影响的区域进一步扩大到了湖北、内蒙古、四川、贵州等省份，北京、上海等城市已经开始单个城市多家"时间银行"的推广模式。这些地区在不断探索和发展的过程中，形成了自己的区域特色，结合本地的实际情况推广"时间银行"在该地区的实行。

"时间银行"在我国的关注度相对较高，但发展状况却不容乐观，很多研究者认为"目前很不规范"，"与初衷有很大差距"，有的感叹"举步维艰"。从目前国内"时间银行"模式的运作来看，一些潜在的问题也慢慢浮出水面。总结"时间银行"存在的问题，主要有以下几点。

（一）社会公众认知度不足

行动取决于认知，参与度与认知程度密不可分。"时间银行"尚属新鲜事物，政府在政策宣传上力度不足或不到位，易造成社会公众的认知偏差，也不利于志愿服务队伍的发展壮大。社会公众对"时间银行"的认知与传统文化、认知观念等密切相关，这也是当前我国"时间银行"所面临的发展难题。有研究发现，"一部分人对该模式的认知存在偏差，集中体现在：将'时间银行'互助养老服务简单理解为邻里之间互相帮助；认为该模式必须是固定两个人之间的服务交换；认为该模式应该趋于人情化不求回报，"并进一步指出原因是"社区对于'时间银行'互助养老服务的宣传力度不够。"[①] 公众对"时间银行"互助模式"或不知，或观望，或排斥，较低的社会认知度极大地限制了居民参与其中的热情和动力，导致志愿者人数不足，成为'时间银行'难以迅速发展的重要制约因素之一"。[②]

（二）服务队伍建设不力

面对社区老年人照料资源日渐稀缺的现状，社区"时间银行"的顺利运作必然离不开照顾管理队伍的进一步壮大和队伍结构的优化。有研究者认为，"相对于快速发展的养老服务事业，服务队伍的发展却仍然是最可见的短板，年龄偏大、专业化水平低、外来人员多、人员流动性大的现象比较普遍。"[③] 就服务队伍结构而言，提供服务的志愿者群体相对较为单一，"该群体大部分人对此服务充满热情，但缺乏具备较强专业技能的志

[①] 张文超，杨华磊.我国时间银行互助养老模式的发展与启示[J].南方金融，2019(2).
[②] 孙佳楠.社区老年人互助养老问题研究[D].沈阳：沈阳师范大学硕士论文，2019.
[③] 周海旺，沈妍.老龄化时代城市养老的时间储蓄与公益志愿——以上海为例[J].上海城市管理，2013(1).

愿者，无法提供具有专业技能的养老服务。"① 除了社区服务队伍，社区管理队伍也存在发展上的缺陷，并对社区的管理运作产生不良影响。充足的社区人力资源是"时间银行"稳定持续发展的必要条件，而当前社区服务队伍规模、队伍结构、队伍专业化等方面均存在不足，不仅影响"时间银行"助老服务的服务质量和水平，也对社区管理带来挑战。

（三）计量标准不统一

在"时间银行"互助服务中，相等时间的劳动具有不同的劳动强度和技术含量，统一用时间计量导致价值不对等，如此下去，志愿者或服务者"倾向于用价值含量较低的服务，换取价值含量较高的服务，从而导致时间银行沦为一种'价值不平等'的交换活动，"② 产生"劣币驱逐良币"的现象。因此，"时间银行"交换的进行，面临能否计量、谁来计量和如何计量等一系列复杂问题。多个地区的"时间银行"实证研究表明，由于缺乏统一的政策规范指引，对于价值的计量标准不同，导致各地区发展规模小、持续时间短、难以形成规模化区域化的"时间银行"互助养老模式。有人指出，"目前，大多数已经设立的'时间银行'在运行过程中，对于志愿服务的服务时间、内容、形式、强度并未形成统一标准，从操作层面来看，这种忽略了劳动强度和专业技能的差别，只考虑服务时间的计量方式简便易行。"③ 只考虑服务时间的计量方式，将有失"时间银行"机制的公平性，长此以往，将大大降低参与者的积极性。

（四）可持续发展和跨区通兑受限

目前，很多地区的"时间银行"仅仅靠发起人的支持，一旦发起人调动或升迁，"时间银行"就面临流产。这是由于我国部分地区虽然出台了支持法规，但对于参与者和管理者的权利义务缺乏明确界定，在法律法规层面尚缺乏全国性的文件。"此外，我国独生子女政策与农村青年劳动力的外流，促使农村留守老人和城市空巢老人等社会问题加剧。"④ 人口流动是养老服务问题需要考虑的重要因素，"时间银行"的服务供给与兑换，往往面临着人口流动所带来的地区通存问题，青年劳动力流动导致的服务时间无法持续记录及无法跨区通兑的问题，是阻碍"时间银行"发展的原因之一。人口流动性较强的当前社会，各地区管理和计量标准不同，"能否实现时间存储的接续性及服务兑换的即时性，决定着'时间银行'这种养老服务模式的发展是否具有可持续性"。

（五）政策法规缺失

目前来看，政府在制度建设上存在局限性，顶层设计、政策法规、信用担保机制的缺失等，都给"时间银行"在实际发展过程中造成了一定阻碍。社区养老服务模式推进过程中，"时间银行""为我国解决老年人服务需求提供了一种低成本、高效率的途径，

---

① 梁宁，孙凯凯，吴昱宏，等.基于"时间银行"的保险营销员参与广西养老服务业发展对策研究 [J]. 沿海企业与科技，2018(3).
② 陈友华，施旖旎.时间银行：缘起、问题与前景 [J]. 人文杂志，2015(12).
③ 夏辛萍.时间银行：一种养老服务模式的实践研究 [J]. 长沙民政职业技术学院学报，2016(3).
④ 孙鹃娟.家庭利益最大化：认识农村留守老人问题的根本 [J]. 中国社会科学报，2014 (625).

在很多地区掀起了互助的新风。"① 养老服务模式实践过程中，政府担任的角色至关重要，"但以'时间储蓄'在我国当前的发展状况来看，仅靠民间组织自下而上推动力量远远不够。""时间银行"尚属新鲜事物，长期缺失政策法规的引导、统一规范的指引、强有力的公信保障，将会严重阻碍互助养老服务的可持续性稳定发展。

三、他山之石，可以攻玉

"时间银行"这一互助养老新模式最先由西方国家提出，并在典型老龄化国家兴起且取得了较好的实践结果。世界上第一家"时间银行"的雏形建立于 1973 年，创始人是旭子水岛，背景是日本社会的高度老龄化，最初鼓励中青年人为老年人提供志愿服务，后期更积极倡导老年人之间的互助。1980 年美国学者埃德加·卡恩 (Edgar S. Cahn) 正式提出"时间银行"概念，起先是为了应对经济危机，后来逐渐应用到养老服务领域。目前，"时间银行"已经在 30 多个国家建立，美国至少建立了 500 家，英国超过 300 家。② 在日本、韩国、新西兰、塞内加尔、阿根廷、以色列、希腊和西班牙等国家和地区，"时间银行"有着重要的地位，全球已有 1000 多个使用不同组织或机构名称的"时间银行"。"'时间银行'遵循'我为人人，人人为我''相互信任，互助友爱'等理念，体现'存蓄—提取''付出—回报'等形式，是一种有别于金融银行的具有激励作用的互助养老载体"。③

（一）典型国家的运行模式

在国外，这一机制已经发展得较为成熟，具有代表性的国家有日本、美国、英国及德国等。

1. 日本"时间银行"互助养老模式

日本是老龄化非常严重的国家。20 世纪 70 年代，日本人口便开始进入老龄化，到现在养老形势仍较为严峻。为了应对这一严峻的形势，日本不得不进行了一系列的社会养老改革，最为重要的举措就是在全国范围内建立"时间银行"。在日本的"时间银行"养老模式中，有专门的管理人员机制，并采用一级对应一级方式进行管理。具体说来，日本"时间银行"机制下的互助养老模式中存在三类主体，分别是管理员、专职工作人员及照护员，"管理员负责协调管理'时间银行'中的专职工作人员，而专职工作人员则负责协调管理照护员，其中，除了管理员，其他的工作人员与照护员基本上是招募的志愿者。同时，日本在'时间银行'机制中引入市场竞争机制，通过科学的市场竞争机制来对相关人员进行培训"。④ 在日本，照护人员通过服务他人获得相应的积分回报，该积分不仅可以照护人员自己使用，还可以由其父母、配偶及未成年子女使用。

---

① 黄少宽. 我国"时间储蓄"养老服务模式的研究进展 [J]. 社会保障研究，2014(6).
② Cahn, Edgar. Time banking: an idea whose time has come? [J]. Yes Magazine. Retrieved, 2013.
③ 贺莎莎，孙建娥. 时间银行——互助养老新模式 [J]. 宜春学院学报，2018 (2).
④ 程成. 基于时间银行的居家互助养老模式研究 [D]. 西安：西安建筑科技大学博士论文，2015.

2. 美国"时间银行"互助养老模式

美国是典型的福利国家,尤其是在养老服务体系中,美国有着近百年的实践经验,而"时间银行"这种互助养老模式更是最先在美国得以产生和应用。"美国的'时间银行'互助养老模式以医疗照护为主要业务核心和特色,目的是为社区中的一些弱势群体以及贫困的老年群体减轻医疗负担。"[①] 美国的"时间银行"以低龄的退休老年人为高龄老年人提供服务为主要模式,低龄的健康老年人通过提供服务,可以获取相应的时间积分并储存在自己的"时间银行"账户中。储存在"时间银行"账户中的时间积分,不仅可以在自己需要时用来兑换服务,其直系亲属同样可以利用"时间银行"中的时间积分兑换一定服务。所有参与到"时间银行"中的志愿者,在为他人提供服务之前,都必须接受培训,美国规定志愿者提供服务之前必须参加6个小时的技能培训,其中包括老年人的生理与心理健康知识、伦理学及基本的急救知识等培训。[②] 此外,为了加强互助养老模式中老年志愿者服务的专业性,志愿者每年还必须接受额外的培训。

3. 德国"时间银行"互助养老模式

同多数西方国家一样,德国人口老龄化严重,需要大量专门为老年人提供服务的人群,但是从事养老服务的人群数量明显不足,进入老龄化社会的德国迫切需要探索更加有效的社会养老新模式。为此,政府出台一系列政策,倡导年满18周岁的公民尽量利用空闲时间到老年公寓等养老机构去为需要帮助的老年人提供服务。提供服务的志愿者报酬形式是可以储存的时间,该时间可以以档案的形式予以记录或者存储在时间卡里。这些储存的时间可以留待自己需要帮助的时候使用。这种互助养老的模式得到广泛的支持,在德国也逐渐得到推广。

综合国外"时间银行"的实践状况,可知以下三点:一是开始时间早,发展较为成熟,规模大。如美国最早开始建立"时间银行",并出台相关法律法规刺激和鼓励志愿者参与。二是时间兑换便利。大部分国家都将志愿者提供的时间和被提取的时间记录到互联网,查询方便,兑换方便。三是功能多样,作用良好。"时间银行"互助养老模式不仅可以缓解老龄化带来的压力,给老年人提供所需的生活照料,也给老年人提供了精神慰藉。这种模式下的养老服务加强了社会成员之间的联系,也促进了社会和谐。国外的"时间银行"在实践中积累了有益经验,为完善我国的"时间银行"互助养老模式提供了借鉴。

四、我国"时间银行"发展对策

"时间银行"机制下的互助养老模式可以有效缓解社会养老的压力,使我国互助养老工作的可持续性发展成为可期。但我国的时间银行运行机制尚处于摸索的阶段,需要进一步在全国范围内进行推广,这离不开政策的引导和法律法规的保障。加之基于"时间银行"机制下的互助养老服务具有一定的公益性,在法律规制方面,更需要进行一定的

---

① 陈静,江海霞."互助"与"自助":老年社会工作视角下"互助养老"模式探析 [J]. 北京青年政治学院学报, 2013(4).
② 赵思凡."时间银行"引入互助养老服务的实现路径研究 [D]. 西安:西北大学硕士论文,2017.

调整。国外的"时间银行"机制下的互助养老模式经过了较长时间的实践，具有较为丰富的经验，可为我国推广与规范"时间银行"机制下的互助养老模式，提供借鉴与启示。

（一）营造宏观环境，扩大覆盖范围

目前"时间银行"在我国处于发展阶段，我国民众对于"时间银行"的了解并不多，有的甚至完全未听说过这种互助养老模式，这就需要政府充分发挥宣传、立法及保障监督等方面的作用。政府要在全国范围内推行"时间银行"，加强"时间银行"机制在民众中的宣传力度，让"时间银行"为公众熟知并接受，为下一步发展打下坚实的群众基础。

同时，提高"时间银行"机制中互助养老覆盖的群体范围，是国外"时间银行"组织普遍采取的做法。通过颁行政策的方式将参与的主体范围扩展至不同年龄的人群，鼓励多元的不同身份的主体参与，尽可能满足需要服务的老年人多层次、多样化的需求，对于进一步在全国范围内推行"时间银行"机制、创新社会养老模式，具有至关重要的作用。

（二）明确"时间银行"的性质，注重参与人员培训管理

目前"时间银行"的互助养老模式在我国并未得到全面推广，与"时间银行"的性质定位尚处于模糊阶段有很大关系。"时间银行"设立的目的是缓解社会养老压力，具有强烈的公益性、社区性和自助性。不同于一般的以营利为目的的组织，对其进行法律规范的最重要前提是明确其法律性质。虽然在"时间银行"机制下的互助养老模式，更多地体现为一种劳动互换的关系，对"时间银行"的参与主体及其行为应当适当进行规范，但是不可忽视的是"时间银行"具有公益性，是一种志愿服务，并非强制性劳动，需要在保护其公益性的性质之下，将其纳入到相应的法律规范的范畴中来，在不破坏民众志愿与帮扶积极性的前提下，通过一系列的法律制度来保障其在社会养老事业中的安全、良性运行。

明确了"时间银行"的公益性，应当加强对参与到"时间银行"机制下互助养老服务群体的培训与管理，构筑科学的管理体系，形成"时间银行"组织中管理人员、服务提供者、服务接受者三方面主体层次合理的运行模式，注重对服务提供者提供服务能力培训，从而更好满足不同服务需求者多元化的需求。

（三）发行制定统一的时间货币

目前，"时间银行"在我国呈现一种分散分布的结构模式，各地区之间的"时间银行"组织有一定的区别，没有国家层面的统一的"时间银行"组织，由此带来的最为严重的问题是，在不同地区"时间银行"的组织下参与志愿服务的志愿者，其所获得的时间币不具有流通性，不能在不同地区的"时间银行"组织之间流通。这将直接导致异地而居的人群，其之前通过服务获得的时间币将无法提取及使用。我国现今并没有发行统一、有形、有固定符号的时间货币，多是以各地"时间银行"组织，用记账货币或者是电子货币的形式将志愿者获得的时间积分进行统计，但是这种计算方式很难获得社会的

广泛认同,因而其权威性、可靠性及持续性难以保障,严重阻碍了"时间银行"在全国范围内的发展。为了进一步推进"时间银行"机制下的互助养老模式,"有必要在全国范围内推行统一、固定、符号化的时间货币形式,改变现行的虚拟的时间货币形式,使得时间币可以在全国范围内进行交换、流通,并发挥养老服务中介、价值标准甚至是财富贮藏的手段和功能。

不同于一般意义上的金钱货币,时间币是以小时为单位计算的时间币,志愿者通过自己的闲暇时间为需要服务的人群提供服务,以此获得将自己服务的时间进行存储,留待以后需要时取出同等价值的时间币,这种"存储—支取"的模式在本质上与流通中的金钱货币是一致的。但是不同的是,时间币不仅具有流通的价值与功能,还具有衡量社会物质财富与精神财富的功能,有利于改变人们对时间财富的利用观和消费观。基于此,国家有必要发行统一的时间货币,推动"时间银行"在全国范围内的发展。

(四)建立统一的"时间银行"

要实现"时间银行"在全国范围内的推广,建立统一的"时间银行"是重要的举措。目前我国的"时间银行"组织具有很明显的社区性,各地区不同社区所建立"时间银行"组织之间的运行模式存在着差别,这种差别在一定程度上阻碍了"时间银行"的统一与发展。"时间银行"在运行机制上可以借鉴传统的货币银行的运行模式,在全国范围内建立统一运行的机制模式,实行统一的制度化和规范化的管理,发行统一的时间币,解决现今时间币不能流通的现实障碍。虽然西方国家的"时间银行"更多的是民间组织建立的,但是基于我国特殊的国情与社会现实,民间组织的力量并不足以建立全国范围内广泛适用的"时间银行"机构,因而需要由政府主导,在全国范围内建立统一的"时间银行"机构,以推行"时间银行"互助养老模式,应对日益严峻的社会养老挑战。

(五)颁行规范"时间银行"的政策法律

"时间银行"在我国扮演的是养老服务机构的角色,在社会保险法的调整范围之内,因而国家有必要根据"时间银行"的特殊性,为其制定专门的政策法律,推动"时间银行"机制下的互助养老模式的进一步持续健康发展。

考察国外"时间银行"运行发展的成功经验可以发现,在"时间银行"运行机制中,配套完善的法律机制发挥着非常重要的作用。我国"时间银行"机制下互助养老服务模式涉及劳动的提供与交换,劳动行为由《中华人民共和国劳动法》及《劳动合同法》进行规制,养老则属于《中华人民共和国社会保险法》《中华人民共和国老年人权益保障法》调整与规范的范畴。但是"时间银行"组织具有一定的公益性,提供服务的志愿者与"时间银行"组织之间的关系,不仅仅体现为一种用人关系,因而需要在《中华人民共和国劳动法》与《劳动合同法》规范与调整方式的基础上进行变动,加入社会保障的因素,完善相关法律配套,明确"时间银行"组织、服务提供者、接受服务者三方之间的法律关系,以及参与主体之间的权利与义务,使"时间银行"机制下的互助养老服务法定化,规范"时间银行"机制下的社会养老服务形式的组织和运行。

一项制度的实施和运行离不开法律与政策的保障,"时间银行"在我国尚处于发展阶段，它既充满了创新和活力，又带来了诸多难题和挑战。为使我国的"时间银行"互助养老机制进一步在全国范围内推广及规范，应当充分借鉴国外"时间银行"的运行方式，不断探寻我国"时间银行"机制下互助养老模式的完善之路，使之成为稳定、高效、可持续发展的养老机制，在我国应对人口老龄化的进程中发挥积极的作用。

专栏 10-3　　　　　　　　　寺院养老初探

机为缓解日益沉重的社会养老压力，近年来我国各地悄然兴起的佛教寺庙养老、恤孤现象已越来越普遍。像福建的沙县，江浙的无锡、南京和上海等地，已有几十家佛教寺庙兴办了养老院。寺庙养老现象不仅发生在经济发达地区，即使在经济欠发达的地区，也有很多寺庙为社会默默承担了养老、恤孤义务。

佛教寺庙养老在我国具有悠久的历史。据有关文献记载，宋代的佛教寺庙中就有了收养贫病老年人的"居养院""安济坊"等养老场所。佛教倡导上报父母、众生、国土、三宝"四重恩"，"下济三途苦"，以及"慈悲为怀""普度众生"的理念，因此汉地禅宗道场历来多设置"安养堂""如意寮""往生寮"，以及用于火化尸体的"往生窑"和用于安葬骨灰的"普同塔"等习惯，即所谓"生在丛林(寺庙、道场)葬在塔"。可见，历史上的寺庙养老机构不仅"管养"，而且"管葬"。现代的寺庙亦承担养老的功能。

寺庙养老具有传统文化上的优势，一定程度上能够满足老年人的需要，值得关注。

资料来源：白伟光. 寺庙办养老院，应予大力提倡和广泛支持[J]. 法音，2014(06).

复习与思考

1. 名词解释。

    老年数字鸿沟　　临终关怀　　时间银行

2. 长期护理保险制度面临的问题有哪些？
3. 如何看待以房养老存在的风险？
4. 简述传统观念对临终关怀的影响。
5. 我国发展"时间银行"的对策有哪些？

推荐阅读书目

王浦劬，臧雷振. 治理理论与实践：经典议题研究新解[M]. 北京：中央编译出版社，2017.

第十一章 老年群体问题

自 20 世纪 80 年代起，理论界就已经意识到了中国老龄化社会即将来临，由此开始对老龄化及老年人问题进行研究。老年人问题不单是老龄化社会的到来及其影响问题，更重要的是老年人本身的问题。而在多次和老年人打交道的过程中，人们发现，老年群体结构的复杂性及其量体裁衣的保障政策更是和老年人切身利益息息相关的重要问题。因此，如何对保障模式进行细分，对个体老年人进行归类，由此探索适合于不同条件、不同层次老年人的保障政策具有十分重要的意义。①

第一节 空巢老人问题

城市空巢老人是指 60 岁及以上，因无子女或虽有子女，但子女早逝或长大成人后离家另立门户，而独自居住或仅有夫妻二人共同居住在城市的老年人。② 在老年人心中，传统的"养儿防老"的思想根深蒂固，对比现实情况，子女生活压力大、向往自由生活、为奔波生计，难免忽视对老年人的赡养，家庭养老在当下快速发展的社会难以完全适应每个家庭。因此，为适应养老需求，市场化的养老模式应运而生。社区养老是一种新型的养老模式，但就目前情况来看，法律制度不健全、服务水平不高、宣传力度不大等都是社区养老的弊端。然而，社会机构养老因为项目又过于单一、忽视精神养老等，并不能够完全适应多样化的养老需求。随着一系列养老问题的出现，"空巢老人"养老困境现状引起了社会的广泛关注。③

一、城市空巢老人产生的原因

（一）现代家庭结构的变化

20 世纪七八十年代以来，我国生育率有了明显的降低趋势，城市产生出大批的少子女家庭和独生子女家庭。家庭规模的逐渐缩小，也使得代际重心发生了倾斜。④20 世纪

---

① 蒲新微. 老年群体的层级结构与养老保障模式研究——以长春市为例 [D]. 长春：吉林大学博士学位论文，2007.
② 李艳伟，周乐山. 空巢老人孤独状况及干预对策研究进展 [J]. 中国老年学杂志，2016(11).
③ 张明慧. 城市空巢老人养老困境现状及对策研究 [J]. 农村经济与科技，2017(14).
④ 张岩. 城市空巢老人养老问题及对策分析 [J]. 赤子，2014(8).

七八十年代出生的一代人现在已进入了青壮年时期,在一般情况下,他们婚后与父母同住的机会减少,时间缩短,与父母分家的情况多起来,致使城市现代家庭结构以夫妻关系为主导取代了以血缘关系为主导,致使家庭结构与家庭模式发生了较大的变化。

(二) 城市年轻人价值观念的变化

当今社会,现代价值观念正发生着剧烈改变。一是城市年轻人对传统"孝"文化的态度发生改变。由于现代社会的生产力水平提高,城市年轻人具有更多的自主选择权,例如可以利用现代交通工具到达全球各地,仅这一点在传统社会就无法实现。现代社会较传统社会而言,个人具有较大的自主选择权利,部分城市年轻人对传统"孝"文化倡导的"凡事以父母意志为主"的理念存在质疑。二是冲击传统家庭权威。传统老年角色在家庭扮演着权威角色,而现代,伴随着老年人在家庭中财产所有权等方面优势的丧失,导致他们在家庭中的权威和地位下降。在市场经济的发展形势下,年轻一代更看重经济上的关系,由此间接促使家庭成员角色的重新定位,空巢家庭不断出现。

(三) 城市老年人的乡土情结

很多老年人不愿离开故乡,不想尝试一种完全不同的生活方式,且受中国传统的"落叶归根"的思想观念影响较大。陌生的生活环境与邻里之间很少往来的关系使得老年人对久居的故乡生活充满了怀念。也有一些老年人在生活方式、价值观念方面的差异性较大,为避免共同居住与子女产生冲突而选择返回老家居住。所以,他们更倾向留在故乡,这也是空巢家庭不断出现的重要原因之一。

二、城市空巢老人的现状

城市空巢老人在物质经济、精神、生活照料的各个方面都出现不同层次的困境,其中,不仅表现在子女、亲人、邻里所提供的非正式服务,还表现在政府、社会、社会机构所提供的正式服务。

(一) 城市空巢老人养老物质经济困境现状

1. 物质生活状况不一,自我养老压力不同

如今,虽说城市空巢老人有一定的经济收入,社会保障系统的健全也会使其在养老上规避一定的经济风险。但是,由于老年人退休前工作性质和工作岗位的级别不同,他们退休后所享受的待遇也是不同的,造成他们离退休的收入也有较大的差距,自我养老压力也就不同。有的老年人收入盈余甚至增援子女,有的却依靠子女的赡养金和低保勉强度日。虽然退休金在逐年递增,但实际看来,退休金的涨幅追不上物价的抬高,使得部分空巢老人入不敷出。

2. 对老年人的优惠待遇相关政策落实不到位

老年人优惠待遇是政府和社会在做好公民社会保障和基本公共服务的基础上,在医、食、住、用、行、娱等方面,积极为老年人提供的各种形式的经济补贴、优先优惠和便利服务。例如，敬老优待证、居家养老补贴、临终关怀计划等政策。这些经费补贴与空巢老人的经济利益息息相关。但是，据了解这些优惠政策在实施的过程中，因为程序复杂、缺乏人性化，未能发挥出相应的作用。

（二）城市空巢老人养老的精神困境现状

1. 天伦之乐未被满足造成孤独感和寂寞感

随着家庭结构的转变，中国城市的大部分家庭模式都是"四二一"的模式，使得子女养老压力大。年轻人为了事业，很少能陪在父母的身边尽孝道，忽略了老年人的情感需要。老人们受传统的"父母在，不远游"的孝文化的影响，对比现实情况，会产生心理落差。亲子间年龄差距、受教育程度和成长环境差异大，造成价值观相异，从而导致"代沟"的产生。

2. 社会环境边缘化造成惶恐感和自卑感

信息化爆炸的时代，媒体关于空巢老人自杀、抑郁、被诈骗的新闻很多。老年人对信息真相缺乏甄别能力。这些消息会给老年人留下心理阴影，对社会环境丧失信心造成恐慌感。再者，各行业会出现"老年歧视"，使老年人受到不公平待遇，这样的歧视会在潜移默化中给社会和老年人传递"老年人年老体弱、跟不上时代的步伐、成为家人和社会的负担"的消极信息，无疑使老年人产生自卑感。

3. 社交圈子萎缩化造成失落感和焦虑感

退休后的角色的转变，从门庭若市到门可罗雀，从炙手可热到世态炎凉，心理落差大，使其难以适应。加之，随着岁月变迁，亲人、老伴和故友相继离世，若不广结新友或者再续婚姻，情感得不到很好的寄托，长时间处在一个情绪低落的状态，常常缅怀过去，对未来无望，渐渐地就会封锁压抑自己的情感，与社会脱离。

（三）城市空巢老人养老困境的生活照料现状

1. 子女照料不足，双方沟通欠缺

子女对老人的爱，不只是满足他们的物质需求，还应给予全方位的陪伴照料和温馨的家庭养老环境。通过走访发现，子女对于丧偶或独居老人的照料，一般是支持性照料；大部分子女对老年人采取的是一种非计划性、临时的照料；最缺少日常性照料；少数子女采取的是脱离性照料。这难以满足老年人的生活需求。对于空巢老人来说家人的陪伴、照料会使他们生活更有信心，但如今日常性照料缺乏，不利于老年人的发展。

2. 新型邻里关系的转变、社区养老机构项目的匮乏

随着城市的发展，新型邻里关系的转变，在一些繁华的城市，空巢老人与邻里之间缺少联系甚至没有往来，这对空巢老人不利。如今，社区养老是较为提倡的一种新型养老模式。但就目前来看，社区养老的项目只是在日间照顾、社交活动、医疗保健和特殊困难老人的照顾等方面开展。总体来说，运行的项目不充足，养老设施和人才资源专业化程度不高，无法满足日益多样化的空巢老人养老需求。

3. 社会性照料代价大，普适性不高

当今社会空巢家庭和核心家庭越来越多，年轻一代面临着各种压力和角色的冲突。

大部分丧偶独居或自理能力较差的城市空巢老人因子女无能力照料，正在将需求转向社会，通过社会获取照料资源。但是，此照料方式，花费较高，如若护理人员专业技能欠缺，很容易对老年人身心造成二次伤害。再者，老年人的思想观念相对保守，社会性照料的适用范围还是存在局限性。

三、探索城市空巢老人"绿色养老"模式

（一）"绿色养老"内涵及理论依据

1. 社区居家"绿色养老"内涵诠释

城市空巢老人群体的迅速扩大引发不少学者关注城市空巢老人在社区的养老问题，一些学者探讨利用城乡接合部地区基础设施完善和自然环境良好的优点来解决城市空巢老人的养老问题，研究过程中逐步提出一系列蕴含"绿色"理念的养老方式，在此基础上，"旅游养老"和"生态养老"等不同模式应运而生。侯东栋认为"生态养老"是以农村社会支持网络为基础、农业中绿色安全的自然生态环境为支撑，从农业农村中确定契合于老年人活动场域，建构适合老年人身心需要的养老文化、社会和生态支持体系以实现健康生态养老。[①] 杨文波将"绿色生态养老"界定为，通过一定的环保手段和设施，针对老年养老机构或体系所进行的养老建设活动。[②] 前者着重于"绿色养老"环境的建构，后者则关注于"绿色养老"设施的建设，二者都包含了对"绿色养老"的有益探索。[③]

综上所述，目前学者对于"绿色养老"方面的研究方向多集中在某一方面，比如"绿色养老"环境和设施的建构、老年人社区居家安全环境的营造，对于新兴的养老方式虽有一定的认识，但没有系统全面地深入研究。随着多元化养老理念逐渐推行，我国单一的养老方式越来越不能完全满足老年人多元化养老需求。社区居家"绿色养老"作为新兴养老方式，通过"绿色养老"途径，将更好地满足城市老年人养老需求，缓解城市养老压力，必将成为城市空巢老人养老的一个全新选择。

"绿色"一词是指建立在生态环境容量和资源承载力的约束条件下，以低碳循环为主要原则来实现经济、社会与生态的可持续发展。"绿色"是党的十八届五中全会提出的新发展理念的重要内容，是将环境资源作为社会经济发展的内在要素，倡导实现经济活动过程和结果的绿色化。"绿色"理念运用到建构城市空巢老人这一特殊人群的社区居家服务之中，意味着要朝着建设"绿色养老"服务体系，实现养老环境、产业、服务与文化的"绿色"化方面发展。

综合学术界的有益探索，结合我国老龄化、空巢化的特点，基于"绿色"新发展理念，可将城市空巢老人社区居家"绿色养老"定义为：从现代社会福利服务的社区照顾理念出发，利用社区养老机构与医疗服务机构等社会服务支持网络，借助社区智慧养老

[①] 侯东栋. 多功能农业视角下粤港澳大湾区生态养老模式探索[J]. 广东开放大学学报，2019(2).
[②] 杨文波. 辽宁新型绿色生态养老园建设问题研究[J]. 辽宁经济职业技术学院学报，2017(4).
[③] 冯杰，朱小红. 城市空巢老人社区居家"绿色养老"服务建设意义及策略[J]. 西南交通大学学报，2020(4).

平台，保证老年人养老和医疗服务及服务产品的安全健康和低碳环保，并保障老年人的各项权益不受侵害的一种健康化、智慧化、社会化的社区居家养老服务新方式。

要真正实现城市空巢老人社区居家"绿色养老"，需要城市空巢老人、社区、康养产业等各组成要素的齐心协力。首先，对于城市空巢老人而言，"绿色养老"意味着绿色低碳消费观与良好生活习惯的形成，在缺乏子女引导和照顾的状况下自觉学习和不断培养健康养老理念；其次，对于社区而言，"绿色养老"就是要实现社区空巢老人养老环境的绿色生态化，养老服务与产品供给的特殊针对性、多样性与科学性及其服务监管机制的"绿色化"，同时，完善社区功能，实现社区资源的高效循环使用，创新资源供给模式，推进社区养老服务的可持续发展；最后，"绿色"之于康养产业，应在文化娱乐、基础设施、日常护理、养老场所、养老金融与日常消费六大产业链上，实现资源集约高效、产业生产绿色化、产业结构协调化、产业技术创新化、产业发展的高度社会化、低碳化六大目标，为实现中国健康养老战略打下坚实基础。

2. 城市空巢老人社区居家"绿色养老"之理论依据

(1)"绿色"新发展理念。在党的十八届五中全会上，习近平总书记提出新发展理念，将绿色发展理念上升到国家战略层面。党的十九届四中全会进一步强调要坚定走社会富裕、生态良好的文明发展道路，全面建立资源高效利用制度，建设美丽中国。绿色发展理念立足中国国情，强调突破传统发展理念和经济发展模式，促进人与自然和谐共生。"绿色"新发展理念的内涵丰富，与城市社区空巢老人的"绿色养老"具有天然的融合性。

首先，打造社区养老的绿色环境。针对环境恶化、自然资源的枯竭等生态环境问题，要坚持走生态良好的绿色发展之路，为人民打造良好的生态环境屏障，实现人与自然和谐共生。良好的"绿色养老"环境是对城市空巢老人最普惠的福祉，在建设城市空巢老人养老社区过程中，要将"绿色"理念运用到城市社区养老设施与服务中，贯彻执行节约资源和保护环境的基本国策，因地制宜发展"绿色养老"服务。其次，推动康养产业经济的绿色发展。在经济进入新常态后，对经济发展质量提出了更高要求，即经济的绿色发展、循环发展、低碳发展。"绿色养老"发展离不开绿色经济支撑，"绿色经济"要求现有的康养产业进行绿色转型，借助供给侧结构改革实现"低污染、低耗能、低排放"，减少能源的消耗。①

与此同时，增强科技创新意识，增加养老和医疗用品及服务产品的绿色科技含量，转变生产方式以提高医养资源利用效率。最后，营造社区养老绿色化氛围。在空巢老人群体广泛弘扬绿色发展观并将其内化于心，促进人与人之间和谐相处，提升空巢老人的幸福感，并帮助空巢老人树立绿色消费观，鼓励其积极践行科学生活方式，掌握科学健康养老知识。

(2)可持续发展理论。1987年，世界环境与发展委员会(WCED, World Commission on Environment and Development)发表了《我们共同的未来》，在这篇报告中阐述了可持续发展的含义，即"既满足当代人的需要，又不对后代人满足其需要的能力构成危害的发展"。

---

① 孙晓燕，杨中兵，孙婉璐. 我国绿色经济发展研究 [J]. 现代管理科学，2018(9).

可持续发展包括经济、生态与社会三方面。在经济属性角度，可持续发展是指"建立在成本效益比较和审慎的经济分析基础上的发展，并加强环境建设，来促进福利的增加和可持续水平的提高"。从自然属性角度出发，可持续发展是保护和加强环境系统的生产更新能力。从社会属性角度出发，可持续发展定义为"在不超过维持生态系统承载能力的情况下改善人类的生存质量。"①

城市空巢老人社区居家"绿色养老"也涉及经济、生态与社会三个方面，维持社区居家养老的各项资源皆有限，资源不合理利用威胁着社区居家养老模式的可持续发展。实现"绿色养老"必须实现社区内各类资源永续利用、康养产业永续发展、生态永续良好与养老制度可持续，把资源、经济与生态的可持续发展作为绿色发展的目标，②实现城市空巢老人社区居家"绿色养老"服务建构过程的"绿色化""生态化"。发展"绿色养老"社区、创新绿色康养产业、培养空巢老人健康养老理念与建立"绿色养老"制度，提供健康养老产品，为城市空巢老人"绿色养老"保驾护航等，显然，可持续发展理论对这些目标的实现具有重要指导意义。

(二) 城市空巢老人社区居家"绿色养老"服务建设的意义

在"绿色"新发展理念与可持续发展理论的要求与指导下，城市空巢老人社区居家"绿色养老"服务建设独具优势，对实现我国健康老龄化、减轻国家养老负担、促进社区功能完善及实现城市空巢老人健康养老具有特殊的意义。

1. 有利于实现健康老龄化之战略目标

实现健康老龄化是我国老龄工作的重要战略目标，这不仅体现为老年人的寿命长度，更重要的是寿命质量的提高。建构城市空巢老人社区居家"绿色养老"服务能够促进我国老龄事业的发展，努力做到老有所养、老有所医、老有所为、老有所学、老有所乐，将实现五个"老有"与健康老龄化相联系，奋力实现健康老龄化。老有所养、老有所乐、老有所医是实现健康老龄化的前提条件，"绿色养老"保障空巢老人物质与精神赡养，满足看病需求，实现老有所养、老有所乐、老有所医，为健康老龄化的实现奠定坚实基础；老有所为是实现健康老龄化的重要目标，鼓励空巢老人积极参与社会实践，减轻养老服务压力，为社会做出一定贡献；老有所学是实现健康老龄化的重要途径，参与学习教育，对于改善空巢老人健康水平与人际关系具有显著作用。

2. 有益于减轻政府养老负担

城市空巢老人社区居家"绿色养老"对养老、医疗等资源进行高度整合与优化配置，完善的医养结合"绿色养老"服务将城市空巢老人健康管理、疾病预防等尽可能多的医疗保健资源融入社区，老年人可在社区居家养老的同时享受医疗保健的相关服务，有效促进医疗保健制度与养老保险制度的衔接。城市"绿色养老"社区内的医疗服务点具有地缘与价格优势，且根植于城市空巢老人身边，减少了城市空巢老人就医的费用成本，成为缓解空巢老人养老压力的一剂良方。

---

① 徐治立，徐舸."可持续性科学"的发展状况、内涵特征及其社会意义 [J]. 今日科苑，2019(12).
② 刘君. 绿色发展对我国经济与就业问题的影响 [J]. 工会信息，2017(6).

3. 助力完善城市社区养老服务功能

目前，我国城市社区养老服务项目主要包括家政服务、文化娱乐和医疗护理等，在心理咨询、法律维权、社会参与等功能上有所缺失。城市空巢老人无子女陪伴，与社会接触少，容易产生无用感、寂寞感等消极心理，社会适应能力大不如前。城市社区居家"绿色养老"则致力于建构包括家政服务、医疗保健、心理咨询、文化娱乐、社会参与法律维权等全方位的服务体系。在为空巢老人提供精细化的基本养老服务之外，对其定期进行心理疏导和适时的法律援助等，引导公共服务向空巢老人倾斜，建构全方位、多层次养老服务网，建设功能健全、系统科学的"绿色养老"平台，填补当前城市社区功能的真空地带，使空巢老人在全方位的舒适养老环境中颐养天年。

（三）城市空巢老人社区居家"绿色养老"服务建设的策略

1. 加大政府支持力度，创新绿色康养产业服务模式

首先，要优化康养产业市场准入机制，适度放宽市场准入条件，并建立公开、平等、规范的健康养老服务业准入制度。此外，要健全健康养老行业标准体系，制定养老与医疗服务规范，明确其服务范围、服务标准、服务项目等，规范针对老年人的护理、膳食、物质精神照护等养老服务行为与针对疾病预防、治疗、康复等医疗服务行为。

其次，要强化政府财政投入力度，加大税费优惠力度。各级政府财政部门应重点关注康养产业的发展，在积极落实国家现行的对康养产业的税费优惠政策外，还应扩大财政政策对康养产业的支持范围，加大财政投入力度，对于从事养老、家政等社区服务行业，政府应扩大该类企业免征增值税的范围，规范行政审批中介服务收费，降低康养企业在融资、制度性交易、人工等方面的成本，并给予相应的财政补贴，通过税收优惠或财政补贴的形式来解决养老产业发展中的资金问题，扫清绿色康养产业的发展障碍。鼓励中小企业以零费用方式进入社区公益性服务领域，支持企业利用新技术、新工艺、新材料等开发养老服务产品，研发老年人乐于接受和方便使用的智能科技产品，制定"绿色养老"服务及产品标准以保障其安全性、可靠性。

再次，创新养老服务投融资模式，拓宽康养产业资金来源渠道。政府应大力支持康养产业运用创新型债务融资工具筹措资金，运用PPP(Public-Private Partnership)模式对收入不抵成本但具有社会效益的养老服务项目给予适当补贴。此外，建构"政府+金融机构+PPP+社会力量"的多元主体合作联营方式，[①] 为康养企业提供发展资金，助力企业茁壮成长。

最后，党的十九届四中全会明确提出要健全和完善经济治理体系，建设高标准市场体系。基于各区域养老市场和产业价值链供给需求，培育多元化市场需求，使其成为激发养老产业活力的新动能，并加快推进绿色康养产业发展方式和养老技术创新，因地制宜鼓励企业发展特色、绿色康养产业，促进绿色生产要素向城市空巢老人社区居家"绿色养老"服务集聚，为空巢老人打造良好的自然人文环境，提升养老空间，在提高康养产业绿色水平的同时创新城市空巢老人"绿色养老"服务模式。

---

① 龚三乐，吴定伟，温雪，等. 广西健康养老养生产业投资环境分析 [J]. 改革与战略，2019(2).

2. 培育绿色文化养老理念，夯实绿色文化根基

空巢老人要积极关注绿色发展新形势，加深对"绿色养老"的理解，身体力行，形成低碳环保、节俭理性的生活方式，将绿色文化理念内化于心，使绿色理念转化为自觉的行动。城市空巢老人是践行绿色文化的主力军之一，应主动承担社会责任，积极融入绿色文化发展中，努力树立"绿色养老"与绿色消费观念，养成良好生活习惯，增强身体机能，提高自身绿色形象和绿色素养，以实现"绿色养老"、健康养老。

另外，须加快完善绿色文化制度。绿色文化制度主要包括绿色发展考核制度和责任追究制度。要健全绿色发展考核机制，对养老服务机构、企业及社区供给养老服务和产品的质量、过程及最终效益进行多重指标考核，并落实绿色发展责任追究制度，对养老服务机构、企业及社区浪费资源、破坏环境的行为进行追责处罚。此外，要以绿色文化引导康养产业绿色发展观。聚焦康养产业重点领域并加快绿色文化发展，建构以市场为导向的绿色技术创新体系，发展节能环保、绿色清洁的绿色康养产业，实现康养产业高质量、可持续发展。

3. 发挥"互联网+"的优势，建设医养结合的"绿色养老"服务

城市社区医养结合的"绿色养老"服务模式的建构，需要在信息智能化、服务与人员创新供给方面并驾齐驱，积极推进医养结合服务发展的绿色路径。

第一，系统的健康教育和激励及健康专业人员的持续监测可能会对改变城市空巢老人的生活方式有非常大帮助，这些系统的建构和持续监测离不开互联网的发展。在"互联网+"的技术支撑下，运用大数据信息技术，实现城市空巢老人健康状态动态监测，有针对性地利用移动交互平台发送健康知识及医疗服务信息，并整合城市社区养老服务、设施与养老信息，为城市空巢老人建构全方位的养老服务信息网络。

第二，个性化供给绿色医养资源，推进健康老龄化。城市空巢老人健康状况各异，所需的医养服务项目各有不同，因此要以空巢老人需求为导向，提高绿色医养服务供给精准性。对于生活可自理的空巢老人，主要提供生活照料、健康保健等医养服务；对于失能、半失能的老年人，服务重点应在于"医"；对于完全失能、失智的空巢老人，应建立集中供养中心，进行有针对性的长期照护服务供给，保障服务供给的可持续。专业化、个性化的绿色医养服务供给体系可有效解决城市社区医养结合的"绿色养老"模式发展过程中出现的"医而不养""养而不医"问题。

第三，针对养老服务专业人员不足的困境，建议在"绿色养老"服务领域引入"时间银行"，即通过"自助、互助"方式让青年人和中年人或健康状况良好的老年人都可以通过提供志愿服务以此积累服务时长，待自己年老或有照护需求时可提取以换取他人的服务。服务内容包括医疗服务、照护服务、日常生活服务等多个方面。"时间银行"模式盘活"绿色养老"服务领域人力资源，实现城市社区人力资源的绿色循环使用。此外，加大对医养结合养老服务人员的培养和政策优惠力度。一方面，设立专门培训团队对养老服务人员进行基本道德、业务项目、专业技术指导，或通过加强社区养老服务人员与医校的交流，实现服务人员岗位培训。另一方面，提高医养结合服务人员的待遇和福利水平，优化其工作环境，以增强医养结合服务人员队伍稳定性。

针对我国日益严峻的养老问题，城市空巢老人社区居家"绿色养老"的兴起和发展

逐渐成为新时代解决老龄化问题的新途径。深入分析城市空巢老人社区居家"绿色养老"服务建设及制约因素，进一步探索如何建构社区居家"绿色养老"的多元主体协同治理模式，从打造绿色康养产业发展新动能、积极培育绿色文化养老、完善城市社区医养结合的"绿色养老"服务方面着手，建设具有中国特色的城市空巢老人社区居家"绿色养老"服务体系。

第二节　留守老人问题

一、留守老人群体相关背景梳理

（一）留守老人群体产生的原因

改革开放40多年来，我国的人口城镇化水平已达到60%。长期的城乡二元结构背景下，以农村人口流向城镇为特征的城市化仍然保留着一个独特的现象：农村的青壮劳动力流向城市后，他们的妻子、子女、父母往往会继续留守在农村，这些留守在农村的人被形象比喻为"386199"部队①。近年来出现了更为奇特的现象，不少进城的年轻夫妇携带子女举家迁徙，农村里留下了大量的留守老人。2010年第六次全国人口普查数据显示，农村60岁以上的老年人口比例为14.98%，而城市60岁以上的老年人口比例为11.69%。农村老龄化程度比城市高出3个百分点以上，②这主要是由于大量青壮劳动力流入城市而老年人留守农村造成的。

农民进城有两个不同阶段。第一个阶段是自20世纪90年代开始，农村剩余劳动力进城务工经商，从城市获取收入用于农村家庭消费。实际上，进城农民要在城市安居，往往不仅难以承担对老年父母的赡养责任，还需要农村父母用务农收入来支持进城子女艰难的城市生活。这样，农民工进城务工经商就不再是向农村输入资源，而是继续从农村汲取资源用于城市消费，农村因此加速了老龄化且更加衰败。

目前，农民进城已经进入第二个阶段，即年轻人开始在城市安居，导致农村资源进一步流向城市，同时，老年人仍然生活在农村。生活在农村的老年人的状况包括养老问题就成为一个重要的社会关切。留守在农村的老年人状况如何？依据生产生活情况可将其划分为三种类型：一是仍然具有生产能力的低龄老年人，他们一般身体健康，子女也

---

① 注释：三八妇女节，六一儿童节，九九重阳节，"386199"的称呼形象地说明我国农村青年劳动力的缺失，由此带来相应的社会问题。
② 陈丹，陈恩. 农村留守老人的生活现状、现实困难及其可能出路——基于调查问卷的数据分析 [J]. 新东方，2020(4).

已经成家,父母已经去世,农业生产劳动强度不高,闲暇时间多,就是农村"负担不重的人"。他们收入不高,消费也不高,不太缺钱花,休闲时间多,因此他们进入人生中从来没有过的轻松闲暇时期。二是不再从事农业生产但生活能自理的老年人。他们收入来源较少,是社会中的消费者,心理上变得相对弱势。又因为生活能自理,依靠自己积蓄、子女经济支持、国家基本养老保险及自给自足经济收入,他们维持温饱没有问题。三是生活不能自理、需要有人照料的失能、半失能的高龄老人或患病老人。①这样的老年人数量不多,状况不好,甚至有些地区农村出现了为不增加子女负担,生活不能自理的老年人自杀的情况。

(二)农村留守老人的生活现状

老年意味着劳动能力逐渐衰减,直至彻底退出劳动生产领域。在我国农村养老保障体系尚不健全的情况下,老年人的经济收入来源、医疗保障等都面临着困境,农村留守老人的这些现实困难因其子女外出工作而变得更加突出。

1. 经济供养主要来源于非正式支持体系

当前我国农村养老保障体系不健全,老年人的经济来源主要依靠家庭等非正式支持体系。既有研究表明,农村留守老人的主要收入来源为自己劳动所得,经济收入比较单一。②根据陈丹等的调查显示,农村留守老人的主要经济来源为基础养老金和子女供养。只有11.8%的老年人主要经济来源为自己劳动所得。另外,只有7.4%的留守老人有退休金。从收入分布看,54.67%的留守老人月收入低于500元,34.39%的留守老人月收入介于500~1000元,7.4%的留守老人月收入在1000~1500元,只有3.5%的老年人月收入高于1500元。由此可见,农村留守老人的总体经济状况并不理想。2018年海南省农村60岁以上老年人基础养老金为每月178元,政府的普惠性基础养老金占留守老人月收入的比例在30%以下,但仍有88.2%的留守老人将基础养老金作为其主要收入来源之一。③尽管大部分留守老人表示子女已组建自己的家庭,在外生活压力大,不愿意增加子女的额外负担,但仍有49.2%的留守老人主要收入来源于子女供养。大多数研究表明,子女外出务工对留守老人在经济供养方面的影响是积极的。④

2. 生活照料主要依靠老年人自己和配偶

随着年龄增大,老年人特别是失能、失智老人的生活自理能力逐渐丧失,日常生活需要其他人的协助和照料。老年人的生活照料受家庭结构、居住安排和代际空间距离等因素影响。相关研究表明,老年人自己、配偶及未成年子女是为留守老人提供生活照料最多的主体。因为家庭小型化和子女迁徙外出进一步弱化家庭照料功能,留守老人很难依靠子女照料日常生活。

贺聪志等学者将留守老人的照料供给者分为四类:一是由老年人自己及其配偶构成的主体性照料供给者;二是由未外出子女、其他亲属等家庭网络成员构成的辅助型照料

---

① 贺雪峰. 农村留守老人的三种类型与养老问题 [J]. 决策, 2020(11).
② 韦璞. 农村留守老人生活状况调查分析 [J]. 西部学刊, 2013(12).
③ 陈丹,陈恩. 农村留守老人的生活现状、现实困难及其可能出路——基于调查问卷的数据分析 [J]. 新东方, 2020(4).
④ 贺聪志,叶敬忠. 农村留守老人研究综述 [J]. 中国农业大学学报(社会科学版), 2009(2).

供给者；三是由邻居、同辈群体等社区成员构成的边缘型照料供给者；四是由村集体及政府构成的缺位型照料供给者。① 关于机构养老，许多留守老人持质疑的态度，主要原因在于老年人希望在家由自己或配偶相互照料即可，无须到养老服务机构去，且大部分老年人认为自己在家较为自由。

3.精神慰藉依托弱化的社会关系

人的社会性决定了人需要社会交往。老年人社会活动萎缩后会出现明显的精神空虚和内心孤独，子女长期外出后留守老人变成空巢家庭成员，缺少与儿孙辈经常互动会加剧孤独感。老年人与子女见面频率可以作为衡量缓解老年人孤独感的重要指标，而子女务工的地域距离则是影响老年人与子女见面频率的主要原因。

二、农村留守老人存在的问题分析

（一）农村留守老人存在的现实困境

1.经济供养保障较为脆弱

当前，政府提供的普惠性基础养老金水平偏低。在农村养老保障体系不健全的情况下，留守老人的养老经济供养主要依赖非正式支持体系，即主要由子女赡养供给和自己务农所得。农村经济发展水平低下，收入来源单一，随着物价的提高，基本生活成本也会随之提高，基本的生活保障成为农村老年人的主要担忧。

2.医疗保健水平有待提高

许多农村留守老人患有各种不同程度的慢性疾病，医疗费用随着年龄增长呈上升趋势。虽然新型农村合作医疗制度实现全覆盖，保障水平越来越高，但仍然不能彻底减轻老年人生病给家庭带来的经济压力。很多慢性病只在门诊治疗，而新型农村合作医疗只报销住院费用。本来收入就较低的农村留守老人对医疗费用非常敏感。

3.生活照料状况令人担忧

日常生活照料是高龄老年人的主要担忧。子女由于经济、工作压力，除春节和特殊情况返乡外，大部分子女几乎不会特地回乡在家照顾父母，这导致老年人生活照料的子女缺位，生病时谁来照护及年老体弱时谁来照料成为留守老人的主要担忧。

（二）农村养老体系的困境分析

1.农村子代为主的家庭养老功能弱化

近年来，随着城镇化的推进，农村在产业结构、人口结构、家庭结构等多方面发生重大转变。农村家庭规模从大变小，农业产业效率低下，就近就业的岗位少，加之农村子代受教育程度低，农村子代想要找到离家近的工作岗位较为困难。② 因此，进城谋求发展是农村子代谋生的首选。然而农村子代外出务工在往返路程、时间、旅途费用支出等成本上的承受能力有限，很难实现工作地与家乡之间的频繁往返，因此，农村子代往往

---

① 贺聪志，叶敬忠.农村劳动力外出务工对留守老人生活照料的影响研究[J].农村经济问题，2010(3).
② 王福帅.农村留守老人养老服务体系建构研究[J].领导科学论坛，2020(21).

选择把子女带到城镇接受教育。丧失劳动力或是半劳动力的留守老人被动或是主动选择不跟随子女进城，进而出现农村子代为主的家庭养老功能弱化的困境。

2. 农村养老服务产业化亟待提升

我国养老服务产业从最初的观望到现今产业发展，已经取得了一定的进展，但农村老年人口数量大、收入水平低、居住分散，城乡养老服务体系建设差距明显，导致农村养老服务一直是养老服务的重点和难点。就农村市场而言，现有的农村医疗条件不佳，交通设施不完善，养老服务产业的运营也正处于起步阶段，还未形成完整的产业链，其经营者自身在制度管理和资金分配上仍存在诸多问题。而且，多数留守老人思想观念较为保守，接受新兴事物的速度较慢，在选择机构养老、社会养老等养老模式上持有保留态度。

三、推动农村养老模式转型，破解留守老人问题困境

（一）农村养老模式转型的基本构思

农村养老模式的转型并不意味着家庭养老的义务被弱化，更不是削弱政府公共管理的责任。城镇化发展的速度虽然逐年上升，但社会老龄化的问题更为凸显。家庭养老能给予农村留守老人的养老资源不断减少，需要政府在转型时期对家庭养老的地位乃至服务给予有力的政策支持与引导，让社区建构和完善养老服务的基础设施，将更多的社会主体纳入养老体系，将农村互助养老作为家庭养老的有效补充。

1. 明确农村养老主体的主次任务

农村家庭养老的主要承担者是农村子代，然而农村子代的外出发展使留守老人的养老问题间接通过公共事务管理转移给政府承担。当前农村养老的主体需要一个清晰的定位，由谁来养？怎么养？在哪里养？这些问题应当由公共事务的管理者——政府机关进行明确区分。首先，政府作为农村养老模式的转型问题上的主导者，要处理好农村养老问题上政府与家庭个体、社会组织之间的责任分工。政府在对于家庭养老的服务质量，以及社会多方主体参与互助养老过程中应履行监督职能，在政策和资金方面给予帮扶，以促进农村互助养老的发展。其次，农村子代作为赡养老年人的执行者，在道德与法律双重层面上负有不可推卸的赡养义务，互助养老并非直接取代家庭养老，子代于情于理都不能将老年人弃之不顾。就老年人能否享有生活来源、医疗救治、精神慰藉等养老保障来说，家庭养老基于血亲、姻亲等因素是养老的第一道保障。再次，"养老就在家门口"是未来互助养老的一大特点，家庭以外的情感关怀应建立在自己的熟人社会环境中。

基于现今社会发展的情况，互助养老能够缓解家庭养老压力负担过重的问题，老年人所需的情感慰藉、社交活动、文娱活动等精神层面需求可以在互助养老中寻求家庭、邻里、亲友的帮助。村委会、老年社团、社会公益性组织作为互助养老的发起者，应弘扬我国尊老爱老的良好美德，鼓励亲友、社会组织参与农村留守老人的养老服务。最后，农村互助养老在资金来源上的先天不足会影响未来一段时间内商业主体参与互助养老的积极性，应当在保障老年人合法权益的前提下允许社会志愿者、公益性组织团体、社会

福利性组织，如敬老院、养老院、慈善基金等参与农村互助养老，作为农村互助养老的补充，更好地改善农村留守老人的晚年生活质量。

2. 农村养老观念的转变引导

参与农村互助养老应是村民自发、自愿的行为，农村传统养老模式的转变在短期内不能一蹴而就，但在价值观念上要逐步引导农村人口适应未来家庭养老模式与互助养老模式的结合。农村养老观念的转变主要依靠政府机关与基层村民自治组织、村民社团等社会组织发动和宣传，既要营造尊老敬老的社会氛围，又要做好互助养老的政策宣传，强调家庭养老的主体性，宣传互助养老的可行性，通过线上线下宣传引导，塑造积极正面的舆论宣传。农村线下宣传赡养老年人义务要细化到每家每户，使其明白实行农村互助养老模式并不是免除农村子代的赡养义务。要加强农村普法教育，提高村民法律素质，对逃避、拒绝履行赡养义务等行为对应的法律责任，同样要宣传到位。

3. 互助养老服务多样化发展

农村互助养老模式在多个地区以互助幸福院、互助服务社、老年公寓等不同形式展开，由于地区经济发展水平不同，互助养老的形式、费用支出、养老服务等多个方面均存在差异，但总体来说，依旧是围绕需求提供养老服务。互助养老的组织者应当承担起提供互助活动场地、设施及项目的发起等责任，注重丰富互助养老的内容，灵活安排老年人互助生活。互助养老模式既可以选择与家庭模式相结合，也可以选择在家庭外部继续延伸寻求社会养老机构的帮助。

就满足情感需求、社交需求来说，家庭养老与互助养老模式相结合能够满足老年人对家庭内部及社交活动的需要，使老年人的生活范围不局限于家庭，改善了老年人社会性活动较少的局面。对自我价值的实现及被尊重的需求来说，互助养老与机构养老能提供更多的社交活动，这些家庭外部的正向活动有助于提升农村留守老人的生活质量。农村互助养老必不可少的场地、基础设施、医疗等物质方面的条件，以及文娱活动、心理干预、临终关怀等缓解农村留守老人精神焦虑的养老服务项目要结合当地风俗习惯展开。政府除了减轻农村留守老人个人养老费用外，还要推出关怀农村子代履行赡养义务的组合政策，如鼓励企业、单位对履行养老义务的子女延长探亲假期、发放往返路费、批准因护理需要的事假。

（二）农村互助养老模式的保障措施

1. 互助养老模式的制度保障

政府作为农村互助养老的主导者，要引导社会多方力量共同关注留守老人的养老问题，既要打击和制止拒不履行养老义务的行为和损害老年人合法权益的违法活动，又要给予积极履行养老义务的家庭以奖励。政策的生命力在于有效运行并得以有效监管。作为互助养老模式的执行者，村委会、老年社团、社会公益性组织等对于互助养老的组织场地设施、服务人员的管理、养老资金的分配、文娱服务和医养服务的购买等具有很大的话语权，也肩负着维护农村留守老人晚年幸福生活的重任。

2. 互助养老模式的物资保障

固定养老资金是农村留守老人维持生活的基本保障，互助养老模式资金投入除政府拨款外还应增设更多渠道，如子女交纳一定比例的费用、社会捐赠、涉及基本生活保障的企业进行物质救助等，保证互助机构正常运转。在倡导城市反哺农村的大背景下，可尝试让农村留守老人子代务工的企业提供相应的物资保障或资金帮助，使其成为一项企业应履行的社会责任。对于积极投入互助养老服务的企事业单位、社会机构组织，政府可以适当给予政策优惠，鼓励并引导更多的企事业单位参与互助养老的帮扶活动。

3. 互助养老模式的服务保障

目前，农村互助养老的服务困境主要包括服务人员的短缺和专业服务的不完善。互助养老对服务人员的从业技能要求，不仅包括日常的生活照顾，还包括对老年人的护理、心理干预、组织活动等。一方面，要采取多种措施努力提高护理人员的工资待遇，完善社会保障；另一方面，要加强对护理人员的专业化培训，提高从业人员的护理水平，通过标准化的服务培训，逐步推进各个地区互助养老模式的建立。在服务内容上，除日常的陪伴照料外，要根据老年人的个体化要求，通过购买社会服务或整合村集体里人力资源，以及社会组织、慈善组织等社会资源，定期开展老年夜校、康复运动、户外活动、节日表演、日常身体锻炼等内容丰富、形式多元化的社交娱乐活动，充实互助养老模式服务。

第三节　失能老人问题

一、失能老人相关问题简介

(一) 相关概念

1. 失能

失能是指个体因疾病、伤残或年老等原因造成身体机能、心智出现功能性障碍，部分或全部丧失生活自理能力的一种非健康状态。根据相关能力指标和国际通行标准，可将其分为轻微失能、中度失能 (半失能) 和重度失能 (完全失能) 三种程度。失能老人是指处于无法有效、自如控制身体机能运转或智力出现功能性倒退，丧失生活自理能力的老年群体。[1]

2. 长期照护

长期照护是指在持续周期内，对因年老、疾病、意外事故等出现自理能力障碍、基本活动限制及心智和认知紊乱群体提供生活照料、疾病康复、健康管理、康复保健、精

---

[1] 邓大松，李玉娇. 失能老人长照服务体系建构与政策精准整合 [J]. 西北大学学报 (哲学社会科学版)，2017(6).

神慰藉等服务，以保证个体最大范围内实现能力改善、社会参与、人格独立与尊严。一般而言，长期照护服务既包括以血缘关系主导、家庭成员帮扶的非正式照护，也包括由专业人员的技术支持和体系化供给为主的正式照护。失能老人长期照护是指根据老年人的失能状态和需求特点，长期、连续提供专业化照护服务，保证其基本生活，改善其健康水平。

（二）失能老人问题的提出

近年来，人口结构发生重大变化，老龄化和高龄化程度日益加深，速度不断加快，出现结构性失衡，形势相当严峻。老年人口规模迅速膨胀，伴随而来的是失能化现象凸显。据相关数据显示，我国城乡失能、半失能老人数量已突破 4000 万，达到老年人口总数的 18.3%，意味着长期照料和护理方面的需求陡然递增，如何通过有效的政策制定和机制设计，供给充足的医疗和照护服务，降低失能老人的生存风险，保证其健康权利和人格尊严，提高晚年生活质量和幸福指数，成为全社会普遍关注的焦点。此外，人口老龄化作为一种社会现象，一方面反映了劳动力供给结构不平衡的现实危机，另一方面也意味着经济资源在不同年龄段配置合理性降低。失能老人规模的不断扩大，不仅影响个人及家庭资本积累，更突出体现在整个社会经济风险增加和医疗服务资源的优化整合，因此，建构完善、有效的长期照护服务体系，提高供给效率和质量显得尤为必要。

家庭作为核心的社会单位，在向老年人提供生活照料和情感支持方面发挥着重要作用。由家庭承担养老和照护功能，是沿袭已久的中华文化传统，并且日益上升为一种主流的养老模式，成为分散老年经济风险、减轻疾病负担和提供精神慰藉的关键载体。随着经济发展和社会转型，家庭结构呈现倒金字塔形态，规模趋于小型化和核心化，传统的家庭照料和养护功能逐渐弱化。加之城镇化进程推进，人口城乡流动速度加快，代际分离现象严重及居住模式的变迁，在很大程度上造成家庭照料"失灵"和支持功能"缺位"。失能老人长期照护具有需求层次性和阶段性差异，护理服务专业性强，医疗成本高，支出具有长期性和持续性等特点，如何通过制度设计结构性供给照护服务，多重整合政府和民间资本，有效开发养老市场潜力，弥补家庭照护不足，实现失能老人经济能力与照护资源占有的功能性匹配，降低生存风险，保证其人格尊严和公民权利，促进社会稳定，成为建构长期照护服务体系的契机。

近年来，在"健康中国"战略的引导下，国家出台了一系列政策推动养老服务的发展，致力于老年人口福利改进，实现健康养老。2016 年 6 月，人力资源和社会保障部办公厅印发的《关于开展长期护理保险制度试点的指导意见》中指出，长期护理保险的建立有利于保障失能人员基本生活权益。2017 年 3 月，多部委印发的《"十三五"健康老龄化规划》中提到，要大力发展医养结合服务，重点为失能、失智的老年人提供医疗护理和生活照护服务。政策的相继出台为失能老年人长期照护服务发展提供方向和原则性指导，但应看到，服务体系建设缺乏具体操作设计，政策间衔接和耦合度较低。建构失能老人长期照护服务体系，不仅有利于从政策层面理顺社会养老服务机制，映射医养结合服务和长期护理保险制度，衍生重点人群福利保障的补充效应，还有助于实现健康老龄化和老年福利正向改进，意义重大。

二、失能老人存在的问题

(一)失能老人长期照护服务有效需求不足

1. 需求数量刚性增长与内容多元嬗变

随着社会经济的发展、人口寿命的延长和医疗技术的进步,我国老龄化程度日益加深,高龄化趋势明显,尤其是失能老人数量呈指数增长,造成长期照料和养护的服务需求陡然攀升。我国失能老人人数庞大,构成复杂且逐年递增,衍生了巨大的长期照料和护理服务需求,且呈不可逆的刚性增长态势。失能老人因健康状态层次差异、生活照顾能力弱化和养老方式不同,对长期照护服务需求内容也呈现复杂性和多元化特征。一般来讲,与子女同住失能老人的照护需求种类以医疗帮助和保健服务为主;选择社区养老的失能老人对精神支持和医疗护理服务要求更高;养老机构中失能老人对生活照料、康复护理等多项内容均有一定需求。

2. 需求层次递进与失能老人支付能力限制

因年龄、健康存量、行为能力等方面的差异,不同失能程度和类型老年群体对长期照护服务需求也明显不同。整体来讲,倾向正规、专业化照料且需求层次呈现阶段性和梯度递进趋势。随着年龄增加,健康状况恶化,慢性病和残障率的上升,失能老人的照护需求层次不断提高,需求数量更多、强度更大、质量更优,尤其在医疗护理方面,服务精准性要求更高。此外,不同类型失能老人对长期照护服务需求意愿也存在差异。对于老化失能群体,以非正式照护为主,需求层次相对较低,主要是日常生活照料;对于伤残失能群体,专业、定期的医疗护理和康复服务成为首要需求;而对失智引起行为能力受限老年人来说,照护需求层次更高且内容更复杂。整体来看,失能老人长期照护服务需求意愿具有多元差异化、层次阶段性特点。

消费者的购买能力是影响需求市场稳定的重要因素。近年来,国家不断提高养老金待遇。2020年,全国企业退休人员月人均养老金为2900元左右。[①] 虽然老年群体的收入有所增加,但因社会资源占有、经济支持等方面的劣势,整体水平不高,支付能力有限。对于失能老人来说,更是如此。巨额的医疗成本和护理费用支出增加,不仅在很大程度上降低其生命周期内的资本积累总量,也造成自身购买力下降。可见,失能老人长期照料服务需求刚性增长、层次递进与实际支付能力限制之间的矛盾导致市场有效需求严重不足。

(二)失能老人长期照护服务供给水平不高

1. 供给主体单一,定位模糊

供给主体的多元参与和精准定位是失能老人长期照护服务体系建立和持续运转的重要保证,不仅有利于多重整合各种照料资源,提高供给效率,还能在很大程度上促进养老服务市场繁荣,为老年产业发展提供动力。目前来看,我国失能老人长期照护服务供

---

① 数据来源:中华人民共和国人力资源和社会保障部公布的《2020年度人力资源和社会保障事业发展统计公报》。

给仍以家庭为主，部分社区和养老机构虽在养老服务中开设失能老人照料项目，但因成本高、专业人员不足、设施不完备、抗风险能力弱等因素，总体供给数量有限。加之政府和公共部门责任缺位，社会企业、慈善组织等民间力量参与不足，导致失能老人长期照护服务供给主体单一。① 此外，养老市场细化程度不足，大型私营企业或社会养老机构盲目定位高端养老产品，致力于拓展高利润业务，缺乏对失能老人照护需求项目关注，造成服务供给水平较低。

2. 供给总量不足，结构失衡

充分挖掘市场潜力，科学制定总量标准和动态调整供给结构对于满足失能老人长期照护服务多元化需求，优化照料资源配置和推动养老经济发展具有重要作用，不仅能保证服务供给的持续性和稳定性，也有利于改善失能老人生活质量，提高福利水平。据民政部数据显示，2015 年，全国各类养老服务机构和设施 11.6 万个，各类养老病床 672.7 万张，每千名老年人拥有床位数 30.3 张，与 2014 年相比增长 11.4%。② 而同年失能老人总数为 2322 万人，其中重度失能比例高达 47.3%。可见，长期照料服务机构供给总量明显不足。加之部分养护机构缺乏精细化管理，供给标准模糊，对需求变化敏感性不强，服务层次不鲜明，导致供给市场参差不齐、碎片化现象严重，供需结构失衡。

3. 服务序列分割，效率不高

作为长期照护供给的关键要素，服务内容和质量对于改善失能老人的生活境况、健康状态和福利水平具有重要影响。靶向性服务目标、专业化服务项目和体系化服务层次，不仅有利于形成完整的供给链条，满足多样化服务需求，也有助于进一步整合服务资源、提高供给效率。但目前，服务供给还存在序列单一、衔接不畅、模块分割等问题，主要体现在三个方面：一是长期照护服务功能整合度不强，尤其是生活照料和医疗照料、正式照料和非正式照料间缺乏横向互动和合作，难以形成复合多元供给模式。二是长期照护服务垂直网络尚未建立，不同层次服务纵向转介和流动相对困难。③ 三是服务产品特色不鲜明，内容僵化。不仅降低服务整体供给水平，也在很大程度上影响服务质量。

三、失能老人存在问题的原因分析

（一）政策碎片化供给，制度适从度不高

当前，政府责任缺位，制度供给不足，碎片化严重，整体适从度低，难以发挥政策合力，主要体现在三个方面：一是失能长期照护服务供给缺乏整体规划，尚未从体系建设角度出发，制定专门性政策，形成有力的制度引导；二是现有养老服务政策指向性不强，缺乏横向系统整合和纵向有效衔接，且配套土地、税收和金融政策碎片化严重，难以为

---

① 杨燕绥，陈诚诚. 银色经济条件下的医疗服务体系重构——辨析老年长期照护与医疗服务的关系 [J]. 国家行政学院学报，2017(2).
② 中华人民共和国民政部 .2015 年社会服务发展统计公报 [EB/OL]. http：//www.gov.cn/xinwen/ 2016-07/12/content_5090289.htm.
③ 黄枫. 农村失能老人现状及长期护理制度建设 [J]. 中国软科学，2016(1).

失能老人长期照料服务开展提供充分依据；三是长期照护服务涉及多个领域，相关法律法规建设不足和空白，在未形成制度约束的同时，也影响失能老人的需求意愿和购买行为。

(二) 管理协同性差，资源整合度低

我国失能老人长期照护服务缺乏统一管理，政出多门，政策协同性差，资源整合度不高，供给效率和水平较低。一方面，长期照护服务涉及民政、卫生计生和人力资源与社会保障等多个部门，因财务分割、责任权限等差异，在失能老人生存救助和照护服务供给中资金、人员支持方面协调困难，流程和质量管理混乱，系统性差，造成供需匹配不均衡；另一方面，长期照护服务组织性和专业性整合机制未建立，难以实现不同服务资源的横向互动、纵向联合和信息共享，形成各个照料系统在内的综合服务网络，从而影响照料资源总体价值提升和发挥整合供给的规模效应。

(三) 机构建设滞后，市场活力不足

目前，我国长期照护服务专业化程度不高、功能不健全、支持体系建设不足、机构发展滞后、养老市场缺乏长效刺激，在一定程度上降低供给效率，主要体现在三个方面：一是社区和养老机构自身筹资能力有限，设施不完备，各模块功能分割不健全，尤其是医疗护理服务资源匮乏，加之专业化人才队伍建设不足，行业吸引力不强，造成供给总量失衡和质量下降；二是社会资本和民间力量参与不足，如非营利组织、慈善机构和志愿者队伍等，也在一定程度上影响失能老人长期照护服务可及性；三是养老服务产业空间扩展和市场潜力挖掘不足，"互联网+养老"平台建设处于起步阶段，也限制了长期照护服务多渠道、规模化持续递送。

四、建立和完善失能老人长期照护服务路径选择与体系框架

(一) 定位及路径选择

1. 一种普惠、独立的社会公共服务

失能老人的长期照护服务，作为维护个人生命周期末端的安全网和稳定器，在保障老年群体人格尊严健康权利方面具有重要意义。随着老龄化浪潮席卷全球，护理需求日益上升，它不再是社会救助、补贴政策的补充，医疗保险内容的附加，而应作为一种普惠性、独立的公共服务进入社会政策和公众视野。照护需求不同于单纯意义上的医疗需求，内容更多元化，包括生活照料、康复护理和临终关怀等，简单地将其定位为看病就医服务的分支，不仅增加了公共医疗基金的支付压力，衍生的"社会性住院"压力，也易造成医疗卫生服务体系的低效运行，以及社会医疗保险的入不敷出。失能老人的长期照护，不是医疗保险的子系统，更不是社会救助的一部分，是以全体老年人口为对象，通过社会性资金筹措，政府、市场和个人等多主体参与，对全部或部分行为能力限制及失智老年人提供的多重社会性服务，旨在防范和有效应对健康护理风险，惠及失能老人及整个家庭。更明确地说，是一种社会政策工具。

2. 多元主体参与的包容性发展路径

以传统家庭为主、社会力量参与不足的长期照护，不仅影响服务供给质量和水平，更难以应对快速老龄化、高龄化的严峻形势。因此应积极转变服务理念，建构现代照料，走多元合作协同共赢、包容性发展新路径。一是强化政府责任，在政策制定、资金筹集和服务评估、监管方面发挥主导作用，同时积极兴办公共养老机构，通过政府购买、公办民营或"PPP"模式等手段，引导社会资本参与，调动民营企业、慈善组织和志愿者队伍等力量，加强社区、家庭和机构等多主体合作，保证失能老人长期照护服务规范化和持续递送。二是打造公平、规范、自由的市场环境，推动养老服务产业创新，挖掘长期照护服务行业潜力，引入竞争机制，拓展供给主体赢利空间，在规模经济效益产生的同时，保证服务价格的合理性和可及性，真正满足失能老人的照料需求。

（二）体系框架

1. 基本要素

(1) 提供者。指政府，体现在三个方面：一是完善养老保障制度设计，统筹规划新型养老服务体系，重点保证失能、失智的老年人等弱势群体的权益和福利。一方面，尽快出台老年人长期照护服务的专门性政策，健全并细化失能老人照料项目设计，为体系运行提供具体依据；另一方面，加大各级政府对失能老人长期照护服务的财政支持，并通过税收优惠、土地政策等引导社会力量参与供给。二是加强专项法律法规建设，明确政府、家庭和机构等供给主体权利和义务，规范主管部门和各级组织的工作流程和行为准则，为失能老人养老和照料服务体系持续运转提供有力支持。三是创新管理体制，实现信息共享。一方面，明确划分民政、人社、老龄委等各部门业务范围，成立长期照护服务专门管理机构，负责照护资源整合和行政事务对接，实现政策口径统一与信息部门间互通。另一方面是利用大数据、云计算和互联网等技术手段，建设综合服务网络，搭建失能老人信息共享平台，实现照料服务及时反馈、动态监管。

(2) 生产者。指通过专业技术、规范化设施向失能老人具体输送服务的家庭、社区或专门机构。更广义上说，也包括作为服务递送链条的关键要素的长期照护人力资源。

(3) 受益者。指具有不同层次照护需求的失能老人及其家庭。

2. 内容项目

生活照料，包括助餐、助浴、助洁等维持失能老人日常行为能力的基本活动。医疗护理，通过专业医护人员提供急病后期干预、慢性病长期护理，以及常见病及时救治等服务。康复保健，以健康维持为核心，为失能老人提供上门体检、康复训练、疾病预防、养生保健教育及健康管理等服务。精神慰藉，向不同失能等级老年人提供情感沟通、心理干预与疏导、精神抚慰和临终关怀等服务。

3. 筹资来源

长期照护服务是以政府为主体，进行多元化、多渠道筹资。对于政府来说，主要通过"补供方"和"补需方"保证长期照护服务的稳定运行。"补需方"方面，一是中央及地方各级政府应明确划分财政责任，根据收入水平提高贫困失能老人的生活救助标准，同时建立长期护理津贴制度，减轻贫困家庭照顾负担，提供兜底性经济支持，补足机构养老资源，促进老年照护服务发展。二是大力推动长期护理保险制度建设，通过划转固定比例医保统筹基金、企业和个人适当额度缴费等方式多渠道筹集照护基金，明确失能老人的参保和待遇领取条件，在科学评估基础上细化偿付标准，提高其购买能力，降低护理支出风险。"补供方"方面，一是地方政府落实社区长期照服务计划，为社区提供设施和配套资金支持。二是通过税收、土地优惠政策，公开招标、签约购买服务等形式培育专业化、公益性长期照护机构，提供失能老人床位建设和护理人员从业补贴，增强服务供给方积极性。

此外，可以充分发挥公益慈善组织、个人和民间力量的作用，引入社会资本进入长期照护服务市场，为照护事业持续进行提供支持。还可以划拨福利彩票公益金的部分比例纳入长期照护保险基金，增强资金链条的稳定性，更好地发挥互助共济作用。

4. 递送路径

服务生产者根据合理的安排、规范完整的服务链条有效配送至失能老人的过程。一般而言，根据健康状况和失能等级，主要分为三种递送路径。①以原生家庭为载体，通过失能老人血缘关系纽带联结的照护服务网，具体指由配偶、子女等亲属，以家庭为单位，为失能老人提供的基本生活照料。这一方式较为传统，主要适用于轻度失能老人和经济条件良好、部分成员时间相对自由的家庭。②以社区为载体，制订长期照护治理计划，在日间照料中心或活动中心为失能老人提供专业化、精细化、持续性照护服务。包括短期托养照料、康复护理、文化娱乐和心理慰藉等。一般适用于轻中度失能老人，对社区建设水平和养老服务要求较高。③以专业机构为载体，通过体系化运作和规范化管理，为失能老人提供层次化、多样性照护服务。包括长期生活照料、重病康复、慢性病护理、精神慰藉和情感支持等。主要接纳的是具备一定经济实力家庭及重度失能老人。在服务递送模式的选择中，应充分考虑本国国情和地方实际，同时综合失能老人物质条件和情感因素，在居家、社区等"在地化"优先的基础上，发挥公办养老机构、非营利性照护组织和营利性照护机构的积极性，保证照护服务的多元、持续递送。

5. 质量评估

第一，全面收集、整合并系统分析失能老人数据信息，包括经济能力、人力供给和具体内容等综合指标，在此基础上建立失能老人需求评估体系。组建由专业医生、社会工作者、心理专家和康复师、护理师等人员组成的第三方需求评估机构，制订可操作的日常活动和行为能力量表，科学划分失能等级和认定标准，对失能老人服务照护需求进行全面评估。第二，科学设定长期照护行业准入标准、供给行为规范和质量评估、监管细则，为长期照护服务持续运行提供保障，具体包括长期照护机构服务范围、对象核定、项目设置、收费标准等。第三，加强质量评估，完善过程管理。以地方政府为主导，通过专门的第三方专业评估机构，根据指标化方法对长期照护服务质量进行综合考核和绩效打分，动态监测服务各阶段运行状况，保证服务质量评价真实、可信。

第四节 "老漂族"问题

现代社会是一个流动的社会,人口学意义上将一些离开熟悉的家乡或城镇,跟随在大城市就业的子女一起生活的老年人群称之为"老年流动人口",俗称"老漂族"。随着中国城市化和生育政策的调整,大城市"老漂族"群体规模日益增长。《中国流动人口发展报告(2016)》的数据表明,我国现有随迁老年人近 1800 万,占全国 2.47 亿流动人口的 7.2%,其中专门迁移到城市来照顾晚辈的比例高达 43%。①

一、"老漂族"问题的产生

无论是"乡—城流动",还是"城—城流动","老漂族"离开家乡来到子女工作生活的城市,原有的生活习惯、生活节奏、社会关系等必然随着生活环境的变化而需要调适,就目前情况来看,"老漂族"城市适应存在多重困境,伴随着其规模越来越大,日益成为一个不容忽视的社会问题。

(一)"老漂族"城市适应问题的理论基础

赫伯特·斯宾塞(Herbert Spencer)指出个体对外界环境的适应包括一系列自主的适应过程,表现为顺应、自制、遵从、服从、同化等具体的适应方式,而个体的存在与发展,始终是以对环境的适应为前提的。而著名社会学家帕森斯(Parsons)指出社会适应是个体主动调整自己的机体和心理状态,使自己的行为符合环境条件的要求,以及努力改变环境条件使自己能够获得更好发展的能力倾向。② 在社会适应的维度上,帕森斯认为个体完成适应的过程就是完成行为有机体(个体)与文化系统、社会系统、人格系统之间的整合与协调的过程。综上所述,社会适应理论主要强调个体和环境的互动,强调二者相互适应以达到和谐关系所必需的个体自身和环境的双双改变,它不仅包括个体改变自己以适应环境,而且也包括个体改变环境使之适合自己的需要。大多数个体能成功地适应变化着的情境,成功的社会适应使个体在社会中及在工作和维持家庭和社会人际关系中不断发挥作用并体验到舒适和满足感,但是某些对新情境的适应通常伴有压力和生理及心理上的功能障碍。对"老漂族"来说,社会适应是他们调整自己的心理状态和个体行为去适应城市社会的过程。"老漂族"个体的社会适应能力受到个体本身和环境的影响。

(二)"老漂族"在城市适应方面的问题

1. 经济困窘

"老漂族"群体多来自于农民和农民工家庭、城市退休人员、待就业人员的家庭,来自经济欠发达地区,其经济收入主要来源于以往工作生活的积蓄及离退休金、养老金和

---

① 史国君,黄海."老漂族"市民化机制研究[J]. 南京社会科学,2019(12).
② 吴香雪."老漂族"城市适应困境与帮扶对策研究[J]. 重庆工商大学学报(社会科学版),2021,38(4).

家庭其他成员供养，经济条件不乐观。依据中国传统，只要经济能力许可，"老漂族"会努力为子女所在移民城市提供购买住房资金，这种代际经济支持已成为青年子女异地就业的成本分担机制，加速了青年子女的"市民化"进程，但降低了"老漂族"自我风险的经济保障能力。一方面，大城市的生活成本相对较高；另一方面，"老漂族"在原居住地的各类制度保障均随着流动而失去了支持。所以，当老年人突发疾病时，极易导致经济危机，还有可能会出现因病返贫的现象，对于那些自己与子女都没有当地户口的"双漂型老漂"而言，尤其可能出现此类情况；而经济状况困难的失能"老漂族"，由于不享受本地参保人员的政府补贴且未纳入政府购买服务范围，其得到的社会化照料可能性更小，他们往往在日常就餐、家庭病床照护服务等方面陷入困境。

2. 信息贫乏

网络信息技术的快速发展为智慧城市建设和智慧养老带来机遇，也对"老漂族"的市民化提出了挑战。对于"老漂族"而言，"信息对于他们扎根于城市及后期的发展都是一个重要因素"。由于对新兴事物的知识储备与接受能力相对缺乏，多数"老漂族"对网络技术与智能设施感到无措，甚至排斥，很多"老漂族"成为智能化养老服务终端的"圈外人"。来自农村的"老漂族"信息渠道"主要依赖朋友、亲戚的口口相传及少量的电视传递，而通过网站发布、报刊、社区公告，以及政府机构等途径获取的信息很少"。来自中小城市的"老漂族"虽然有所"触网"，但无论是"通过台式电脑、笔记本、数字电视等普通终端还是通过移动电话利用互联网的水平比较低"，他们"拿着手机不会发短信，守着电脑不敢开，放着 ATM 机不用要排长队"。"老漂族"在融入城市进程中数字鸿沟十分明显。"老漂族"群体对于信息知识与技术，包括智能手机的使用、相关网络知识；权益维护信息，包括城市生活指南、教养孙辈、休闲信息，以及城市生活的安全知识及风险防范；交往信息，包括如何扩大社交面、与成年子女相处，以及如何调节不良情绪等；健康卫生信息，包括就医、医养政策、生活中的健康与卫生等有着充分的需求。"老漂族"一旦在上述有效信息获得方面不能得到支持，其市民化或再市民化过程也将受到挤压。

3. 制度排斥

制度排斥是一种显性的排斥和边缘化，是阻碍"老漂族"市民化的关键。随着社会保障事业的不断发展，我国现已基本实现居民养老保险、医疗保险的全覆盖，但不足之处是这些福利保障具有地区性的，老漂群体公共福利保障仅限于原居住地或者户口所在地，无法与迁入城市进行动态性转换与支持，因而难以享受暂住地的各项福利政策。

一方面，有一些大城市因考虑到外来人口过多、过快需要的社会管理成本、环境治理成本、社会服务配置成本等，在制定公共政策时，偏好从地方利益出发，强调义务与权益的统一性，对外来人口均等化融入保持警惕，将随迁家属视为公共福利的"消费者"，导致虽同城居住生活，但社会保障政策不一样。

另一方面，虽然近年也有一些中心城市为保持人口红利、增强竞争力，调整完善积分落户政策，增加城市户籍人口和常住人口，但在制定各类社会保障和公共福利政策时仍主要基于劳动者，较少将随迁家属与整个家庭纳入考量范围，这种供求错位不仅弱化了人口红利，增加了人均抚养成本，也是对家庭和社会资源的浪费，须尽快实现外来人口公共服务对象由劳动者个人向劳动者家庭的转变。

  4. 文化隔离

  大部分"老漂族"是从农村或者其他中小城市迁入大城市,迁入地和迁出地一般在具体的风俗习惯、生活方式、价值观念、人际交往等方面存在较多的异质性,这本质上是文化上的差异。在城乡发展不均衡的社会环境中,流入地的文化相对强势。当地城市居民认为外来人口会减少本地人就业机会、恶化居住环境、不利于社会治安,因此伴随外来流动人口而来的父母也在一定程度上受到当地居民厌恶和排斥。这种傲慢与偏见不仅会增强"老漂族"的内心自卑感和失落感,也会降低老年人对新环境的适应。

  而"老漂族"在交流沟通、居住习惯、休闲方式等方面本身存在融入障碍。比如"老漂族"大多仍保留着以前的言语沟通习惯,普通话水平不高,与他人交流沟通有障碍。"方言作为地方文化的重要载体,是与当地居民沟通交流的重要社会技能与语言工具。会说当地方言可以拉近人与人之间的距离,有助于提高老年人的自信与社交水平"。所以,只会说原居住地的"方言",不会说迁入地普通话的"老漂族"有可能因语言交流技能的缺乏而产生自卑感、排斥感。

  在居住习惯方面,"老漂族"来自不同的地域,饮食居住习惯差异大,特别是南北方的气候与习俗差异也较大,"老漂族"也往往不易适应。在休闲方式方面,虽然"老漂族"拥有较多的空闲时间,但他们的休闲娱乐活动比较单一,主要的休闲娱乐活动是看看电视、报纸,其所在社区的公共服务设施和文化健身活动也大多有主客观方面的限制。最终,"老漂族"与迁入地生活产生隔阂,形成自我禁锢,成为社区中的"隐形人"。

二、"老漂族"的归宿——市民化

(一) 市民化与再市民化:过程与理论

  吉登斯认为,现代社会的重要特征是时空分离下的"脱域",流动是"脱域"的重要表征,流动人口则是"脱域"时空下的典型群体。对于"老年流动人口"——"老漂族"市民化问题进行探讨,不仅是现代社会对在制度、结构、文化和行为上等方面处于弱势地位群体的一种人文关怀,更是社会和谐、社会进步、社会质量发展的标志。"市民"的概念起源较早,泛指享有政治、经济、文化等各项权利的身份标识。但在我国特定的户籍制度下,"市民"概念更多是指向与农村农民身份标识相对的"城里人"。固着于农村的农民所能享受的公共服务、社会保障等资源与有着城市户口的"市民"在我国目前是不一样的。如果政府和社会积极努力创设农民在迁入城市后均等享有公共服务资源和相关市民权益,这可以称之为农民的"市民化",当前农民工市民化即是这方面的研究热点。所以,当前的市民化在我国主要是指作为一种职业的"农民"(Farmer) 和作为一种社会身份的"农民"(Peasant) 在向市民 (Citizen) 转变的进程中,发展出相应的能力,学习并获得市民的基本资格、适应城市生活并具备一个城市市民基本素质的过程。

  但是,"老漂族"与"农民工"不一样的是,"老漂族"中也包括从熟悉的中小城市到子女安家立业所在城市的迁入行为,但即使是此地城镇的"市民",当迁入彼地城市后，其在此地所享有的保障福利与社会权益在彼地可能是不相通的。所以，从一个城市流动到另一个城市的"老漂族"就面临再市民化的过程。

（二）建构"老漂族"市民化机制

外来人口迁入城市后逐渐形成的认同感与归属感，是一种社会融合，是市民化的基础。"老漂族"市民化既关乎老年民生、民权和民意，具有人类基本公义，实际也关系到社会政策和公共服务的走向，是实现全面小康目标的应有之义。实现"老漂族"的市民化，是一个双向过程，既要从制度设置、政策制定、社会管理方面加以考虑，推进公共服务和社会福利均等化，重构"老漂族"的社会关系网络；也要从人文关怀、思想认同、心理悦纳、社会参与等方面为其赋能，发挥其主体能动性，促使"老漂族"成为新的市民空间的建构者和资源共享者。

1. 成本分摊机制

建立健全公共服务成本分摊机制是实现"老漂族"市民化的前提。政府通过追加公共财政支出，将原本只针对本地居民的基本公共服务扩展到老年迁移人口，这就是"老漂族"（再）市民化的成本。由于涉及社会救助、文体娱乐、低保、养老、医疗等多项公共服务，特别是部分失能老人等特殊困难老年人的医养服务，这个市民化成本的数额相对巨大。由经济困窘的老年人全部支付，或是由政府全部兜底，既不合理，也不现实，"需要建构由政府、企业和个人等多主体参与的成本分摊机制"。"老漂族"的（再）市民化是"社会公平正义、社会质量提升和个体现代性的必然要求"，是弥补不到位公共政策和社会服务的有效手段，是支持城市经济社会长期发展的内生动力。在"老漂族"（再）市民化的进程中，诸如老年人的城市低保补贴等属于社会成本范畴，在成本分担中，理应由政府公共财政支出承担为主。由于"老漂族"的流动性涉及人口流出地和人口流入地之间的协调问题，呈现出跨省市、跨地区的特点，这些外流人口的同城化成本大部分应该由中央财政统筹安排，即可以通过进一步提高专项转移支付的比重来化解成本负担问题。

目前我国可根据实际情况，实行以国家法定医疗、养老保障基本标准加地方政府补助的制度。基本标准所需资金由国家发布并统筹，地方补助资金由各地政府决定并筹集，并渐进提高统筹层级，从而有利于不同区域间养老金的调剂，稳步推进"老漂族"同城化待遇。同时，"老漂族"是用生命最后时光为子女分担着社会转型带来的压力，为企事业单位解决职工的后顾之忧，因此用人单位也有义务参与分摊相应的"老漂族"同城化成本，这属于劳动力成本的组成部分。"老漂族"在市民化过程中既是受益者，也是成本分摊主体之一，"老漂族"及其子女应该承担市民化后的基本生活成本，并以一次性或渐次累进的方式补齐社会保障成本中需个人缴纳的部分。这样就构成了一个由国家、地方政府、企事业单位、"老漂族"及其子女共同分摊"老漂族"市民化成本的机制。

2. 社会保障机制

建立健全社会保障机制是实现"老漂族"市民化的现实基础。共享新时代发展红利、改善"老漂族"的社会保障和福利境遇，是全面建成小康社会的必然要求。一是给予"老漂族"公共服务的同城待遇。二是完善医疗保障机制，简化异地就医报销流程。当前需要加强医保目录、信息系统的对接,加大难点痛点疏解的力度,弱化户籍障碍,进一步完善医保统筹,简化异地医保手续。三是建立福利政策的共享或者异地办理平台。完善城乡和城际之间的社会保障的有机衔接,采用数字技术对"老漂族"进行远程身份认证,合理设置养老保险领取的环节,加速推进养老金领取的全国联网工作。条件成熟的情况下,可对照顾未成年人的漂族家庭给予经济补贴,这实际上是对社会化服务功能缺失的代替性补偿。而以公共管理方式给予"老漂族"福利待遇,政府的责任边界必须清晰:上限应当是本地老年人所享有的福利待遇,下限是与政府的财政承受能力相匹配。

3. 信息共享机制

建立健全信息共享机制是实现"老漂族"市民化的关键环节。通过大数据、云计算、移动互联等信息技术把社区内的"老漂族"、公共服务机构包括医疗机构街道、派出所、民政部门信息,及相关社会组织、驻区单位的信息加以整合,给予"老漂族"在低保、帮扶、救助、维权、协办等方面的集成服务,在可能范围内更为便捷地为"老漂族"提供各种专业化、个性化服务,解决其实际困难,从而促进"老漂族"融入智慧助老服务平台和城市社区治理平台。这些信息平台包括社区"老漂族"自助互助系统、社区助老服务系统、志愿者组织助老系统、社会工作支持与协调系统等,适时建立省级统一的养老护理机构信息平台。

信息平台的建设要注重以下几方面:一是建立"老漂族"服务信息数据库,并统一养老数据集成应用软件和网络平台等相关标准。通过数据中心采集"老漂族"相关信息,深度分析其"生理需求、安全需求、情感需求、尊重需求、自我实现需求,有针对性地开发、提供相匹配的服务及养老产品"。二是尽可能实现与"老漂族"子女的相关信息共享。当前家庭化迁移时代、网络时代、长寿时代出现了叠加影响,社区信息平台应充分发挥利用新技术手段服务"老漂族"的集聚效应,通过子女为有需要的"老漂族"提供助餐、助洁、助行、助医、日间照料、照护、临时看护、医养结合、老年医疗与康复护理、体育健身、老年用品、宜居环境、老年文化、老年教育、精神关爱等方面的智能化服务,促使社区对"老漂族"的服务更加规范化,解决子女后顾之忧。三是通过平台发布政府有关养老服务的购买信息,及时向社会机构推送"老漂族"养老服务需求,并对已购买的服务实施在线监督和管理。此外,社区中心、公安派出所及社会服务机构应联手建立社区热线或紧急支援服务网络,帮助"老漂族"预防突发事故或危机,更好地解决老年人在陌生环境中遇到的难题。

4. 社区支持机制

建立健全社区支持机制是实现"老漂族"市民化的依托载体。社区是城市社会的基本单元,具有社会整合和社会稳定功能。社区参与是外来人口顺利实现社区融入的首要环节,它表现为社区居民自觉自愿地加入社区各种活动或事务的决策、管理和运作的过程和行为。老年人的人际交往、精神生活、情感沟通与交流需要往往是在社区参与中进行的。所以,社区参与是"老漂族"主动积极融入的动态过程,是城市文化的悦纳与包容过程,是促使"老漂族"在新的定居地重新塑造身份认同、价值观念过程。

"老漂族"的社区支持参与可以从以下方面着手:①要丰富社区生活。"从社区文化服务空间当中，挖掘出能够满足'老漂族'精神需求的有效资源。在日常社区事务管理及社区组织等方面积极吸引'老漂族'参与其中"，推进其(再)市民化，有效增强"老漂族"归属感与获得感。社区通过建立老乡会、开通排忧热线、开展结对帮扶活动、开办老年书画、舞蹈、摄影等各类兴趣班，发展"老漂族"自身的兴趣和爱好，为"老漂族"提供认识交流的平台，在社区活动中找到与自己志同道合的同伴，使社区成为"老漂族"构筑亲密关系、守望相助、疾病相扶、富有人情味的社会网络空间。②在有条件情况下设立社区医疗服务中心，完善现有卫生和社会照护系统，为社区"老漂族"定期开展心理咨询与医疗介护服务。整合老年人、家庭、政府、社会多方力量，推行居家、社区、机构三位一体医养护理服务模式，建立健全医疗保险、医疗救助和护理保险等多元支付体系。③合理适当地对"老漂族"的社会价值进行再开发，让其继续发挥"余热"，提升幸福指数。

近几年，我国离退休科技人员高达 500 万人，[①]他们在科学和文化方面大多都很有造诣，政府与社会应充分为他们老有所为提供桥梁和舞台。社区可以对有能力、具有专业技能的"老漂族"提供相适宜的工作岗位，增强其主人翁意识，充实其闲暇时间。同时动员部分"老漂族"参与治安巡逻、社区清洁、志愿服务、邻里互助、青少年教育、纠纷调解等公益活动。一方面可以更好地满足社区治理需要，另一方面也有助于"老漂族"自身"增能"，为其融入新的不同于以往的社会空间创造条件。

> **专栏 11-1　　人口老龄化的新尝试——长者食堂**
>
> **一、长者食堂问题的提出**
>
> 随着我国经济社会的平稳快速发展，我国人口的平均寿命得到了显著的提高，人口老龄化问题日益严重，主要表现为：①老年人口增长速度较快，老龄人口占总人口比重不断加大；②高龄老人，特别是百岁老人数量日益增长。③空巢现象普遍存在。从社会发展的角度来看，我国空巢老人数量大幅增长的根本原因是家庭规模小型化，即人口出生率的持续下降带来了养老人力不足的困境，造成了家庭养老功能逐渐弱化的社会效应。
>
> 全国各地为应对人口老龄化问题进行积极的探索。2012年以来，广东省广州市探索推行"长者食堂"养老服务，其具有成本低、机制灵活、操作方便等诸多优点，提高了老年人的生活质量。在家庭规模小型化，以及高龄、失能老人日益增多的当今社会，"长者食堂"能够更好地满足老年人的基本民生需求，值得关注。
>
> **二、长者食堂的运营简介**
>
> 目前开办长者食堂的经费来源主要是各级财政投入，少部分来自社会慈善捐助。各地因地制宜，探索出多元化运营方式。其中，有的长者食堂采取自建厨房模式；有的为自助互助运营；还有的是通过养老机构或餐饮服务企业等社会力量提供

---

① 赵艳.浅议高校"文化养老"[J].科技创业月刊，2015(23).

助餐服务。采用互助或自建厨房方式运营的长者食堂，基本由居委会或非营利组织负责运营。一部分长者食堂配备了营养师等专业餐饮服务人员。总的来看，长者食堂的运营经费仍以财政投入为主，但已有餐饮企业参与运营，专业化运营程度有待进一步提高。目前我国已有的长者食堂以提供老年人堂食服务为主，普遍不具备送餐服务能力，前来就餐的多为自理老人。失能、高龄老人等行动不便的刚需群体能否享受到助餐服务，很大程度上依赖于送餐服务。长者食堂以公益性为主，普遍收费较低。

三、长者食堂的实现路径

(一) 发挥政府的主导作用

长者食堂应该由政府发挥主导作用，彰显福利性。通过因人施策，分类提供服务，做好入户调查的方式，摸清困难、空巢老人数量和用餐意愿及习惯，列出需求清单。重点关注高龄老人、贫困老人等特殊群体的需求。

(二) 拓展服务功能

创造长者食堂叠加效应。搭建政府关爱服务困难群体平台，通过送餐上门服务对行动不便、独居老年人进行探视关怀，并与基本公共卫生、残疾人保障等服务有机结合。搭建社会为老志愿服务平台，多渠道拓宽资金来源；鼓励老人助人自助，开展帮厨和送餐等力所能及的劳动，同时倡导社会各界为老年人提供志愿服务；各地利用长者食堂开展传统文化、普法宣传等课程和活动，弘扬社会主义核心价值观。

(三) 完善运营机制

制定长者食堂规范化建设指南、等级评定标准等，指导各地进行适老化改造，完善消防、卫生检疫等设施设备，推动"明厨亮灶"建设，推动社区干部作为长者食堂第一安全责任人，探索推行社区干部每周一次陪餐制度。保障食品安全。

加快建构可持续的运营机制。一是建立稳定的财政投入机制。按照财政分级承担机制，帮助解决一次性开办建设费用，通过"以奖代补"等方式建立运营补贴制度。二是不断加大鼓励市场力量参与的政策创新力度。通过采取租金减免、免费提供场地、补贴水电费等措施，吸引市场力量建设和运营长者食堂。通过落实社区家庭服务业税费优惠，对建设老年人助餐"中央厨房"给予专项支持，帮助降低运营成本。

资料来源：

福建省民政厅课题组. "小食堂"凝聚"大民心"——福建长者食堂建设情况的调查与思考[J]. 中国民政，2022(07).

杨京钟. 创办长者食堂 推广抱团养老服务模式[J]. 政协天地，2019(05).

第五节 悬空老人问题

一、悬空老人简介

人口老龄化是社会发展的必然趋势，也是今后较长一段时期我国的基本国情。人口老龄化在带来一些社会问题的同时，也催生了相关产业链协同发展。其中，旧楼加装电梯由于其刚性需求的特殊属性，近几年备受政府、社会和企业关注。当前，大部分旧社区老楼盘的业主均为老年人。这些楼盘由于建成年代久远，许多均没安装电梯。在这种硬件缺失的环境下，低楼层老年居民出行尚可解决，高楼层的老年居民就非常不便。有的老年人为了出行方便，不得不卖掉高楼层住宅，再去购买低楼层住房，但这样需求能够匹配的机会并不多。据不完全统计，2000年之前销售的六七层楼高的居民住宅，大多没有安装电梯，难以满足当前适老、宜老居住和出行要求，给老龄人员和残障人群的生活带来极大的不便，使他们成为"悬空老人""悬空居民"。因此，旧楼加装电梯是广大老龄及残障人群迫切希望改善出行条件的刚需。

二、老旧小区加装电梯的政策实践

党和政府对民生工程高度重视，对老龄人群居住条件改善非常关心。在十三届全国人民代表大会第二次会议上，加装电梯再次写入政府工作报告，旧楼加装电梯成为一个全国性的民心工程。随后，2019年6月19日，国务院常务会议部署推进城镇老旧小区改造工作，指出有条件的小区可加装电梯。

在政策推动下，企业也开始铆足了劲，积极配合政府推进老楼加装电梯工程，但要想将旧楼加装电梯打造成服务亿万老龄人蓬勃发展的朝阳产业，使之成为调结构、惠民生、促升级的重要力量，还需要政府和企业加强联系，以及社会各界的共同努力。

三、老旧小区加装电梯存在的问题及成因

目前，加装电梯工程在各地迅速推进。在这个过程中，政策普及力度不足、实施不力、利益协调难等问题也逐步暴露出来。具体来说，表现为以下四个方面。

（一）利益冲突和不公平感难以协调

协调不同楼层业主之间的利益分配是解决老旧小区加装电梯难题的关键。首先，分摊加装电梯的费用会带来利益冲突，让居民产生不公平感。根据试点城市的经验，加装一部电梯大概需要40万~60万元，其中政府补贴20万元左右，剩下的费用需要

住户承担，按照一梯三户（六层楼）来计算，每个住户要承担 2 万元左右的费用，还涉及后续的维护及保养费用，这对于经济条件有限的老年人而言不是一笔小数目。即使退休的老年人能够承担起费用，不同楼层之间从加装电梯工程中的获益程度不同，平均分摊费用也会增加部分居民的不公平感，如果承担费用的尺度有所倾斜，其标准又难以把握。

其次，加装电梯后，同一小区不同楼层的市值会发生变化，高层房屋增值、低层房屋贬值，无论是出租还是出售，低层房屋都失去优势。尽管在多年前，有些老旧小区加装电梯就已经纳入政府工作议程，但加装电梯进程一直迟缓，实施不力，主要障碍就在于高层、中层和低层住户之间的利益进行重新分配，低层住户因为利益受损而不愿加装电梯。同时，低层住户还要承受加装电梯带来的噪音、采光等不便，不公平感进一步增强。再次，高层住户是否对低层住户的利益损失进行补偿，完全取决于住户意愿或者邻里之间的同理心。从客观角度讲，这在一定程度上是对低层住户利益的间接损害，也无疑是不公平感的来源。最后，协议续签问题加深了这种利益困境。初装电梯时很多问题都可以克服，邻里之间在社区的引导下起草协议，说明初装费、维护费等费用的分摊问题即可，经过不断协商讨论总是能得出各方都满意的结果。但后续如果涉及房屋出售，房屋新主人是否承认期初维护费、维修费等费用分摊协议则又是一个难题，如果处理不当就会引起纠纷。

（二）不同主体间的需求差异难以统一

不同群体间的需求差异是老旧小区加装电梯的难题之一。不同楼层、不同年龄的住户对电梯的需求不同：高层住户需求量最大，中层住户次之（部分中层住户持无所谓的态度），低层住户不需要；年轻人身体素质好，对电梯需求小；老年人出行不便，需要电梯为日常生活提供便利……因此，在不同群体之间就产生了对加装电梯的需求差异。而且，为了顺利推进加装电梯进程，在处理好不同群体间利益关系的同时，还要实现各方需求的平衡。在加装电梯工程刚开始进行的时候，个别地方政府追求"加装电梯"政绩，置居民实际需求于不顾，甚至对加装电梯的社区给予奖励，这给居民造成一种"强制加装电梯"的错觉，严重违背了解决民生问题的本质。住户对电梯的内在需求是安装电梯的原始动力，只有在业主有加装电梯的内在需要并且提出自己的诉求时，政府再进行适当"助力"。因此，加装电梯工程应该基于居民的实际需求，不能片面追求"加装电梯"政绩。

（三）实施过程中的安全问题难以保证

避免加装电梯过程中的安全隐患是解决老旧小区加装电梯难题的重中之重。一方面，加装电梯需要考虑建筑安全问题。在国内，人们习惯将"老旧小区"认定为建成于 2000 年以前，大部分由单位组织修建的 7 层及以下的公共设施落后，不适应城市现代化发展需要的住宅。老旧小区历经 20 多年的风吹雨打，房屋老旧，加装电梯不可避免要对墙体进行改造，这不仅破坏了墙体结构还增加了对墙体的压力，如果仅仅通过居民多数同意，不请建筑专家对老旧小区现有情况是否承受得起加装电梯进行分析，一旦老旧房屋因为在加装电梯过程中出现倒塌、墙面断裂等安全问题,就会出现严重的民事纠纷甚至是刑事纠纷。另一方面,电梯的安全问题也存在隐患。目前,我国因电梯故障造成的意外事件较多,部分城市相关部门并没有对老旧小区加装电梯所使用的电梯品牌进行规范,这就有可能导致电梯质量参差不齐,埋下安全隐患。

四、政策建议

(一) 多途共举,化解利益困境

化解利益困境需要解决筹资难问题。一方面,政府需要对加装电梯进行补贴,并确定补贴方式和标准,根据不同地区的实际情况适当扩大补贴的幅度。另一方面,要动员住户在自愿平等的基础上合理出资,毕竟加装电梯属于一种近似于私人物品的社区公共物品,住户受益,住户理应出资一部分。为了解决住户自筹的资金问题,部分城市已经允许居民有条件地提取住房公积金,其他城市也可以发挥住房公积金的作用。此外,若要缓解居民不公平感,化解利益冲突,还需要政府在分摊电梯安装费用方面对低层住户予以照顾,比如,部分城市实施的一楼及二楼的住户不需要支付电梯费,三楼以上的住户分摊费用,分摊的费用呈现阶梯状逐层递增的趋势。同时根据实际情况,鼓励地方政府和有关部门对一楼住户给予适当经济补偿,减少因为噪音、采光、隐私及房屋贬值等问题带来的损失,努力减缓不公平感,化解利益困境。

(二) 专业引导,切实消除安全隐患

在加装电梯过程中,面对噪音、灰尘、遮光、通风等生活环境有关的问题,首先,要积极引导电梯专业人士在既有工程技术基础上推陈出新,鼓励相关电梯企业在技术创新方面的投入,打造更具说服力的技术论证指标体系及评价方法,专业人员和施工人员要将环保理念融入其中,从客观上将噪音、采光等涉及生活质量的问题降低到最小化。其次,应当为住户提供和专业人士交流沟通的渠道,让专业人士通过建立模型、分析数据等方式向住户说明加装电梯的可行性,做到居民心中有数,以消除住户的心理担忧。再次,可以引入电梯安全责任保险,从 2014 年开始,江苏省已经在南通、无锡、苏州、南京四座城市实行电梯责任保险制度。在既有住宅加装电梯建设中,其他城市也可以采取引入电梯安全责任险的方式,努力化解安全风险。最后,社会公众和相关人员要加强监督,保证电梯在加装前按照相关部门的要求进行检测,确保小区房屋质量结构符合安装电梯的要求,保证零隐患。

专栏 11-2 "老旧小区加装电梯"的"麻烦事"

1. 老楼装电梯一楼不同意怎么办

《中华人民共和国民法典》第二百七十八条第 (七) 项规定:改建、重建建筑物及

其附属设施；应当经参与表决专有部分面积四分之三以上的业主且参与表决人数四分之三以上的业主同意。因此，老小区加装电梯应遵循以上规定，四分之三以上业主同意改造即可。某一住户不同意不能阻止电梯加装。但分摊费用应考虑一楼住户权益的保障。

2. 日常费用问题

针对电梯安装费用过高的问题，浙江杭州、河北石家庄等多地的一些小区开始尝试一种新模式——免费安装，有偿使用，居民使用电梯时采用类似乘坐公交车的计次刷卡模式。老小区推出"公交电梯"，每次1元，"刷脸"缴费。

这种"公交式电梯"是如何运行的？在浙江杭州一小区，新装的电梯刚刚试用，工作人员向居民讲解如何通过软件使用电梯。据了解，小区业主需预先下载"电梯公交"App，录入人脸信息，乘坐电梯时摄像头抓取人脸图像，自动为业主呼叫目标楼层。不需要准备零钱，也不用刷卡，"刷脸"就能回家。

这种模式能否复制推广？目前来看还有待观察。

资料来源：

搜狐网. https://www.sohu.com/a/454521815_113767.

腾讯网. https://xw.qq.com/partner/vivoscreen/20210520A08BR600.

复习与思考

1. 名词解释。

   绿色养老　　市民化

2. 试论空巢老人产生的原因和影响。
3. 留守老人面临的困境有哪些？
4. 如何增加老漂族的城市认同感？

推荐阅读书目

吴晓林. 理解中国社区治理——国家、社会与家庭的关联[M]. 北京：中国社会科学出版社，2020.